高等学校"十二五"规划教材

合同法学

主 编 金 博

副主编 葛 峰 张玲艳

西北工业大学出版社

【内容简介】 本书从合同法的基本理论出发,以合同立法及相关司法解释为阐释对象,借鉴国内外合同法学研究的新成果,结合合同法实践中的新问题,提出了一些新的观点和见解;对应合同立法的体例结构,系统阐述了合同法的基本概念、原则和具体制度。本书坚持理论联系实际,繁简适当、体系合理、突出新观点,力求做到深入浅出、通俗易懂。本书是广大法学专业学生不可或缺的合同法教材。

图书在版编目(CIP)数据

合同法学/金博主编 . —西安:西北工业大学出版社,2011.9
ISBN 978 - 7 - 5612 - 3197 - 5

Ⅰ. ①合… Ⅱ. ①金… Ⅲ. ①合同法—法的理论—中国 Ⅳ. ①D923.61

中国版本图书馆 CIP 数据核字(2011)第 182953 号

出版发行:西北工业大学出版社

通信地址:西安市友谊西路 127 号   邮编:710072

电   话:(029)88493844   88491757

网   址:www.nwpup.com

印 刷 者:陕西宝石兰印务有限责任公司

开   本:787 mm×1 092 mm   1/16

印   张:20.625

字   数:499 千字

版   次:2011 年 9 月第 1 版   2011 年 9 月第 1 次印刷

定   价:42.00 元

编写说明

合同法是法学教学中重要的组成部分。对合同法的了解与学习,有利于学生对合同法基本原理、具体制度和规则的深入了解与掌握,从而建立明晰的合同法体系。对合同法进行全面、深入的学习,有利于学生对民法体系深入理解与感悟,建立完善的法学知识体系。

在本书的编写过程中,我们不仅关注与《中华人民共和国合同法》相关的最新司法解释,也吸取了最新研究成果,提出了一些新观点。与以往的合同法教材相比较,本书繁简适度、观点明确、重点突出、难易适中,能完全满足学生学习合同法的需要。

本书分总则和分则两部分,总则 10 章,分则 15 章,共 25 章。撰稿分工如下(按照编排章节顺序先后):

毛帜:第一章、第二章、第三章;

金博:第四章、第五章、第六章、第七章、第八章、第九章、第十章;

张玲艳:第十一章、第十三章、第十五章、第十六章;

王宏斌:第十二章、第十七章、第十八章;

雷丽萍:第十四章、第二十一章、第二十二章;

葛峰:第十九章、第二十三章、第二十四章、第二十五章;

郑淑霞:第二十章。

本书由金博审定并担任主编,张玲艳、葛峰校稿、统稿并担任副主编。

在本书的写作过程中,参阅了许多学者有关合同法的著述,在此表示衷心的感谢。

尽力编好本书是我们的共同心愿,但由于水平所限,难免有错误与疏漏之处,恳请读者批评指正,以便今后再版时进一步完善。

编　者
2011 年 7 月

目　录

总　则

分　则

总　则

第一章　合同与合同法概述

本章提要：

合同是发展商品经济、促进商品流通的主要手段，在现代社会中是不可或缺的。本章主要讲述合同的含义、合同的种类；合同法的概念、特点和演变发展；我国合同法的各项基本原则。

本章重点：

(1)合同的概念和特征；

(2)合同的种类；

(3)合同法的概念和特征；

(4)合同法的基本原则。

第一节　合同的含义与种类

一、合同的含义

合同源自罗马法上的 contractus 一词，由 con 和 tractus 组成，con 有"告"的意思，tractus 有"交易"的意思。[①] 在现实生活中，合同是一个多含义的概念，不同场合使用的"合同"概念有着不完全相同的含义，它有时泛指发生一定权利、义务的协议，如买卖合同、师徒合同、劳动合同、土地承包合同等。法律领域中的合同，是指合同主体双方或者多方意思表示达成的一种合意或协议。《法国民法典》第 1101 条规定："合同为一种合意，依此合意，一人或数人对于其他一人或数人负担给付某物、作为或不作为的债务"。这是大陆法系国家关于合同的经典定义。此外，《德国民法典》第 305 条规定："以法律行为发生债的关系或改变债的关系的内容除法律另有规定者，必须有当事人双方之间的合同"。可见，德国的定义偏于合同是债的发生原因之一。《美国法律重述：合同》(第 2 版)则归纳：合同是一个允诺或一系列允诺，违反该允诺将由

---

① ［德］迪特尔·梅迪库斯：《德国民法总论》，邵建东译，法律出版社 2001 年版，第 511 页。

法律给予救济；履行该允诺是法律所确认的义务。这一定义，侧重点是允诺的达成与信守，以及履行允诺与法律的关系等。《中华人民共和国合同法》（以下简称《合同法》）第 2 条规定："本法所称合同是平等主体的自然人、法人、其他组织之间设立、变更、终止民事权利义务的协议。"

本书所指合同作为一种法律概念，是受《合同法》调整的，能够产生法律上的约束力的协议。它具有的法律特征是：

（1）合同是一种民事法律事实。民事法律事实是指民事法律规定的，能够引起民事法律关系产生、变更和消灭的客观现象。从民事立法的规定看，能够引起法律关系产生、变更和消灭的客观现象是大量的，而合同是其中最重要的法律事实之一。合同首先就是作为法律事实来使用的，如订立合同。《合同法》第 2 条规定的定义也是从这一含义上说的。

（2）合同是以设立、变更、终止民事权利义务关系为目的的民事法律行为。所谓"设立"民事权利义务关系，是指有效成立合同的效力，在当事人之间产生民事权利义务关系；所谓"变更"民事权利义务关系，是指有效成立的合同的效力，能使当事人之间原有的民事权利义务关系发生变化，形成新的民事权利义务关系；所谓"终止"民事权利义务关系，是指有效成立的合同的效力，能使当事人之间既有的民事权利义务关系归于消灭。作为法律行为，合同带有很强的主观色彩；作为一种意思表示，若符合法律规定，必然产生相应的法律效力。

（3）合同是两个或两个以上民事法律地位平等的当事人之间意思表示一致的协议。在这里，平等的法律地位，是当事人进行平等、自由和诚实信用的意思表示并进行民事利益交换的基础。"意思表示一致"是指合同作为典型的双方法律行为，需要合同当事人各方的意思表示一致才能成立，意思表示一致是平等的合同当事人进行民事利益交易的基础和前提。至于合意内容的范围，各国立法及学者间存在分歧，但总体上经历了由严到宽的过程。从《合同法》立法精神来看，合意的范围为合同的实质性内容，即双方当事人就合同的实质性内容达成"合意"，合同即告成立。

（4）合同具有相应的法律强制力，其法律强制力一般只约束合同当事人。合同一旦订立和生效，依据合同中约定的权利，权利人便可要求对方当事人履行相应的义务，这种请求权产生的依据是合同中的约定。当事人若不履行义务，权利人还可请求人民法院判令履行，甚至司法强制。合同约定的义务指向特定的合同主体，合同的效力一般只及于合同当事人。

二、合同的种类

依据不同的标准，可以将合同分为不同的种类。合同种类的划分，对于学习、研究和解决合同问题，提供了方法论上的便捷和帮助。

（一）双务合同与单务合同

根据合同当事人是否相互享有权利、承担义务，可将合同分为双务合同和单务合同。

双务合同是指双方当事人互负具有对价意义的债务的合同，或者说双方互负具有给付与对待给付关系的义务的合同。如买卖合同中，出卖人负有交付出卖物并转移所有权的义务，买受人享有取得出卖物所有权的权利，从这一角度说，出卖人为债务人，买受人为债权人。同时，出卖人享有取得价款的权利，买受人负有支付价款的义务，从这一角度说，出卖人又为债权人，买受人为债务人。在买卖中，出卖人一方的义务正是买受人一方的权利，反之亦然。除此之外，承揽合同、租赁合同、有偿保管合同、有偿委托合同等也属于双务合同。

单务合同是指仅由当事人一方负担义务，而他方只享有权利的合同。如赠与合同中，赠与人仅负担义务而不享有权利，受赠人仅享有权利而不负担义务。此外，无息借贷合同、无偿保管合同等，都是典型的单务合同。

区分双务合同与单务合同的法律意义主要在于：第一，履行义务的顺序要求不同。由于双务合同中当事人互负给付的义务，因此，双方义务的履行顺序有意义。若当事人未明确义务的先后履行顺序，则双方应同时履行各自的义务，任何一方在未履行其义务前，都无权要求对方履行。单务合同无此问题。第二，风险负担不同。在双务合同中，因不可归责于双方当事人的原因而不能履行合同时，发生风险负担问题，因合同类型不同而有交付主义（《合同法》第142条）、合理分担主义（《合同法》第338条第1款）等。在单务合同中，因不可归责于双方当事人的原因而使债务人不能履行债务时，并不发生债权人对待债务是否应当履行的问题，不发生对价风险负担问题。第三，不履行合同的后果不同。在双务合同中，因双方负有对待给付义务，一方不履行合同或不适当履行合同的，守约方若已履行合同，则可以请求违约方实际履行或承担其他违约责任，条件具备时还可以解除合同；若解除合同溯及既往时，守约方有权请求违约方返还受领的给付。而在单务合同中，因双方不存在对待给付义务，一方违约时不发生对方要求违约方对待履行或返还财产的问题。

（二）有偿合同与无偿合同

根据合同当事人是否从合同中得到合同利益而支付代价，可将合同分为有偿合同与无偿合同。

有偿合同，是指双方当事人取得权利必须付出相应对价的合同。合同中当事人间的相互对价并不仅限于财产的给付，也包含劳务、事务等。有偿合同是市场交易的最基本的形式，买卖合同、租赁合同、承揽合同等均是有偿合同。

无偿合同，是指当事人一方取得利益无需支付相应代价的合同。《合同法》中规定的赠与合同、借用合同等就属于无偿合同。无偿合同不是市场交易的主要形式，民法的等价有偿原则不适用于无偿合同，但在无偿合同中，当事人也要负担一定义务，如借用合同中，借用人须负正当使用借用物并按约定时间返还借用物等义务。

区分有偿合同与无偿合同的法律意义主要在于：第一，当事人的注意义务要求不同。在有偿合同中，当事人的义务受当事人间利益关系的影响，法律对当事人要求有较高的注意义务；而在无偿合同中，因一方仅支付代价却无利益取得，法律对其注意义务要求较低。第二，主体资格要求不同。订立有偿合同的当事人原则上应当为完全民事行为能力人，例如，限制民事行为能力人非经其法定代理人同意不得订立重大的有偿合同。而对于无偿合同，由于一方取得利益无需支付代价，另一方仅支付代价而不能取得利益，因此，法律对于无偿合同中取得利益的当事人的主体资格要求较低，例如，完全限制民事行为能力人可以为自己订立纯获利益的合同。第三，债权人行使撤销权的条件不同。例如，《合同法》第74条规定："因债务人放弃其到期债权或者无偿转让财产，对债权人造成损害的，债权人可以请求人民法院撤销债务人的行为。债务人以明显不合理的低价转让财产，对债权人造成损害，并且受让人知道该情形的，债权人也可以请求人民法院撤销债务人的行为。"可见，债权人撤销权的行使因债务人的行为属无偿行为还是有偿行为而有不同。在无偿行为场合，债权人行使撤销权并不要求第三人主观上具有恶意；而在有偿行为场合，债权人行使撤销权则要求第三人主观上具有恶意。第四，构成善意取得的条件不同。在无权处分人处分他人财产并将财产转让给第三人时,如果以合理价格转让,受让人为善意的,则第三人可基于善意取得制度的适用而取得标的物的所有权;如果通过无偿合同转让的,则受让人不论善意与否,均不构成善意取得,第三人不能取得受让财产所有权,财产所有人有权要求第三人返还财产。

(三)诺成性合同与实践性合同

根据合同是自当事人意思表示一致时成立,还是在当事人意思表示一致后仍须有实际交付标的物才能成立,可将合同分为诺成性合同与实践性合同。

诺成性合同或称"一诺即成"的合同,是指仅依当事人的意思表示一致即可认定合同成立的合同。买卖合同、租赁合同等就是诺成性合同。

实践性合同,亦称要物合同,是指除双方当事人意思表示一致外,尚须实物给付始能成立的合同。如定金合同属于实践性合同。

区分诺成性合同与实践性合同的意义主要在于:诺成性合同以合意为成立要件,实践性合同以合意和交付标的物或完成其他给付为成立要件。另外,在诺成性合同中,交付标的物或完成其他给付,系当事人的给付义务,违反该义务便产生违约责任。在实践性合同中,交付标的物或完成其他给付,不是当事人的给付义务,违反它不产生违约责任,但有可能构成缔约过失责任。

(四)要式合同与不要式合同

根据是否要求合同必须符合一定的形式才能成立,可将合同分为要式合同与不要式合同。

要式合同是指必须采用特定形式才能成立的合同。特定形式可以是书面形式、公证、鉴证、批准等。根据要式是法律规定的还是合同约定的,要式合同可以分为法定要式合同和约定要式合同。如《合同法》第215条规定的租赁合同、第238条规定的融资租赁合同、第270条规定的建设工程合同就是法定要式合同。

不要式合同是指不需要特定形式就能成立的合同。不要式合同是最为常见的,合同具体形式取决于当事人的自由意思,当事人可以采用口头形式,也可以采用书面形式,如买卖合同。

古代法中,往往以交易的外在形式确保交易的安全,只有特定形式的完成才能保证合同的效力,因而形成重视合同形式甚于合同内容的现象,故以要式为原则。近现代民法在重视交易安全的同时照顾交易的便捷,采用以不要式为原则,以要式为例外的做法,这同时也是合同自由原则的体现。《合同法》第10条规定:"当事人订立合同,有书面形式、口头形式和其他形式。法律、行政法规规定采用书面形式的,应当采用书面形式。当事人约定采用书面形式的,应当采用书面形式。"

区分要式合同与不要式合同的意义主要在于:对要式合同而言,如果不符合特定的"形式要件",合同则不成立,而不要式合同则不存在这一问题。

(五)主合同与从合同

根据合同是否必须以其他合同的存在为前提进行划分,可将合同分为主合同与从合同。不依他种合同的存在为前提而能独立存在的合同,称为主合同。凡必须以他种合同的存在为前提始能存在的合同,称为从合同。例如,保证合同、抵押合同、质押合同或者定金合同,它们相对于主合同而言即为从合同。从合同的特点在于其附属性,从合同不能独立存在,必须以主合同的有效存在为其前提。

区分主合同与从合同的法律意义主要在于明确它们之间的制约关系:主合同不存在或无效的,从合同也就不具效力;主合同转让的,从合同随之转让;主合同终止的,从合同也随之终止。然而,从合同的存在与否以及是否有效,并不影响主合同的存在及效力。

(六)实定合同和射幸合同

根据合同订立时当事人的给付义务是否确定,可以将合同分为实定合同和射幸合同。

实定合同是指于合同订立时就已经确定当事人给付义务的合同。实定合同的特点在于,当事人的给付义务于合同订立时就已经确定,与其后是否发生偶然事件没有关系。大多数合同,如买卖、租赁、承揽、运输、保管、委托等合同,都属于实定合同。

射幸合同是指在订立合同时当事人的给付义务尚未确定的合同,如保险合同、有奖销售合同、彩票合同等。射幸合同通常约定双方对待给付是极不对等的,看似不公平,基于合同义务的履行不具有确定,双方的义务实质上是公平的。射幸合同因其对待给付极不对等,往往受到更多法律规制,否则,射幸合同有可能成为一方损害他方利益,谋取不当利益的手段。因此,对社会有益的射幸合同,才受法律的认可,如保险、福利彩票等。

区分实定合同与射幸合同的法律意义主要在于:实定合同一般要求等价有偿,射幸合同则不能从等价有偿角度来衡量合同是否公平。也就是说,对于实定合同,当事人一般可以给付不等价即显失公平为由,提出撤销合同的请求;而对于射幸合同,当事人不能以给付不等价为由主张撤销合同。另外,实定合同的订立,法律一般无限制;而对于射幸合同,只有在法律许可的场合或领域才可订立。

(七)有名合同和无名合同

以法律是否有规定并赋予特定名称为标准,可将合同分为有名合同和无名合同。

有名合同也称典型合同,是指法律设有规范,并赋予一定名称的合同。《合同法》分则部分规定的有名合同有买卖合同,供用电、水、气、热力合同,赠与合同,借款合同,租赁合同,融资租赁合同,承揽合同,建设工程合同,运输合同,技术合同,保管合同,仓储合同,委托合同,行纪合同和居间合同共 15 种。此外,我国相关法律法规中,也有其他有名合同的规定,如《中华人民共和国保险法》(以下简称《保险法》)规定的保险合同。

无名合同又称非典型合同,是指法律尚未特别规定,也未赋予一定名称的合同,如聘请保姆合同、旅游合同、住宿合同等。对于无名合同,只要合同内容不违反社会公共利益和善良风俗以及禁止性规定,法律皆认可其效力。

从合同规范的内容看,无名合同主要有三种类型:一是纯粹的无名合同。纯粹的无名合同,是指合同的内容法律完全没有规定,不符合任何有名合同的要件,如连锁加盟合同。此类合同应依合同目的、诚实信用原则,并斟酌交易习惯订立。二是合同联立。合同联立,是指数个合同(有名或无名)具有相互结合的关系。其中一种情况是数个独立的合同内容融合为一个新的合同。例如,甲将房屋出售给乙,同时乙将房屋出租给甲。这个合同是买卖和租赁联立而成的。另一种情况是依当事人的意思,一个合同的效力依存于另一个合同的效力。例如,甲进行蔬菜种植,乙向甲借款开设饭店,并约定乙所需的所有蔬菜均应当向甲购买。若甲与乙在签订借款合同时约定,甲不给乙借款则乙就不会从甲处购买蔬菜,于此情形,甲与乙间的借款合同与买卖合同就具有依存关系,如果其中一个合同不成立、无效、撤销或解除,则另一个合同也应不成立、无效、撤销或解除。三是混合合同。混合合同,是指由数个合同的部分构成的合同。它在性质上属于一个合同。混合合同有三种类型:①有名合同附其他种类的从给付,即双方当事人所提出的给付符合有名合同,但一方当事人尚负有其他种类的从给付义务。例如,甲向乙购买煤气,约定使用后返还煤气罐。其中买卖合同为主法律关系,借用合同为从法律关系。在法律适用上,应按主法律关系即买卖关系来适用,从法律关系为主法律关系所吸收。②类型结合合同。类型结合合同,是指一方当事人所负的数个给付义务属于不同类型的合同,彼此基本居于同等重要的地位,而他方当事人仅负单一的对待给付,或不负任何对待给付。例如,甲与乙签订租赁写字楼的合同,甲负有提供写字间、保洁保安和提供午餐的义务,乙负有交付一定租金的义务。其中甲的给付义务分别属于租赁、物业服务、买卖合同的构成部分。对于此种混合合同,原则上应采"结合说",分解各构成部分,分别适用各部分的有名合同规范,并依当事人可推知的意思调和其分歧。③类型融合合同。类型融合合同,是指一个合同中所包含的构成部分同时属于不同的合同类型。例如,甲以半赠与意思将其价值 50 万元的房产以 20 万元出售给乙。学说上称为混合赠与,甲的给付同时属于买卖和赠与,原则上应当适用此两种类型的规定。关于物的瑕疵,依买卖的规定;关于乙不当得利,则按赠与的规定处理。

区分有名合同和无名合同的法律意义主要在于处理这两类合同所适用的规则不同。对于有名合同,由于法律规定有统一的规则,应当直接适用法律的规定。对于无名合同,由于法律无针对性的具体规定,因此只能适用法律一般性规定,例如,适用《合同法》总则的规定和《中华人民共和国民法通则》(以下简称《民法通则》)的规定。对此,《合同法》第 124 条规定:"本法分则或者其他法律没有明文规定的合同,适用本法总则的规定,并可以参照本法分则或者其他法律最相类似的规定。"

(八)束己合同与涉他合同

以合同是否涉及第三人利益为标准,可将合同分为束己合同和涉他合同。

束己合同又称为"为订约人自己利益订立的合同",是指订约当事人为自己设定权利,使自己直接取得和享有利益而订立的合同。束己合同仅在当事人之间有拘束力。

涉他合同,指合同当事人在合同中为第三人设定了权利或义务的合同。根据为第三人设定债权还是债务,涉他合同又可分为为第三人利益的合同和第三人负担合同。为第三人利益的合同,也称利他合同,是当事人为第三人设定了合同权利,由第三人取得利益的合同,如《保险法》第 52 条规定的依据法律或合同规定向受益人给付保险金额的人寿保险合同,就是典型的为第三人利益订立的合同。第三人负担合同,是合同当事人为第三人约定了合同义务,由第三人向合同债权人履行该合同义务的合同,为第三人设定负担合同通常是无效的,除非第三人认可该合同。涉他合同的一个基本特征是第三人不是合同当事人,不需要在合同上签字盖章。

区分束己合同与涉他合同,一方面可以反映出两类合同的目的有所差异,另一方面是在合同的效力范围上表现出差异。涉他合同是对合同相对性原则的突破,但第三人并没有成为合同的一方当事人,在发生违约的场合,我国仍然奉行合同相对性原则,由债务人向债权人承担违约责任,至于债务人与第三人之间的关系,则要另案处理。

第二节 合同法的概念与特点

一、合同法的概念

世界上最古老的合同法出现于公元前18世纪《汉谟拉比法典》中关于契约的规定中。《汉谟拉比法典》对于买卖、租赁、承揽、委托、保管、雇佣、借贷契约等,都做了比较详尽的规定,代表了那个时代立法者和法律文化创造者对于人类民事利益交易文化的思考,进而形成系统的契约法规范,用以调整民事交易利益,保护交易秩序,推动交易的发展和顺利进行。

现代合同法是各国民事法律制度的重要组成部分,主要调整财产流转关系,规制交易行为,是国家在现代经济发展时期依法管理经济的重要法律规范。广义的合同法,是指规范合同关系的一切法律规范,既包括狭义的合同法,还包括其他一切规范合同关系的法律法规、规章、司法解释,如《保险法》、《中华人民共和国商业银行法》等法律中关于合同立法的内容。狭义的合同法,则仅仅指以"合同法"或"契约法"命名的单行法律、法规,如《合同法》。

二、合同法的特点

合同法是调整平等民事主体之间的民事利益交易关系的法律规范的总称。作为市场交易行为的基本法律,合同法的法律特征如下。

1.合同法是私法

合同法规范平等主体之间的交易或者民事利益流转关系,强调合同主体之间地位的平等性,并以意思自治为交易基础,尊重民事主体的自由选择和利益。合同法保护私权利,属于私法范畴。

2.合同法具有财产性

合同法不调整平等主体之间的人身关系,当事人通过协议设立、变更、终止身份关系的行为不属于合同法的规范对象。合同法规范的是平等主体之间设立、变更、终止财产权利义务的法律关系,合同关系是财产权利义务关系。合同法属于财产法,具有财产性。

3.合同法具有任意性

合同法主要是通过任意性法律规范,而不是强制性法律规范调整合同交易关系,而且,在许多情况下,合同法坚持约定优先于法定。从这个意义上说,合同法通过任意性规范引导合同当事人的交易行为,或者补充合同内容使其完整。合同法中也存在对当事人意思自治进行限制的内容,即合同法中存在强制性规范,但被严格限制在合理与必要的范围之内,而不是任意给予非正当的限制。

4.合同法具有交易性

现代合同法主要是在经济或商业因素的推动下产生的。在实务中,民事主体正是通过合同的形式来实现物品转让、权利让与、劳务提供等交易。因此,世界各国基本上都认为合同法具有交易性,应属于财产交易法的范畴并给予立法上的高度重视。如何保护交易安全、促成交易、保障交易的简捷,是合同立法上考虑的重要问题。

5.合同法具有灵活性

在市场经济条件下,交易关系日益频繁,这就决定了以调整交易关系为主的合同法具有灵活性,从而适应交易关系发展的需要。合同法的灵活性主要表现在合同法的容纳性强。合同法的规范多为指导性规定,这就为灵活多样的交易关系的正常进行提供了活动空间。

三、合同法的演变和发展

合同是当事人为自己设定义务的规则,它随着商品经济的诞生而诞生,随着商品经济的发展而发展。从历史沿革来看,合同法大致经历了三个典型的发展时期。

(一)古代合同法

人类初始,曾经历了一个漫长的原始社会时期,在原始社会组织中,个人并不为自己设定任何权利,也不为自己设定任何义务。随着生产力的发展,人类社会出现了农业与畜牧业、农业与手工业的两次大分工,特别是作为一般等价物的货币的出现,使买和卖逐渐分离,商人从农民、手工业者中分立而成为一个独立的社会阶层,简单的物物交换逐渐退出历史舞台,商品交换日趋复杂,并成为一种普遍的社会现象,原来的习惯已不足以保障商品交换和信誉安全。为保证这一规则的顺利实施,便产生了社会共同体运用公共权力制定和认可的法律规范,这种约束交换的法律规则就是成文的合同法。公元前 20 世纪,两河流域阿摩利人用楔形文字刻在泥板上的《俾拉拉马法典》和《李必特·伊丝达法典》是契约成文法的最早渊源。另外,古巴比伦的《汉谟拉比法典》具有较完善的合同法规范,《萨利克法典》和《摩奴法典》等也是古代比较著名的成文法法典,只是其中合同法规范与刑法规范相比则数量较少,居于次要地位。整个古代合同法是极其落后的,包括罗马法在内的合同法也尚未达到真正的系统、完备的理论水平,与现代合同法精神更是相去甚远。

(二)近代合同法

近代合同法是指在 17、18 世纪形成并于 19 世纪成熟和定型化的合同法,是资本主义自由竞争时期的合同法。现代合同法的基本原则大部分是在 18 世纪和 19 世纪才得到发展和阐释的,这些原则是法院对合同问题的普遍处理方法,是合同法的传统或古典阶段。在这一阶段,自由竞争替代了古老的传统束缚。为了和封建等级特权抗衡,资本主义的思想家给予个人自治以很高的评价:每个人都必须自由地去选择他所希望的生活条件,追求他所选择的目标;相应地,国家必须尊重这种自由,保证其公民的信仰自由、贸易自由和择业自由等。理论家们所推崇的个人主义、自由主义哲学、放任主义经济和自然法学都在这个时期达到学术巅峰。为此,合同自由就成为合同法上的铁律。人人摆脱了封建社会身份决定一切的束缚,实现了"从身份到契约"的转变,这意味着任何人都可通过自由的合同关系创造一切,人人有为自己缔结合同的不可剥夺的权利,法律应尽可能少地干预人们的这种活动,合同关系遍及社会各个角落。根据契约自由的私法原则,订立合同自由,选择对方当事人自由,决定合同内容自由,决定合同方式自由,协议变更合同自由。

合同自由与合同神圣成为整个合同法构建的思想基础,并成为近现代合同不可动摇的基石,是近现代合同法的灵魂,体现了现代合同法的价值。

(三)现代合同法

现代合同法,大体上是指 20 世纪以来的合同法。合同法的古典理论强调合同自由,但 19

世纪末,由于社会飞速发展,出现了许多人们始料未及的社会、经济条件变化和司法实践的变革,使得当代合同法发生了一些重要的变革。

20世纪,西方各主要国家进入资本主义经济垄断时期,在经济理论上,逐步放弃了自由放任学说,转而采信国家干预理论,社会生活中出现了企业主与劳动者、生产者与消费者等利益群体的对立,各阶层间的利益冲突日益表面化、白热化,契约严守、意思自治在某种程度上已成为以强凌弱的工具。为协调这种利益冲突,克服频繁和严重的经济危机,维持良好的经济秩序与交易安全,统治者在主客观上不得不对交易自由进行限制,于是,在一些特殊领域出现了大量的专门性的立法,如劳动法规范雇主与雇员之间的合同,公共事业必须按照政府提供的条款与他人在其经营范围内签订合同,保护消费者的特别立法层出不穷,保险合同被法律标准化,对合同交易的干预最终发展为主流思潮。

第三节 合同法的基本原则

一、合同法的基本原则概述

合同法的基本原则是指贯穿于合同法整个领域,指导合同当事人的合同行为以及合同司法的根本准则。合同法的基本原则是合同法的宗旨和价值判断的集中体现,是制定、适用、解释和研究合同法的依据和出发点。

合同法的基本原则具有以下特点:

(1)根本性。合同法的基本原则是贯穿于合同法整个领域、适用于合同法各项制度的基本准则,是制定、适用、解释和研究合同法的基本指导思想,其效力及于合同法的始终,因此具有根本性。一项准则,若仅对合同法的某一领域起作用,仅是适用于某项制度,则其不能成为合同法的基本原则。

(2)指导性。合同法的基本原则不是合同法的具体法律规范,不确定具体的合同权利义务关系,但它具有相应的指导功能,即能够指导和协调合同法各项制度的建立和执行,能够规范人们的合同行为,以正确实施合同法。

(3)强行性。正因为合同法的基本原则具有根本性、指导性,所以,合同法的基本原则具有强行性,以国家暴力机关作后盾。当事人对于合同法的基本原则必须遵守,不得排除合同法基本原则的适用。

基于上述特征,确立合同法的基本原则具有重要意义:

(1)合同法的基本原则体现了合同立法的指导思想。在制定合同法时,立法者对合同各项制度的具体规定和安排,必须以基本原则为出发点,不能违背合同法的基本原则。合同法的各项具体制度就是在合同法基本原则的统摄之下,成为一个有机的整体。例如,合同自由是合同法最基本的原则,因此合同法在内容上就主要体现为规定大量的任意性规范,允许当事人在法律规定的范围内自愿地从事各种交易活动,并决定彼此在交易活动中的权利义务,立法者避免过多地依赖强制性或禁止性规范去限制当事人的行为自由。

(2)合同法的基本原则为合同当事人提供抽象的行为准则。合同法的基本原则不同于确定当事人具体权利义务关系和行为模式的各个合同法规则。基本原则中没有标准的法律规范构成的要素,比如构成要件、法律后果之类。但其本身也具有规范作用,这种规范作用主要体现在补充具体规范的缺漏方面。由于社会经济生活总是处于不断发展和变化之中,合同法规范不可能对各种合同关系中可能涉及的法律问题都作出明确具体的规定,尤其是在立法之后发生的新情况,更不可能为立法者所全部预见。所以,在缺乏具体规则的情况下,当事人依据合同法的基本原则从事交易活动也是十分必要的。

(3)合同法的基本原则可以指导合同司法活动。合同法规范不仅是行为规范,也是司法规范。也就是说,法院或仲裁机构裁判合同纠纷案件,须以合同法为法律依据。为了在司法过程中准确地体现合同法的价值取向,实现最佳的法律调整效果,需要贯彻合同法的基本原则。法院或仲裁机构裁判合同案件时,若缺乏具体规则,就只能也必须以合同法的基本原则为依据。从这一意义上,合同法基本原则具有补充合同法漏洞的作用。

二、平等原则

根据《民法通则》的规定,民法调整的是平等主体之间的人身关系和财产关系。合同法作为民法的一个重要组成部分,自然也是调整平等主体之间的合同关系。

《合同法》第 3 条规定:"合同当事人的法律地位平等,一方不得将自己的意志强加给另一方。"这一条确立的是合同当事人法律地位平等的原则,简称平等原则。平等原则是指地位平等的合同当事人,在权利义务对等的基础上,经充分协商达成一致,以实现互利互惠的经济利益目的的原则。平等原则反映了合同法所调整的社会关系的本质特征,是私法关系主体法律地位平等原则在合同法中的具体体现。

作为私法主体法律地位平等原则的一种表现,合同法上的平等原则具体表现在以下几个方面:

(1)合同关系中的当事人法律地位平等。合同当事人是平等主体,没有高低从属之分,不存在命令者与被命令者、管理者与被管理者。这意味着不论所有制性质,也不问单位大小和经济实力的强弱,其地位都是平等的。例如,财政厅为采购办公用品而与处于其管辖区内的企业订立买卖合同,这两者的地位平等。

(2)合同当事人平等地适用合同法来决定相互之间的权利义务关系。这就是适用法律层面上的平等。无论参加到合同关系中的当事人是自然人还是法人,是国有大型企业还是民营小企业,都应当适用相同的法律,而不应当有法律上的差别待遇。而且,彼此的权利与义务是相对应的。当事人应该平等地依据合同法来进行合同行为,任何一方没有超越法律、主张豁免或适用特别法的特权。

(3)合同当事人必须就合同条款充分协商并取得一致,合同才能成立。合同是双方当事人意思表示一致的结果,是在互利互惠基础上充分表达各自意见并就合同条款取得一致后达成的协议。因此,任何一方都不得凌驾于另一方之上,不得把自己的意志强加给另一方,更不得以强迫命令、威胁等手段签订合同。同时还意味着凡协商一致的过程、结果只要符合法律,任何单位和个人不得干涉。例如,卫生管理部门在依法维护市场卫生秩序时,与企业之间是管理与被管理的关系,但在购买商品时,其与企业间的法律地位就是平等的,不能因为卫生管理部门享有行政管理权力就可以不管医药企业愿意不愿意将自己的意志强加给医药企业。

(4)根据平等原则的要求,在发生合同纠纷时,当事人应该平等地诉诸私法上的纠纷解决方法,而不得采用强制命令的方式来处理有关问题。

三、合同自由原则

《合同法》第 4 条规定:"当事人依法享有自愿订立合同的权利,任何单位和个人不得非法干预。"这是法律关于合同自由原则的规定。

合同自由原则,是指合同当事人可以自由协商确定其相互之间的权利义务关系,而免于受到外部的非法干预的原则。合同自由原则的首要意义在于保障当事人意思自由,这是使当事人受自己的意思表示约束的前提。在不自由的状态下作出的意思表示,例如,当事人在受到对方强迫、威胁、欺诈等情形下,不能反映当事人的真实意思,就没有理由要求当事人受到此种状态下所做意思表示的约束。合同自由原则是私法自治精神在合同法中的重要体现。个人意思自治和行为自由是私法最重要的特点,合同自由作为一般行为自由的组成部分,在整个私法领域具有重要的核心作用。

《合同法》确认当事人享有以下方面的自由:

(1)缔约自由。缔约自由是指是否订立合同,任何人都可以自己作出决定。因合同由要约和承诺组成,故缔约自由又包括要约自由和承诺自由两个方面。缔约自由是合同自由最基本的含义,是当事人确定合同内容自由的前提。

(2)选择合同相对人的自由。当事人有权选择交易对象。选择合同相对人的自由,实际上就是认可了当事人自由参与市场活动,自由地进行竞争的自由。

(3)确定合同类型自由。缔约人有权根据自己的意愿确定与他人订立何种类型的合同而不受他人干涉。当事人还可以自由"发明"合同法分则没有规定的合同类型,对此,法律同样予以保护。

(4)确定合同内容自由。当事人可自由约定合同的内容,合同法中的规定大多数为任意性规范,有权自由决定订立哪些条款和不订立哪些条款。确定合同内容自由是合同自由原则的核心内容,但是,这种自由须以不违反法律强制性规定为条件。

(5)选择合同形式自由。债法上的合同遵循形式自由原则,订立合同,一般允许当事人采用任何形式,当事人既可以书面形式订立合同,也可以口头形式或者其他形式订立合同。无论当事人采取何种形式订立合同,只要不违反法律的强制性规定,都受法律保护。

当然,合同法所确立的合同自由是一种相对的自由,而非绝对的自由。合同自由只有在双方当事人经济地位平等的情况下,才能给人们带来公正的合同。在经济地位不平等的情况下,合同自由却使占有优势的一方当事人能够在合同形成方面毫无顾忌地利用自己的强势。因此,在现代社会中,为了保障市场经济的有序发展,国家有必要对市场经济实行宏观调控和正当干预,为此,应对合同自由作出必要限制。如供电、水、气、热的公用事业企业负有强制缔约的义务,因为该类企业一旦滥用优势地位,将会使普通公众被迫接受极不平等的合同条件,有损社会整体利益,阻碍社会发展。

四、公平原则

《合同法》第 5 条规定:"当事人应当遵循公平原则确定各方的权利和义务。"这是合同法规定的公平原则。

在民法上,公平原则的理解大致有以下几点:①强调机会均等,每个民事主体都有参与交易活动的同等机会;②民事主体间的权利义务应具有对应性,各方利益要兼顾;③民事责任需合理分配,在合同法上主要表现为标的物意外灭失风险的分担,在侵权法上表现为损害赔偿责任的分担;④遇有情势变更,民事法律关系的内容应作调整。

《民法通则》确立公平原则的同时,还同时规定等价有偿原则。等价有偿原则要求在交易中双方当事人权利义务对等,给付与对待给付之间价值对等。因此,公平原则和等价有偿原则在一定范围内存在重叠,尤其是在商业交易领域,等价有偿几乎是公平原则的全部。但公平原则并不仅仅适用于商业交易领域,它比等价有偿的适用范围更广泛,而且,有时尽管不符合等价有偿原则,也有可能是公平的。如赠与合同虽不符合等价有偿原则,但仍然是公平的合同。

在合同法中,公平原则要求合同双方当事人之间的权利义务要公平合理,要大体上平衡,尤其在双务合同中强调一方给付与对方给付之间的等值性,合同上的负担和风险的合理分配。具体包括:①在订立合同时,要根据公平原则确定双方的权利和义务,不得滥用权利,不得欺诈;②根据公平原则确定风险的合理分配;③根据公平原则确定违约责任,违约责任不宜过分高于当事人的实际损失。

值得注意的是,公平原则虽然预示着法院与仲裁机构可以基于公平的观念对当事人之间的利益状态进行某种调节和控制,但是这种干预,也必须在充分尊重当事人意思自治的前提之下展开,而不能随意地以自己的价值判断取代当事人的价值判断。公平原则应当次于合同自由原则适用,二者矛盾时,应当优先适用合同自由原则。

五、诚实信用原则

《合同法》第6条规定:"当事人行使权利、履行义务应当遵循诚实信用原则。"这一条是合同法所规定的诚实信用原则。

诚实信用(good faith/bona fides)起源于罗马法中的善意(bona fides)。[1] 现代民法中的诚实信用原则是指民事主体在民事活动中行使权利、履行义务应当诚实不欺,恪守信用,不对他人造成损害。这里的他人,包括了作为个体的他人以及作为群体的他人,也就是整个社会。

诚实信用原则在合同法领域主要体现为以下方面:

(1)合同订立阶段应遵循诚信原则。在合同订立阶段,尽管合同尚未成立,但当事人彼此间已具有订约上的联系,应根据诚实信用原则,负有先合同义务,如向对方提供缔结合同所必要的真实信息、保守秘密、要约撤销的限制等。任何一方都不得采用恶意谈判、欺诈等手段牟取不正当利益,也不得披露和不正当使用他人的商业秘密。当事人一方对于不履行这些义务而给另一方造成信赖利益的损失,应当承担缔约过失责任。

(2)合同订立后应遵循诚实信用原则。在合同订立后,当事人应当严格遵循诚实信用原则,正确履行各项合同义务,并应根据合同的性质、目的及交易习惯等履行通知、协助和保密的义务。即使在合同关系终止后,双方当事人不再承担义务,也应根据诚实信用原则的要求,承担某些必要的附随义务,如保密、忠实等后合同义务。

(3)合同的解释应遵循诚实信用原则。在实践中,当事人在订立合同时所使用的文字词句可能有所不当,未能将其真实意思表达清楚,或未能明确各自的权利义务关系,从而发生纠纷。此时,人民法院或仲裁机构应依据诚实信用原则,考虑各种因素(如合同的性质和目的、交易习惯等)以探求当事人的真实意思,并正确地解释合同,判明是非,确定责任。

----

① [德]卡尔·拉伦茨:《德国民法通论》(下册),王晓晔等译,谢怀栻校,法律出版社2003年版,第623页。

诚实信用原则作为合同法的一项原则,有弥补法律漏洞的功能。只有在法律没有明文规定,或者规定不足以解决实际问题时,才能被使用。

六、合法性原则

《合同法》第 7 条规定:"当事人订立、履行合同,应当遵守法律、行政法规,尊重社会公德,不得扰乱社会经济秩序,损害社会公共利益。"这是合法性原则的立法规定。所谓合法性原则,是指当事人所订立的合同必须符合法律、行政法规的强制性规定,否则无效。

合法性原则是对私法自治的一种限制,它体现了公共立法对私人自由的控制。合法性原则,实质是国家意志在私法领域的贯彻。但是,为了保障当事人的自由不被过于膨胀的公共立法所侵犯,只有违背法律、行政法规的强制性规定的合同无效,违背规章、地方法规和其他规范性文件规定的合同效力不受影响。

七、公序良俗原则

《合同法》第 7 条在确认合法性原则的同时,也确认了公序良俗原则。

公序良俗,是公共秩序和善良风俗的简称,是指民事主体在进行民事活动时不得违反社会公共秩序和善良风俗,不得违反社会一般道德准则和国家一般利益。

我国现行法没有采用"公序良俗"的概念,但我国多数学者认为,《合同法》第 7 条中的"社会公德"即相当于"善良风俗","社会公共利益"则相当于"公共秩序",因此,现行法的规定在性质和作用上与公序良俗原则相当。该原则强调在对当事人从事的民事法律效果进行规范性评价时,其评价依据不仅仅只是正式的法律,同时也包含了一定社会的公共秩序与善良风俗对行为人的行为所提出的规范要求。

所谓善良风俗,是指某一特定社会的公众观念所认同、所尊重的最低限度上的伦理秩序。然而,善良风俗同样是以法律制度本身所内在的道德伦理价值和法律基本原则为基础的,因此,善良风俗所指的道德实际上就是法律本身内在的伦理原则和价值标准。善良风俗只是从道德秩序中剪裁下来,在很大程度上被烙上了法律印记的那部分,而绝不是法律接受了某种崇高的道德伦理。善良风俗起到限制当事人私法自治的作用,它旨在使人们不得通过法律行为使不道德的行为变成法律上可强制要求履行的行为。

所谓公共秩序,是指由现行法的具体规定及其基础原则、制度所构成的"规范秩序",它强调某种底线性质的社会秩序所具有的规范性。公共秩序还可以分为政治的公序和经济的公序。政治的公序包括国家的安危,是指由宪法、刑法、行政法等所规定的安全秩序。经济的公序包括自由竞争的秩序、平等竞争的秩序等。凡从事危害国家安全和社会公共秩序的法律行为,绝对无效,如以买卖军火、毒品,从事犯罪或帮助犯罪行为为内容的合同。

从上述意义上来说,公序良俗原则的存在主要是为了补充成文法的不足。由于立法者认识能力的局限性,不可能把所有违反国家利益、社会公共利益和社会道德秩序的行为都规定以某种消极的评价,因此,通过设立公序良俗原则来弥补成文法中强制性规定的不足。就《合同法》领域而言,根据该原则的要求,合同当事人不得利用合同扰乱社会经济秩序,损害社会公共利益,否则,该合同无效。在当事人的行为明显违反社会公共利益,但又缺乏相应的禁止性法律规定时,法院可以直接适用这一原则,宣告有关行为无效。

具体的违反公序良俗的合同类型有:①违反宪法保障的公民基本权利的行为,如以不生育作为条件的劳动合同;②危害国家公共安全的行为;③违反家庭道德的行为,如离婚协议中约定母亲与子女脱离母女关系的约定;④违反职业道德的行为,如律师、医生之间限制竞争的协议;⑤通过合同设立性交义务的行为,如合同约定卖淫;⑥高利贷行为。

八、合同严守原则

《合同法》第8条规定,"依法成立的合同,对当事人具有法律约束力。当事人应当按照约定履行自己的义务,不得擅自变更或解除合同。"这一条确立的是合同严守原则,即依法成立的合同在当事人之间具有相当于法律的效力,当事人必须严格遵守,不得擅自变更或者解除合同,不得随意违约。当事人之间订立的合同如得到法律的肯定性评价,就具有了法律层面上的规范性,从而成为法律层面上的权利义务关系,继而在当事人之间具有了法律约束力。

需要注意的是,依法成立的合同具有法律效力,这并不是说合同在性质上就等同于法律,而只是说,在一般情况下,合同具有法律所赋予的对当事人的约束力。但是这种约束力并非绝对,在有些情况下,这种约束力原则上可能会基于对其他合同法基本原则的均衡考虑而产生某种程度的弱化。例如,当事人约定的违约金条款,虽然法律一般承认其效力,但是在符合一定前提的情况下也可以在一定程度上改变该合同条款,如相对于实际损失而言,违约金的数额过高,法官就可以根据当事人一方的请求予以降低违约金。此外,《最高人民法院关于适用〈中华人民共和国合同法〉若干问题的解释(二)》第26条规定:"合同成立以后客观情况发生了当事人在订立合同时无法预见的、非不可抗力造成的不属于商业风险的重大变化,继续履行合同对于一方当事人明显不公平或者不能实现合同目的,当事人请求人民法院变更或者解除合同的,人民法院应当根据公平原则,并结合案件的实际情况确定是否变更或者解除。"该规定明确认可了情势变更原则的适用,在某种意义上也是对合同严守原则的弱化。

总地来说,合同严守原则主要表现在三个方面:①自合同依法成立时起,合同当事人都要接受合同的约束;②如果客观情况发生变化需要变更或者解除合同,应当按照合同的约定或者法律的规定协商解决,任何一方不得擅自变更或者解除合同;③除不可抗力等法律规定的免责事由外,当事人不履行合同义务或者履行合同义务不符合约定时,要承担违约责任。

思 考 题

1. 如何理解合同的概念和特征?
2. 试述常见的合同分类及其分类的意义。
3. 试述我国合同法的基本特征。
4. 我国合同法的基本原则有哪些? 其内容是什么?

第二章 合同的成立

本章提要：

合同的成立是一个过程，这个过程分为要约和承诺两个阶段。本章讲述了合同成立的概念和条件，要约的概念、构成要件及其法律效力，承诺的概念、构成要件及其效力，缔约过失责任等。

本章重点：

(1)合同成立的条件；

(2)要约的概念和构成要件；

(3)要约与要约邀请的区别；

(4)承诺的概念和构成要件；

(5)合同成立的时间和地点；

(6)缔约过失责任的涵义和构成。

第一节 合同的成立概述

一、合同成立的概念

合同是合同当事人之间设立、变更、终止民事权利义务关系的协议，是当事人意思表示一致的结果。合同的成立，是指订约当事人就合同主要条款达成合意并符合一定的表现形式而被法律认为客观存在。合同的本质是一种合意，合同成立就是各方当事人的意思表示一致达成合意的结果。

合同的成立主要有以下特征：①合同的成立是指合同在法律上被认为是一种客观存在的事实，但是对这一事实赋予何种法律后果则属于合同生效的问题。②合同的成立须符合法定或约定的构成要素，否则，法律不承认该合同的成立而认为其根本不存在。

合同的成立是当事人之间产生权利义务的基础。合同成立的作用体现在以下几方面：

(1)合同的成立旨在解决合同是否存在的问题。合同成立是订约当事人意思表达一致的结果。如果合同不成立，也就不存在合同的履行、变更、解除或者终止等各种问题。

(2)合同的成立是认定合同效力的前提要件。只有成立的合同才能进一步谈及合同是否有效的问题。如果合同没成立，也就根本谈不上合同效力的问题。

二、合同成立要件

合同成立要件，也称合同的构成要素或构成要件，是指依照法律规定或者当事人约定，合同成立所必不可少的事实要素。

在关于合同成立要件上,学者有不同的观点。例如,有的认为,合同的成立要件包括三个:一是须有两个以上当事人,且当事人须有行为能力;二是合同的内容应适于发生债权,即应为确定、可能、适法及社会的妥当;三是合同的各方意思表示应有效成立且一致[①]。有人认为,合同的成立条件有三:一是须有双方当事人;二是须以订立合同为目的;三是须意思表示一致[②]。有的认为合同的成立要件为如下三点:一是订约主体存在双方或多方当事人之间;二是对主要条款达成合意;三是合同的成立应具备要约和承诺阶段。[③] 有的认为,合同的成立要件包括:一是当事人,合同的当事人应有双方,且须是相互独立的权利主体;二是标的;三是意思表示[④]。我们认为,合同成立的一般要件应包括以下几方面:

1. 双方或多方当事人

当事人即合同主体。合同是双方或多方法律行为,多数合同是双方法律行为,但也有一些合同是多方法律行为,如三人或三人以上的出资合同、合伙合同等。因此,合同的成立必须首先存在双方或多方当事人,只有一方当事人是不可能成立合同的,某人不能与其自身成立合同,但以不同法律身份出现时例外。作为合同的一方当事人,既可以是一人,也可由数人组成。

2. 当事人须意思表示一致

订约当事人必有订约的意思表示,才能进入订约的程序。若当事人之间并没有订约的意思表示,当然不会有合同的成立。不仅如此,当事人之间还必须就合同的主要条款协商一致,否则,合同也不能成立。所谓协商一致,就是指经过谈判、讨价还价后对合同的基本内容达成的相同的、没有分歧的看法。

合同的最基本内容,一般是指足以确定合同法律关系的性质以及当事人基本法律关系的条款,也称为合同的要素。缺乏合同的最基本内容,将使合同缺乏起码的事实外观,也无法确定当事人间的权利义务关系,从而使法律无法对其进行评价和干预。根据《最高人民法院关于适用〈中华人民共和国合同法〉若干问题的解释(二)》第1条第1款的规定,当事人对合同是否成立存在争议,人民法院能够确定当事人名称或者姓名、标的和数量的,一般应当认定合同成立。但法律另有规定或者当事人另有约定的除外。

合同法没有明文规定合同成立必须具备的内容,而只是要求要约必须具体确定。应指出的是,意思表示一致并非要求当事人对合同的全部条款都必须达成一致。因此,不能因为合同中某一条款的欠缺就认为合同不成立。为了避免因合同内容欠缺而认定合同不成立,影响和减损商品交易的发生,从鼓励交易的角度出发,《合同法》对内容欠缺的合同,规定了多种补救的方法,如协商、参照交易习惯等,在上述补救方法仍不能解决合同内容欠缺的问题时,最后适用《合同法》对"标的质量""价款""履行地点"等条款约定不明情况下的法律的直接规定,这使得一般情况下的合同内容都能被完善,从而满足履行的要求。

3. 标的合法

标的是合同法律关系的客体,是合同当事人权利义务所指向的对象。标的是合同成立的必要条件,没有标的,合同就失去了权利义务的载体,合同不能成立。

需要注意的是,《合同法》第12条中所谓的"标的",并不是民法理论在抽象意义上作为民

---

① 史尚宽:《债法总论》,中国政法大学出版社2000年版,第14页。
② 王家福:《中国民法学·民法债权》,法律出版社1991年版,第312页。
③ 王利明、崔建远:《合同法新论·总则》,中国政法大学出版社2000年版,第122-125页。
④ 谢怀栻等:《合同法原理》,法律出版社2000年版,第25-26页。

事法律关系客体存在的标的,其主要指的是"标的物",因此,合同法对其有质量、数量等的具体规定。因此,对于合同法及有关司法解释中所说的"标的",时常需要按照"标的物"来理解。此处的"标的合法",实为"标的物合法"。

标的条款必须清楚地写明标的物名称,以使标的物特定化,从而能够界定权利义务。合同条款中的标的物可以是物、行为与智力成果。物指民法意义的物,含一般等价的货币。行为指在人的意志支配下的作为与不作为。智力成果主要指知识产权中的财产权利。合同标的必须是确定的、合法的、可能的。标的作为合同的成立要件之一,是强调当事人的合同合意中应当明确双方当事人在合同有效成立后应当履行的特定行为。标的明确,合同才能客观存在。至于标的的可能、合法则是合同的有效要件,而非成立要件。

除上述要件之外,由于合同的性质和内容不同,许多合同还须具有其特定的成立要件。如要物合同、保管合同等,均要求在合意之外尚须有标的物的交付合同方能成立。而对于要式合同而言,则还应具备一定的方式才能成立。

第二节　要　　约

一、要约的概念与构成要件

要约是指一方当事人以缔结合同为目的向另一方当事人发出的意思表示,是合同的有机组成部分。要约在国际贸易中通常被称为发价、报价、发盘、出盘等。

要约是一种意思表示,但意思表示并非全为要约,只有具备一定条件的意思表示才为要约。《合同法》第 14 条规定:"要约是希望和他人订立合同的意思表示,该意思表示应当符合下列规定:(一)内容具体确定;(二)表明经受要约人承诺,要约人即受该意思表示约束。"据此,要约的构成要件应包括以下内容。

1. 要约须是以订立合同为目的的意思表示

要约人发出要约的目的在于缔结合同,而这一目的必须在要约人发出的要约中充分表达出来,这样才能在受要约人承诺的情况下产生合同。如果一方向他方发出意思表示,但该意思表示并不以订立合同为目的,则其不属于要约。

如何判断一方所发出的意思表示具有订立合同的目的呢?依《合同法》的相关规定,要约须表明经受要约人承诺,要约人即受该意思表示的约束。如果一方发出的意思表示明确表明一经对方承诺即受该意思表示的约束,或者虽未以言语或文字表明该内容,但依当时的情形等因素可以推定表意人已经决定订立合同,则该意思表示就是以订立合同为目的,该意思表示即为要约。

2. 要约须为特定人的意思表示

要约的目的在于订立合同,当要约被受约人承诺,则合同成立。只有要约人是特定的人,受要约人收到要约后,才能对之做出承诺,进而产生合意。若要约人不特定,则受要约人无法对其要约作出承诺,合同也就无法订立。故要约人须为特定的人。至于该特定的要约人是自然人还是法人,是本人还是委托代理人,在所不问。

确定要约人有两种方式:一是通过表明身份而确定。例如,自然人表明自己的姓名、住址,提交身份证等证件;法人说明自己的名称、住所,提供法人证书等证明。二是通过订约行为表明自己为特定的人。例如,在自由市场交易时,要约人并不需要通过表明自己的身份来确定,而只需通过发出要约行为就可以确定。

3.要约须是向受要约人发出的意思表示

要约是希望和他人订立合同的意思表示,所以,要约只能向受要约人发出,只有这样,要约一经受要约人承诺,合同即成立。

受要约人是要约人希望与之订立合同的人,受要约人也就是要约人选定的人。因此,在一般情形下,受要约人也为特定的人。但在某些特殊情形下,受要约人也可以是不特定的人。《合同法》第15条第2款规定:“商业广告的内容符合要约规定的,视为要约”,这一规定明确承认了要约也可以向不特定的人发出。例如,超市商品标价陈列、自动售货机的设置、行驶中的公共汽车或标有空车标志的出租汽车等,就属于向不特定的受要约人发出要约。

4.要约的内容须具体、确定且充分

要约的内容必须具体、确定且充分,是指要约的内容必须明确,而非含糊不清,否则,受要约人将不能了解要约的真实含义,也难以做出承诺。一般来说,要约的内容明确是要求要约必须具备合同得以履行的主要内容,即通常所称的合同主要条款。一项意思表示若不能包括合同的主要条款,即使对方同意该意思表示,也不能发生合同成立的法律后果,该意思表示也就不能称为要约。

《合同法》并没有规定要约的内容必须具体到什么程度,对此,可以在遵循鼓励交易原则的前提下,根据要约试图订立的合同类型以及交易惯例来判断要约的内容是否具备了起码的确定性。

5.要约中应表明受要约人一经承诺,要约人即受该意思表示的约束

任何一个要约都应表明要约人在得到受要约人承诺时即受约束的意思表示,也就是说,要约人必须向受约人表明,要约一经受要约人同意,合同即告成立,要约人就要受到约束。当然,实践中要约人未必都以十分直接明确的方式表达此意,这就需要受要约人对要约的内容加以分析,以便确定要约中是否的确包含此意,从而决定是否承诺。

二、要约邀请

要约邀请,又称要约引诱,是指希望他人向自己发出要约的意思表示。在性质上,要约邀请虽然也以一定意图的表达为其内容,但是在法律性质上它只是一种事实行为,而非法律行为,其并不产生当事人预期的法律效果。需要注意的是,要约邀请并非一概不具任何法律意义,它作为当事人在合同磋商过程中的行为,也可能导致行为人承担缔约过失责任。

要约邀请具有一定的法律意义:第一,要约邀请是缔约的准备行为,能够唤起相对人的缔约意识,并可能导致相对人向自己发出要约;第二,要约邀请发出后,如果善意相对人已对要约邀请产生了合理的信赖,并为此发出要约并且支付了一定的费用,因邀请人的过失甚至恶意的行为致相对人损失,则邀请人应当承担缔约过失责任。

《合同法》第15条规定,“要约邀请是希望他人向自己发出要约的意思表示。”可见,要约邀请是不同于要约的概念。要约邀请与要约区别主要表现在:

(1)目的不同。要约邀请是当事人表达某种意愿的事实行为,其目的不是缔结合同,而是邀请对方当事人向自己发出要约的意思表示,是当事人订立合同的预备行为;而要约是当事人自己主动作出的意思表示,目的在于与他人缔结合同。

（2）效力不同。要约邀请仅处于缔约的准备阶段，不因相对人的同意而成立合同，当中也不含有当事人愿意承受拘束的意图，邀请人希望自己处于一种可以选择是否接受对方要约的地位；而要约中含有当事人愿意承受要约拘束的意图，对方一旦承诺，合同即成立。

（3）内容不同。要约邀请只是希望他人向自己发出要约，不必具备促使合同得以成立的主要条款；而要约的内容必须具备足以使合同成立的必要条款。

要约邀请和要约虽有本质的不同，但在实际生活中区分两者并非易事。《合同法》第15条第1款总结实践中的一些典型行为，明文规定寄送的商品价目表、拍卖公告、招标公告、招股说明书、商业广告等为要约邀请。现分述如下。

1. 商品价目表

商品价目表是一种推销方式，是由商品生产商或经销商向公众或者特定的人发出的，旨在引起对方兴趣并向自己发出要约的意思表示。商品价目表虽包含了商品名称及价格条款，并且含有希望他方订约的意图，但是该行为只是向对方提供某种商品信息，目的是唤起对方的购买欲望，但缺乏明确表明一经对方承诺即接受拘束的意旨，也缺少数量条款这一合同的必要条款。所以，寄送价目表虽是以订立合同为其最终目的，但依然是要约邀请而非要约。当然，如果寄送的价目表中明确表明了行为人愿意受承诺的约束，或者从价目表中可以确定该行为具有接受承诺之后果的约束的意图，则应当认定其为要约。

2. 拍卖公告

拍卖是以公开竞价的形式，将特定物品或财产权利转让给最高竞买人的买卖方式。拍卖公告是在拍卖活动中由拍卖人发出的关于拍卖的基本信息的公告，拍卖常用的方式是在媒体上刊登广告。根据《中华人民共和国拍卖法》的规定，拍卖公告必须于拍卖日7日前发布，内容一般包括委托人信息、拍卖标的物信息、对竞买人的要求以及拍卖的时间和地点，等等。拍卖公告通常被认为是一种要约邀请，其目的是吸引竞买人出价，即发出要约。通过拍卖方式缔结合同的，竞买人的报价为要约，拍卖人的拍定为承诺。

3. 招标公告

所谓招标，是指订立合同的一方当事人采取邀请或公告的形式，向数人或公众发出的、以吸引或邀请相对方报价，从而选择最满意的报价方订立合同的方式。

在公开招标活动中，由招标方按照法定程序，通过公开途径向社会公众发布关于招标的具体要求。在实际生活中，人们经常可以在报纸上看到的"招标通告"就是招标公告。发布公告的目的是使尽可能多的潜在的投标商获取招标信息，参加投标，从而保证招标活动的公开性。同时，招标公告的结果也只是导致他人按照招标的要求来投标。因此，对于招标公告，通常认为是要约邀请。

4. 招股说明书

招股说明书又称招股章程，是指专门表达募集股份的意思并载明有关信息的书面文件。在申请股票公开发行的文件中，招股说明书是一个十分关键的文件。按照《中华人民共和国公司法》（以下简称《公司法》）有关规定，只要是募集股份，无论是发起人向社会公开募集股份，还是已成立的股份有限公司发行的新的股份，都必须制订招股说明书，并予以公告。招股说明书应当附有发起人制订的公司章程，并载明下列事项：发起人认购的股份数；每股的票面金额和发行价格；无记名股票的发行总数；募集资金的用途；认股人的权利、义务；本次募股的起止期限及逾期未募足时认股人可以撤回所认股份的说明。可见，招股说明书通过向公众提供股票发行人各方面的信息,从而吸引潜在的投资者向发行人购买股票。从合同法理论上讲,招股说明书是要约邀请,其目的在于邀请公众发出要约,购买公司的股份。认股人认购股份为要约;公司卖出股份为承诺。

5.商业广告

商业广告是商品经营者或者服务提供者承担费用、通过一定的媒介和形式直接或间接地介绍自己的商品或者服务的广告,其目的在于宣传商品或者服务的优越性,并以此吸引顾客购买商品或者接受服务。

商业广告一般不包含商品或服务的数量或其他主要条件,同时,卖方还可以对不特定的交易对象进行选择。因此,英美法系和大陆法系均认为商业广告只是要约邀请。但是,我国《合同法》第15条第2款规定:"商业广告的内容符合要约规定的,视为要约。"这就意味着,在我国法律并不排除或禁止广告人利用广告进行要约的可能性,只要广告内容具体确定,且广告人表明一经受众承诺即愿受拘束,此种广告就应视为要约,例如款到发货的商业广告。

6.悬赏广告

悬赏广告,是指广告人以广告的形式,对完成广告中要求的特定行为的任何人,给付广告中所承诺的报酬的意思表示。

关于悬赏广告的性质,素有争议。英美法系认为悬赏广告为公开的要约,而大陆法系国家或地区对此定性不一。德国民法规定其为单独行为,即认为悬赏广告是因广告人一方的意思表示而负担债务,而相对方则无须承诺,仅以一定行为的完成作为生效条件;日本学者认为其是要约行为;我国台湾学者有些认为其为单独行为,有些认为其为要约行为。笔者认为,采用单方法律行为说更为合理,特别是在行为人不知悬赏广告的存在以及行为人是无民事行为能力人或限制民事行为能力人时,采用单方法律行为说比要约说更有利于保护行为完成人的利益。

7.商品标价陈列

对于商品标价陈列是要约还是要约邀请,两大法系的看法不同。大陆法系国家或地区一般认为商品标价陈列是商店愿意出卖商品的意思表示,在商业惯例上,陈列者具有接受承诺的意图,因而构成法律意义上的要约。而在英美法系,一般认为要约是要约人愿意从事某种行为的一种允诺,该允诺不是单纯地表明愿意接受交易,而应表明愿意接受一定的约束条件,但商品标价陈列并未说明店主愿意将所陈列的商品卖给特定顾客,因此不是要约。我国合同法对此没有明确的规定。需要注意的是,顾客挑选商品的行为并不构成承诺。顾客在向店家付款之前,随时可以更换所挑选的商品,而顾客持所选商品到柜台结账则为承诺,买卖合同即成立,店家无反悔的余地。

三、要约的法律效力

要约的法律效力,又称要约的约束力,是指要约的生效及要约对要约人和受要约人的拘束力。要约的法律效力主要包括要约的生效时间,对要约人、受要约人有何约束力以及要约效力的有效期间等内容。

(一)要约生效的时间

要约生效的时间是指要约产生法律约束力的时间。《合同法》第16条规定:"要约自到达受要约人时生效。"可见,我国立法对要约的生效时间采取到达主义,即要约在到达受要约人时才能产生法律效力。关于是否属于法律意义上的"到达",要区分对待。

1. 非对话方式的要约

关于以非对话方式作出的要约的生效时间,我国采用到达主义。

这里所谓的"到达",是指要约送达受要约人能控制且可以知道要约内容的领域即可,例如受要约人的通信地址、营业地、住所等。值得注意的是,在非对话方式中,将要约送达到受要约人的住所和信箱的,即使受要约人尚未开启其信箱,要约也视为送达。依《合同法》第16条第2款规定可知,采用数据电文形式订立合同,收件人指定特定系统接收数据电文的,该数据电文进入该特定系统的时间,视为到达时间;未指定特定系统的,该数据电文进入收件人的任何系统的首次时间,视为到达时间。

2. 对话方式的要约

对话方式的要约,是指要约人采用向受要约人以直接对话的方式发出的要约,如要约人与受要约人当面对话、电话、异地同步视频通信等。《合同法》第16条第1款规定:"要约到达受要约人时生效。"《合同法》未区分对话方式的要约与非对话方式的要约,而是对要约生效时间一律采用到达主义,即要约到达受要约人时生效。我们认为,以对话方式发出的要约在要约发出的同时视为到达,即要约发出时立即生效。

3. 特殊形式的要约

对于一些特殊形式的要约,如标价陈列的超市商品、商业广告、悬赏广告、自动售货机等,根据交易的习惯,受约人接受此信息时,要约生效。

(二)要约对要约人的拘束力

要约对要约人的拘束力,是指要约一经生效,要约人即受到要约的拘束,也不得对要约加以限制、变更和扩张。要约对要约人的拘束力,是要约法律效力的重要方面,表现为要约人受要约的拘束,有的称之为要约的形式拘束力。

对于要约是否具有拘束力的问题,两大法系存在较大的不同。英美法系原则上否定要约的拘束力,认为要约原则上对要约人并无拘束力,虽然要约从到达受要约人之时起即处于可承诺的状态,但在受要约人承诺前,该要约并不存在法律效力,要约人不受其要约的拘束,可任意撤销或变更该要约。大陆法系一般认为,要约有形式拘束力。《德国民法典》第145条规定:"向他人要约订立合同的人,受要约拘束,但其已排除拘束力的,不在此限。"

《合同法》没有明确规定要约的形式拘束力,但通常认为,要约对要约人的拘束力主要包含两层含义:首先,为了保护受要约人的利益,确保正常交易安全,要约一经生效,要约人就要受该要约的拘束,不得随意撤回和撤销。当然,为了适应经济活动的实际需要,法律同时也赋予要约人对要约一定的撤销、撤回的权利。但无论是撤销还是撤回,均要合乎法律规定的条件。其次,要约一经受要约人承诺,即成为合同内容的一部分,对要约人产生拘束力。

(三)要约使受要约人获得了承诺的权利

要约对受要约人的拘束力,又称承诺适格,是指要约一旦发生效力,受要约人即取得依其承诺而成立合同的法律上的选择权。

要约对受要约人的拘束力,称为要约的实质拘束力,各国合同法一般认为,要约对受要约人原则上没有拘束力,因为任何人不得为他人任意设定私法义务。要约的本质,是赋予受要约人以承诺权,从而把成立合同的最终权利交给受要约人。受要约人承诺的,合同成立;受要约人不承诺的,合同不成立,且并不负有通知要约人的义务。即使要约人在要约中明确受要约人不为通知即为承诺的,也不能因此约束受要约人。

但是,在法律另有规定或商业惯例另有要求的时候,受要约人则负有将不承诺的意思表示通知要约人的义务。例如,在医疗合同中,医院救死扶伤的宗旨决定了它没有选择是否承诺的权利,但对于那些需要立即抢救的危重病人,若医院因为设备或者技术条所限需要病人转院的,应通知患者家属,让其及时转诊。此时,医院就有将不承诺的意思表示通知于要约人的义务。又如,常年有业务往来的两家公司,形成了固定的订约模式,如果受要约人一反常规,决定不按往常惯例承诺,此时就应基于诚实信用原则通知对方,以便对方知晓。

四、要约的失效

要约一经生效即对要约人具有拘束力,但这并不等于要约可以永远拘束要约人,要约效力可以因多种原因而丧失。《合同法》第20条规定了要约失效的四种情形:要约被要约人撤回和撤销;要约有效期限届满;受要约人拒绝承诺;受要约人对要约内容作实质性变更。实务中,在特定条件下,要约人或受要约人死亡也可能导致要约失效。

(一)要约撤回

要约撤回,是指要约人在发出要约后,在要约生效之前取消要约,阻止要约生效的法律行为。在要约生效前,受要约人尚未产生对要约的信赖,因此,撤回要约并不会影响受要约人的利益,同时也体现了对要约人意志和利益的尊重,是合同自由原则的要求,因此,各国法律普遍许可要约人撤回要约。《合同法》第17条也规定:"要约可以撤回。撤回要约的通知应当在要约到达受要约人之前或者与要约同时到达受要约人。"

要约的撤回应当满足以下条件:首先,撤回要约的意思表示应该由要约人向受要约人作出;其次,要约撤回的意思表示要先于要约到达受要约人或者至少与要约同时到达受要约人。需要注意的是,口头形式(如电话对话的要约)、以特殊方式进行的要约(如广告、标价陈列)等,一旦作出就为受要约人知悉,中间没有时间距离,故无法被撤回。

(二)要约撤销

要约撤销,是指在要约发生法律效力后,要约人做出的取消要约的法律效力的意思表示。

对于要约生效后,要约人可否撤销要约,各国法的规定不同。在大陆法系国家,法律一般规定,要约生效后要约人不得随意撤销要约。在英美法系中,本来就认为要约对要约人没有拘束力,所以在受要约人未承诺前,要约人可随时取消要约。《合同法》第18条规定:"要约可以撤销。撤销要约的通知应当在受要约人发出承诺通知之前到达受要约人。"可见,我国立法承认要约可以撤销,撤销要约须采用向受要约人通知的方式。撤销要约不仅要求要约人在受要约人发出承诺通知前为撤销要约的意思表示,而且该撤销通知还须于受要约人发出承诺前到达受要约人。如果撤销要约的通知于受要约人发出承诺通知后到达受要约人,则不能发生撤销要约的效力。

要约人撤销要约须具备一定条件。根据《合同法》第19条规定可知,以下三种情形下要约不得撤销：

（1）要约人确定了承诺期限。如果要约人在要约中确定了承诺期限，即表明要约人放弃了在此期限内对要约的撤销权。例如，在要约中出现"10月1日后价格及其他条件一并失效"的字样，其中的"10月1日"就是受要约人承诺期限的最后期限，在此期限之前要约人不得撤销要约。

（2）要约人以其他形式明示要约不可撤销。有时，要约人可能以其他方式表明要约是不可撤销的，例如，要约人在要约中规定"我方将保持要约中列举的条件不变，直到你方答复为止"。

（3）受要约人有理由认为要约是不可撤销的，并已经为履行合同作了准备工作。这是为了保护受要约人的信赖利益而做出的规定。所谓受要约人有理由认为要约是不可撤销的，是指存在导致受要约人产生要约人不会撤销要约的合理信赖的各种情形。例如，"如你方同意，请尽快发货"，或者"款到即发货"等。当然，除此之外，受要约人还必须已经为履行合同做了必要的准备。例如，受要约人购买原材料、筹备货款等。

在上述三种情形下，即使要约人撤销要约的通知于受要约人承诺通知发出前到达受要约人，该撤销通知也不能发生法律效力。至于是否存在要约不得撤销的情形，应由受要约人负举证责任。法律规定要约不得撤销的，要约人的撤销行为无效，受要约人承诺的，合同成立。若要约人不履行合同义务，则受要约人可追究其违约责任。此外，要约人撤销要约使受要约人放弃承诺而导致合同不成立的，若受要约人的信赖利益因此遭到损害，要约人应向受要约人承担缔约过失责任。

（三）承诺期限届满

承诺期限，是指受要约人可以承诺的期限，也就是要约的有效期限。只有在承诺期限内作出的承诺才具有法律效力。承诺期限届满，要约失效。

一般而言，对承诺期限的确定有两种情况：①要约中明确规定承诺期限的，该期限届满受要约人未作出承诺的，要约即失效。②如果要约中未明确规定承诺期限，对于口头要约，受要约人应当即作出承诺；对于书面要约，承诺人应在合理的期限内作出要约。此处的合理期限，是指在通常情形下受要约人足以决定是否承诺的期限。

（四）受要约人拒绝承诺

根据《合同法》第20条规定可知，受要约人拒绝承诺的通知到达要约人时，要约即告失效。

受要约人拒绝要约的方式有多种。受要约人可以明确表示拒绝，则要约自拒绝要约的通知到达要约人时失效。受要约人也可以在要约规定时间不作出承诺，此时，要约将自动失效。受要约人还可以提出反要约，如受要约人对要约中的标的、数量、价款、质量或履行期限、地点等实质性要素，进行变更或扩张。受要约人提出反要约实质上是受要约人对要约的拒绝，原要约将因此而失去法律效力。

（五）受要约人对要约内容作实质性变更

受要约人对要约的接受应是完全同意要约的内容，而不能对要约内容作出实质性变更。对要约内容作出实质性变更，包括对要约内容的限制、更改或扩张。

一旦对要约内容作出实质性变更，则受要约人的意思表示就不构成对原要约的承诺，而是对要约的一种拒绝,因此,要约的效力终止。同时,受要约人的意思表示被视为一项新的要约,此时双方地位颠倒,受要约人成为要约人,而原要约人成为受要约人,有权决定是否要对新的要约作出承诺。

(六)要约人死亡或丧失民事行为能力

对于要约人死亡或丧失民事行为能力是否导致要约失效问题,我国《合同法》并未加以明确,大陆法系和英美法系的做法不同。《德国民法典》第153条规定:"合同的成立不因要约人在承诺前死亡或者丧失行为能力而受妨碍,但可以认为要约人有其他意思的,不在此限。"而按照英国的合同法规则,受要约人在已经知道要约人死亡的时候,就不能够再作出承诺。如果受要约人并不知要约人死亡,他是否可以作出承诺,则应视合同性质而定:如果要约人在要约中所作的允诺具有人身性质,则要约人死亡将导致给付不能,受要约人就不能承诺,即使承诺也毫无意义;如果要约人在要约中所作的允诺不具有人身性质,则受要约人仍可承诺,并因此导致合同成立。笔者认为,要约人死亡则要约的主体消灭,要约人丧失民事行为能力则要约的主体不合格,两种情况下要约都应该失效,即使受要约人承诺,该承诺也失去意义,合同不能成立。

第三节 承 诺

一、承诺的概念及构成要件

承诺,又称为收盘、收价或接盘,是指受要约人对要约人作出的同意要约的意思表示。《合同法》第21条规定:"承诺是受要约人同意要约的意思表示。"同意要约的受要约人,称为承诺人。承诺的法律效力在于,承诺一经作出并到达要约人,合同即告成立。承诺是合同订立过程的最后阶段,一项有效的承诺,必须具备以下几个要件。

1. 承诺须是由受要约人向要约人作出的意思表示

首先,承诺应由受要约人做出。受要约人是要约人选定的希望与之订立合同的当事人,其承诺的资格是要约人赋予的,只有受要约人才有承诺的资格。受要约人为特定人时,承诺由该特定人做出;受要约人为不特定人时,承诺可由不特定人中的任何人做出。受要约人的承诺行为,可以由其本人或其授权的代理人做出,除此之外的任何第三人向要约人做出的同意要约的意思表示均不构成承诺,而只构成第三人向要约人发出的一项新要约。

其次,承诺应向要约人做出。承诺是对要约的同意,承诺的目的是为了同要约人订立合同,因此,承诺只能向要约人发出才能导致合同成立。若受要约人不是向要约人或要约人的代理人承诺,则要约人一方就无从知道受要约人是否接受要约,合同不能成立。

2. 承诺的内容须与要约的内容一致

承诺内容与要约的内容相一致,在英美法中称为"镜像原则",即要求承诺必须像照镜子一样照出要约的内容。如果在承诺之中对要约内容进行了扩张、限制或作其他变更的,视为拒绝原要约而发出一个新要约。《合同法》第30条规定:"承诺的内容应当与要约的内容一致。受要约人对要约的内容做出实质性变更的,为新要约。有关合同标的、数量、质量、价款或者报酬、履行期限、履行地点和方式、违约责任和解决争议方法等的变更,是对要约内容的实质性变更。"

但是,严格遵照"镜像原则"在实践中存在很大弊端。有时,承诺仅仅对要约内容作出微不足道的变更,这种非实质性的变更,从要约人的角度来看也是完全可以接受的,却因"镜像原则"的适用而必须再进行一次要约与承诺,这导致人为把合同的成立时间向后推移,不仅降低了交易效率,也增加了交易成本。为此,现代各国的立法都对这种传统规则进行修改,降低了对承诺与要约在内容上的一致性要求。如《联合国国际货物销售合同公约》规定,受要约人对要约的内容附加了某些条件,如果这些条件并不改变要约的实质性内容,并且要约人在不过分迟延的时间内没有表示反对这些附加条件,承诺仍然成立。《合同法》借鉴了这种立法例。第31条规定:"承诺对要约内容做出非实质性变更的,除要约人及时表示反对或者要约表明承诺不得对要约的内容做出任何变更的以外,该承诺有效,合同的内容以承诺的内容为准。"

3. 承诺应在要约有效期内到达要约人

要约的有效期限也就是承诺的期限,承诺应在要约的有效期内到达要约人。

承诺的到达分为两种情况:

(1)要约中规定了承诺期限的,承诺应当在要约确定的该期限内到达要约人才构成有效的承诺。如果受要约人是在要约有效期限届满后才作出同意要约的意思表示,则该意思表示不为承诺,而只能属于一个新要约。《合同法》第28条规定:"受要约人超过承诺期限发出承诺的,除要约人及时通知受要约人该承诺有效的以外,为新要约。"但是,依《合同法》第29条规定:"受要约人在承诺期限内发出承诺,按照通常情形能够及时到达要约人,但因其他原因承诺到达要约人时超过承诺期限的,除要约人及时通知受要约人因承诺超过期限不接受该承诺的以外,该承诺有效。"可见,如果因为某种客观原因导致承诺没有在承诺期限内到达要约人的,承诺并不必然失效。

(2)要约没有确定承诺期限的,主要指以下几种情形:一是若要约是以对话方式做出而受要约人没有立即做出承诺的,要约即失效,但当事人另有约定的除外;二是若要约是以电话、同步视频等方式做出的,视为是以面对面的对话方式做出的要约,受要约人应当立即做出是否承诺的决定,否则要约失效;三是若要约以非对话方式做出的,承诺应当在合理期限内做出。例如,要约以信件或电报做出,承诺期限自信件载明的日期或电报交发之日开始计算。信件未载明日期的,自投寄该信件的邮戳日期开始计算。要约以电子信函、传真等快速通信方式做出的,承诺期限自要约到达受要约人时开始计算。

二、承诺的方式

承诺的方式是受要约人向要约人送达承诺通知的形式。《合同法》第22条规定:"承诺应当以通知的方式作出,但根据交易习惯或者要约表明可以通过行为作出承诺的除外。"依该规定,承诺的方式包括通知或行为。

(一)以通知方式作出承诺

以通知方式作出承诺,是受要约人以明示的方式即口头或书面地将承诺的意思传达给要约人。关于通知的具体方法,是书面的还是口头的,原则上可以由承诺人自由选择,并且不必与要约的方式相同,但是,当事人有特别要求的除外。

(二)以行为方式作出承诺

以行为方式作出承诺,实践中通常是受要约人以默示的方式表示承诺的意思,即从受要约人的特定行为间接推知其意思。

一般来说,这种默示方式可分为两种情况:一是交易习惯的允许。此处的交易习惯可以是某行业内一贯的交易做法,也可以是要约人和受要约人在长期交易中的一贯做法。例如,某商店在公共场所摆放一台售货机,从而向每一个人发出了买卖要约;受要约人通过投入相应的硬币行为表示承诺,该承诺就无须以通知方式作出。二是要约人在要约中表明可以通过某种特殊行为作出承诺。契约自由原则决定了要约人有权决定受要约人承诺的方式,当要约人明确表示受要约人可以采用某种行为来表示承诺时,法律没有必要加以干涉,例如按照要约的内容直接送货或收到对方的货后付款。《国际商事合同通则》第 25 条第 3 款规定:"如果根据要约或者依照当事人之间确立的习惯做法或惯例,受约人可作出某种行为来表示同意,而无须向要约人发出通知,则承诺于该项行为作出时生效。"《联合国国际货物销售合同公约》第 18 条第 3 款也作出了类似的规定。但注意,只有根据交易习惯或者要约表明可以通过行为作出承诺或者行为明显有承诺的含义时,承诺才可采用行为的方式作出,否则,行为不能为承诺的方式。

三、承诺的生效时间

承诺的法律效力,是承诺生效后的法律后果。《合同法》第 25 条规定:"承诺生效时合同成立。"可见,承诺的生效时间决定着合同的成立,具有重要的法律意义。

关于承诺生效的时间,各国法的规定并不一致。主要有两种立法例:到达主义和发信主义。《合同法》第 26 条规定:"承诺通知到达要约人时生效。承诺不需要通知的,根据交易习惯或者要约的要求做出承诺的行为时生效。采用数据电文形式订立合同的,承诺到达的时间适用本法第十六条第二款的规定。"由此可见,我国对承诺的生效时间采取的是到达主义,即在承诺通知到达要约人时生效。

四、承诺的撤回

承诺的撤回,是指承诺人阻止承诺发生法律效力的行为。对于承诺生效采取发信主义的国家,因承诺一经发出就发生效力,故不发生承诺撤回的问题。而对于承诺生效采取到达主义的国家,在承诺未生效的情形下,受要约人可以撤回已发出的承诺。我国对承诺的生效采用到达主义,因此,在承诺生效前受要约人可以撤回其承诺,对此,《合同法》亦有明确规定。《合同法》第 27 条规定:"承诺可以撤回。撤回承诺的通知应当在承诺通知到达要约人之前或者与承诺通知同时到达要约人。"

在承诺撤回这一问题上,需要注意以下两个问题:①承诺撤回只有在非对话方式订立合同的场合下才会发生;而以对话方式订立合同时,因要约人和受要约人之间信息传达没有时间和空间的距离,承诺是即时生效的,故不存在承诺撤回问题。②承诺不存在撤销问题。承诺的生效均意味着合同成立,要约人与受要约人此时均应受合同成立的约束。此时,受要约人一方无权以撤销的方式改变合同效力。

第四节　合同成立的时间和地点

一、合同成立的时间

我国法律确定了合同成立时间的一般原则,即在承诺生效时合同成立。合同成立的时间决定着合同何时存在,甚至决定着双方当事人何时受合同关系的拘束,享受合同上的权利并承担合同上的义务。

订立合同的方式不同,合同成立的具体时间也不同。具体来讲,确定合同的成立时间有以下几种情况。

1.以通知方式订立合同的

以通知方式发出承诺的,承诺自到达要约人时生效。承诺生效时合同成立。但以对话方式作出承诺的,应当以要约人收到承诺的时间为合同成立的时间。

2.以默示方式订立合同的

根据交易习惯或者要约的要求以行为作出承诺的,作出特定行为的时间为合同成立的时间。

3.采用数据电文形式订立合同的

采用数据电文形式订立合同的,如果要约人指定了特定系统接收数据电文,则承诺的数据电文进入该特定系统的时间即视为承诺到达时间;未指定特定系统的,该数据电文进入要约人的任何系统的首次时间视为到达时间。即:采用数据电文形式作出承诺的,承诺进入要约人数据电文系统的时间即为合同成立的时间。

4.采用合同书形式订立合同的

《合同法》第32条规定:"当事人采用合同书形式订立合同的,自双方当事人签字或者盖章时合同成立。"所谓合同书,是指载有合同具体内容的条款及双方当事人签字或者盖章的文件。凡是依据法律、行政法规规定或者当事人约定必须采用合同书形式订约的,当事人在经过了要约、承诺的缔约程序之后,合同尚不能成立,只有当事人双方在合同书上签字或者盖章时合同方能成立。签字或盖章不在同一时间的,以最后一方当事人签字或盖章的时间为合同成立的时间。

但是,基于诚实信用原则和鼓励交易原则,当事人采用合同书形式订立合同的,在双方当事人签字或盖章之前,一方已经履行了主要义务而另一方也接受的,合同自另一方接受时成立。

5.以确认书的形式订立合同的

所谓确认书,是指订立合同的双方当事人为了确认在订立合同的过程中所达成协议的具体内容而签订的合同条款确认文书。《合同法》第33条规定:"当事人采用信件、数据电文等形式订立合同的,可以在合同成立之前要求签订确认书。"在当事人采用信件或者数据电文形式就合同内容进行磋商时,经常会出现多次文件往来的情形。这些文件的内容可能不尽相同,以致当事人双方虽然达成了协议,但在以何种文件作为确定合同内容的标准上却存在分歧。为了避免这种情况的发生,可以通过签订确认书,来明确一个双方都认可的标准合同文本。由《合同法》第33条第2款规定可知,当事人要求签订确认书的,签订确认书时合同成立。在这种情形中,签订合同确认书实际上属于当事人事先约定的特殊的合同成立方式。如果当事人有此特殊约定,应该尊重当事人的选择,即以签订确认书的时间为合同的成立时间。

6、实践性合同

实践性合同自标的物交付时成立。如果先交付标的物,后进行要约承诺的,合同自承诺生效时成立。

二、合同成立的地点

《合同法》第34条第1款规定:"承诺生效的地点为合同成立地点。"这是确定合同成立地点的一般原则。

具体而言,就合同的成立地点可分为以下两种情况进行具体确定:

(1)当承诺需要通知时,承诺通知到达要约人时生效。在此种情形中,合同成立的地点就是要约人所在的地点。当要约人为自然人时,合同成立的地点就是要约人的住所地即户籍所在地;当自然人的户籍所在地与其经常居住地不一致时,合同成立的地点就为自然人的经常居住地。当要约人为法人或者其他组织时,合同成立的地点就是要约人的主要营业地。

(2)当承诺不需要通知时,根据交易习惯或者要约要求做出承诺的行为时合同成立。在此种情形中,合同成立的地点即为做出承诺行为的地点。

除上述确定合同成立地点的一般原则外,还有以下问题应予以注意:

(1)依《合同法》第34条第2款规定,采用数据电文形式订立合同的,当事人约定合同成立地点的,以约定的地点为合同成立的地点;当事人没有约定的,以收件人的主营业地为合同成立的地点;没有主营业地的,以收件人的经营居住地为合同成立的地点。

(2)依《合同法》第35条规定,当事人采用合同书形式订立合同的,以双方当事人签字或盖章的地点为合同成立的地点。依《最高人民法院关于适用〈中华人民共和国合同法〉若干问题解释(二)》第4条规定,合同约定的签订地与实际签字或盖章地点不符的,应认定约定的签订地为合同签订地;合同没有约定签订地,双方签字或盖章不在同一地点的,则应以最后一方签字或盖章的地点为合同签订地。

(3)采用确认书形式的合同成立地点。我国合同法没有明确规定采用确认书形式订立合同时的合同成立地点。一般认为,如果当事人签订合同确认书的行为属于当事人事先约定的成立合同必须满足的特殊方式,应当认定当事人签订确认书的地点为合同成立地点。但是,如果确认书仅具有对已经达成的合同进行确认的功能,则应该以先于合同确认书而存在的表明合同已经成立的初步协议或意向书的签订地点为合同的成立地点。

(4)以一方接受另一方已经履行合同主要义务认定合同成立的,应以接受履行的地点为合同成立的地点。

第五节　缔约过失责任

一、缔约过失责任的涵义

缔约过失责任,是指当事人在合同订立过程中,因一方过失而致另一方利益损失所应承担的民事损害赔偿责任。

缔约过失责任的特征包括：

（1）缔约过失责任只能产生于缔约过程之中。这是缔约过失责任与违约责任、侵权责任的基本区别。

侵权责任的产生不需要当事人之间存在任何关系；违约责任则以合同有效成立为前提；缔约过失责任以当事人缔约接洽为前提，只有在合同尚未成立或者虽然成立但因为不符合法定的有效要件而被确认为无效或被撤销时，缔约人才承担缔约过失责任。

（2）缔约过失责任是对依诚实信用原则所负的先合同义务的违反。所谓先合同义务，是指自缔约当事人因签订合同而相互接触磋商至合同有效成立之前，双方当事人依诚实信用原则负有协助、通知、告知、保护、照管、保密、忠实等义务。当缔约人一方违背了其应负的这些义务并破坏了缔约关系时，应承担缔约过失责任。

（3）缔约过失责任是造成他人信赖利益损失所负的损害赔偿责任。信赖利益损失是当事人的缔约过失行为导致合同不成立或无效，另一方因合理信赖合同的成立和有效而遭受的损失。缔约过失责任的损害赔偿范围只能限于信赖利益损失。与此不同的是，违约责任的赔偿范围包括固有利益损失和可得利益损失；侵权责任的赔偿范围包括固有利益损失、可得利益损失以及精神损害等。

（4）缔约过失责任是一种弥补性的民事责任。缔约过失责任旨在弥补缔约过失行为所造成的财产损害后果。我国《合同法》第42条将损害赔偿作为缔约过失责任的救济方式，就体现了缔约过失责任的弥补性。缔约过失责任弥补性是民法意义上平等原则、等价原则的具体体现，也是市场交易关系在法律上的内在要求。

关于缔约过失责任的理论基础，学者间看法不一，主要存在四种观点：

（1）侵权行为说。侵权行为说认为，有关损害赔偿的请求权限于合同和侵权行为的请求权，不属于合同上的请求权，就属于侵权行为上的请求权。缔约过失致人损害，因双方当事人之间尚无合同关系存在，行为人违反了不得侵害他人财产权益的法定一般义务，符合侵权行为的一般构成要件，属于侵权行为法调整的范畴，应按侵权行为法的规定追究行为人的民事责任。

（2）法律行为说。这是缔约过失责任创始人耶林的观点，他认为缔约过失责任的理论基础在于当事人之间存在的法律行为，因当事人在从事缔约行为的过程中已经形成了一种特殊的信赖关系，尽管此时合同未成立并生效，但仍在当事人之间产生了互相协作、照顾、保护、告知、等先合同义务，故把缔约过失行为看做是违反约定的先合同义务的违法行为。

（3）法律规定说。法律规定说认为，缔约过失责任的理论基础是法律的直接规定，它既不是侵权行为，也不是法律行为，缔约过失行为本质上是一种独立的违法行为，缔约过失赔偿请求权是基于法律直接规定的债。

（4）诚实信用说。诚实信用说认为，基于民法规定的诚实信用原则，当事人在缔约时应该尽交易上的必要注意义务，如协助、通知、照顾、保护、忠实等义务。如果违反了这些义务，给缔约相对人造成了损害，就应承担赔偿责任。

二、缔约过失责任的构成

关于缔约过失责任的构成条件，学者中也有不同的看法。依我国合同法的规定，缔约过失责任的构成须具备以下四个条件。

1.当事人在缔约中违反诚实信用义务

缔约过失责任是在缔约过程中因有过错而承担的责任,这就要求当事人违反义务的时间应为缔约开始后至缔约结束前。

2.当事人有过错

缔约过失责任采取的是过错责任原则,这里的过错既包括故意也包括过失。但无论是故意还是过失,只要在缔约阶段违反了先合同义务,并对合同最终不能成立或被确认无效或被撤销负有过错,就应当承担缔约过失责任。

3.缔约相对人受有损失

违反先合同义务的行为必须给对方造成信赖利益的损失,如果没有损失,就不会存在赔偿问题。信赖利益的损失主要表现为与订约有关的费用支出(如订立合同的各种花费,准备履行合同所支出的费用等),也包括信赖人的财产应增加而未增加的利益(如因信赖合同但合同未有效成立而失去的应得到的某种机会)。但应注意,这种损失必须是基于合理的信赖而产生的损失。若从客观事实中不能对合同的成立或生效产生信赖,即使已经支付了大量费用,也不能视为信赖利益的损失。

4.当事人违反义务的行为与对方所受损失之间存在因果关系

相对方的信赖利益损失是由行为人的缔约过失行为造成的。如果这二者之间不存在因果关系,则行为人不承担缔约过失责任。因果关系是缔约过失责任制度的内在要求。

以上四个要件缺一不可,否则就不能产生缔约过失责任。同时,四个要件之间又是彼此联系的有机整体,缔约过失责任的认定必须严格按照这四个构成要件来进行。

三、缔约过失责任的适用范围

随着市场经济的逐步发展,合同法的适用范围不断扩大。《合同法》第 42 条规定:"当事人在订立合同过程中有下列情形之一,给对方造成损失的,应承担损害赔偿责任:(一)假借订立合同,恶意进行磋商;(二)故意隐瞒与订立合同有关的重要事实或者提供虚假情况;(三)有其他违背诚实信用原则的行为。"现分述如下。

(一)假借订立合同、恶意进行磋商

所谓假借订立合同、恶意进行磋商,是指当事人根本没有与对方订立合同的意思,而假借磋商、谈判等方式,故意损害订约对方当事人的利益的行为。如通过恶意磋商套取他人的经营信息,故意与对方谈判使对方丧失与他人交易的机会,通过假借与对方谈判而取得非法利益,无正当的理由恶意终止磋商等。该类行为必须包括两个方面特点:一是行为人主观上并没有谈判意图;二是行为人主观上具有给对方造成损害的目的和动机。恶意是此种缔约过失行为构成的最核心的要件。

(二)故意隐瞒与订立合同有关的重要事实或者提供虚假情况

在订立合同的过程中,当事人应当遵循诚实信用原则,负有如实告知与签订合同有关情况的义务。如果一方故意隐瞒关于其自身的财产状况、履行能力,故意隐瞒标的物的缺陷,或者向对方提供不存在的虚假情况,均构成缔约过失。

(三)其他违背诚实信用原则的行为

除上述情形外,订约当事人有其他违背诚实信用原则的行为并造成相对方损失的,也发生缔约过失责任。一般来说,主要有以下几种情况:

1.一方未尽保护义务

缔约之际,双方当事人依据诚实信用原则应当相互承担保护义务,一方未尽保护义务导致另一方遭受损失的,应承担缔约过失责任,如顾客进商场购物,因自动扶梯故障或质量瑕疵而受伤等。

2.合同无效或被撤销

《合同法》第58条规定:"合同无效或者被撤销后,因该合同取得的财产,应当予以返还;不能返还或者没有必要返还的,应当折价补偿。有过错的一方应当赔偿对方因此所受到的损失,双方都有过错的,应当各自承担相应的责任。"合同无效或被撤销后,自始不发生合同效力,一方因合同无效而产生的损失,不能要求另一方承担违约责任。合同因违法而无效或合同违背一方的真实意思而被撤销,均基于一方在缔约过程中的过错而发生,并造成了另一方信赖利益的损失,应产生缔约过失责任。

3.无权代理

无权代理订立的合同若经被代理人追认,则合同有效,被代理人与相对人成为合同当事人;若被代理人拒绝追认,则合同无效。《合同法》第48条规定:"行为人没有代理权,超越代理权或者代理权终止后以被代理人名义订立的合同,未经被代理人追认,对被代理人不发生效力,由行为人承担责任。"

思　考　题

1.合同的订立与合同成立有何区别与联系?

2.要约与承诺有何特征?其有何效力?

3.如何确定合同成立的时间和地点?

4.缔约过失责任的构成要件是什么?主要有哪些类型?

第三章　合同的形式和内容

本章提要：

合同形式是合同内容的外在表现，合同形式对于确定合同权利义务关系有重要意义。本章讲述了合同形式种类、合同权利与合同义务、合同条款等内容。

本章重点：

(1)我国合同法关于合同形式的规定；

(2)合同权利与合同义务；

(3)合同的条款。

第一节　合同的形式

一、合同形式概述

合同的形式是合同当事人达成合意的外在表现形式，是合同内容的外观和载体。

从合同立法对合同形式的要求来看，曾经先后出现过三种不同的立法模式。

1. 严格形式主义

严格形式主义是指法律规定大多数合同应该采取书面形式或其他特殊书面形式，当事人自主选择合同形式的自由受到很大限制，欠缺法定形式要求的合同，法律往往拒绝承认其存在和生效。严格形式主义的优点在于便于确定合同内容，减少纷争，便于国家管理；缺点在于要求严格、增加缔约成本，不利于合同的形成和交易的促成。古代合同立法多采用严格合同形式主义，例如古代罗马社会，其市民法要求合同采用要式方式，即"要式买卖"和"拟诉弃权"两种形式。我国唐代的《唐律·杂律》中规定："诸买奴婢、马牛驼骡驴，已过价，不立市券，过三日笞三十；卖者，减一等。"

在我国改革开放初期，国家对经济生活干预较多，合同立法采用了严格合同形式主义，1982年的《中华人民共和国经济合同法》(以下简称《经济合同法》)第3条规定："经济合同，除即时结清者外，应当采用书面形式"，1985年的《中华人民共和国涉外经济合同法》第7条规定："当事人就合同条款以书面形式达成协议并签字，即为合同成立。"1987年的《中华人民共和国技术合同法》第9条规定："技术合同的订立、变更和解除采用书面形式。"

2. 自由形式主义

自由形式主义是指法律规定当事人可以采取多种形式订立合同，当事人可以自主选择合同形式，法律一般不对合同形式作强制要求。自由形式主义有利于降低交易成本，促成交易发生，缺点是容易产生纠纷。近现代合同立法多采用自由形式主义，自由形式主义是合同自由的体现，是人们崇尚平等、自由，强调交易效率、降低交易成本的体现。自由形式主义也有其缺陷,如果法律完全放弃了对合同形式的控制,那么,在一些复杂而且重大的合同关系中将可能导致当事人容易产生争议,交易的安全性与稳定性无法得到保证,如合同采用口头缔约形式,而在发生争议之后却没有可靠的证据来帮助当事人或第三方解决争议,那么当事人或第三方的权益将无法得到保障。

3.受限制的自由形式主义

受限制的自由形式主义是指以自由形式主义为原则,以严格形式主义用为补充,严格形式主义用以弥补自由形式主义存在的缺点。现代各国合同法在兼顾交易安全与效率的基础上,对合同形式普遍采取了受限制的自由形式主义的立法模式。我国在实行市场经济体制之后,对于合同的形式也采用了这一立法模式,即法律除了对重大的合同关系和容易产生纠纷的合同关系规定应当采用书面形式外,对其他合同关系的形式不作强制要求,任由当事人选择。

二、我国合同法关于合同形式的规定

合同形式有多种,《合同法》第10条规定:"当事人订立合同,有书面形式、口头形式和其他形式。法律、行政法规规定采用书面形式的,应当采用书面形式。当事人约定采用书面形式的,应当采用书面形式。"这一法条包含以下四层含义:

(1)当事人可以自由选择合同所采用的形式。在不违反法律强制性规定的前提下,当事人可以根据自己的需要选择订立合同的形式,既可以采用口头形式,也可以采用书面形式或者其他形式。

(2)当事人可以自由约定合同采用的形式。这一规定允许当事人根据自己的判断,决定合同采用某种特殊的形式。一旦当事人做出这一约定,该特殊形式即成为强制性的形式要求,当事人的合同必须采用这一形式,满足这一要求。

(3)当法律、行政法规规定采用书面形式的,订立合同的当事人就必采用书面形式以满足法律对其形式的强制性要求。

(4)当事人的约定不得改变法律的强制性规定。当事人对合同形式的约定应该限于法律没有特定形式要求的合同,当事人不得以特殊约定改变法律对合同形式的强制性规定。

具体来说,合同的形式包括以下几种:

1.书面形式

书面形式的合同,是当事人以书面文字和数据电文记载各方合意内容的合同。

合同的书面形式要求有以下两点:一是合同当事人的意思表示必须以某种方式(如手写、印刷或打字机打印在纸上或其他可以书写的材料上)加以表达和固定,从而形成一个文件形式;二是该文件上必须有当事人的亲笔签名或盖章。我国合同法将书面形式放在合同形式的首位,表达了立法者提倡合同当事人采用书面形式订立合同的态度。因该种合同的内容有确切记载,特别是对那些不能即时清结、关系复杂的合同,易于分清责任,故书面形式在实践中是当事人常采用的合同形式。

《合同法》第11条规定:"书面形式是指合同书、信件和数据电文(包括电报、电传、传真、电子数据交换和电子邮件)等可以有形地表现所载内容的形式。"根据这一规定,合同的书面形式又可分为合同书、信件和数据电文三种基本形式。

(1)合同书。合同书是指记载当事人达成的合同内容的纸面文书,包括格式合同书和非格式合同书。格式合同书是指合同条款由当事人一方预先拟定,对方只能表示接受或者不接受的合同书。非格式合同书是指合同条款完全由当事人双方协商一致达成的合同文书。

合同书作为合同的书面形式,必须载有当事人或其代理人的签名或印章等,从而确保书面记载是当事人意思的真实表达。

(2)信件。信件是指合同当事人以传统的纸张为介质,就合同内容进行往来协商的信函。信件经常在远途当事人之间订立合同时使用,是一种经常被采用的订立合同的书面形式。

(3)数据电文。我国合同法将电报、电传、传真、电子数据交换以及电子邮件称为数据电文。但是,从传统的对合同书面性的要求来看,电报、电传与传真并没有突破以纸张为介质的书面形态,所以,它们仍然属于传统的书面形式的范畴。

关于"数据电文"这一概念的内涵,根据《电子签名法》第2条第2款的界定可知,是指以电子、光学、磁或者类似手段生成、发送、接收或者储存的信息。严格意义上的以数据电文表达信息的技术手段是电子数据交换和电子邮件。它们借助于先进的电子技术,完全摆脱了纸张等传统的介质而表达信息。

(4)其他可有形地表现合同所载内容的形式。《合同法》对书面合同种类的规定不限于上述明确规定的这几类,凡是"可以有形地表现所载内容的形式"都可以作为合同的书面形式。

在交易实践中,当事人之间往往存在一些与合同有关的书面凭证,比如车票、机票、保险单、购物发票等。严格地说,这些凭证并不是合同书,无法单独根据这些凭证确定合同的具体内容,但是,它们能够证明当事人之间已经存在的合同关系。至于当事人的合同权利义务关系,则应当根据相关法律、行政法规的规定、当事人一方的格式合同条款以及当事人之间协商的内容进行确定。

2. 口头形式

合同的口头形式是指当事人以口头语言的方式达成协议,订立合同的形式。

口头形式包括当面对话、电话联系等,是最为传统、最为广泛的合同形式。这种形式在社会生活各个领域广泛应用,与人们的日常生活密切相关。口头形式无须当事人约定,当事人没有特别约定或法律没有特别规定的合同,均可采用口头形式订立。该形式的优点是简便易行,缺点是一旦发生纠纷难以取证,不易分清责任,发生争议时不容易处理。因此,实践中采用口头形式的往往是那些即时清结的合同或标的数额小的合同,如日常生活用品的买卖、集市上的现货交易等,而对于那些不能即时清结的信用合同或标的数额较大的合同,不提倡采用口头形式。

3. 默示形式

在特定的条件下订立合同还可以采取默示的形式。所谓默示形式,是指当事人并不直接用口头或者书面形式进行意思表示,而是通过实施某种行为或者以不作为的沉默方式进行意思表示。前者如房屋租赁合同约定的租赁期限已经届满,双方并未通过口头或者书面形式延长租赁期限,但承租人继续交付租金,出租人依然接受租金,依此就可推断出双方有延长租赁期限的意思。后者如在附试用期的买卖合同中,买受人在试用期届满时对是否购买标的物没有做出表示而保持沉默的,则视为买受人愿意购买试用物(《合同法》第171条)。再如在自动售货机投币购买货物的行为。

第二节　合同的内容

一、合同内容概述

合同关系作为一种重要的法律关系,对其内容的分析就是分析合同法律关系中的权利和义务,即合同权利和合同义务。合同权利义务主要由合同条款加以确定,也有些合同权利义务基于法律规定而产生。作为合同内容的合同权利义务与合同条款是相互联系的。合同条款固定了合同各方当事人的权利与义务,成为法律关系意义上的合同内容。

(一)合同权利

合同权利是指在合同法律关系中,合同权利人基于法律规定或者合同约定所享有的请求合同义务人为一定给付的权利。

合同权利具有以下法律效力:

1.请求给付权

合同权利人基于合同权利,可请求合同义务人履行给付义务,从而实现自己的合同利益。请求给付权是合同权利人实现其权利,实现其订约目的的基本方式。请求给付权是合同权利中的首要权利,也是合同权利的基本效力。

2.受领给付权

当合同义务人履行其给付义务时,合同权利人有权受领,并永久保持因此所得的利益。由于权利人只有受领债务人的给付才能实现其合同利益,因此,受领给付权也为合同权利的基本权能,是合同权利的基本效力。

3.保护请求权

当合同义务人不履行其合同义务时,合同权利人可基于其合同权利请求国家裁判机关给予保护,强制义务人履行合同义务。

合同权利保护请求权为合同权利的应有之义,它是在义务人不履行义务的情形下请求通过强制执行程序强制义务人给付的权利,是合同权利执行力的表现。

4.合同权利的处分权

合同权利一般不属于专属权,合同权利人有权处分其权利。合同权利的处分权包括转让合同权利(但法律规定不得转让、当事人约定不得转让,以及因为权利性质不宜转让的除外)、放弃合同权利、以合同权利实行抵销等等。

5.保全合同权利的权利

当债务人不当行为损害了债权,增加了债权的风险或者降低了债权受偿的可能性时,法律赋予了债权人可以行使撤销权和代位权来保护其债权不受损害。

(二)合同义务

合同义务是指在合同法律关系中,合同义务人所应承担的作为或不作为的义务。《合同法》第60条第1款规定:"当事人应当按照约定全面履行自己的义务。"该条第2款规定:"当事

35

人应当遵循诚实信用原则,根据合同性质、目的和交易习惯履行通知、协助、保密等义务。"依上述规定,合同义务既包括当事人约定的义务,也包括当事人依法律规定应负担的义务。具体而言,合同义务包括以下几个方面:

1. 给付义务

这是合同义务人所负的首要的义务,包括主给付义务和从给付义务。

主给付义务,是指合同关系所固有的、必备的,并以之决定合同类型的基本义务。在双务合同中,当事人各自所负担的主给付义务,构成所谓的对待给付义务。例如,在租赁合同中,出租人交付租赁物给承租人使用的义务以及承租人支付租金的义务,就是租赁合同的主给付义务。

从给付义务是合同义务人负担的主给付义务以外的给付义务。从给付义务本身不具有独立的意义,其作用在于辅助主给付义务。从给付义务既包括当事人明确约定的给付义务,也包括法律明文规定的给付义务。例如,《合同法》第 266 条规定:"承揽人应当按照定作人的要求保守秘密,未经定作人许可,不得留存复制品或者技术资料。"承揽人的这一保密义务就属于法律明文规定的从给付义务。

2. 附随义务

附随义务,有的称为附从义务,是指给付义务以外的当事人根据合同的性质、目的和交易习惯,随合同关系的发展依诚实信用原则而产生的义务。

附随义务贯穿于整个合同过程中,不同的阶段会产生不同的附随义务,如注意义务、通知和告知义务、照顾义务、保密义务、说明义务等等。附随义务不同于主给付义务:①二者产生依据不同。主给付义务是自始就确定的,决定着合同的类型,直接影响着合同目的的实现;附随义务是随合同关系的发展而产生的,不受特定合同类型的限制。②二者法律地位不同。主给付义务在双务合同中构成对待给付,一方未履行主给付义务的,会发生履行中的抗辩权;附随义务原则上不属于对待给付,不能发生履行中的抗辩权。③二者法律后果不同。合同一方不履行主给付义务的,有可能构成根本违约,另一方有可能因此解除合同;一方不履行附随义务的,不构成根本违约,对方不能解除合同而仅可就所受损害请求赔偿。

二、合同的条款

合同条款是确定合同双方当事人权利义务关系的根本依据,上述合同权利义务除少数是由法律直接规定外,其中绝大部分是通过合同的具体条款加以表示的。

合同条款依其作用可分为主要条款和普通条款。前者是合同必须具备的条款,一旦欠缺,合同即不成立;后者则是合同主要条款之外的其他一般条款。主要条款和普通条款的区分并非一成不变,其判断标准有两点:一是看合同的类型和性质。例如价金条款,其在买卖合同等有偿合同中就是主要条款,但在赠与合同等无偿合同中就是普通条款,甚至都可能不予规定。又如有关币种的规定,在借款合同中就是主要条款,而其他合同中并非如此。二是看当事人是否约定合同的主要条款。比如买卖合同中买受人一方提出必须就交货的具体时间要求达成一致意见,此时交货时间就成为该合同的主要条款;若双方未就此达成协议,合同将不成立。

根据《合同法》第 12 条规定,合同条款通常如下。

(一)当事人的名称或者姓名和住所

合同当事人是合同权利义务的承受者,其名称或姓名和住所是对当事人的具体化与特定化。没有当事人,合同权利义务就失去存在的意义,给付和受领也将无从谈起。其中,名称是针对法人或非法人组织而言的,姓名和住所则针对自然人而言。

需要注意的是,如果当事人是自然人,其住所通常是其户籍的所在地;如果经常居住地与户籍所在地不一致,则以经常居住地为其住所。如果当事人是法人或非法人组织,一般以其营业执照上记载的营业地点为其住所。

(二)标的条款

所谓标的是合同权利义务指向的对象,是合同的目的所在,是一切合同的主要条款。需要注意的是,我国《合同法》第 12 条中所谓的"标的",并不是民法理论在抽象意义上作为民事法律关系客体存在的标的,其主要指的是"标的物",因此,合同法对其有质量、数量等的具体规定。因此,对于合同法及有关司法解释中所说的"标的",时常需要按照"标的物"来理解。

具体而言,不同的合同有不同的标的物,主要有财产、行为、劳动成果三类:①财产。作为合同标的的财产包括有形财产和无形财产。前者是指具有一定使用价值和价值的外在物质资料,也即民法学上所谓的"物";后者主要是指智力成果、债权等权利,其本身没有实物形态,但具有价值,可用以流通和交换,现在社会中也有不少合同以无形财产作为合同标的,如专利转让合同、商标使用权许可合同等。②行为。作为合同标的的劳动成果是指合同当事人一方为满足对方的需要,按照合同提供给对方的劳务,如居间合同中的居间中介行为、运输合同中的运输行为、仓储保管合同中的保管行为等。③劳动成果。作为合同标的的劳动成果是指合同当事人一方在履行合同过程中产生的、体现合同义务方履行行为的有形财物,如建筑承包合同中的承包方完成的工程项目、加工合同中加工人完成的加工物等。

(三)数量条款

数量是标的的计量,是关于合同标的的具体化。

合同中关于标的的数量条款,要注意以下三点:①应选择合同双方共同接受的计量单位,尽量使用国际单位制的基本单位和国家选定的非国际单位制单位。②要确定双方都认可的计量方法。如质量的计量方法有毛重和净重两种,就要求当事人事先协商以哪种方法计算质量。③应允许规定合理的磅差或尾差。这是因为货物在储存、运输过程中,由于自然因素和货物本身的性质以及度量衡的误差等原因,不可避免地要发生一定的数量减少或计量误差,对此,可由有关主管部门作出规定或者由合同当事人商定货物自然减量标准和合理磅差。

(四)质量条款

质量是合同标的内在素质和外观形态优劣的标志。不同的标的有不同的质量要求,衡量标准也不同,在订立质量条款时要特别注意质量标准。此外,合同中最好还要明确质量保证期限和条件。合同当事人双方关于质量条款规定不明确时,根据《合同法》第 62 条第 2 项规定确定,即质量要求不明确的,按照国家标准、行业标准履行;没有国家标准、行业标准的,按照通常标准或者符合合同目的的特定标准履行。

(五)价金条款

价金条款是关于价款或酬金的条款,其中,价款是指受领货物的一方当事人向交付货物的一方当事人所支付的代价,酬金是指对完成一定劳务和实现一定劳动成果的一方所支付的代价。

在确定具体价金之后,还要在合同中明确结算方式和支付方式,并写明开户银行、账户名称、账号、结算单位等,从而确保价金支付。合同当事人双方就价金条款规定不明确时,依据《合同法》第62条第2项规定确定,即价款或者报酬不明确的,按照订立合同时履行地的市场价格履行;依法应当执行政府定价或者政府指导价的,按照规定履行。

(六)履行期限、地点和方式

履行期限关系到合同当事人双方履行合同义务的时间。合同的种类不同,履行期限规定也不同,有的可以规定即时履行,有的可以规定定时履行,也有的可以规定在一定期限内履行。

履行地点是合同当事人完成合同义务的地点和场所。履行地点在法律上有着很重要的意义:第一,履行地点是判断是否违约的基准,合同义务人只在合同约定的履行地履行义务,否则构成违约。第二,履行地点关系到标的物所有权转移以及标的物意外风险承担问题。例如在买卖合同中,出卖人按照合同约定或者法律规定将标的物置于交付地点后,买受人违反约定没有收取的,标的物毁损、灭失的风险自违反约定之日起由买受人承担。第三,履行地点是确定诉讼管辖的依据之一。《合同法》第62条第3项规定:"履行地点不明确,给付货币的,在接受货币一方所在地履行;交付不动产的,在不动产所在地履行;其他标的,在履行义务一方所在地履行。"

履行方式按不同的标准可以划分为不同种类:①按合同性质划分,履行方式有转移财产方式、提供劳务方式和完成一定工作的方式;②按履行义务的期次划分,有一次履行方式和分期履行方式;③按合同标的交付情况划分,有供货制、代运制和提货制等方式。当事人要根据实际情况在合同中规定具体的履行方式。

(七)违约责任条款

违约责任是合同当事人违反合同约定时所应承担的一种财产责任,目的在于促使当事人履行义务。违约责任对合同当事人的利益关系重大,合同对其应予明确。一旦发生违约事实,基于违约责任的约定可以迅速确定违约一方的责任,从而避免举证上的麻烦。要注意的是,违约责任是法律责任,即使合同中没有违约责任条款,一旦发生违约事实,只要该违约不在免责范围内,违约方仍应承担责任。

(八)解决争议条款

解决争议条款是关于合同纠纷解决的程序、法律适用、检验或鉴定机构的选择等方面的规定,其目的在于使发生的合同纠纷得到及时解决。解决争议的程序主要有协商、调解、仲裁和诉讼四种,当事人可事先就此作出选择。

思 考 题

1. 如何理解合同的形式? 合同有哪些形式?
2. 如何理解合同的内容?

第四章　合同的效力

本章提要：

本章以合同的有效要件构成为介入点，根据合同具备有效要件的不同情况，将合同区分为四种不同效力，讲述了合同不成立、无效及撤销后的处理，并讲述了表见代理等制度。

本章重点：

(1)有效合同，无效合同，效力待定合同，可撤销、可变更合同的区别；

(2)合同不成立、无效及撤销后的处理；

(3)表见代理制度的立法价值。

第一节　合同效力概述

一、合同的成立与生效

合同的成立是指合同当事人就合同内容经过协商而达成一致，合同成立是合同订立过程的终点，是合同诞生的标志，合同成立是一个事实状态。合同成立与合同订立不同，合同订立是一个过程，合同成立是合同订立这个过程的最后一个节点。合同成立是静态的，而合同订立是动态的。合同成立以合同订立为前提，合同成立是合同订立的目的。

合同生效是人们依据法律规定对已成立合同的内容进行是与非价值判断的一个结论。合同内容符合法律的相关规定时，则合同产生效力，当事人遵守；合同内容不符合或不完全符合法律的相关规定时，则合同不产生效力，就不能要求当事人遵守或者不能直接要求当事人遵守合同内容。合同成立是合同生效的前提，合同生效是对已经成立的合同进行价值判断的肯定，合同生效是合同当事人所积极追逐的目的。

二、合同的生效要件

已经成立的合同，必须符合法律规定的内容，才能生效。将各类生效合同所必须具备的条件抽象出来一般认为有三个条件，这三个条件通常称为合同生效的要件，合同生效要件是判断合同是否具有法律效力的标准。我国《民法通则》第 55 条规定：民事法律行为应当具备下列条件：①行为人具有相应的民事行为能力；②意思表示真实；③不违反法律或者社会公共利益。合同作为一种民事法律行为也应具备上述条件才能具有法律效力。一些特殊合同甚至还要具备一些特殊的生效要件，如一些技术出口合同需要经过国家有关部门的批准才能生效。结合《民法通则》的规定，笔者认为合同的一般生效要件有以下五项。

（一）主体适格

主体适格是指行为人必须具备相应的民事行为能力。法律规定的主体有三种：自然人、法人和其他组织。法律对不同主体的行为能力规定不同。

1. 自然人

自然人的民事行为能力分为三种：无民事行为能力人、限制民事行为能力人、完全民事行为能力人。

无民事行为能力人是指不满 10 周岁的未成年人和不能辨认自己行为的精神病人。依据法律规定无民事行为能力人不能为任何民事行为，除非是纯获利益的行为（如接受赠与、奖励等）和日常生活必需的行为（如购买零食、文具用品等在其认知范围的行为）。无民事行为能力人要进行的民事行为均需由其法定代理人代为进行。

限制民事行为能力人是指 10 周岁以上、不满 16 周岁的未成年人，以及 16 周岁以上不满 18 周岁，且不能以自己的劳动收入为主要生活来源的未成年人，以及不能完全辨认自己行为的精神病人。限制民事行为能力人可以进行与他的年龄、智力相适应的民事活动；其他民事活动由他的法定代理人代理，或者征得他的法定代理人的同意。不能完全辨认自己行为的精神病人可以进行与他的精神健康状况相适应的民事活动；其他民事活动由他的法定代理人代理，或者征得他的法定代理人的同意。

完全民事行为能力人是指 18 周岁以上以及 16 周岁以上、不满 18 周岁，以自己的劳动收入为主要生活来源的自然人。完全民事行为能力人可以独立进行民事活动，而且，每个具备完全民事行为能力自然人的民事行为能力相同，这也是人人平等原则的体现。

值得注意的是，间歇性精神病人的民事行为能力问题。笔者认为，间歇性精神病人在不发病期间是完全民事行为能力人；在发病期间，若其不能辨认自己的行为则是无民事行为能力人，若其不能完全辨认自己的行为则是限制民事行为能力人。

2. 法人

法人的行为能力与自然人不同，成年无精神病的自然人行为能力完全相同，而法人的行为能力各不相同，法人的行为能力以核准或登记的经营或从业范围为准。《民法通则》第 42 条："企业法人应当在核准登记的经营范围内从事经营。"

法人超越核准登记的经营范围从事经营是否必然无效？《合同法》从鼓励交易、维护交易安全的角度出发，规定法人超越核准登记的经营范围从事经营需要行政许可的活动，其行为无效；法人超越核准登记的经营范围从事经营不需要行政许可的活动，其行为有效。无论法人超越核准登记的经营范围从事经营的行为是否有效，工商管理机关均有权对其进行行政处罚。《最高人民法院关于适用〈中华人民共和国合同法〉若干问题的解释（一）》第 10 条："当事人超越经营范围订立合同，人民法院不因此认定合同无效。但违反国家限制经营、特许经营以及法律、行政法规禁止经营规定的除外。"

其他组织的行为能力和法人相同，以其成立、设立时登记的经营范围或遵从其章程或法律规定的行为能力范围为准。

（二）意思表示真实

意思是行为人关于合同内容的内心所思。表示是行为人在关于合同内容内心所思的基础上所进行的对相对人的行为表示，是内心所想的外在表现。表示通过语言、行为（包括动作或书写）来表达其内心思想。意思表示指行为人将其设立、变更、终止民事权利义务的内在意思表示于外部的行为。

所谓意思表示真实，是指行为人的表示行为应当真实地反映其内心的效果意思，表现出来的意思应当和其内心意思一致。意思表示真实就是要求合同内容完全符合当事人的意愿，或者说合同内容来源于当事人的意思。由于合同在本质上乃是当事人之间的一种合意，我们不能要求当事人对其不愿接受的合同承担责任，否则，合同就失去了基础，也必将违背人类社会的客观规律。如果被法律赋予拘束力的合同，为当事人所不愿意接受，就不能产生当事人预期的效果，合同的订立、履行只会给当事人造成损害，而不是促进社会的发展，合同就失去了应有的目的。要使合同符合当事人的利益，符合社会的利益，就必须要求合同内容和当事人的意思高度一致。因此，意思表示真实是合同生效的必要构成要件。

在大多数情况下，行为人表示于外部的意思同其内心意思是一致的。有时行为人作出的意思表示与其内心真实意思不相符合，此种情况称为意思表示不真实。在意思表示不真实的情况下，究竟是以表达出来的意思还是内心的意思确定行为人的意思？有三种不同的观点：

第一，意思主义。这种观点认为，应以行为人的内在意思为准。内心意思是意思表示的来源，如果没有内在的意思，外在的表示是没有根据的，因而应认定外在表示无效，以保护表意人的真实意愿和利益。

第二，表示主义。这种观点认为，应以行为人外部表示出来的意思为准。意思表示一旦作出，相对人有理由认为行为人表达了真实的意思，即使实际上由于错误、欺诈等原因而使意思表示并不符合行为人内心的真实意思，相对人难以判断行为人的表示是否真实，故应当认定意思表示真实，从而把保护相对人的利益放在首位。

第三，折中主义。这种观点认为，在内心意思和表示意思不一致的情况下，应根据具体情况，既考虑行为人的内心意思，也要考虑其外部表示，兼顾表意人和相对人的利益。这种观点认为，应当以意思主义为原则，而以表示主义为例外。平衡表意人与相对人的利益，并维护交易的安全。

现行立法基本采用折中主义的观点，在意思表示不真实不是非常明显的情况下，其他人是难以推测行为人具体内心意思，我们就认定其意思表示符合内心意思，而认定为意思表示真实、合同有效，这是表示主义的体现。如果行为人是在被胁迫、受欺诈以及重大误解等情况下作出的与其真实意思严重不符的意思表示，而且这种情况下通常对意思表示不真实的一方不利，法律这时强调以其内心真实意思为准。过去的《经济合同法》对意思表示不真实的合同一概规定为无效合同，但是基于意思表示不真实订立的合同在瞬息万变的市场经济中也可能存在对意思表示不真实一方有利的情形，故现行《合同法》规定，对于意思表示不真实的合同，因意思表示不真实合同受到损害的一方或双方有权申请人民法院或仲裁机构撤销该合同，这时的合同，我们通常称为效力待定合同，这是意思主义的体现。

也就是说，现行法律将内心意思和表示意思严重不符或者说明显不符的表示则认定为意思表示不真实。意思表示不真实对合同效力的影响是合同不能成为有效合同，此种合同的效力是处于待定状态的，从而来保护行为人的利益。

(三)内容合法

合同内容合法是指合同不得违反法律法规的强行性规定和社会公共利益。强行性规定是指法律要求当事人必须遵守,不得通过其协议加以改变的规定。与强行性规定相对应的是任意性规范,任意性规范则允许主体变更、选择适用或者排除该规定的适用。

合同内容不仅应当符合法律规定,而且也不得违反社会公共利益,一个社会决不允许个别人之间的约定损害社会整体的、公共的利益。法律的强行性规定往往具有滞后性,不能涵盖所有应当禁止的情形,存在不够全面的情况;社会公共利益则更为广泛和原则化,对违反社会公共利益行为的禁止能够弥补法律强行性规定滞后性的缺陷。尤其是对于那些表面上虽未违反现行立法的禁止性规定,但实质上损害了全体大众的共同利益,破坏社会生活秩序、损害社会公共道德的合同行为,能够予以有效的防范。

(四)形式合法

形式合法是指合同必须具备法律所要求的形式。《合同法》第 44 条规定:"依法成立的合同,自成立时生效。法律、行政法规规定应当办理批准、登记等手续生效的,依照其规定。"最高人民法院《关于适用〈中华人民共和国合同法〉若干问题的解释(一)》第 9 条规定:"依照《合同法》第 44 条第 2 款的规定,法律、行政法规规定合同应当办理批准手续,或者办理批准、登记等手续才生效,在一审法庭辩论终结前当事人仍未办理批准手续的,或者仍未办理批准、登记等手续的,人民法院应当认定该合同未生效;法律、行政法规规定合同应当办理登记手续,但未规定登记后生效的,当事人未办理登记手续不影响合同的效力,合同标的物所有权及其他物权不能转移。"

之所以要求形式合法是因为在有些情况下,合同不仅仅是合同当事人之间的事情,合同内容有时还需要国家有关部门的审查和批准或进行登记,如果不进行审查和批准或进行登记,将未必符合国家利益。

(五)合同标的确定、可能

合同标的确定、可能,这一要件强调合同具有现实可能性,因为不能实现的合同是没有意义的,订立这样的合同是对社会财富和资源的浪费,对整个社会而言,是有害而无益的。

合同标的确定是指合同约定的权利、义务指向的对象是明确的、能够确定的。如果一个合同的标的不明确,则这个合同是无法履行的,而无法履行的合同是没有任何现实和积极意义。例如,合同当事人约定买卖商品房,但没有具体约定商品房的坐落、结构、面积等,则这个合同无法履行,不能履行的买卖合同对当事人又有何意义?

合同标的可能是指合同约定的权利、义务能够实现。只有合同标的是确定的,该合同才有实现的可能,但合同标的确定并不见得就必然能实现。譬如,当事人约定买卖月亮,虽然合同内容明确,但是由于月亮对于现在的人类而言是不能控制的,因此该约定是不能实现的,这样的合同自然是无效的。

三、合同的生效时间

合同的生效时间是指合同开始产生具有约束力的时间。合同的生效时间因合同类型不同而有所不同,在通常情况下,合同一成立就产生法律效力,对一些法律有特殊要求的合同或当事人有特殊约定的合同,在合同满足这些法定或约定的特殊生效要件时产生效力。

1. 一般合同生效时间

这里的一般合同是指法律以及当事人对合同生效条件没有特别规定或约定的合同,即满足合同一般生效要件(前面所述的五项生效要件)就能生效的合同,这些合同在成立同时就产生效力。《合同法》第44条第1款规定:"依法成立的合同,自成立时生效。"

2. 必须办理批准、登记等手续的合同的生效时间

如果法律规定必须办理批准、登记等手续才能生效的合同,自办理完批准、登记等手续时方产生效力。《合同法》第44条第2款规定:"法律、行政法规规定应当办理批准、登记等手续生效的,依照其规定。"

如果当事人约定必须办理公证、登记等手续才能生效的合同,自办理完公证、登记等手续时方产生效力。例如,当事人约定在合同公证后生效;再如,当事人对法律并不要求登记的担保合同约定进行登记后生效。

3. 附条件合同的生效时间

若当事人在合同中对合同的生效附有条件的,则在该条件成就时合同产生效力。若当事人为阻止合同生效而故意阻止条件成就的,为了不使恶意的合同当事人的不法企图得逞,则视为合同条件成就,即合同约定的条件被恶意阻却时合同生效。《合同法》第45条规定:"当事人对合同的效力可以约定附条件。附生效条件的合同,自条件成就时生效。附解除条件的合同,自条件成就时失效。当事人为自己的利益不正当地阻止条件成就的,视为条件已成就;不正当地促成条件成就的,视为条件不成就。"

4. 附期限合同的生效时间

依照意思自治的原则,若当事人约定了合同的期限,则该约定应当被认可和遵守。当事人既可以约定生效期限,也可以约定失效期限。《合同法》第46条规定:"当事人对合同的效力可以约定附期限。附生效期限的合同,自期限届至时生效。附终止期限的合同,自期限届满时失效。"

四、合同效力的种类

过去人们简单地将合同效力区分为有效和无效两种,有效合同完全受到法律的保护具有约束力,无效合同完全不受法律的保护不具有任何约束力。随着市场经济的不断发展,市场状况快速多变,利益关系因市场情况变化也会发生逆转,将合同效力区分为有效和无效两种不能适应保护当事人利益的需要。《合同法》将合同效力区分为有效、无效、效力待定和可撤销可变更合同四种。

值得注意的是,上述四种合同效力划分是从合同整体而言的,从合同内容的局部来看,还存在合同部分无效和部分有效的情况。

所谓合同部分无效是指肯定合同整体的效力,但却排除合同中部分条款的效力,换言之,合同部分无效是指合同中的少数条款无效外,其余条款依法均具有约束力。例如,在一个买卖汽车的合同中,纠纷的解决方式条款既约定了仲裁又约定了诉讼方式解决纠纷,那么,该纠纷的解决方式条款无效,除此之外的合同条款皆为有效,合同整体是有效的。如《合同法》规定的免责条款无效,就是在确认合同效力的前提下讲的。《合同法》第53条规定:"合同中的下列免

责条款无效:(1)造成对方人身伤害的;(2)因故意或者重大过失造成对方财产损失的。"

合同部分有效是指有效的合同被终止后,合同中的极少部分条款依然有效。《合同法》第57条规定:"合同无效、被撤销或者终止的,不影响合同中独立存在的有关解决争议方法的条款的效力。"《合同法》第98条规定:"合同的权利义务终止,不影响合同中结算和清理条款的效力。"

第二节　有效合同

一、有效合同的概念和特征

有效合同,是指经当事人协商成立,完全具备合同的生效要件,依法对合同当事人乃至第三人具有约束力的合同。

合同有效的前提是存在已经成立的合同,合同有效实质是已经成立的合同内容符合法律的价值取向,符合国家意志和社会利益,从而受到法律的支持和保护,具有约束力。合同效力是法律赋予的,是法律效力的体现。有效合同必须符合合同所有的有效要件,法律才赋予其效力。合同的效力体现为当事人订立合同的效果意思产生的法律效力,每一个合同的效力都是特定的,各个合同之间的效力都是不相同的。

有效合同的特征:

(1)合同已经成立,完全具备合同生效的构成要件,符合法律价值取向,从而赋予合同的法律效力。

(2)有效的合同一般仅对合同当事人产生效力,极少数情况下,合同的效力会对第三人产生影响。

(3)有效的合同,当事人享有请求权,一方不履行,相对人可以要求司法保护和支持,可以请求人民法院强制执行。

二、有效合同的效力

有效合同不仅在合同当事人之间产生约束力,有时甚至对第三人产生约束力。合同是当事人经过协商达成的,符合当事人的意愿,当事人必须遵守,合同是当事人之间的"法锁",是当事人之间的法律。当事人若违背约定,则应承担违约责任,还可能受到惩罚。合同效力的具体表现如下:

1.合同对当事人的拘束力

依法成立的合同,对当事人具有法律约束力。当事人应当按照约定全面、适当地履行义务;未经对方同意或有法律依据,不得擅自变更或者解除合同;若一方不履行合同,守约方可以要求强制对方履行,还可追究其违约责任,如赔偿损失、支付违约金等,甚至有权解除合同。

2.合同对第三人的效力

一般而言,合同不应对第三人产生效力,因为合同内容中并无第三人的合意,不应对其产生约束力,但是由于债务人和第三人发生的法律行为有可能会损害合同债权人的合法权益,出于对合同债权人利益的保护,《合同法》规定的债权保全中债权人的代位权和撤销权必然涉及第三人利益,会减损第三人利益。

第三节　无效合同

一、无效合同的概念和特征

无效合同,是指当事人协商成立,但因不符合法律要求而不被保护的合同。无效合同自始无效,在法律上不能产生当事人预期追求的效果,对当事人不产生约束力。这里的无效合同并不包括合同部分无效的情形。《合同法》规定:"合同部分无效,不影响其他部分效力的,其他部分仍然有效。"合同部分无效是在合同整体有效的前提下否定其中部分内容的效力,而无效合同是合同整体无效,不产生任何效力。

无效合同主要是由于合同不具备"内容合法"的合同生效要件而导致的法律后果。

无效合同的特征:

(1)无效合同具有违法性,合同的内容明显违背现行法律的价值取向,与现行的法律和行政法规相冲突,违反了现行法律、行政法规的强制性规定。

(2)无效合同不产生当事人预期的法律效力,但不等于合同当事人无责任。当事人订立的合同无效,可能将导致当事人承担责任,其行为可能构成侵权或不当得利,会发生赔偿损失、返还不当得利等责任。

(3)无效合同是自始不发生当事人预期的法律效力的合同。当事人不能通过同意或追认使其生效,无效合同永远无效,永不产生效力。这一点与无权代理、无权处分、限制民事行为能力人订立的合同不同,后者可以通过当事人的追认而生效,使合同由无效变成有效。

(4)无效合同必然无效,无需撤销,应当事人的请求,人民法院、仲裁机关可以确认其无效。这与可撤销合同不同。对于可撤销合同,当事人请求撤销,人民法院或仲裁机关才予以撤销,但是当事人不能请求人民法院、仲裁机关确认可撤销合同为无效。要使其无效,以有撤销权当事人的明确请求为前提。

二、合同无效的种类

合同无效,是由于合同内容明显与法律的价值取向相冲突,从而被法律规定为无效的合同。《合同法》第52条明确规定了合同无效的五种情形。

(一)一方以欺诈、胁迫的手段订立合同,损害国家利益

这种情况是由于合同不满足意思表示真实的生效要件而导致合同无效,以欺诈、胁迫手段订立的合同,被欺诈、胁迫方精神受到外力影响,通常其表示在外的意思严重违背内心意愿,而且,往往给被欺诈、胁迫方的利益带来严重损害,严重违背了合同正义的原则,应当归于无效。

一方以欺诈、胁迫的手段订立合同,如果只是损害对方当事人的利益,则属于可撤销的合同,不属于无效合同。一方以欺诈、胁迫的手段订立合同,损害了国家利益的,则为无效合同。

(1)欺诈是指以使人发生错误认识为目的的故意行为。相对人由于欺诈者故意的错误陈述或对事实的隐瞒,发生认识上的错误而为意思表示所形成的合同,为了保护受欺诈的当事人的合法利益,使其不受因欺诈而为的意思表示的约束,法律允许受欺诈的一方当事人有权撤销该合同。

因欺诈导致订立的合同无效,应当符合以下五个条件:

第一,欺诈方具有欺诈的故意,即欺诈方明知对方会因自己提供的虚假情况陷入错误,而追求和放任这种结果的发生,其主观具有恶意。

第二,欺诈方实施了欺诈行为,即欺诈方向合同相对人提供了虚假情况或者隐瞒了真实情况。

第三,合同相对人因欺诈方的欺诈行为陷入错误认识。相对人没有认识到欺诈方行为的欺诈性质,误以为欺诈方的行为是真实的。

第四,合同相对人因错误认识而做出了意思表示。相对人在误以为欺诈方的行为是真实的基础上,进行了利益关系判断,进而做出了意思表示,该表示实际上并不符合其内心,实际违背了其意愿。

第五,合同相对人基于欺诈行为做出的意思表示,给国家利益造成损害,只有在合同相对人代表或涉及国家利益时,欺诈方的行为才会导致国家利益的损害。

(2)胁迫是指告诉对方将来发生的损害,以使对方产生恐惧或难以承担压力,对方为避免将来损害的发生,而同行为人签订合同,这种合同实际上损害对方的利益,换言之,被胁迫者为了避免大损失(这种损失是否发生,由胁迫者控制或可以施加影响)发生而被迫接受对其不利的合同,被胁迫者看似自愿,实际上是违背内心、极不自愿的。

因胁迫导致订立的合同无效,应当符合以下五个条件:

第一,胁迫人有胁迫的故意。行为人明知其行为必将给被胁迫者带来心理上的恐惧和巨大精神压力,行为人积极追求这种效果的发生。至于胁迫是否以追求利益为目的,则在所不问,即使行为人为寻求刺激的目的去实施胁迫,也包括在胁迫的故意之内。

第二,胁迫人实施了胁迫行为。胁迫行为类型多样,例如,殴打、剥夺生命行为等危害人身生命和健康的行为,焚烧房屋、炸毁汽车等破坏财产的行为,揭露隐私、揭发犯罪等其他给被胁迫者带来严重不利的行为,只要实施的行为足以造成被胁迫者的恐惧或形成巨大精神压力都可以是胁迫行为。胁迫行为通常是违法的,在少数情况下,胁迫行为本身是合法的,例如,行为人以检举揭发相要挟。用以胁迫的行为是可能发生的,也可能不会发生的,其是否发生由胁迫行为人一方决定和控制。如果用以胁迫的行为,被胁迫者应当知道胁迫者不能决定和控制,在此情况下订立的合同,不应认定因胁迫订立的合同,应当认定为因欺诈而订立的合同。用以胁迫的行为一定是将来可能发生的行为,已经发生的行为不会产生使行为人违背内心去订立合同的效果。

第三,被胁迫者因胁迫而订立合同。尽管被胁迫者内心不愿接受合同内容,但被胁迫者为了避免更为不利行为的发生,看似自愿地同胁迫行为人或者第三人订立了合同。值得注意的是,胁迫行为人未必一定是合同当事人,胁迫人可以胁迫被胁迫人同其他人订立合同。

第四,胁迫是在合同缔结过程中实施的。只有在合同缔结过程中,胁迫会使当事人违背内心接受本不愿接受的合同内容。如果胁迫发生在合同成立之后,则胁迫与合同内容没有关联,不产生任何影响。

第五,因胁迫订立的合同,给被胁迫者利益造成损害,被胁迫者代表国家利益或涉及国家利益时,胁迫才导致了国家利益的损害。

(二)恶意串通,损害国家、集体或者第三人利益

恶意串通是指双方合作为谋取不法利益或报复他人,以订立合同或代理他人订立合同的方式损害了国家、集体或者第三人利益。如在招标投标过程中,投标人之间恶意串通,以抬高或压低标价,或者投标人与招标人恶意串通以排挤其他投标人等。恶意串通订立损害国家、集体或者第三人利益合同的要件如下:

第一,恶意串通者不限于当事人,还包括代理人与代理人之间,当事人与代理人之间的恶意串通。比如,卖方代理人为了获取回扣,将卖方的标的物价格压低,买方因此向卖方代理人支付贿赂,而被代理人卖方却受到了损失。

第二,串通者之间存在共同的恶意,串通者双方明知其行为会损害国家、集体或者第三人利益,仍然放任或追求。

第三,恶意串通的目的不限于谋取不法利益,还有可能是为了共同报复他人。例如,买卖合同的双方代理人为了报复卖方,而故意签订低价出售的合同,双方代理人可能并未因此获益,其目的仅仅是为了让卖方遭受损失。

第四,按照合同的约定履行必将使国家、集体或者第三人利益受到不应有的损失。

(三)以合法形式掩盖非法目的

当事人订立的合同在形式上是合法的,但缔约目的是非法的,称为以合法的形式掩盖非法目的的合同。例如,订立假的买卖合同,目的是逃避法院的强制执行;订立假的房屋赠与合同,逃避税收;夫妻之间订立财产协议,以逃避债务等。

如果当事人以合法形式掩盖的目的是合法的,则合同是有效的,应按照其约定的合同内容来履行,当事人可以以放弃权利的方式达到变更合同的目的。例如,男女两方为避嫌签订了一份借款合同,到期后,男方作为债权人放弃债权,该合同的实际上是以借款之名行赠与之实,两个目的均为合法,法律则不应干涉。但如果双方当事人以借款之名行贿赂之实,鉴于其目的违法,则应依法认定为无效。

(四)损害社会公共利益

当事人之间的合同应当符合整体社会的价值取向,不得损害社会成员的整体利益。社会公共利益体现了全体社会成员的整体利益,违反社会公共利益的合同应当确认为无效,比如从事犯罪或者帮助犯罪的合同、赌博合同。损害社会公共利益的合同,只从结果来判断合同效力,而不问当事人主观上是故意还是过失。

社会公共利益是指社会上绝大多数成员的利益,不是某个人、某个单位或者集团的利益,不能简单拿人数多少来理解社会公共利益。一般认为社会公共利益包括公共秩序与公共道德两个方面。社会公德也被称为善良风俗,它是指由社会全体成员所普遍认同、遵循的道德准则。社会公德所涉及的范围非常宽泛,并不是任何违反公共道德的合同都是无效的,只有严重违反社会公德的合同,才能被确认为无效合同。否则,就实际上混淆了道德和法律的界限。

由于法律不能对所有违反全体社会成员的整体利益的行为作出穷尽性的规定,所以以违反社会公共利益的合同无效作为这一缺陷的补充。从这一点上讲,损害社会公共利益的合同无效,这一规定相当于兜底条款,如果合同能够依据其他法律规定确认无效的,应优先使用其

他规定,只有在依据其他法律规定不能确认合同无效的,但合同的确违反了社会公共利益时,才适用此规定。

(五)违反法律、行政法规的强制性规定

现实社会是复杂的,违法行为也是非常多样的,《合同法》不可能对所有的行为进行规范,在其他法律法规中也必然涉及对违法行为的禁止,所以判断合同是否有效还必须适用其他法律的强制性规定。强制性规定是指必须依照法律适用、不允许以个人意志予以变更和排除适用的规定。强制性规定,是任意性规范的对称。任意性规范则允许主体变更、选择适用或者排除该规定的适用。对强行性规范,当事人必须遵守,如果违反,则导致合同无效。

不是违反所有的强制性规定均为无效。由于立法层次较多,只有法律、行政法规经过的立法程序最为严格,为防止过度限制当事人权利和立法冲突,只有违反法律、行政法规的强制性规定的合同是无效的,仅仅违反地方法规、规章、规定的强制性规定的合同并不无效。

三、无效合同财产后果的处理

合同被确认无效后,因该合同取得的财产,应当予以返还;不能返还或者没有必要返还的,应当折价补偿。有过错的,应当赔偿对方因此所受到的损失;双方都有过错的,应当各自承担相应的责任。

当事人恶意串通,损害国家、集体利益或者第三人利益的,因此取得的财产收归国家所有或者返还给第三人。《民法通则》第61条第2款规定:"双方恶意串通,实施民事行为损害国家的、集体的或者第三人的利益的,应当追缴双方取得的财产,收归国家、集体所有或者返还第三人。"最高人民法院《关于贯彻执行〈中华人民共和国民法通则〉若干问题的意见(试行)》第74条规定:"民法通则第六十一条第二款中'双方取得的财产',应当包括双方当事人已经取得和约定取得的财产。"

第四节 可变更、可撤销合同

一、可变更、可撤销合同的概念和特征

可变更、可撤销合同是指由于缔约时意思表示不真实,因合同可能遭受损害的当事人可以依照自己的意思,请求人民法院或仲裁机构作出裁定,变更合同的内容或者使合同效力归于消灭的合同。可变更、可撤销合同是合同效力类型之一。

可变更、可撤销合同中的变更合同是部分改变合同关系的内容,如标的数量的增减,价款的变化,履行时间、地点、方式的变化,而不是合同性质的变化,如买卖变为赠与;也不是合同标的物的改变,如买卖电脑变为买卖汽车。合同性质的变化以及合同标的物的变化使合同关系失去了同一性,是合同的更改,不是合同的变更。

可变更、可撤销合同的特征:

1.合同已经成立并产生效力

无论是变更合同,还是撤销合同,其前提是合同已经成立,并且已经产生效力。如果合同没有成立,则没有可供变更或撤销的对象;如果合同没有生效,则变更与撤销没有任何意义。

可变更、可撤销合同是对已经成立并生效的合同,因为其存在不能完全符合或不符合当事人的意愿的瑕疵,为了保护该当事人的利益,赋予其变更和撤销合同的权利。

2.合同在订立时至少有一方当事人意思表示不真实

可变更、可撤销合同是由于合同当事人在订立时没有完全满足合同的有效要件——意思表示真实,导致合同存在瑕疵。在过去的立法中,直接将此类合同规定为无效合同,但是人们发现在市场经济千变万化的情况下,开始对一方当事人不利的合同,可能会随市场变化变得有利,一概将此类合同规定为无效,在一些特殊情况下,反而对立法欲保护的当事人十分不利。鉴于此,合同法规定,此类合同为可变更、可撤销合同,一旦善意当事人因合同受到损害便可以变更或撤销合同,如果合同变得对其有利,其可以不去变更或撤销合同,使合同永远有效。这样的立法更能灵活、高效保护善意当事人的利益。

3.合同效力存在瑕疵,可能被变更或消灭

可变更、可撤销合同的效力首先是有效的,但存在着当事人一方改变合同内容或者消灭合同的可能,合同效力因合同要件存在瑕疵而具有不稳定性,这是可变更、可撤销合同在效力方面和有效合同存在的区别。

合同一旦被撤销,则合同自开始失去效力,撤销具有溯及力。《合同法》第 56 条规定:"无效的合同或者被撤销的合同自始没有法律约束力。"这里的撤销只能是全部撤销合同,而不允许当事人要求撤销一部分合同内容,如果当事人想要撤销一部分内容,那就是变更,而不是撤销。

合同被撤销并不意味着当事人无责任,当事人负返还财产责任,有过错方还应当承担赔偿责任。《合同法》第 58 条规定:"合同无效或者被撤销后,因该合同取得的财产,应当予以返还;不能返还或者没有必要返还的,应当折价补偿。有过错的一方应当赔偿对方因此所受到的损失,双方都有过错的,应当各自承担相应的责任。"

4.变更和撤销合同的权利,仅由因合同受到损害的善意当事人享有

变更和撤销合同是一种权利,这种权利是为了保护意思表示不真实一方的合法利益而设置的,故这种权利只能赋予意思表示不真实且善意的当事人享有,所以可变更、可撤销合同具体情形的不同,变更权人和撤销权人也不同。

因重大误解订立的合同和显失公平的合同,合同当事人双方均无主观恶意或者主观恶意不明显,故当事人双方均有变更和撤销合同的权利。在以欺诈、胁迫的手段或者乘人之危订立的合同中,欺诈方、胁迫方或者乘人之危一方主观恶意明显,故欺诈方、胁迫方或者乘人之危一方不应当被赋予变更和撤销合同的权利,只有受损害方有权请求人民法院或者仲裁机构变更或者撤销合同。

撤销权可以消灭合同的效力,但是撤销经过办理批准、登记等手续才生效的合同,撤销、变更是否需要办理批准、登记等手续?我们认为,撤销经过办理批准、登记等手续才生效的合同,撤销和变更后,也需要办理批准、登记等手续。但是,合同自法院或仲裁机构作出变更或撤销的判决、裁决生效时,合同效力被变更或消灭,而不是办理批准、登记等手续时变更或消灭,但是当事人仍应当办理相关批准、登记等手续,理由是司法权具有最终性。

5.变更权和撤销权只能通过诉讼或仲裁方式行使

变更和撤销都会对当事人的利益格局产生重大影响,要变更和撤销合同往往是一方当事人不愿意看到的,究竟合同是否应当变更或撤销,应当由一个中立而且权威的机构做出公正的

裁量,这一任务只能由司法机构或仲裁机构来承担。因此,一方当事人要求变更或撤销合同,只能提起仲裁或诉讼。如果两方当事人能通过协商对可变更、可撤销合同进行变更或解除,则无需司法机构或仲裁机构的介入,那么这种变更是协商变更,不是这里所讲的可撤销、可变更合同的变更权行使的变更。

6. 当事人主张变更合同与撤销合同矛盾时,变更权优先于撤销权

对一个合同而言,变更权和撤销权不能同时主张,只能选择其中一个权利主张。如果一方主张变更合同,而另一方主张撤销合同时,如何处理?撤销合同在一定程度上是对社会财富的浪费,是不利的,当事人为订立合同所付出的所有时间、精力都因合同无效变得毫无意义,甚至已履行的部分也要返还。变更合同实质是对瑕疵合同的补救,不会造成社会财富的浪费,故当事人主张变更合同与撤销合同矛盾时,两害相权取其小,应当变更优先于撤销。《合同法》第54条第3款规定:"当事人请求变更的,人民法院或者仲裁机构不得撤销。"

7. 可变更、可撤销合同中的撤销权不是永远存在的

撤销权的存在使合同关系处于极度不稳定之中,不利于民事关系的稳定,有可能造成权利人滥用权利损害对方利益。为消除上述问题,法律规定撤销权自撤销权人知道或者应当知道撤销事由之日起一年内没有行使而消灭或者在当事人明确表示放弃或者以行为放弃时消灭。《合同法》第55条规定:"有下列情形之一的,撤销权消灭:(一)具有撤销权的当事人自知道或者应当知道撤销事由之日起一年内没有行使撤销权;(二)具有撤销权的当事人知道撤销事由后明确表示或者以自己的行为放弃撤销权。"

可变更、可撤销合同中的变更权存在也应当有一定的时间限制,不应无限期地存在,《合同法》未对此做出规定,是一个缺陷。

二、可变更、可撤销合同的种类

《合同法》第54条第1款、第2款规定:"下列合同,当事人一方有权请求人民法院或者仲裁机构变更或者撤销:(一)因重大误解订立的;(二)在订立合同时显失公平的。一方以欺诈、胁迫的手段或者乘人之危,使对方在违背真实意思的情况下订立的合同,受损害方有权请求人民法院或者仲裁机构变更或者撤销。"由此规定可知,可变更、可撤销合同包括因下列情况订立的合同:

(一)重大误解

重大误解是指行为人因对行为的性质、对方当事人、标的物的品种、质量、规格和数量等发生错误认识,使行为的后果与自己的意思相悖,并造成较大损失的行为。因重大误解而订立的合同一般具有以下构成要件:

(1)误解一般是因当事人自己的过失造成的,不是因为受到他人的欺骗造成的。这类合同多是由于当事人缺乏必要的经验、专业知识和技能、掌握信息不充分造成的,致使合同与当事人自己的真实意思相背离。

(2)误解与合同成立或者合同条件设定存在因果关系。由于误解,当事人才导致订立合同或者设定了合同条件。如果合同并不是因重大误解而成立,或者合同条件不是因重大误解而设定,就不构成这里所指的重大误解。

(3)误解必须是对合同主要内容的重大误解。如果是对合同非主要条款发生误解且并不

影响当事人主要权利义务关系的,就不应认为是重大误解,只有误解导致合同内容严重不公或对误解者造成损害才构成重大误解。

(4)有重大误解的合同一旦履行,将会使误解方的利益受到严重损害,法律才需要对该合同的效力进行调整。例如,甲因为没有经验,将一块仿古钱币误以为是真品,以1万元购买,而出卖方也没有告诉这一块钱币是真品还是赝品。显然,因为甲认识错误,订立了一个重大误解的合同。

(二)显失公平

显失公平,是指由于一方当事人利用优势地位或者对方缺少经验,致使合同约定的双方权利与义务严重不对等,合同严重违反了公平原则的要求。显失公平的合同一般具备以下构成要件:

(1)客观要件——合同权利义务严重不对等。只有在双务合同中才存在双方权利与义务是否对等问题,单务合同不强调合同权利义务的对等性,而且,显失公平是指双方的权利义务严重失衡,强调失衡的程度,不是略有失衡。

(2)主观要件——合同是当事人自愿订立的,意思表示表面看是真实的,当事人主观没有受到强制,但实际上意思表示有瑕疵。由于对方具有优势地位,合同协商不充分或者自己缺乏经验,才订立了在合同订立时看似公平,实际上严重不公平的合同。看似自愿,实则合同内容与当事人内心意思实际不符。

(3)时间要件——合同成立时双方权利义务严重失衡。显失公平是指在合同订立当时,而不是指在合同履行中权利义务的严重失衡。在合同履行中,因为市场变化导致合同权利义务变得严重失衡,适用情势变更,不是这里所讲的显失公平。

(三)欺诈

因欺诈而订立的合同,内容与本章第三节所述相同,不再赘述。唯一不同的是被欺诈损害的不是国家利益,若因欺诈订立合同损害的是国家利益的话,应该为无效合同。为什么以欺诈订立的合同,损害的利益对象不同,合同效力不同? 损害国家利益的合同无效,损害非国家利益合同是可撤销、可变更合同,是不是对非国家利益保护不足? 现实中,权利人对非国家利益高度关注,其利益受到任何影响,权利人都会采取应对措施,而对国家利益负有关注义务的人则相对反应迟缓,故法律对因欺诈订立合同而受到损害的非国家利益的权利人以更灵活的救济方法——变更或撤销,而对欺诈损害国家利益的合同一概规定为无效,以不同的合同效力来适应两种利益不同的被关注度,这样更适合于对国家利益的保护。这一原理也适用于因胁迫订立的损害国家利益的合同。

(四)胁迫

因胁迫而订立的合同,内容与本章第三节所述相同,不再赘述。

(五)乘人之危订立的合同

乘人之危订立的合同,是指一方当事人利用对方处于危难之机,为谋取不正当利益,迫使对方违背真实意愿,接受严重不公平的条件所订立的合同。例如,某人遇车祸骨折欲搭乘路过车辆就医,路过车辆司机见状要求高出出租车费 20 倍的运费,伤者为挽救生命被迫接受。

乘人之危订立的合同的构成条件:

(1)一方当事人陷于危难之中,例如,处于车祸之中的伤者,某人急于探望垂危的父亲,处于地震中的无家可归者。"危难"除了指经济上困难或具有某种迫切需求以外,也包括个人及其家人生命危险、健康恶化等。

(2)行为人利用对方当事人的危难处境,提出苛刻条件,对方为满足某种迫切需求或避免更大损失发生,出于无奈,违背真实意愿与之订立合同。

(3)乘人之危行为人主观状态为故意。行为人明知对方处于危难之中,并且利用对方的危难困境。行为人不了解对方危难处境而与之订立合同,客观上一方当事人的危难处境促使了合同成立,对这类合同不应认定为因乘人之危订立的合同。

(4)合同权利义务严重失衡,使危难人蒙受重大损失或者接受不正常的条件。利用乘人之危,行为人通常取得超乎平常的利益。这种利益具有"不正当"性质,按照正常合同,行为人不可能取得这样大的利益。这种不正当利益是在严重损害对方利益的基础上取得的。在个别情况下,行为人乘人之危订立合同的目的,也可能是损害对方的不公平条件,如合同内容侮辱对方,迫使对方接受。

应当注意的是,不能把市场供需关系变化等引起的价格变化,认定为乘人之危,例如,大雪之后,蔬菜价格的提高。

第五节　效力待定的合同

一、效力待定合同的概念和特征

效力待定合同,又称为效力未定合同,是指合同成立后,因为合同主体不具有相应的行为能力或相应的权利,尚未生效,须权利人追认才能生效的合同。这类合同主要是由于行为人主体不适格导致的。

效力待定合同的特征:

(1)效力待定合同是已经成立的合同。在合同已经成立的前提下,通过比对法律规定,发现已经成立的合同不能满足合同生效之要件,不能赋予合同以法律规定的效力,所以效力待定合同必须以成立的合同为前提。

(2)主体不适格。效力待定合同当事人中至少有一方存在主体不适格的瑕疵,包括当事人缺乏缔约能力、处分能力、代订合同资格三种情况。不具备相应行为能力者对合同内容不能有正确的认识和判断,其订立的合同未必符合其利益,有可能会对其造成损害,从保护不具备相应行为能力者利益的角度出发,不应直接赋予该合同以法律效力。

(3)效力处于未定状态。由于合同主体不适格,效力待定合同不完全符合合同生效要件。按照过去立法的规定,此类合同属于无效合同,主要是出于对不具备行为能力人的保护和对合同相对人的保护,后来发现不具备行为能力人订立的合同也有可能对其有利,一概否认其效力,反而对不具备行为能力人不利,再者发现无处分权人订立的合同也可能会促进市场经济的流通,故而将主体不适格的合同留给法定代理人或权利人去选择合同是否有效对社会更有利,对当事人的保护更周到,于是新的立法便将这类合同效力定为待确定状态,是否生效留给权利人去追认。

（4）实质是无效合同。效力待定合同不符合合同生效要件，从实质上讲是无效合同，但不是绝对无效的合同，是一种相对无效，是可以被追认为有效的无效合同，这是其与无效合同的区别。无效合同永远无效，不存在有效的任何机会。效力待定合同，在权利人未追认前首先是无效的；在权利人拒绝后，效力待定合同就永远不可能生效，成为无效合同；在权利人追认后，效力待定合同就变成绝对有效的合同。

（5）效力待定合同内容是合法的。其内容并不违反法律禁止性规定、强制性规定或国家社会公共利益，也并非因为当事人意思表示不真实而导致的。

（6）效力待定合同是否能生效，由权利人确定。限制行为能力人的法定代理人或被处分权利的真正权利人有权确定效力待定合同是否有效。这些权利人进行追认，效力待定合同成为有效合同；这些权利人不进行追认或者拒绝，效力待定合同永远不产生效力。

二、效力待定合同的种类

（一）限制民事行为能力人订立的，与其年龄、智力、精神状况不相适应的合同

《合同法》第 47 条第 1 款规定："限制民事行为能力人订立的合同，经法定代理人追认后，该合同有效，但纯获利益的合同或者与其年龄、智力、精神健康状况相适应而订立的合同，不必经法定代理人追认。"

限制民事行为能力人是 10 周岁以上的未成年人，年满 16 周岁的未成年人以自己的劳动收入为主要生活来源的，视为完全民事行为能力人。限制民事行为能力人还包括不能完全辨认自己行为的成年人，如不能完全辨认自己行为的精神病人、老年痴呆症患者等。

限制民事行为能力人订立的合同有两类：一类是不需要其法定代理人（其监护人为其法定代理人）追认就可以有效的合同。纯获利益以及与其年龄、智力、精神健康状况相适应而订立的合同，不必经其法定代理人的追认。另一类是需要其法定代理人追认才可以有效的合同，这些合同是效力待定的合同。限制行为能力人订立的与其年龄、智力、精神状况不相适应的合同，须经法定代理人的追认才可以产生效力。例如，某 15 周岁的少年买了一双普通的球鞋（价款 50 元），不必经追认就有效；其买了一台 3 000 元的空调，须经追认，未经追认不产生效力。

对需要追认的合同，相对人（与限制民事行为能力人缔结合同的人）可以催告法定代理人在 1 个月内予以追认。法定代理人未作表示的，视为拒绝追认。追认必须是明确地表示认可，默示不能构成追认。我们认为行为可以构成追认，但行为所表达的意思必须是积极地、明确地认可合同内容。例如，15 周岁的少年买了一台 3 000 元的空调，其父亲随后支付了空调价款。

为了避免法律关系长期不稳定，为了保护善意相对人利益，避免其长期受不确定是否履行合同的约束，合同被追认前，善意相对人有撤销的权利。此处所谓"善意"，是指相对人在订立合同时没有任何欺诈等过错行为。有人认为善意相对人是指在订立合同时，相对人不知对方是未成年人，这种观点是错误的。

撤销应当以通知的方式做出，以语言或文字的方式做出。

(二)无权代理人订立的合同

无权代理人订立的合同,是指无代理权的人以代理他人的名义与相对人订立的合同。行为人没有代理权、超越代理权或者代理权终止后以被代理人名义订立的合同未经被代理人追认,对被代理人不发生效力,由行为人承担责任。无权代理人订立的合同按照过去立法必然无效,理由是没有权利基础的行为当然不产生效力,被代理人自然不应受该合同约束。随着人们认识到市场经济的快速多变,无权代理人可能是出于善意为了抓住商机,以被代理人名义先签订合同,然后再寻求征得被代理人的认可,若合同内容对被代理人有利,被代理人应当会认可。由此可见,一概否认此类合同效力未必符合保护被代理人利益的需要。

同样,由于无权代理人订立合同效力处于待定状态会使相对人利益处于不稳定之中,对相对人不利,为保护相对人利益起见,相对人可以催告被代理人在1个月内予以追认。被代理人未作表示的,视为拒绝追认。合同被追认之前,善意相对人有撤销的权利。此处所谓"善意",是指相对人在与无权代理人订立合同时,不知道或不应当知道无权代理人无代理权的情况。

撤销应当以通知的方式作出。

(三)无处分权人订立的合同

无处分权人以自己名义处分他人财产订立的合同,经权利人追认或者无处分权人订立合同后取得处分权的,该合同有效。无处分权人有可能成为有处分权人,一概否认无处分权人以自己名义处分他人财产订立合同的效力未必有利于促进市场流通,所以此类合同也为效力待定状态。《合同法》第51条规定:"无处分权的人处分他人财产,经权利人追认或者无处分权的人订立合同后取得处分权的,该合同有效。"

应当注意的是:①此类合同的相对人没有催告和撤销合同的权利,因为相对人在订立合同时知道真正权利人的,视为相对人有恶意,不应当赋予其催告和撤销合同的权利;如果相对人在订立合同时不知道真正权利人的,其没有恶意,相对人可以向无权处分人主张赔偿或者依据善意取得制度也可取得保护,无需额外救济。②权利人追认的方式和对象。追认一般应当以明确的表示做出,特殊情况下,追认也可以行为的方式作出,笔者认为默示不应作为追认的方式。追认应当可以向处分人表示,也可以直接向处分人的相对人表示。无处分权人以自己名义处分他人财产订立的合同,如果未获追认或者无处分权人事后也未获得处分权的,该合同无效,除非相对人能依动产善意取得制度获得对标的物的所有权。

第六节 合同无效、被撤销或不被追认的法律后果

合同无效、被撤销或不被追认这三种情况导致的结果都是合同自始无效。但是这三种情况有所不同,合同无效以及不被追认的合同,这些合同自成立始就一直没有产生任何效力,被撤销的合同虽然合同一成立就生效,但是合同在被撤销的情况下,有效的合同变成无效的合同,而且,撤销还要消灭其曾经生效期间的合同效力,被撤销合同的撤销效力溯及既往,溯及至合同成立之时。《合同法》第56条规定:无效的合同或者被撤销的合同自始没有法律约束力。《民法通则》第58条规定:无效的民事行为,从行为开始起就没有法律约束力。故被确认为无效和被撤销的合同自成立就无效,而不是从确认无效之时起无效。

合同无效以后,不能产生当事人所预期的法律效果,但不是没有任何法律后果产生。无效合同现实中有可能被履行,法律要消灭无效合同的效力,就必须改变无效合同被履行后的状态至履行前的状态,还要就当事人因无效合同遭受的损失进行补救。因此法律规定无效合同当事人负返还财产、赔偿损失等民事责任,而且当事人订立无效合同侵犯了为法律所保护的社会秩序和社会公共利益,因此应使当事人承担其他法律责任。对于可撤销的合同来说,当事人虽然可能不会承担无效合同的行政责任,但因合同被撤销,当事人应承担返还财产和赔偿损失的民事责任。《民法通则》第 61 条规定:民事行为被确认为无效或者被撤销后,当事人因该行为取得的财产,应当返还给受损失的一方。有过错的一方应当赔偿对方因此所受的损失,双方都有过错的,应当各自承担相应的责任。双方恶意串通,实施民事行为损害国家的、集体的或者第三人的利益的,应当追缴双方取得的财产,收归国家、集体所有或者返还第三人。

一、返还财产

返还财产,是指合同当事人在合同归于无效时,交付财产一方当事人对已交付给对方的财产享有返还请求权,接受财产的当事人有返还财产的义务。返还财产的目的是使财产关系恢复到合同订立前的状况,使社会关系尽可能不因无效合同而改变。《合同法》第 58 条中规定:"合同无效或者被撤销后,因该合同取得的财产,应当予以返还;不能返还或者没有必要返还的,应当折价补偿……"

返还财产以是否返还财产原物,分为返还原物和折价返还。

(一)返还原物

在合同无效的情况下,合同当事人应当返还原物,只有返还原物才能最为有效地消灭无效合同被实际履行所造成的后果,使社会秩序和现状不因无效合同受到改变,彻底否定无效合同的效力。所以,返还原物是合同无效后的首要选择。

(二)折价返还

不是所有的无效合同都能完全恢复到订立合同之前的状态。标的物有可能在交付后发生合法流转,也可能遭受损毁或被消费等等,这些都可能使得原物返还不可实现。消灭合同效力就是要使合同不能产生当事人所预期的法律效果,所以,即使标的物不能被返还,也要使合同当事人基于合同履行所取得的利益予以返还,只有如此,才能使合同当事人基于合同所期望的效果落空。在原物不能返还时,只有将当事人基于合同取得的利益折合成金钱予以返还。

折价返还通常适用于不可逆转的合同及不宜返还原物的合同。不可逆转的合同是指合同一旦被现实履行,标的物就发生灭失或者严重质变,不可能返还,如供用电合同、供水合同等。不宜返还原物的合同是指合同被现实履行后,标的物又被处分,第三人善意取得标的物所有权的,致使标的物不应返还。

折价返还通常适用以下情形。

1. 不可逆转的合同

(1)特定物损毁、灭失的返还。如果无效合同的标的物为特定物,该特定物在交付后毁灭或严重损坏,致使原物返还已成为不可能或者没有意义,则法律不要求返还原物,而只能将毁灭或严重损坏前的标的物折合成利益予以返还。我国国家工商行政管理局在《关于确认和处理无效经济合同的暂行规定》中规定"如果标的物已不存在或者已被第三人合法取得,不能返还的,可用赔偿损失的方法抵偿"。

（2）租赁合同利益的返还。租赁合同被判令无效后,即使承租人终止租赁物的使用返还租赁物,但其基于使用租赁物致使租赁物折旧、磨损所获取的利益是无法通过返还租赁来返还的,只能折合成金钱来返还。应当返还利益数额并不一定与租金数额完全相等,法院在认定合同无效时,可依具体情形,对返还利益数额比照约定的租金数额予以增减,以平衡当事人之间的利益关系。

（3）劳务合同的返还。一方提供劳务,而另一方支付报酬后,即使劳务合同被确认无效,因劳务具有不可返还性,提供劳务者不必返还其所得的劳务报酬。只是在约定的报酬与所付出劳务严重不对等,有失公平时,在返还时,法院在约定酬金的基础上,并考虑用人单位的过错程度,可以适当调整返还金额,可以不以报酬为限。

2. 不宜返还原物的合同

当事人基于被确认无效的合同或被撤销的合同交付了标的物,受让方又向第三人转让了标的物,善意第三人取得了该标的物的所有权,则合同中的受让方是无法从第三人处取回标的物返还给合同中的转让方。如果允许合同中的受让方从善意第三人处取回标的物来返还给转让方,势必损害了善意第三人的合法利益,如此,以牺牲一个合法利益去保护另外一个合法利益的做法是没有效率和意义的。所以,出于对善意第三人的保护,在上述情况下,当事人不能返还原物,只能折价返还。

二、赔偿损失

合同被确认无效或被撤销以后,当事人所期望的法律效果不能达到,当事人为履行合同或者因无效返还标的物必然有所付出,势必给当事人一方甚至双方造成损失。所以,负有过错方应当对其过错造成的损失承担赔偿责任。我国《合同法》第58条中规定:"合同无效或者被撤销后……有过错的一方应当赔偿对方因此所受到的损失,双方都有过错的,应当各自承担相应的责任。"

合同无效的过错赔偿责任应当满足如下条件:

第一,存在损害。存在损害是指当事人确因合同无效或被撤销而遭受了实际损失。这种损失是一种信赖利益的损失,包括三个方面:一是订约的成本,当事人为订立合同所付出的时间成本或工资损失、交通费用、差旅费用等。二是履行合同以及返还标的物的费用,包括准备履约所支付的费用以及实际履约所支付的费用以及返还标的物的费用,如运输费、装卸费、安装费、折旧费、人员工资等。三是合理的间接损失,如因为合同无效从而丧失了与第三人订立有效合同的机会所蒙受的损失。在合同被确认无效或撤销以后,受损失方所获得的信赖利益的赔偿数额不应该超过合同有效且得到实际履行的情况下所应获得的全部利益。

第二,赔偿方具有过错。在过错责任中,有过错才可能有责任,无过错即无责任。过错的表现形式有多种,可以是故意,也可以是过失。采取欺诈、胁迫等方法迫使对方与自己订立合同,缺少订立合同的资格而予以隐瞒等。值得注意的是,在双方都有过错时,应当各自承担相应的责任,而不是简单的过错相抵。例如,不能说当事人都是过失的过错,过错程度相当,故赔偿责任相同,互为赔偿给付相抵;而是按照当事人造成对方损失的数额赔偿,赔偿数额相抵,按照抵消后的数额进行赔偿。

第三,过错行为与损失间具有因果关系。所谓因果关系是指当事人有过错的行为导致了损失的发生,如没有此过错行为就不会导致损失的发生,过错行为是原因,损失产生是结果。如果不存在因果联系,即使一方具有过错,也不能要求其负赔偿责任。

三、其他法律责任

(一)没收或返还第三人

无效合同的过错赔偿制度能够解决因合同无效而受到损失一方的利益保护问题,这一制度有一个前提——受损一方的利益应当得到保护,但是在双方都出于恶意违法以损害第三人的方式获取不当利益时,其意欲通过合同达成的目的应当被剥夺,并将其取得的利益返还给受损的第三人,没有受损的第三人时,则应将其取得的利益予以没收,以惩处这种严重的违法行为。《民法通则》第61条规定:"双方恶意串通,实施民事行为损害国家的、集体的或者第三人的利益的,应当追缴双方取得的财产,收归国家、集体所有或者返还第三人。"《合同法》第59条规定:"当事人恶意串通,损害国家、集体或者第三人利益的,因此取得的财产收归国家所有或者返还集体、第三人。"上述立法对严重违法的合同规定了两种制度:没收或返还第三人。

没收制度适用的条件是:①合同当事人双方均为故意违法;②合同当事人双方不仅故意违法,而且有共谋,企图通过合同手段达到损害国家利益、获取不当利益的目的;③无论合同当事人是否达到目的,凡是依据合同约定取得的财产,均应予以没收。

返还第三人制度适用的条件是:①合同当事人双方均为故意违法;②合同当事人双方不仅故意违法,而且有共谋,企图通过合同手段达到损害集体或其他第三人利益以获取不当利益的目的;③无论合同当事人是否达到目的,凡是依据合同约定已经取得的财产,均应返还给受损害的集体或其他第三人。因未履行完毕,尚未损害到集体或其他第三人利益的,则应对已经取得的财产没收为国家所有。

没收或返还第三人是一种特殊的行政责任,其本质是行政责任,但是却由法院认定并执行。我们认为工商行政管理机关作为合同主管机关也有此权利。

(二)行政处罚

当事人订立的合同无效有可能是由于违反行政法律法规的强制性规定造成的,所以当事人不仅要承担合同无效的责任,还要承担相应的行政责任。例如,行为人违反行政许可的强制规定订立的合同无效,还将受到工商行政管理机关的行政处罚。需要强调的是,不是所有违反行政法律法规的合同行为必然无效,行政违法和合同无效之间不是必然的联系。

(三)刑事责任

合同可以作为刑事犯罪的手段,因此无效合同的当事人还有可能触犯刑法构成犯罪,如合同诈骗罪的当事人应承担刑事责任等。

第七节　合同效力的其他问题

一、表见代理

表见代理是指所谓代理人并无代理权,但有可使相对人相信其有代理权的事由,因而法律规定所谓的代理人代理本人与无过失相对人订立的合同有效的一种制度。表见代理本质是无权代理,却产生了有权代理的效果,法律之所以如此规定,是在保护被代理人利益,还是保护善意相对人的利益之间选择了保护善意相对人的利益。法律之所以如此选择是出于对交易秩序的保护,而且通常情况下,被代理人存在一定疏忽才导致了善意相对人有理由相信无代理权的代理人。《合同法》第49条规定:"行为人没有代理权、超越代理权或者代理权终止后以被代理人名义订立合同,相对人有理由相信行为人有代理权的,该代理行为有效。"一旦表见代理成立,所谓的代理人订立的合同完全有效,其效力不是《合同法》第48条规定的效力待定合同。

(一)表见代理应当符合要件

(1)"代理人"以被代理人的名义实施了代理行为,包括行为人没有代理权、超越代理权或者代理权终止后仍以被代理人名义订立合同的情形。

(2)相对人在客观上有理由相信无权代理人有代理权。相对人基于特定事实,相信行为人具有代理权,并基于此认识与行为人签订合同。相对人所基于的特定事实包括交易习惯、盖有公章的空白合同书、被代理人对无权代理的行为不作否认等等。

(3)相对人是善意且无过失。相对人不知道代理人没有代理权的,相对人尽到了必要的注意义务也无法获知真实情况。

(4)无权代理人代理被代理人与相对人之间订立的合同意思真实、内容合法。意思真实是指无权代理人和相对人表达的订立合同的意思真实,合同内容没有违法之处。

(二)表见代理的效力

(1)表见代理成立,订立的合同有效。被代理人与合同中的对方当事人彼此承担合同义务、享有合同权利。

(2)无权代理人对被代理人承担民事赔偿责任。被代理人因表见代理成立的合同而负有合同义务,因此给被代理人造成损失的,推定无权代理人具有过错,被代理人有权要求无权代理人承担赔偿责任。但是,在被代理人因无权代理人的无权代理行为订立的合同获得重大利益时,无权代理人是否可以主张报酬呢?我们认为,无权代理人有权向被代理人主张报酬,此时,无权代理人的行为可以视为"无因管理"。

(3)特定情况下,无权代理人对被代理人的费用返还请求权。在无权代理人出于维护被代理人利益而进行表见代理时,表见代理的法律后果也使被代理人从中受益时,无权代理人有权要求被代理人支付因实施代理行为而支出的相关合理费用,这样才符合公平原则。

二、法定代表人超越权限订立合同的效力

法人是法律上拟制的人,并不具有真正的生物特征,因此法人的一切活动都要通过自然人

的行为来实现,为确保法人意志的唯一性,避免矛盾,我国法律规定法人实行代表人制度,法律规定法人的代表人是法人意志的唯一代表,为了满足法人的需要,法律允许法人的代表人可以通过授权的方式委托代理人代表法人行事,以满足法人经营的需要。法定代表人是法人对外代表权制度的一种安排。法定代表人是法人的一个机关,对外代表法人的意志,一般而言,法定代表人可以代表法人的一切意思,如对外签订合同、对外起诉、应诉等。应当注意的是代理权与法定代表人的代表权是性质完全不同的权利,这里不做叙述。

我国实行单一法定代表人制,即法定代表人只能是一个自然人。《民法通则》第 38 条规定:"依照法律或者法人组织章程规定,代表法人行使职权的负责人,是法人的法定代表人"。《公司法》第 13 条规定:"公司法定代表人依照公司章程的规定,由董事长、执行董事或者经理担任,并依法登记。公司法定代表人变更,应当办理变更登记。"

法定代表人是企业法人的机关,是法人的全权代表,完全代表法人意志,法定代表人执行企业法人业务的行为是法人自身的行为,法人应对此承担责任。为了防止法定代表人的错误决策给法人带来损害,法律允许企业法人通过章程对法定代表人的代表权限进行限制,以降低法人风险,例如,公司可以在公司章程中规定法定代表人不经董事会同意不得签订单笔金额在 2 000 万元以上的合同。

那么,法定代表人超越权限订立合同的效力是否有效? 如果有效,对法人不利;如果无效,必将对合同相对人不利。究竟是保护合同相对人还是保护法人利益? 法律选择在保护法人利益的同时,为了促进交易发生和保护交易安全,加强了对善意合同相对人利益的保护。《合同法》第 50 条规定:"法人或者其他组织的法定代表人、负责人超越权限订立的合同,除相对人知道或者应当知道其超越权限的以外,该代表行为有效。"按此规定,对于法定代表人超越权限订立的合同,法人主张无效时,应当承担证明合同相对人在订立合同时知道或者应当知道法定代表人超越权限而仍与之订立合同的举证责任。法人若不能完成此举证责任,则法定代表人超越权限订立的合同为有效合同。

思　考　题

1. 如何认定当事人意思表示是否真实?
2. 企业法人超越营业范围订立的合同是否必然无效?
3. 欺诈和胁迫的构成要件是什么?
4. 表见代理制度会给各方当事人利益带来什么风险? 如何防范?

第五章 合同履行

本章提要：

合同履行是合同当事人订立合同的主旨。本章从合同履行的原则开始，进而讲述了合同履行的具体规则，以及合同履行中为保护债务人而设立的三种合同履行抗辩权。

本章重点：

(1)合同履行的原则、合同履行的规则；

(2)情势变更原则；

(3)合同条款约定不明的补充规则；

(4)同时履行抗辩权、先履行抗辩权、不安抗辩权。

第一节 合同履行概述

合同履行是指债务人全面地、适当地完成其合同义务，债权人完全实现其合同债权。合同履行是合同法律效力的必然要求，当事人订立合同目的就是为实现合同履行，当事人通过合同履行才能实现合同利益。

合同履行可能是一个行为，如买卖一台空调，对债务人而言只有一个履行行为；合同履行是也可能是一系列行为，如建设工程合同、劳动合同、运输合同等，其履行是一系列行为及其结果的总和。合同履行是一系列行为时，多个行为之间还可能彼此存在关联，当一个履行行为违反约定时，有可能会导致其他行为失去意义。

合同履行以合同成立并有效为前提，合同的履行是有效合同所必然发生的法律效果，也是合同效力的主要内容，合同效力要求合同必须得到履行。债务人全面而适当地履行合同后，合同的历史使命完成，在一般情况下，合同便告消灭。

合同的履行是整个合同法的核心，合同法的一切制度都是为了保障合同能得以履行。为此，合同法规定了合同的担保和债的保全，以确保债权能够实现。合同的解释使合同内容更加明确清晰以便于履行。合同债权转让和债务移转不是对合同履行的否定，而是使合同履行更符合当事人利益的需要。违约责任是对当事人违反约定的一种补救，也客观地促使债务人去履行合同约定。合同的解除消灭了合同关系，虽与合同的履行对立，但也是出于保护一方当事人权益的需要，这与合同履行保护当事人利益异曲同工。

第二节 合同履行的原则

合同履行的原则，是当事人在履行合同义务、实现债权时应当遵循的基本准则。合同履行的原则，有些是民事行为的基本原则，如诚实信用原则、公平原则、平等原则等；有些原则是专属于合同履行的原则,如全面履行原则、协作履行原则、情势变更原则等。

一、全面履行原则

全面履行原则,又称正确履行原则,是指当事人按照合同约定的标的及其质量、数量,在适当的履行期限、地点,以适当履行方式,全面完成合同约定义务的履行原则。《合同法》第 60 条第 1 款规定:"当事人应当按照约定全面履行自己的义务。"对全面履行原则可以理解为严格按照约定履行,不得违反合同中的任何约定,履行无瑕疵。合同约定履行的一切要素均应当遵守,任何一点约定的违反,即使是对合同目的实现不具决定性因素的违反,都应当被认定为非全面履行,构成违约。全面履行原则包括合同约定的义务应当被实际履行和合同约定的义务应当被适当履行。

(一)实际履行

实际履行是指合同当事人必须按照合同约定的标的履行义务,非经对方当事人同意,不得以其他标的替代履行,也不能以支付违约金和赔偿金为由而不履行合同约定的义务。

实际履行要求当事人应自觉按约定的标的履行,不得以其他标的替代约定标的的履行,包括用货币代替合同规定的实物或行为;在当事人违约时,当事人承担违约责任,并不免除履行合同义务,对方当事人有权要求其实际履行。如果允许合同债务人可以不实际履行,合同的法律效力就难以维系,商品交易的秩序也就难以维持,合同目的就难以实现。坚持实际履行的目的就是要使合同目的得以完全实现。

值得注意的是,坚持合同必须实际履行原则,并不排斥双方经协商可以变更或解除合同。在债务人违约的情况下,如债权人认为实际履行已经失去合同目的或不必要,其可以要求债务人不履行合同义务,而仅要求其支付违约金或赔偿损失。针对不同的合同,应当根据具体情况,根据合同的性质和债权人要求来确定履行是否必须。

在合同实际履行失去意义或不可能实现的情况下,应当排除实际履行的适用:①债务人违约导致实际履行对权利人已不必要或将损害权利人利益;②标的质量不符合合同要求而又不能改善;③合同标的为特定物,该物灭失时,实际履行成为不可能。

(二)适当履行

1.履行的主体

合同的履行必须由合同当事人亲自完成。由第三人代替履行,须经合同债权人的同意,否则,债权人可拒绝接受。在特殊情况下,合同义务也可以由第三人代替其履行。有些合同由其性质决定了只能由合同债务人亲自履行,如建设工程合同,建设方必须以自己的机器设备、技术和力量,完成主要成果。基于对特定人身信赖订立的合同,其义务不能代替履行,例如,请某歌星出席晚会。

2.履行的标的

债务人应当严格按照约定的品种、质量、期限、交货地点等履行义务。对产品的质量约定不明的,按照国家质量标准执行,没有国家质量标准的,按照通常标准执行。产品数量由双方在合同中确定。在实践中,交付数量与约定不符,但在合理范围内,则不认为是违约。例如,甲、乙双方约定买卖煤炭 50 吨,而实际交付的数量为 49.9 吨,相差的 0.1 吨在日常合理的磅差范围之内,则认为当事人交付的数量符合约定。

3.履行的方法

合同的履行方法按照双方当事人协商的方法履行,没有约定的,按照有利于合同目的的方法履行。

若当事人变更合同,则应当按照变更后的合同履行。在实践中,如果一方违反约定履行,另外一方接受并明确表示认可,可以认定为合同的变更,不构成违约;但是,如果一方违反约定履行,另外一方接受,没有表示认可,给付方依然构成违约。例如,甲、乙订立了茶叶买卖合同,约定甲给付乙一级茶叶200公斤,但是在履行日甲因一级茶叶缺货,给付乙二级茶叶200公斤,此时乙接受了此二级茶叶,但乙没有明确表示认可甲的替代给付行为,则甲依然构成了违约。

二、协作履行原则

协作履行原则,是指在合同履行过程中,当事人不仅要全面履行自己的合同债务,而且应基于诚实信用原则互相提供条件和方便,并可要求对方当事人协助其履行合同债务。《合同法》第60条第2款规定:"当事人应当遵循诚实信用原则,根据合同的性质、目的和交易习惯履行通知、协助、保密等义务"。

合同的履行必须有双方的配合和协作才能完成,债务人的给付,债权人若不予受领,合同履行难以实现,交易无法完成。在有些合同中,债务人履行义务还需要债权人提供条件、积极配合。例如,在建设工程合同中,发包人应当为承包人提供施工用的水、电、路等条件,否则,承包人不可能进行工程建设。债权人协助履行的义务,是合同实现的必要前提。只有双方当事人在合同履行过程中相互配合、相互协作,合同才会得到适当履行,才会降低合同履行的成本,提高履行效率。协作履行义务来源于诚实信用原则,是该原则在合同履行方面的具体体现。协作履行有利于合同目的的实现,使当事人获得双赢。

协作履行原则一般应包含如下内容:

(1)当事人之间要互通信息,互相照顾对方利益,及时向对方告知履行准备的情况。

(2)债务人履行合同债务,债权人应适当受领给付。

(3)债权人应当为债务人履行合同债务创造必要的条件,提供方便。

(4)不能履行或不能完全履行时,应及时报告对方,双方都应积极采取措施,加以补救,减少损失。《合同法》第119条规定:"当事人一方违约后,对方应当采取适当措施防止损失的扩大;没有采取适当措施致使损失扩大的,不得就扩大的损失要求赔偿。当事人因防止损失扩大而支出的合理费用,由违约方承担。"

(5)对债务人在履行中遇到的困难,债权人应尽可能给予帮助。

三、情势变更原则

情势变更原则,是合同依法成立后,因不可归责于双方当事人的原因发生了客观情况的变化,致使合同依赖的基础发生改变,若继续履行则显失公平,法律允许当事人变更或解除合同的制度。英美法系自1863年泰勒诉考德威尔判例起确立"不能履行"原则,1903年克雷尔诉亨利判例确立"合同落空"原则。我国参加了《联合国国际货物销售合同公约》,该公约规定有情势变更原则,实践中也有个别案件依此原则处理。合同的成立,有其信赖的客观基础(如供需关系、市场需求、价格水平等等),当事人是在这种客观基础之上,判断合同利益关系,签订合同,合同中约定的权利义务与此客观基础相适应。在合同成立之后,该客观基础发生了当事人难以预期的严重变化,原来约定的权利义务与严重变化后的客观基础不适应,合同利益严重失衡,不再公平合理,这种合同不予以解除或变更,对社会整体利益而言有害而无益。

情势变更原则应符合如下要件:

(1)须有情势变更的事实。所谓情势,泛指合同赖以成立的客观基础或环境状况。例如合同订立时的供求关系、社会秩序等。情势变更是指上述客观情况发生了不可预期的异常变动。例如,战争引起严重的通货膨胀、非典致顾客急剧减少。判断是否构成情势变更,应当根据变化的幅度、对合同的影响程度、是否导致合同权利义务严重失衡、合同目的是否无法实现等综合判断。要区分市场变化与情势变更的区别:市场变化一般幅度较小,情势变更变化幅度极大;市场变化一般不会导致合同目的的丧失,情势变更一般会导致合同目的的丧失;市场变化一般会使合同权利义务失衡,情势变更会使合同权利义务严重失衡;市场变化一般能够预见,情势变更不能准确预见。

(2)情势变更发生在合同成立以后,履行完毕之前。情势变更是指在合同效力存续期间因客观情况变化从而导致合同权利义务关系严重不公平,情势变更必须发生在合同成立以后。情势变更发生在合同订立之前,当事人就应当以变更后的客观事实作为合同基础去协商合同内容,则合同是以已经变更的事实为基础的,应当认为当事人自愿承担风险,不允许事后调整。如果当事人对发生在合同订立前已经存在的事实认识不清或判断失误导致合同内容严重不公平,应当适用显失公平制度予以撤销或变更,而不能适用情势变更进行救济。若情势变更发生在合同履行完毕以后,则合同因履行完毕而消灭,其后发生的情势变化与合同无关。

(3)情势变更不是因当事人的原因发生的。情势变更是由于不可抗力、意外事件等引起的,不是由于合同当事人的原因导致的。若由于当事人原因或违约行为导致,则应由当事人自己承担不利后果,无需法律予以救济。

(4)情势变更是当事人所无法预见的。如果当事人在缔约时能够预见情势变化,则当事人应当采取必要的措施予以防范情势变化所带来的不利影响。若其疏于防范,按照行为人自负其责的原则,则由其自担不利后果,无需法律予以救济。只有对当事人难以预见或不可预见的风险,才需要法律予以专门救济。无法预见是指不能准确预见,例如,当事人知道必然会发生地震,但何时发生、会不会对合同造成影响,当事人却无法准确预见。

(5)情势变更致使履行合同显失公平。只有在情势变更严重影响合同利益关系,导致合同显失公平时,法律从正义的角度出发才有理由对此合同根据客观情况进行矫正。

情势变更与商业风险的不同:①二者的能否预见程度不同。一般情况下,当事人对商业风险能预见,法律也推定当事人能预见;对情势变更,当事人难以预见或不能预见。②二者合同依赖的客观情况变化程度不同。商业风险属于从事商业活动所固有的风险,商业风险变化一般未达异常的程度,如市场供求变化、价格起伏等;情势变更是指作为合同成立基础的条件发生了异常的变动,客观情况变化要达到非常大的程度。③是否归责于当事人不同。商业风险带给当事人的损失,可以认为是当事人防范不力或认识不足造成;而情势变更给当事人造成的损失,通常认为不可归责于当事人。

情势变更发生后,允许因情势变更受损的合同当事人向人民法院或仲裁机构申请变更或解除合同。《合同法》没有规定情势变更原则,《合同法》草案中曾经有情势变更原则,全国人大在审议时出于法官自由裁量权过大的考虑,删除了《合同法》情势变更原则。但由于我国参加的《联合国国际货物销售合同公约》有此规定,基于国际公约优先于国内法的原则,在涉外诉讼中可以适用情势变更原则。我国《最高人民法院关于适用〈中华人民共和国合同法〉若干问题的解释(二)》第 26 条规定:"合同成立以后客观情况发生了当事人在订立合同时无法预见的、非不可抗力造成的不属于商业风险的重大变化,继续履行合同对于一方当事人明显不公平或者不能实现合同目的,当事人请求人民法院变更或者解除合同的,人民法院应当根据公平原则,并结合案件的实际情况确定是否变更或者解除。"该解释自 2009 年 5 月 13 日起施行,该解释使情势变更制度又重新回归到合同法体系中。

第三节　合同履行的规则

合同履行的规则指的是在合同履行过程中需要遵守的具体准则。规则与原则不同,规则只适用某些特殊的场合,而原则在更多的场合适用;规则比原则更具体,而原则一般比较抽象。

合同的履行是一个过程。确立合同履行规则的目的就是为使合同履行有规则可循,减少争议、便于履行,使这一过程能顺利实现。合同履行规则来源于民法的基本原则、合同法的基本原则和合同履行的原则,是这些原则在合同履行方面的具体化。合同履行规则从大的方面,可以分为法定义务规则、当事人亲自履行规则、合同条款约定不明的履行规则和抗辩权规则。

一、法定义务规则

合同法为规范合同行为,对合同有许多强制性的规定,当事人必须遵守。凡是法定义务自然成为合同义务,当事人应当遵守。同时,为充分体现当事人意思自由,合同法在许多情况下,允许当事人自由约定,而且允许当事人约定优先于法律规定适用。从这一点讲,合同法是任意性较强的规范。

合同法除了针对事项作出的具体规定外,为了便于合同履行,我国合同法还将当事人最为可能遗漏的普遍性问题列举出来作为合同当事人的法定义务,以弥补当事人合同约定的不足。《合同法》第 60 条第 2 款规定:"当事人应当遵循诚实信用原则。根据合同的性质、目的和交易习惯履行通知、协助、保密等义务。"这就是合同法列举出来的当事人的法定合同义务。

二、当事人亲自履行规则

当事人亲自履行是指合同义务要由合同债务人向合同债权人履行,不得由第三人代为履行。这一规则基本内容有两个:一是合同义务只能由合同债务人亲自履行;二是只能向合同债权人进行履行。《合同法》第 60 条规定:"当事人应当按照约定全面履行自己的义务"。

在债权人权利受限、债务人行为能力欠缺或者代为履行和接受不影响对方利益的情况下,可以突破当事人亲自履行规则。《合同法》第 65 条规定:"当事人约定由第三人向债权人履行债务的,第三人不履行债务或者履行债务不符合约定,债务人应当向债权人承担违约责任。"可见,我国法律允许在一定的条件下,第三人可以代替履行,债权人的代理人代为接受履行,这是当事人亲自履行规则的例外——第三人履行。

在下列情况下,合同义务可以由第三人履行或接受:①债权人的债权经强制执行,法院禁止债务人向债权人履行的;②债权人受破产宣告的;③债权人无行为能力或限制行为能力,履行行为系法律行为的;④债权人的代理人可以代为受领履行,对债务人不会造成负担增加;⑤合同约定可由第三人履行或接受的。

值得注意的是,在第三人代为履行或接受的情况下,第三人履行不合约定的,违约责任由合同债务人承担,第三人不承担责任。理由是:第三人不是合同当事人,没有合同义务,合同当事人不能对第三人设定义务,即使合同有此约定也是无效,除非征得第三人的同意。《合同法》第64条规定:"当事人约定由债务人向第三人履行债务的,债务人未向第三人履行债务或者履行债务不符合约定,应当向债权人承担违约责任。"第65条规定:"当事人约定由第三人向债权人履行债务的,第三人不履行债务或者履行债务不符合约定,债务人应当向债权人承担违约责任。"

三、价格变动的履行规则

《合同法》第63条规定:"执行政府定价或者政府指导价的,在合同约定的交付期限内政府价格调整时,按照交付时的价格计价。逾期交付标的物的,遇价格上涨时,按照原价格执行;价格下降时,按照新价格执行。逾期提取标的物或者逾期付款的,遇价格上涨时,按照新价格执行;价格下降时,按照原价格执行。"价格变动的履行规则,是指执行政府定价或者政府指导价的合同,在合同订立后、履行前,价格发生调整的,按照何种价格履行的规则。《合同法》第63条确定的价格变动的履行规则可以总结为"对违约方不利"规则。无论价格变化是升还是降,都采用对违约方不利的价格结算,这其实体现了对违约方的一种制裁。

四、合同条款约定不明的履行规则

合同条款应当明确、具体,能够履行,但是要求合同完全明确、具体是一种难以实现的理想。由于客观情况的复杂性和当事人认识的局限性,当事人制定的合同条款往往存在欠缺或约定不明的情况,甚至会出现合同条款存在严重欠缺或矛盾,导致根本无法履行。在这种情况下,是判定合同无效,还是通过法律去补充完善,在尽可能促成交易成功原则的指导下,我国的《合同法》规定了一系列补救性规则,这就是约定不明的履行规则。约定不明履行规则的适用是以确认合同有效为前提的,否则不能适用这些补救规则。

(一)对合同内容欠缺补救的三个层次

对合同内容的欠缺或约定不明的补救分为三个层次:

(1)从意思自治的原则出发,首先,允许当事人补充协商以完善合同。

(2)在当事人对合同不能达成补充、完善的情况下,按照合同的有关条款推论出其他不明确的合同内容,或者按照交易习惯来确定。《合同法》第61条规定:"合同生效后,当事人就质量、价款或者报酬、履行地点等内容没有约定或者约定不明确的,可以协议补充;不能达成补充协议的,按照合同有关条款或者交易习惯确定。"《最高人民法院关于适用〈中华人民共和国合同法〉若干问题的解释(二)》第7条规定:"下列情形,不违反法律、行政法规强制性规定的,人民法院可以认定为合同法所称'交易习惯':(一)在交易行为当地或者某一领域、某一行业通常采用并为交易对方订立合同时所知道或者应当知道的做法;(二)当事人双方经常使用的习惯做法。对于交易习惯,由提出主张的一方当事人承担举证责任。"

(3)在上述两种方法均不能解决合同内容的欠缺或约定不明问题时,才适用法律的补充性规定。《合同法》第62条规定:"当事人就有关合同内容约定不明确,依照本法第六十一条的规定仍不能确定的,适用下列规定:……"

上述三个层次先后次序的安排充分体现意思自治的基本原则,凡是当事人能协商一致的,法律就不予干涉。

(二)合同内容欠缺的法律补充性规定

合同内容欠缺的法律补充性规定,在当事人不能协商解决合同内容的欠缺问题,而且也无法通过合同有关条款和交易习惯来确定合同内容时才适用的,是解决合同内容欠缺的最后手段。该补充性规定一旦适用就成为合同的履行规则,当事人就必须遵守。合同内容欠缺的法律补充性规定见《合同法》第61条,其具体内容主要有以下几个方面。

1. 质量不明合同的履行

《合同法》第62条第1款规定:"质量要求不明确的,按照国家标准、行业标准履行;没有国家标准、行业标准的,按照通常标准或者符合合同目的的特定标准履行。"通常标准是指该标的物日常使用中所适用的标准。对于标的物的质量可以分级别时,通常标准应是中级或合格的标准。我国《标准化法》将产品的质量标准分为强制性标准和推荐性标准,推荐性标准自愿采用,强制性标准强制推行,通常标准应是强制性标准。对于只有推荐性标准的,通常标准是指推荐性标准。没有国家强制性标准和推荐性标准的,通常标准是行业的通用标准。对于没有行业标准的,通常标准就是一个理性人所认为合理的标准。

2. 价格或报酬不明合同的履行

《合同法》第62条第2款规定:"价款或者报酬不明确的,按照订立合同时履行地的市场价格履行;依法应当执行政府定价或者政府指导价的,按照规定履行。"优先依据政府定价或者政府指导价确定价格或报酬;没有政府定价或者政府指导价的,按照市场价格或报酬标准来确定合同的价格或报酬。市场价应当按照合同订立时的履行地的市场价来确定。

3. 履行地点不明合同的履行

《合同法》第62条第3款规定:"履行地点不明确,给付货币的,在接受货币一方所在地履行;交付不动产的,在不动产所在地履行;其他标的,在履行义务一方所在地履行。"法律这一规定贯穿"不加重债务人负担"的原则,考虑了货币安全和不动产转移方便而作的规定,在约定不明的情况下,尽量不因履行而增加债务人负担,换言之,就是便于债务人履行的原则。给付货币的,在金融服务如此发达的社会,在接受货币一方所在地履行不会给债务人增加多少负担,反而免去了债权人去异地实现债权的麻烦;交付不动产的,由于不动产的特性,只能在不动产所在地履行;而交付其他标的,在履行义务一方所在地履行,而债权人须去债务人处接受,这样规定不增加债务人的负担。

4. 期限不明合同的履行

《合同法》第62条第4款规定:"履行期限不明确的,债务人可以随时履行,债权人也可以随时要求履行,但应当给对方必要的准备时间。"合同履行期限约定不明的,债务人可以随时履行,这样规定符合目的,便于合同的履行。但是考虑到履行有时需要准备,故债权人根据履行的具体情况应当给予对方必要的准备时间,必要的准备时间应当是合理的时间期限。

5. 履行方式不明合同的履行

合同履行是为了实现合同目的,在履行方式没有约定或约定不明确时,当事人对履行方式选择的唯一标准只能是最为有利地实现合同目的。并不是有利于债权人接受就是有利地实现合同目的,要根据合同具体情况来判断,有时有利于债务人履行才是有利于实现合同目的,不可一概而论。我国《合同法》第62条第5款规定:"履行方式不明确的,按照有利于实现合同目的的方式履行。"

6.费用负担不明合同的履行

履行义务的费用,相对于履行义务而言,履行费用是次要的、从属的,负担相对较小。没有约定,则可以视为由债务人承担,通常也不会导致合同权利义务失衡,履行费用没有约定在合同中,通常说明履行费用负担不重,否则,义务人会在订立合同时将其予以明确约定,故从维护合同公平的角度考虑,履行费用宜由履行义务一方负担。我国《合同法》第62条第6款规定:"履行费用的负担不明确的,由履行义务一方负担"。

由于存在对合同内容欠缺的法律补充性规定,一个缺少重要条款的合同都可能被补充完整而具备履行的可能,那么,一个合同最少应当具备哪些条款,才可以被现实履行呢?笔者认为:当事人约定的合同至少应当具备以下要素:①明确的当事人;②明确的标的物;③确定的合同类型,如买卖还是租赁。一个合同具备这三个要素后,结合法律的补充性规定,都可以成为内容完整的合同。

第四节　双务合同履行中的抗辩权

一、双务合同履行中的抗辩权概述

抗辩权是债务人依据法律规定享有的对抗请求权或否认他人权利主张的权利。狭义的抗辩权仅指对抗请求权的权利。抗辩权的作用在于对抗请求权,又可分为一时抗辩权和永久抗辩权。抗辩权具有如下特征:

(1)抗辩权是债务人的权利。

(2)抗辩权是一种消极的权利,其存在以相对人享有请求权为前提,抗辩权不能独立存在,其作用在于阻止对方的请求权。

(3)抗辩权因法律的规定事由出现而产生。

(4)抗辩权效力在于暂时中止履行合同,而不是终止履行,待抗辩权产生的事由消失后继续履行,或者由于当事人解除合同而不再履行。

(5)抗辩权阻却违法性,不是违法行为,也不是违约行为,不产生抗辩权人的违约责任问题。

(6)抗辩权是自力救济,只要抗辩事由出现,当事人可以直接行使,不需提起诉讼或申请仲裁。

抗辩权是为了保护债务人的合法权益而设定的,抗辩权的设定是为了维护双方当事人在合同履行中的利益平衡。抗辩权制度对于督促当事人履行合同、防止滥用权利、保护债务人的合法权益,具有重要作用。

双务合同履行中的抗辩权,是在法定事由出现时,债务人享有对抗权利人的履行请求,暂时拒绝履行合同债务的权利。《合同法》规定了双务合同履行中的三种抗辩权:同时履行抗辩权、先履行抗辩权和不安抗辩权。双务合同履行中的抗辩权是一时抗辩权,具有延缓请求权的效力,只是在一定期限内中止履行合同,本身并不消灭合同的履行效力。产生抗辩权的事由消失后,债务人仍应履行其债务。之所以规定双务合同中的抗辩权,是因为在双务合同中对方的义务,是己方承担义务的对价,对方不履行义务,己方就不应履行义务,彼此间的义务存在互为因果关联。为了双方当事人能实现合同目的,就必须以抗辩权来约束权利人使其积极履行义务。双务合同履行中的抗辩权,消除了债务人履行后得不到对方履行的风险,对于促使对方当事人履行合同义务有重要意义。

二、同时履行抗辩权

(一)同时履行抗辩权概述

同时履行抗辩权,是指在双务合同中没有约定债务履行的先后顺序,在对方未为对待给付以前,当事人有权拒绝履行自己的债务。《合同法》第 66 条规定:"当事人互负债务,没有先后履行顺序的,应当同时履行。一方在对方履行之前有权拒绝其履行要求。一方在对方履行债务不符合约定时,有权拒绝其相应的履行要求。"

双务合同的当事人,一方所负给付与对方所负对待给付互为前提,互为期待。只有同时给付,才能维持双方当事人之间的利益平衡,降低彼此的合同风险,实现合同目的。同时履行抗辩权是促成合同实现,公平保护双方当事人利益的必然要求。

(二)同时履行抗辩权的构成要件

1. 因同一双务合同互负债务

同时履行抗辩权是基于双务合同双方债务的牵连性产生的,因此同时履行抗辩权只适用于双务合同,不适用于单务合同。能够主张同时履行抗辩权的债务必须是同一双务合同中的对待给付。如果债务不是基于同一双务合同而发生,即使存在有密切关系,也不赋予债务人享有同时履行抗辩权。互负的债务一般指主给付义务。一般而言,从给付义务与主给付义务不具有对等性,不是对待给付,不具有牵连性。但在从给付义务的履行直接影响合同目的的实现时,应当认为该从给付义务与主给付义务之间有牵连关系,产生同时履行抗辩权。

2. 双方互负的债务均已届清偿期

同时履行抗辩权制度的目的是促使双方当事人履行义务,平衡利益关系。债务未届清偿期时,不具有履行的条件,不能要求履行,也不存在损害债权人利益问题,无需法律介入促成履行。只有双方互负的债务均已届清偿期,彼此债务的牵连关系才亟须须保护,同时履行抗辩权才有发生作用的需要。

3. 当事人主张权利,却未为对待给付或给付不符合约定

抗辩权在对抗请求权时才发生效力,因而抗辩权的行使只能以对方当事人主张债权为前提。对方主张债权,却未为对待给付或给付不符合约定,这使债务人期待的利益未能及时实现,加重了债务人利益的风险,导致合同利益失衡,需要赋予债务人以抗辩权来矫正失衡的合同关系。只有在对方给付不符合约定导致合同目的难以实现的情况下,债务人才能主张抗辩权;轻微瑕疵的履行不影响债务人合同目的的实现,对方履行中的轻微瑕疵与债务人的债务不构成对价,债务人不能行使同时履行抗辩权。

4.对方的对待履行是可能履行的,且能够同时履行

赋予债务人同时履行抗辩权的目的在于促使对方履行合同,这是以对方能够履行合同为前提。一旦因客观原因,对方已不具有履行合同的可能,赋予债务人同时履行抗辩权也就失去意义。不是所有的债务都能同时履行,一次性的给付和持续性给付不可能构成同时履行。

三、先履行抗辩权

(一)先履行抗辩权的概念

先履行抗辩权是指在同一合同中,当事人互负债务,约定履行有先后顺序的,先履行一方未履行之前或者履行不合约定,后履行一方有权拒绝其相应的履行请求。《合同法》第67条规定:"当事人互负债务,有先后履行顺序,先履行一方未履行的,后履行一方有权拒绝其履行要求。先履行一方履行债务不符合约定的,后履行一方有权拒绝其相应的履行要求。"我国《合同法》首次独立规定先履行抗辩权制度。先履行抗辩权适用于双务合同中先履行一方违约的场合。

先履行抗辩权,又可以称为后履行抗辩权。先履行抗辩权是从应当先履行义务的一方当事人存在违约行为导致了抗辩权的产生讲的,后履行抗辩权是从合同约定的后履行义务的一方当事人享有的抗辩权角度讲的,两个名称强调了抗辩权的不同角度,听起来矛盾,但实质相同。

(二)先履行抗辩权的构成要件

先履行抗辩权只存在于有先后履行顺序的双务合同中,是赋予后履行一方享有的拒绝违约的先履行一方请求权的权利。构成先履行抗辩权须符合以下要件。

1.必须是由同一双务合同所产生的债务,且互为对价的给付

先履行抗辩权只存在于双务合同中,而且是当事人彼此的义务基本相当,构成对待给付的双务合同。正是由于双务合同中的对待给付具有功能上的牵连性,互为当事人订立合同所期望获取的利益。我们应当尊重当事人的这种目的,促使当事人彼此合同目的的实现,先履行抗辩权具有促进实现彼此合同目的的功能。如果当事人互负的债务不构成对价,而且一方义务的履行并不实质影响对方目的的实现,这种合同是不真正的双务合同,彼此义务不具牵连性,也就没有必要赋予债务人抗辩权。

2.债务履行有先后顺序

在双务合同债务履行有先后顺序的情况下,当事人以合同约定债务履行的先后设置了合同风险负担,在意思自治的背景下,我们推定合同的约定是公平、合理的。在履行中,一旦负有先履行义务的一方违反约定,后履行一方仍然按照合同约定承担义务的话,就必然造成合同权利义务的失衡,加重了后履行一方的风险或负担,需要对后履行一方进行救济,以平衡合同利益。

3.对方未履行债务或履行债务不符合债的本旨

先履行一方未履行义务,或者履行义务不符合债的本旨,均会使后履行一方的合同利益受损,权利义务不对等,使后履行一方的合同目的面临不能实现的风险。这时需要对后履行一方赋予抗辩权进行救济,以确保其不因先履行一方的违约遭受损害。

若先履行一方仅做部分履行,而请求后履行一方为全部履行,后履行一方也可以行使先履行抗辩权。在履行可以分开,且部分履行不会损害合同目的的情况下,后履行一方可对对方的请求进行部分的抗辩;在部分履行必然损害合同目的的情况下,后履行一方可以对方的请求进行全部抗辩。例如,甲、乙公司约定,甲公司向乙公司一次性供应钢材 1000 吨,每吨 4000 元,供货后 20 日付款。但甲公司只在约定时间交付了 300 吨钢材,20 日后甲公司要求乙公司交付全部货款。对甲公司的要求,乙公司可以只支付 120 万元,乙公司对其余 280 万元可以行使先履行抗辩权不予支付。

四、不安抗辩权

(一)不安抗辩权的概念

不安抗辩权是指在债务履行有先后顺序的双务合同中,先履行债务的一方有确切证据表明后履行义务一方丧失履行债务能力时,可以要求后履行义务一方提前履行债务或者提供担保,后履行义务一方没有履行或者没有提供担保之前,先履行债务的一方有中止合同履行的权利。后履行义务一方借合同进行欺诈或在订约后财产状况恶化,危及先履行一方债权实现的情况下,该制度能降低先履行一方的合同风险,保护先履行一方的合法权益,保障交易安全,维护合同公平和效益,体现出实质正义。《合同法》第 68 条规定:"应当先履行债务的当事人,有确切证据证明对方有下列情形之一的,可以中止履行:(一)经营状况严重恶化;(二)转移财产、抽逃资金,以逃避债务;(三)丧失商业信誉;(四)有丧失或者可能丧失履行债务能力的其他情形。当事人没有确切证据中止履行的,应当承担违约责任。"

(二)不安抗辩权的构成条件

1.因同一双务合同互负债务,且互为对价的给付

不安抗辩权与先履行抗辩权一样,在此不再赘述。

2.债务履行有先后顺序

债务履行有先后顺序的情况下,先履行一方将承担更多的合同风险,如果后履行一方财产状况比合同订立时显著减少,必然会加大先履行一方的合同风险,这种加大的风险会使合同权利义务严重失衡,或者先履行一方在合同订立后发现后履行一方没有商业信誉,法律需要赋予先履行一方特殊权利以救济其可能受损的利益。

3.先履行一方的债务已届清偿期

只有在后履行义务一方财产状况比合同订立时显著减少或后履行义务一方没有商业信誉,先履行义务一方的债务又已届清偿期时,先履行义务一方面临的风险变得非常现实,利益保护变得更为紧迫和需要,只有在这样的情形下,先履行义务一方才需要抗辩权来救济。

4.先履行一方有确切证据证明后履行一方丧失商业信誉,丧失或可能丧失履行能力

只有后履行一方丧失或可能丧失履行能力会使合同失去原来所依赖的基础,会严重损害先履行一方利益,先履行一方才有以抗辩权救济的需要。

丧失履行能力是指后履行一方已经丧失履行能力,对方必将违约。可能丧失履行能力是指后履行一方当时虽未丧失履行能力,但是出现了丧失履行能力的前兆,在后履行一方履行义务前将丧失履行能力。"可能"意思不应该是指可能丧失、可能不丧失,而是指后履行一方履行

义务前必将丧失履行能力,除非有其他特殊情况出现,丧失履行能力的情况基本是确定的。后履行一方丧失或可能丧失履行能力的情况可分为:①因经营状况恶化、转移财产、抽逃资金以逃避债务等原因导致其财产显著减少。②债务人丧失劳动能力,无法提供劳务或完成约定的工作。③约定给付特定物,而该特定物灭失。后履行一方丧失商业信誉时,对于其履行债务的承诺将无法信赖和期待,必将损害后履行一方的合同利益。④其他情形。

先履行一方对后履行义务一方丧失或可能丧失履行能力或丧失商业信誉的事实负举证责任。先履行方主张不安抗辩权,必须有对方丧失或可能丧失履行债务能力或丧失商业信誉的确切证据,而不能凭主观猜测或者道听途说。先履行一方不能完成此举证责任,不产生不安抗辩权,还将承担违约责任,从而使自己处于极为不利的地位。什么事实和证据才能证明后履行义务一方丧失或可能丧失履行能力?不同的人对此证明程度的理解不同,而且每个人理解可能会存在很大区别,加之先履行一方存在信息不对称的问题,这使得先履行一方完成此举证责任具有非常大的困难和风险。例如,有10家公司分别起诉某工厂没有商业信誉,收到货款后不供货,而且金额巨大,基于此事实和证据能否认定某工厂丧失商业信誉呢?如果认定某工厂丧失商业信誉,而其后不久,这10家公司分别败诉,某工厂胜诉,那么当事人主张不安抗辩权的行为就变成了违约行为。

有观点认为丧失履行能力只能发生在合同成立后。笔者并不认同,当事人订立合同存在的默认前提和基础是对方有履行能力,无论是当事人一方在合同成立前还是合同成立后丧失履行能力(此情况有可能是合同相对人在合同成立后才知道),都使合同相对人失去了信赖的合同基础,合同相对人都需要法律的救济和保护,都应当享有不安抗辩权。

5. 后履行一方未提供履行担保

如果合同约定了履行的担保,或者财产状况显著恶化一方提供了有效的担保,则合同利益不存在因风险增加需要救济的情形。只有在先履行一方财产状况显著恶化并且无有效的担保时,为保护后履行一方的合同利益,确保双方利益的公平,才赋予后履行一方行使不安抗辩权的权利。正是基于此,一旦后履行一方提供了有效担保,先履行一方的不安抗辩权便告消灭,合同继续按双方约定履行。

(三)不安抗辩权的效力

不安抗辩权的效力是指行使不安抗辩权对后履行义务一方权利所产生的限制和影响。《合同法》第69条规定:"依照本法第六十八条的规定中止履行的,应当及时通知对方。对方提供适当担保时,应当恢复履行。中止履行后,对方在合理期限内未恢复履行能力并且未提供适当担保的,中止履行的一方可以解除合同"。因此,可将不安抗辩权的效力分为中止效力和解除效力。

1. 中止效力

(1)符合不安抗辩权的行使要件时,先履行一方在可中止履行合同,但应通知对方,并给对方一个合理期限,使其恢复履行能力或提供适当的担保。中止履行是行使权利的行为,并不构成先履行一方不履行债务或迟延履行的违约。先履行一方中止履行,应当通知后履行一方,通知方式以口头或书面形式均可。通知内容应当包括中止履行、中止履行的理由、要求后履行一方提供担保的内容、给对方合理期限的具体时间。该合理期限的确定应根据个案具体情况而定,不得一概而论。在合理期限内,后履行一方未提供担保也未恢复履行能力的情况下,先履行一方有权拒绝履行。

(2)在合理期限内,后履行方提供担保或恢复履行能力的,则不安抗辩权消灭,先履行方应当继续履行合同。

2.解除效力

如果合理期限届满,后履行方未提供适当担保且未恢复履行能力,在这种情况下让合同效力长期处于不确定状态不利于民事关系的稳定,对先履行一方极为不利,法律赋予先履行一方有解除合同的权利,使其从不稳定的合同关系状态中解脱出来。至于先履行一方解除合同后能否要求对方赔偿,我国法律没有明确规定。笔者认为,先履行一方在行使不安抗辩权解除合同的情况下,也可能会受到损失,对此损失的形成,先履行一方并无过错,后履行一方应当予以赔偿。

思 考 题

1.合同成立,最少应当具备哪些条款?

2.合同约定不明,如何进行补充?

3.情势变更与显失公平的区别是什么?

4.简述先履行抗辩权的要件与行使。

5.不安抗辩权在行使中有哪些风险?

第六章 合同的保全

本章提要：

合同保全的目的是为了使债权免受不当损害，使债权利益能得以保有而设置的。合同的保全包括代位权和撤销权两种制度。

本章重点：

(1)合同保全制度的目的与特征；

(2)代位权和撤销权构成要件。

第一节 合同的保全概述

一、合同保全的概念

合同的保全是合同权利的保全，是指法律为防止因债务人的财产不当减少而致债权难以实现，允许债权人代债务人向第三人主张权利，或者有权撤销债务人与第三人之间的法律行为的法律制度。其中包括两种制度：代位权制度和撤销权制度。

二、合同保全制度的特征

(1)合同保全是债对第三人效力的体现，是合同相对性原则的例外。根据合同相对性原理，合同只在合同当事人之间产生约束力，并不对合同之外的第三人产生效力。但是，由于债务人和第三人之间的行为可能会对债权人债权造成损害，为消除债务人和第三人行为对债权人债权造成损害的后果，法律赋予债权人的代位权和撤销权，都必然会涉及第三人，对第三人产生影响。

(2)合同保全适用于合同有效存续期间。合同保全是以有效债权存在为前提，无债权即无需保全。在合同存续期间，因债务人行为损害债权实现的，债权人均可采取保全措施。

(3)合同保全的方法是代位权和撤销权的行使。代位权是代债务人行使权利以实现其财产增加来确保债权实现，撤销权是撤销债务人的不当行为以确保其财产不减少而实现债权。二者手段不同却异曲同工，均确保债务人有足够财产能实现债权。

(4)合同保全目的是保护债权不受不当损害，而不是增加债权权利。合同保全是防止债务人财产不当减少或恢复债务人的财产，从而保证债权人权益的合法实现，保全手段的实现并不会增加债权的数额。只要债务人采取不正当手段导致债权人的利益受到损害或者可能受到损害时，债权人就可以行使保全措施。合同保全措施的根本目的在于保障合同债权人的权利实现。

三、合同保全与财产保全的区别

这里的财产保全是民事诉讼中的财产保全,是指人民法院在案件受理前或诉讼过程中,为了保证判决的执行和避免财产被转移、毁损、隐匿、出卖等,而对当事人的财产或争议的标的物采取查封、扣押、冻结等措施。财产保全一般是人民法院应当事人申请而采取的强制措施,在少数情况下,人民法院也可依职权采取保全措施。

民事诉讼中的财产保全与合同保全都能防止责任财产的不当减少,目的都是保护债权的实现。两者区别在于:

(1)财产保全是程序法——民事诉讼法所规定的措施;合同保全是实体法——合同法所规定的制度。

(2)财产保全是法院采取的强制措施,通常有查封、扣押、冻结款项等;合同保全是通过债权人行使撤销权、代位权来实现的。

(3)财产保全可以由当事人向人民法院提出申请,也可以由法院依职权主动采取;合同保全则必须由债权人申请,然后通过审理判定代位权、撤销权是否应得到支持,在审理中,代位权人、撤销权人也可以申请人民法院采取财产保全措施。

第二节 债权人的代位权

一、债权人的代位权的概念和特点

债权人的代位权,是指当债务人怠于行使其对第三人享有的权利而有害债权人的债权时,债权人为保全其债权,可以自己的名义行使债务人对第三人享有的权利。

债权人代位权起始于罗马法中的代位请求权。罗马法中的代位请求权制度,其含义是指债权人对于债务人不行使自己的权利而影响债权人权利实现时,债权人得以自己的名义代替债务人行使权利的权利。现代意义上的债权人代位权制度,最先出现于1804年的《法国民法典》中。《法国民法典》第1166条规定:"债权人得行使债务人的一切权利及诉讼,但权利和诉讼权专属于债务人的,不在此限。"《合同法》第73条规定:"因债务人怠于行使其到期债权,对债权人造成损害的,债权人可以向人民法院请求以自己的名义代位行使债务人的债权,但该债权专属于债务人自身的除外。代位权的行使范围以债权人的债权为限。债权人行使代位权的必要费用,由债务人负担。"

债权人代位权具有如下特点:

(1)代位权是债权人为达到债的保全目的而行使的一种权利,是债权人固有的权利。代位权是债权人代替债务人向次债务人主张权利,使债对第三人产生影响,突破了债的相对性。

(2)代位权的行使必须通过诉讼程序来行使。合同是当事人设定的,如果当事人设定的合同对第三人产生效力,则存在当事人利用合同故意设定对第三人不利的情况,这对第三人有可能造成损害,也不公平,故债要对第三人发生效力就必须审慎处理,否则会严重影响第三人利益,只有通过法院的审理才能实现这一目的。

(3)债权人行使代位权应以自己的名义而不能以债务人的名义行使代位权。这也是债权人代位权与代理权的不同,代位权是债权人以自己的名义、为了自己的利益而行使的权利;而代理人是以他人的名义、为了他人的利益行使的权利。

（4）代位权受到一定限制。行使代位权的范围应以保全债权的必要为限，且专属于债务人自身的债权不允许代位行使。债权人不能滥用此项权利，否则对由此给债务人造成的损失应当承担赔偿责任。

二、债权人的代位权的成立要件

保护债权人的权益，防止债务人怠于主张债权而给债权人造成的损害，由于债务人的债权涉及债务人，代位权的行使必然涉及次债务人的利益。债权人行使代位权应当符合如下条件：

（一）债权人与债务人之间须存在合法有效的债权债务关系

债权人代位权是以债权人的债权合法且需要保护为前提，如果债权人权利不合法，就不存在保护的必要，代位权也就失去了基础。

（二）债务人对于第三人享有权利

若债务人对于第三人享有权利，则债务人因该权利实现所获得财产或利益可作为责任财产，用于清偿债权人的债权，所以，债务人对于第三人享有的权利越能及时实现，对债权人而言，其债权也就越安全。代位权的行使必须以债务人对第三人享有权利为前提。我们把对债务人负有债务的第三人称为次债务人。

债权人可以代位行使债务人的权利，必须是非专属于债务人本身的权利，专属于债务人的权利不允许代位行使。专属于债务人的权利一般是指具有人身性质的债权。《最高人民法院关于适用〈中华人民共和国合同法〉若干问题的解释（一）》[法释〔1999〕19号]第12条规定："合同法第七十三条第一款规定的专属于债务人自身的债权，是指基于扶养关系、抚养关系、赡养关系、继承关系产生的给付请求权和劳动报酬、退休金、养老金、抚恤金、安置费、人寿保险、人身伤害赔偿请求权等权利。"

（三）债务人怠于行使其权利

怠于行使其权利，是指债务人作为次债务人的权利人不积极主张债权，应当行使且能够行使而不行使权利的情形。应当行使，是指若不及时行使，则权利将有消灭、丧失或难以实现的风险，如债权将届满时效。

债务人怠于行使其权利，说明了债务人的债权已经到期可以行使。至于债务人是否出于过错而怠于行使，其原因如何，在所不问。只要债务人向次债务人主张了权利，则不论其行使权利的方法以及结果对债权人是否不利，债权人均不得行使代位权。次债务人认为债务人没有怠于行使到期债权，债权人不能主张代位权的，次债务人应当承担举证责任。《最高人民法院关于适用〈中华人民共和国合同法〉若干问题的解释（一）》第13条规定："合同法第七十三条规定的'债务人怠于行使其到期债权，对债权人造成损害的'，是指债务人不履行其对债权人的到期债务，又不以诉讼方式或者仲裁方式向其债务人主张其享有的具有金钱给付内容的到期债权，致使债权人的到期债权未能实现。次债务人（即债务人的债务人）不认为债务人有怠于行使其到期债权情况的，应当承担举证责任。"笔者认为，上述司法解释将次债权限定为金钱债权不当，这样规定实际上是限制了债权人的权利，而在有些情况下给付实物的债权利益非常之大(如给付商品房),将给付实物的债权一概排除与立法本意明显不符。

(四)债务人已陷于履行迟延

在债务人已陷于履行迟延的情况下,必然对债权人利益产生重大影响,保护债权人债权显得更为必要和突出,尤其在债务人怠于行使其权利而又无其他财产可以清偿其债务时,债权人债权实现将发生严重困难,必须要对债权人的债权进行救济。故债权人代位权的行使以债务人陷于履行迟延为要件。应当注意的是,在次债务人破产宣告的情况下,债务人的债务虽未到期,也应当允许债权人代为申报破产债权等,否则,等到债务到期时,债务人对于次债务人的权利因破产宣告已经消灭,债权人将没有权利可以代为行使。

(五)对债权人造成损害

有损害才有救济,代位权是对债权人权利受损害的一种救济方式。在债务人已陷于履行迟延并怠于行使其权利的情况下,并不必然造成对债权人权利的损害。只有在债务人怠于行使权利导致其责任财产不足清偿债权时,才会影响债权的现实清偿,对债权造成损害,才需要赋予债权人代位权以保护其债权。对债权是否造成损害,应以债务人陷入无充分资产履行债务的困难为标准。

三、债权人的代位权的行使

(一)债权人的代位权行使方式和主体

债权人的代位权只能通过向人民法院提起诉讼行使,代位权诉讼由被告住所地人民法院管辖。债权人代位权的权利主体是债权人,债权人代位权行使的对象是次债务人,次债务人是多人时,可向多个次债务人行使代位权,还包括次债务人的从债务人,如担保人。

在债权人提起的代位权诉讼中,债权人是代位权诉讼的原告,债权人应以自己的名义行使代位权,债务人是代位权诉讼的第三人,次债务人是代位权诉讼的被告,次债务的从债务人也可以作为代位权诉讼的被告。债权人以次债务人为被告向人民法院提起代位权诉讼而未将债务人列为第三人的,人民法院可以追加债务人为第三人。

两个或者两个以上债权人以同一次债务人为被告提起代位权诉讼的,人民法院可以合并审理。

在代位权诉讼中,次债务人对债务人的抗辩可以向债权人主张。次债务的从债务人对债务人的抗辩,也可以向债权人主张。债务人在代位权诉讼中对债权人的债权提出异议,经审查异议成立的,人民法院应当裁定驳回债权人的起诉。

债权人向人民法院起诉债务人以后,又向同一人民法院对次债务人提起代位权诉讼,符合《合同法》第73条规定的"债务人怠于行使其到期债权,对债权人造成损害的"条件,以及法释[1999]19号第13条的相应解释,并符合《中华人民共和国民事诉讼法》(以下简称为《民事诉讼法》)第108条规定的起诉条件的,应当立案受理;不符合上述条件的,告知债权人向次债务人住所地人民法院另行起诉。受理代位权诉讼的人民法院在债权人起诉债务人的诉讼发生法律效力以前,应当依据《民事诉讼法》第136条第5项的规定中止代位权诉讼。

在代位权诉讼中,债权人请求人民法院对次债务人的财产采取保全措施的,应当提供相应的财产担保。

（二）债权人的代位权数额限制

在代位权诉讼中，债权人行使代位权的请求数额超过债务人所负债务额或者超过次债务人对债务人所负债务额的，对超出部分人民法院不予支持。例如，甲对乙享有100万元债权，乙对丙享有150万元债权，则甲最多可能代位主张100万元债权；再如，甲对乙享有10万元债权，乙对丙享有5万元债权，则甲最多可能代位主张5万元债权。

在债权人行使代位权的请求数额小于其享有债权时，在满足上述条件的情况下，债权人还可以就其余的债权向其他次债务人行使代位权。

四、代位权行使的效果

（一）债务人处分权的限制

对于被代位行使的债务人的债权，债务人的处分权能因债权人行使代位权而受限制。债权人行使代位权后，债务人对被代位权利的处分权，便告消灭。例如，甲对乙享有100万元债权，乙对丙享有150万元债权，在甲代位向丙主张100万元债权后，乙仅有权处分剩余的50万元债权，对被代位的100万元债权，乙无权利进行处分。

对于超过债权人代位请求数额的债权部分，债务人仍有处分的权能。债务人在代位权诉讼中，对超过债权人代位请求数额的债权部分起诉次债务人的，人民法院应当告知其向有管辖权的人民法院另行起诉。债务人的起诉符合法定条件的，人民法院应当受理；受理债务人起诉的人民法院在代位权诉讼裁决发生法律效力以前，应当依法中止。

（二）时效的中断

债权人提起代位权诉讼，债权人的债权和债务人对次债务人的债权的诉讼时效均告中断。但在债务人的债权额超过债权人的债权额时，对于超过部分的债权，不应发生时效中断的效果。

（三）因行使代位权取得财产的归属

债权人行使代位权而从次债务人处取得的财产，是归属于债务人还是归属于债权人，是一个非常重要的问题。如果对行使代位权从次债务人处取得的财产归属于债务人，应将行使代位权取得的财产先加入债务人的责任财产之中，在债务人有多个债权人的情况下，按照债权平等的原则，这些财产应当用于向所有债权人的债权人清偿。这样，行使代位权的债权人有可能不能得到足额的清偿，这对行使代位权的债权人是不利的，会打击其行使代位权的积极性，对设立代位权制度的目的是一种损害。如果对行使代位权从次债务人处取得的财产直接归属于债权人，则对债权人非常有利，但对于债务人的其他债权人却是不利的，破坏了债权平等的原则。为了充分发挥代位权制度的作用，保护债权，我国法律采用后者，规定因行使代位权取得财产直接归属于债权人。

（四）费用的负担

《合同法》第73条第2款规定："债权人行使代位权的必要费用，由债务人负担。"债权人行使代位权的必要费用应当包括诉讼费、律师代理费、差旅费等。《最高人民法院关于适用〈中华人民共和国合同法〉若干问题的解释(一)》第 19 条规定:"在代位权诉讼中,债权人胜诉的,诉讼费由次债务人负担,从实现的债权中优先支付。"按照上述规定:在代位权行使胜诉的场合,诉讼费由次债务人负担,其他必要费用由债务人负担。

第三节 债权人的撤销权

一、债权人的撤销权的概念和特点

债权人的撤销权,是指在债务人对其财产及权利的处分危害债权人的债权时,债权人可以请求人民法院撤销债务人处分行为的权利。债权人的撤销权和代位权一样,都是防止债务人的不当行为损害债权实现,二者不同的是,撤销权针对的是债务人的积极行为——处分行为或弃权行为,代位权针对的是债务人的消极行为——怠于行使权利。《合同法》第 74 条规定:"因债务人放弃其到期债权或者无偿转让财产,对债权人造成损害的,债权人可以请求人民法院撤销债务人的行为。债务人以明显不合理的低价转让财产,对债权人造成损害,并且受让人知道该情形的,债权人也可以请求人民法院撤销债务人的行为。撤销权的行使范围以债权人的债权为限。债权人行使撤销权的必要费用,由债务人负担。"

债权人撤销权具有如下特点:

(1)撤销权是基于债权固有的法定权能,是债权人固有的权利。债权的权能包括请求权、受偿权和债权保全请求权,债权保全请求权包含撤销权和代位权。债权保全制度是维护债权安全的一种司法救济,撤销权因债权而生,随债权消灭而消灭,是债权人固有的法定权利,当事人不能通过约定而改变。

(2)撤销权突破了合同的相对性,影响第三人利益,体现了债的对外效力。撤销权撤销的是债务人与第三人之间的法律行为,债务人与第三人之间的法律行为本身是合法的,但因损害了债权人利益,法律才赋予债权人以撤销权从而干涉债务人与第三人之间的法律行为,使其归于无效。

(3)撤销权的行使必须通过诉讼程序来行使。撤销权是一种特殊的形成权,因涉及第三人利益,需要通过诉讼才能实现。

二、债权人的撤销权的构成要件

债权人的撤销权是为防止债务人不当处分行为损害债权而设立的一种救济制度,其构成要件因债务人的处分行为系无偿或是有偿而有所不同。具体而言,债权人的撤销权的构成要件应包括以下几点。

(一)须有债务人的处分行为

债务人实施了处分行为,处分了财产,导致了财产的减少,才有可能对债权人造成损害,也才有对债权人的债权进行救济的必要。

债务人导致其财产减少的处分行为包括:①放弃到期债权。②无偿转让财产。③以明显不合理的低价转让财产。《最高人民法院关于适用〈中华人民共和国合同法〉若干问题的解释（二）》第 19 条规定："对于'明显不合理的低价'，人民法院应当以交易当地一般经营者的判断，并参考交易当时交易地的物价部门指导价或者市场交易价，结合其他相关因素综合予以确认。转让价格达不到交易时交易地的指导价或者市场交易价的 70％的，一般可以视为明显不合理的低价。"④以明显不合理的高价受让财产，"明显不合理的高价"也适用前述标准。

只要债务人的处分行为成立并生效，无论约定的财产是否发生移转，都应当允许债权人行使撤销权。理由是：如果只允许约定财产发生移转后，债权人才可以行使撤销权，那么，存在即使行使撤销权也无法追回移转的财产而致债权受损的情形（如财产移转后灭失，而第三人又无力赔偿的），这对债权保护是不利的，有违于撤销权设立的初衷。

（二）债务人处分行为损害了债权

债务人处分财产的行为如果不影响债权人债权的实现，债权人无需干涉，只有当债务人的处分行为损害了债权，法律才有必要对此损害进行救济。也只有在债务人实施处分财产行为致使其资产不足以清偿对债权人的债务，才认为是债务人的处分行为损害了债权。为便于撤销权目的的实现，在实践中，应以债权经主张而不能得到清偿为认定债务人处分行为损害了债权的标准。

（三）债务人处分行为须以财产为标的

通常情况下，只有债务人以财产为标的的处分行为才有可能导致其责任财产减少进而损及债权（如赠与行为必然导致财产减少）。一般情况下，非以财产为标的的行为不会导致债务人责任财产明显减少而损害债权，如结婚、收养、无偿提供劳务等行为也必将导致支出的增加而减少责任财产，但不会使责任财产明显减少。因此，债务人的行为，非以财产为标的者，不得予以撤销。

（四）债务人以明显不合理的低价转让财产或以明显不合理的高价受让财产时，受让人或出让人须有恶意

债务人损害债权的处分财产行为可以分为两种：有偿处分和无偿处分。无论哪一种情况，债务人均明知其处分行为将导致其对债权人的债务不能清偿却仍然为之的，债务人有恶意。满足上述（一）至（三）的情况下，债务人均有恶意，我们便无需考查债务人的主观方面并将其作为一个要件。

对于和债务人发生法律行为的第三人（受让人或出让人）而言，如果其和债务人之间的法律行为是无偿的，则撤销债务人的行为不会使其原有的利益状态受到贬损，故无论其主观是善意还是恶意，债权人均可撤销，而无需考量第三人的主观状态。

债务人和第三人之间的法律行为是完全有偿时，对善意第三人的利益应当予以保护，不应撤销。如果第三人明知债务人以明显不合理的低价转让财产或以明显不合理的高价受让财产，会损害债权人的债权时，则第三人（可以是受让人，也可以是出让人）具有恶意，第三人基于其与债务人的法律行为获取的利益不应受到保护，应当允许债权人撤销该行为。

三、债权人撤销权的行使

(一)债权人撤销权行使方式和主体

债权人的撤销权只能通过向人民法院提起诉讼行使,撤销权诉讼由被告住所地人民法院管辖。之所以要求撤销权以诉讼形式行使,是因为债权人撤销权对于第三人的利害关系重大,应由法院审查债权人撤销权的主体、成立要件,以避免该权利的滥用。债权人撤销权的权利主体是债权人,债权人撤销权行使的对象是债务人的行为,撤销权须以债权人的名义进行。

债权人提起撤销权诉讼应当以债务人为被告,以受益人或者受让人作为诉讼中的第三人。债权人提起撤销权诉讼以债务人为被告,未将受益人或者受让人列为第三人的,人民法院可以追加该受益人或者受让人为第三人。

在债权为连带债权的情况下,所有的债权人可作为共同原告主张撤销权,每一个债权人也可以单独作为原告。在其中一个债权人作为原告情况下,其他共同债权人不得再就该撤销权的行使提起诉讼。两个或者两个以上债权人以同一债务人为被告,就同一标的提起撤销权诉讼的,人民法院可以合并审理。

(二)债权人撤销权的限制

撤销权的行使范围以债权人的债权为限。在债务人处分行为涉及的财产金额大于债权人的财产金额时,如何行使撤销权?在债务人的处分行为涉及的财产是可以分割的情况下,撤销权仅能撤销债务人处分行为中与其债权相当的部分,其他部分不能撤销;在债务人的处分行为涉及的财产不可以分割的情况下,撤销权可以完全撤销债务人处分行为,在变卖或以其他方式清偿债权后的剩余部分,第三人可以要求返还。

在债务人有多个不当处分行为时,如果债权人撤销一个债务人的处分行为不足以消除对债权的损害,债权人可以对多个债务人的不当处分行为申请撤销,直至消除不当处分行为对债权的损害。例如,甲对乙享有 200 万元债权,乙有 250 万元财产,乙分别将 250 万元赠送给丙、丁、戊、戌各 60 万元、80 万元、60 万元、50 万元财产,则甲可以请求人民法院撤销乙对丙、丁、戊三个人的赠与行为。

债权人的撤销权仅能撤销债权成立后债务人的法律行为,而对在债权成立前债务人的法律行为,并没有不当减少债权的责任财产,没有对债权造成损害,不能撤销。

为了维护民事法律关系的稳定,撤销权不应永远存在。撤销权自债权人知道或者应当知道撤销事由之日起一年内行使。自债务人的行为发生之日起五年内没有行使撤销权的,该撤销权消灭,且上述期间为不变期间,不适用诉讼时效中止、中断或者延长的规定。

四、债权人的撤销权行使的效果

(一)撤销法律行为的效力

债权人的撤销权一旦得到人民法院的支持和认可,就消灭了债务人处分行为的效力,使民事法律关系恢复到债务人处分行为成立以前的状态。《最高人民法院关于适用〈中华人民共和国合同法〉若干问题的解释(一)》第 25 条规定:"债权人依照合同法第七十四条的规定提起撤销权诉讼,请求人民法院撤销债务人放弃债权或转让财产的行为,人民法院应当就债权人主张的部分进行审理,依法撤销的,该行为自始无效。"按照上述解释,在撤销权的范围内,债务人处分行为消灭。笔者认为,如果债务人处分行为涉及财产金额大于撤销权的金额时,债务人处分行为能部分消灭,则部分消灭;不能部分消灭,则全部消灭。

(二)行使撤销权取得财产的归属

因行使撤销权从第三人处取得的财产应直接用于向债权人清偿还是归债务人所有,债务人的其他债权人是否也可主张用该财产清偿? 这里存在着行使撤销权的债权人利益和债务人其他债权人利益保护之间的冲突。如果要保护债务人所有债权人利益,体现债权平等原则,就应当坚持"入库原则"——行使撤销权取得财产归债务人所有;如果要保护行使撤销权的债权人利益,鼓励其行使撤销权,行使撤销权取得财产就应当直接清偿行使撤销权的债权人之债权。笔者认为,为了使撤销权制度发挥应有的作用,宜采用后者。

(三)费用的负担

债权人行使撤销权所支付的律师代理费、差旅费等必要费用,由债务人负担;第三人有过错的,应当适当分担。

思 考 题

1.合同保全与财产保全的区别是什么?
2.合同保全与合同相对性的关系是什么?
3.简述撤销权和代位权的效力。
4.比较邀约撤销、可撤销合同的撤销权、效力待定合同中的撤销权和合同保全中的撤销权的异同。

第七章 合同的变更与转让

本章提要：

合同一旦生效，其内容和主体都是确定的，但法律允许当事人变更合同内容和合同主体的交替，合同变更与转让是合同自由的体现。本章讲述了合同变更和转让的条件与效力。

本章重点：

(1)合同变更的条件和效力；

(2)债权让与的条件和效力；

(3)债务移转的条件和效力。

第一节 合同的变更

一、合同的变更概述

合同的变更是指合同内容的改变，即指在当事人不发生变化的前提下，合同的内容予以改变的现象。

合同的变更大致可分为如下情况：

(1)当事人各方协商同意变更合同；

(2)可撤销、可变更的合同，有变更权的当事人诉请变更合同，法院或者仲裁机构裁决变更合同；

(3)因情势变更，当事人诉请变更合同，法院或者仲裁机构依职权裁决变更合同；

(4)违约致使合同不能履行，履行合同债务变为损害赔偿债务。

二、合同变更的条件

(一)已存有效合同关系为前提

合同的变更，是改变已存在的有效合同关系，无有效的合同关系便无变更的对象，只有变更有效合同才有意义，无效的合同无需变更。

(二)合同内容发生变化，且合法

合同内容发生变化是指内容中的任何一项或多项发生了更改。合同内容发生变化必然使合同当事人之间的权利和义务发生变化，合同效力发生了更改。合同的标的、价金、性质、所附条件或期限、担保、履行的时间、地点、方式、期限等等的变更，都是合同的变更。合同变更要求合同变更内容必须明确，变更约定不明确的，视为未变更。

变更后的合同内容应当合法,不得违法。因变更而导致合同无效的变更不是合同变更,合同变更是指有效的变更。

合同变更不应当包括合同标的的变更,合同标的的变更使合同发生根本变化,称为合同的更替,不属于合同变更。

(三)变更须因当事人协商一致、变更权人的变更行为、法律直接规定或法院裁决或仲裁机构裁决而形成

合同生效,便具有法律上的效力,且效力具有稳定性,未经法定的程序不得变更。经过如下程序,合同内容才产生变更的效力:当事人各方协商一致同意变更合同内容的;有变更权的当事人诉请变更可撤销、可变更的合同,法院或者仲裁机构裁决变更合同的;违约致使合同不能履行,合同约定履行的债务变为损害赔偿债务,损害赔偿债务具体内容可由当事人协商确定,在当事人发生诉争的情况下,人民法院和仲裁机构可以裁决确定。

(四)须遵守法律要求的方式

法律对合同的形式有强行性规定的,变更后的合同也应遵守此规定;对于经法院或者仲裁机构裁决变更的合同,可以不遵守前述规定。《合同法》第77条第2款规定,法律、行政法规规定变更合同应当办理批准、登记等手续的,依其规定。

三、合同变更的效力

合同变更后的合同内容代替了被变更的合同内容,与未变更的部分一起组成新的合同内容,对当事人发生约束力,当事人应当按照新的内容来履行,按照原合同内容履行则构成违约。合同变更一般仅向将来发生效力,对已经按原合同所做的履行无溯及力,对已经履行的部分不发生影响,不能因合同的变更而要求对方返还已为的给付。但是当事人可以约定合同的变更具有溯及力,有此约定时,则变更对已履行的部分具有溯及力,依据相应约定可以要求对方返还已为的部分或全部给付或再次履行内容变化后的给付义务。

第二节　合同的转让

一、合同的转让概述

合同的转让,也称为合同权利、义务的转让,是指在不改变合同关系内容的前提下,合同的一方当事人依法将其享有的合同权利、承担的合同义务全部或者部分地转让给第三人的现象。合同转让,在全部债权或债务转让的情况下,可以称为合同主体的变更。合同主体的变更,是指合同关系保持不变,仅改换债权人或债务人的现象。合同的转让可分三种情况:新的债权人代替原合同的债权人;新的债务人代替原合同的债务人;新的当事人承受债权,同时又承受债务。按照所转让的内容的不同,上述三种合同转让的情况分别称为合同权利的转让、合同义务的移转、合同权利和义务的概括转让。以上三种类型的合同转让可以是全部转让,也可以是部分转让。我们将通过转让合同而转让合同权利,称为债权让与;我们将通过转让合同而转让合同义务,称为债务移转;我们将通过转让合同而一并转让合同权利和义务的,称为债权债务概

括移转。合同的转让,能够促进财产流通,体现债权债务关系的动态财产属性。

合同的转让,与合同的第三人代为履行及代为接受履行不同,第三人不是合同的当事人,其只是代替债务人履行义务或代替债权人接受对方履行义务,并不承担合同责任和享有合同权利。合同转让的情况下,第三人成为合同的当事人,称为合同新的债权人或债务人,转让者全部或部分退出合同关系。

合同转让,并不改变原合同的权利和义务,只是变更了一方合同当事人。合同内容在合同转让前后并不发生变化。

二、债权让与

(一)债权让与的概念

债权让与,是指债权人通过转让合同将其债权移转给第三人享有,自己退出或部分退出合同关系。债权让与并不改变合同关系的内容,仅仅是债权人发生变化。债权人为让与人,受让人为第三人。

债权让与合同是指债权人与第三人就债权转让事宜经协商一致而达成的协议。债权让与合同是导致债权让与的一种法律事实。债权让与,是指债权由债权人移转为受让人享有的一种事实状态。债权让与合同是债权让与产生的前提,债权让与是债权让与合同发生效力后的结果。债权让与合同生效,对债务人产生效力,除按约定交付债权凭证,通常不需债权人履行给付义务,就发生债权让与的效果。

(二)债权让与应具备的要件

1. 让与人享有有效债权

有效债权的存在,是债权让与的基础和前提。有效债权是指该权利真实且未消灭。有效的债权并不要求该有效的债权一定能够得到现实清偿。存在瑕疵的债权也可以转让,以下债权也可以转让:①可变更和可撤销的合同权利。②诉讼时效已完成的合同权利。诉讼时效已完成的合同权利,权利人丧失的是胜诉权,但不丧失实体权利,经当事人协商一致,可以作为债权让与的标的,但该债权不具有强制执行效力,让与人在让与时,负有告知义务。③将来享有的合同权利。对合同约定将来存在的债权,应当允许转让,以便于权利价值的有效实现。

2. 债权具有可转让性

债权转让有利于权利实现,有利于降低权利实现成本,有利于财富增加,应当鼓励。但是,少数债权不宜转让,转让会对债权造成不利影响或者会加重义务人负担或者会违背当事人设立债权的初衷,影响其目的实现。《合同法》第79条规定:"债权人可以将合同的权利全部或者部分转让给第三人,但有下列情形之一的除外:(一)根据合同性质不得转让;(二)按照当事人约定不得转让;(三)依照法律规定不得转让。"

(1)根据合同性质不得转让的合同债权。有些债权以当事人之间的特殊信赖为基础,债权针对该特定的当事人才具有意义,才产生预期目的,此类债权一旦转让,将使当事人预期目的落空,因此此类债权不允许转让。根据合同性质不得让与的权利包括:第一,专为特定债权人利益而存在的债权。第二,基于个人信任关系发生的债权。第三,不作为债权,如竞业禁止约定。第四,从权利的债权。从权利不得与主权利分离而单独让与,例如,保证债权若与主债权分离，将失去意义，除非法律规定或当事人约定从权利可与主权利分离而单独存在。

（2）按照当事人的约定不得转让的债权。根据合同自由原则，当事人可以在不违反法律强行性规定的前提下，通过合同内容的约定，限制对方转让合同权利。当事人在合同中约定禁止对方转让债权时，该约定具有约束效力，应当被遵守。如果债权人违反约定转让债权，该转让不对债务人产生效力。

（3）依照法律规定不得转让的债权。法律一旦对债权转让作出限制，应当得到遵守。我国《担保法》第 61 条规定："最高额抵押担保的主合同的债权不得转让。"

3. 债权人与受让人就债权的转让达成一致，且合法

债权要发生让与，债权人与受让人须就债权让与的条件协商达成一致，即达成债权让与合同。让与人与受让人均应具备相应的民事行为能力。当事人就债权转让达成的合意应符合法律规定，包括转让合同的内容合法和转让合同的形式合法，转让合同原则上为不要式合同，无须采取特别的方式。但法律对债权让与有特别规定或者当事人有特别约定的，应依法律的规定或者当事人的约定。《合同法》第 87 条规定："法律、行政法规规定转让权利或者转移义务应当办理批准、登记等手续的，依照其规定。"

债权让与合同可以是赠与合同、买卖合同、互易合同、代物清偿合同，也可能是信托合同，即是说债权人和受让人之间可以是因赠与债权、买卖债权等等原因形成债权让与合同，这些赠与债权、买卖债权等是债权让与的原因，也被称为债权让与的基础行为或基础合同。基础行为或基础合同无效是否导致已经发生的债权让与必然无效？在我国，票据债权让与一般采取无因性原则，即票据债权让与的基础行为或基础合同（债权让与的原因）无效并不对已经让与的债权发生必然影响（称之为无因性）。票据债权以外的是否债权转让应当采用无因性原则，我国立法对此无明确规定。笔者认为，对其他债权让与，当事人可以约定债权让与为有因性，否则，债权转让应为无因性，即债权让与的效力不受债权让与合同不成立、无效、被撤销、被解除的影响，这样有利于债权的流转和实现，有利于法律关系的稳定。

4. 须通知债务人

债权让与合同只是让与人和受让人就债权让与达成一致，其生效并不必然对债务人产生约束力，转让债权是债权人对债权的处分行为，是债权本身固有的权利，虽不需要征得债务人同意，但是也应当通知债务人，否则，债务人不知债权让与事实，其不可能向受让人履行义务，债权让与仍难以实现。

（三）债权让与应具备以下要件

债权让与会在让与人、受让人和债务人之间发生一定的法律约束力。该法律约束力可以分为债权转让在让与人（债权人）与受让人之间的效力和债权让与对债务人的效力。

1. 债权转让在让与人与受让人之间的效力

债权让与合同生效后，就在作为让与人的债权人与受让人之间产生效力，具体表现如下：

（1）债权人地位的取代。债权让与合同生效后，在债权全部转让的情况下，该债权即由让与人（债权人）移转于受让人，让与人脱离原合同关系，受让人取代让与人而成为新债权人；在债权部分转让情况下，该债权部分由让与人（债权人）移转于受让人，受让人部分取代让与人的地位而成为新债权人。

（2）从权利转移。债权人转让权利的，受让人取得与债权有关的从权利。但该从权利专属

于债权人自身的除外。因债权转移而移转的从权利一般有担保权、优先权(建设工程优先权)和损害赔偿请求权等。

(3)让与人负有债权凭证或证明文件的交付义务,并应告知受让人行使合同权利所必需的一切情况。依据诚实信用原则,债权人应将与转让债权有关的凭证或证明文件交付给受让人,如借据、票据、合同等,并应告知受让人债权的相关情况,如债务人身份情况、住所、履行地、履行方式、债权的担保以及债权存在的瑕疵等。

(4)让与人负权利瑕疵担保责任。让与人对其转让债权的真实、有效及有权处分负担保义务,对其将转让债权一事应及时通知债务人负保证义务,上述内容无论是否在债权让与合同中约定,均应当认为是债权让与合同的应有之义。

2.债权转让对债务人的效力

基于合同的相对性理论,债权让与合同只对该合同当事人——让与人和受让人——产生效力,其生效并不必然对债务人产生约束力,转让债权是债权人对债权的处分行为,是债权本身固有的权利,故只要债权人通知债务人债权转让给受让人的事实,债务人就应当按照转让合同的约定去履行义务,故债权转让对债务人的效力以债权转让通知为准。《合同法》第80条规定:"债权人转让权利的,应当通知债务人。未经通知,该转让对债务人不发生效力。债权人转让权利的通知不得撤销,但经受让人同意的除外。"债权转让对债务人的效力表现如下:

(1)债务履行对象的变更。债权人对债务人转让债权的通知不应迟于债务履行期,债务履行期届满后,即使在债权人已转让债权的情况下,债务人收到债权让与通知之前,债务人对让与人(债权人)仍负履行义务,其向让与人履行义务的,让与人依法不得拒绝,受让人不得以债权已经转让为由,要求债务人向受让人履行。但债务人在收到债权转让通知后,债务人履行债务的对象就变成受让人,而非让与人,其对让与人的履行不能构成债的清偿,债权不能消灭,其仍须向受让人履行债务。对于让与人的受领,债务人可以不当得利请求返还。即使债权让与并未发生或者让与无效,只要债权人通知债务人债权转让后,债务人基于该通知而向第三人所为的履行仍然有效。

(2)债务人对让与人的抗辩可以向受让人主张。债务人的抗辩是基于债权瑕疵等原因而享有的,债务人的抗辩不因债权人变化而消灭,否则对债务人利益会造成不当损害。债务人对受让人的抗辩权包括:合同不成立及无效的抗辩权;履行未到期抗辩权;债权已消灭的抗辩权等等。《合同法》第82条规定:"债务人接到债权转让通知后,债务人对让与人的抗辩,可以向受让人主张。"

债权让与的通知是否构成诉讼时效的中断?法律对此无明确规定。笔者认为,转让通知是让与人作出的,让与人作为转让人已经无权向债务人主张债权,因此债权让与的通知不构成诉讼时效中断的效力,而且,我国法律一般规定诉讼时效因主张而中断,转让不构成主张。

(3)对受让人可主张抵销。债务人接到债权转让通知后,在债务人对受让人享有债权时,债务人可以依法向受让人主张抵销。《合同法》第83条规定:"债务人接到债权转让通知时,债务人对让与人享有债权,并且债务人的债权先于转让的债权到期或者同时到期的,债务人可以向受让人主张抵销。"

(4)非经债务人同意,债权转让通知不可撤销。债权转让一旦通知,债务人只对受让人负有履行义务,不再对让与人负履行义务。即使让与人撤销让与合同,也无法撤销让与对债务人的效力,法律规定"债权人转让权利的通知不得撤销,但经受让人同意的除外"。如此规定是出于保护债务人利益的需要,一旦债权转让,债务人即会做向新的债权人履行的准备。若转让权利的债权人撤销转让,可能使债务人的履行准备失去意义,给债务人造成损失。

三、债务移转

(一)债务移转的概念

债务移转是指债务人通过与第三人订立转让债务的协议,将债务全部或部分地移转给第三人承担,债务人全部或部分退出债的关系。该第三人是义务承担人,称为承担人。债务移转合同生效并征得债权人同意,债务就发生移转的效果,不需要履行行为。《合同法》第 84 条规定:"债务人将合同的义务全部或者部分转移给第三人的,应当经债权人同意。"

债务移转不同于债务加入,债务加入是指债务人的债务关系不发生变化,而由第三人加入到债的关系当中来,与债务人连带承担债务。债务加入相当于债务的连带担保,增加了债清偿的现实性。

(二)债务移转的要件

债务移转实质是债务人、第三人、债权人就债务移转所达成的三方协议。债务移转应具备以下要件:

1. 须存在有效的债务

有效债务的存在,是债务移转的基础和前提。有效的债务是指该债务真实且未消灭。有效的债务不等同于完全有效的合同,例如,可撤销合同等不完全的债务,也可以移转。

2. 债务具有可移转性

债务具有可移转性是指同一债务变更债务人不会影响债的本质,不影响债权人利益,也不违反社会利益,否则债务不具有可移转性。不具有可移转性的债务一旦移转会对权利人或社会利益造成损害,故法律只允许具有可移转性的债务才能移转。不可移转的债务包括如下两种:

(1)性质上不可移转的债务。这类债务一般具有人身性,债务是与特定债务人人身具有密切联系的债务,债务一般是以特定债务人的特殊技能或者当事人之间人身信任关系为基础而产生的,需要债务人亲自履行,他人不能完全替代履行,因而不得移转。例如,某歌星的演出合同。这种债务一般不能发生移转,债务移转会使债权人丧失合同目的。但对此类债务,如债权人同意由他人承担,依据意思自治原则,也应予允许。

(2)强制性法律规范规定不得转让的债务。法律规定不得转让的债务,则应遵循法律规定,无论债权人是否同意均不得移转。

3. 债务人须与第三人就债务移转达成合意且合法

第三人一般不会轻易承担一个债务,除非其因此取得其他利益或出于特殊考虑,但无论如何,债务移转必须以债务人与第三人就债务移转达成一致、成立债务移转合同为前提。而且,债务移转合同应当符合法律规定,否则永远不会产生债务移转的效力。法律规定债务移转应当办理批准、登记手续的,还应办理相关手续。《合同法》第 87 条规定:"法律、行政法规规定转让权利或者转移义务应当办理批准、登记等手续的,依照其规定。"

4. 须经债权人同意

债务移转与债权让与不同，转让权是债权固有的权利，债权转让无需征得债相对人的同意。而债务人本身并无移转债务的权利，不同债务人的清偿能力不同，债务移转必然会对债权人的权利造成影响，为防止债务移转对债权人造成损害，债务移转必须取得债权人的同意，从这一角度说，债务移转必须以债权人、债务人、承担人三方就债务移转达成一致为前提。

(三)债务移转的效力

债务移转成立后，第三人即取代原债务人成为新债务人对债负履行义务，原债务人退出债的关系，第三人承担债务的同时，也取得债务人的相应权利。债务移转的具体效力如下：

1. 第三人承担债务，成为新的债务人

债务移转一经生效，承担人就取代原债务人，成为新债务人；原债务人退出债的关系(在债务部分移转的情况下，原债务人部分退出债的关系)，由承担人直接向债权人履行债务，承担责任，若承担人不履行债务，原债务人也不承担责任。原债务人并不对承担人的偿还能力即债权能必然清偿负担保义务。

2. 抗辩权随之移转

《合同法》第85条规定："债务人转移义务的，新债务人可以主张原债务人对债权人的抗辩。"法律为保障债务人的合法权益设置了抗辩权制度，债务移转时，与债务相伴的抗辩权也随之已转给承担人，债权人的权利并不因债务移转而扩张，权利瑕疵不因债务人的变化而消失。

3. 从债务一并随之转移

《合同法》第86条规定："债务人转移义务的，新债务人应当承担与主债务有关的从债务，但该从债务专属于原债务人自身的除外。"这一制度是为保障债权人利益而设计的，债权人的权利不应因债务人变化而受损害，与主债务相伴的从债务应当随主债务移转而一并转移，例如，借款的利息连同借款一并转移。

四、合同权利义务的概括转移

(一)合同权利义务的概括转移概念

合同权利义务的概括转移是指合同当事人一方将其合同权利义务一并转移给第三人，第三人继受其权利义务，第三人替代该方成为合同当事人，该方当事人全部或部分地退出合同关系。合同权利义务的概括转移，可以是基于合同当事人与第三人之间的协商一致而概括转移，这称之意定转移。如《合同法》第88条规定："当事人一方经对方同意，可以将自己在合同中的权利和义务一并转让给第三人。"合同权利义务的概括转移也可能是基于法律规定的事由而产生的，这称之法定转移。如《合同法》第90条规定："当事人订立合同后合并的，由合并后的法人或者其他组织行使合同权利，履行合同义务……"

合同权利义务的概括移转，可以是将合同权利义务全部由出让人移转至第三人，即全部移转，在这种情况下第三人完全取代出让人的法律地位，成为合同关系新的当事人。也可以是合同权利义务的一部分由出让人移转至承受人，即一部移转，这种情况下出让人和第三人按照各自约定债权和债务，享有权利和承担义务，相互之间并不负连带责任。

（二）合同权利义务概括移转具备的要件

合同权利义务概括移转具备的要件因意定转移和法定转移而不同。

1. 合同权利义务的意定转移的要件

合同权利义务的意定转移实质上是基于合同当事人、第三人三方就合同权利义务一并转移达成一致而形成的。其要件与债务移转的要件相同，不再赘述。

2. 合同权利义务的法定转移的要件

依据《合同法》第 90 条规定，在企业合并和分立的情况下，产生合同权利义务的法定转移。

企业合并，是指两个或两个以上的企业合并为一个企业。为了保证债权人的利益，根据主体的承继性原则，在企业合并的情况下，被合并企业的合同权利和义务，由合并后的企业承继。

企业分立是指一个企业分立为两个或两个以上的企业法人。《民法通则》第 44 条第 2 款明确规定："企业法人分立、合并，它的权利义务由变更后的法人享有或承担。"《合同法》第 90 条规定："当事人订立合同后合并的，由合并后的法人或其他组织行使合同权利，履行合同义务。当事人订立合同后分立的，除债权人和债务人另有约定外，由分立的法人或者其他组织对合同的权利和义务享有连带债权，承担连带债务。"

（三）合同权利义务概括转移的效力

概括转移是债权债务的一并转移，既包括合同权利的转让，也包括合同义务的承担。因此，根据《合同法》第 89 条的规定，其效力适用于关于债权让与、债务承担的一般规定。在合同权利义务概括转移的情况下，依附于原当事人的一切权利和义务，如解除权、撤销权等，全部移转于承受人享有和承担。

思 考 题

1. 简述债权转让对债务人的效力。
2. 债权让与后能否撤销？
3. 债权让与与债务移转构成要件的区别是什么？

第八章 合同权利义务的终止

本章提要:

合同权利义务的终止是合同关系结束、消亡。合同除了正常履行原因终止外,还可能会因其他原因终止。本章讲述了合同权利义务终止的所有原因:清偿、解除、抵销、提存、免除、混同的概念及其构成条件。

本章重点:

(1)合同解除的类型、程序及效力;

(2)合同解除与合同撤销的区别;

(3)法定解除的几种情形;

(4)清偿的抵充顺序。

第一节 合同权利义务的终止概述

一、合同权利义务终止的概念

合同权利义务的终止又称为合同的终止,也称合同的消灭,是指有效的合同关系不复存在,合同权利和合同义务归于消灭。广义合同的终止既包括消灭合同将来的履行,也包括溯及既往的消灭;狭义合同的终止仅指消灭合同将来的履行。《合同法》所讲的合同终止一般是指广义的终止。

合同调整的是动态财产关系,合同关系不可能永续存在,有着从发生到消灭的历程。合同权利义务终止的原因大致有三类:一是因合同目的实现而消灭,如清偿、混同;二是因合同目的不能实现而消灭,例如不能履行、根本违约等合同被当事人解除;三是基于当事人的债务免除、合意解除而终止,如债务免除、协商解除;四是基于法律的直接规定,如抵销。

合同的终止相当于合同的"死亡",法定的合同终止原因有清偿、解除、抵销、提存、免除、混同等。事实上,有两种情况也属合同的终止,但法律未将其规定为合同终止的原因:合同更新、违约责任的承担。合同更新是指以新的合同标的代替原来约定的合同标的。相对于原合同标的而言,合同终止。在当事人不实际履行合同而以赔偿损失方式承担违约责任时,原合同约定已经终止,不再履行。

二、合同终止的效力

(一)使合同权利义务归于消灭

合同权利义务的终止,使合同关系不复存在,使合同主债权债务及其他从权利义务同时消灭。合同的担保权利义务消灭,如抵押权、质权、留置权等。其他权利义务也消灭,如违约金债权、利息债权等。

但合同终止的效力,并不意味着合同所有条款均失去效力,往往需要保留一些善后条款的效力。《合同法》第98条规定:"合同的权利义务终止,不影响合同中结算和清理条款的效力。"

(二)后合同义务产生

合同权利义务终止后,当事人应当遵循诚实信用原则,根据交易习惯,履行通知、协助、保密等义务。例如,合同终止后,负有保密义务的人应当继续履行保密义务。

第二节　合同的解除

一、合同解除概述

合同解除,是指在合同有效成立以后,当事人一方依据法律规定或合同约定或双方达成一致,使合同关系自始或仅向将来消灭的一种法律制度。合同解除是合同终止的原因之一。

(一)合同解除具有的法律性质

1.合同解除以有效的合同为标的

合同生效成立后,由于情况变化,合同履行有可能成为不必要、不可能或者对当事人不利,如果再让合同继续有效力,对当事人一方甚至双方有害无益,此时允许有关当事人解除合同,才对社会有益。合同解除制度的目的在于消灭有效存在但因客观情况变化而对社会或当事人无益的合同。这是合同解除制度同合同无效、合同变更撤销等制度的不同之处。

2.合同解除必须具备解除的条件

合同一旦生效,就具有法律效力,当事人双方都必须严格遵守,不得擅自变更或解除。只有在有效合同因主客观情况发生变化使合同存在失去积极意义时,才允许解除合同。合同解除的条件可以概括为:①当事人对合同解除达成一致;②合同约定解除条件具备时;③具备法律规定的严重违约情形时。基于此,解除可以分为协商解除、约定解除和法定解除。

法定解除条件又可分为合同法规定的合同解除条件和其他特别法规定的合同解除条件。合同法规定的合同解除条件又可分为总则规定的合同解除条件和分则规定的合同解除条件。

3.合同解除原则上应当有解除行为

在具备解除条件时,只是使当事人具备了解除合同的权利,但合同是不是解除,是由具有解除权的当事人来决定的。当事人决定解除合同应当作出解除合同的意思表示,一般而言,具有合同解除权的当事人作出解除合同的意思表示到达相对方时,便产生合同解除的效力。在当事人双方协商同意解除合同时,当事人达成的合意是当事人的解除行为。

适用情势变更原则时的合同解除,是由法院根据具体情况裁决的,可以不需要当事人的解除行为。

4.解除使合同关系消灭

合同解除使合同关系消灭,但解除是否具有溯及既往效力?不能一概而论。协商解除是否具有溯及既往效力,由当事人约定。法定解除和约定解除是否具有溯及既往效力,应当根据合同性质和履行情况决定。一般而言,合同解除不影响已履行部分合同目的实现的,解除不具有溯及既往效力。

(二)合同解除与合同撤销的区别

合同解除与合同撤销都使合同关系归于消灭,但二者不同。

(1)适用范围不同。撤销的适用范围相对广泛,不仅适用于效力待定的合同,也适用于有可撤销、可变更情形的合同;合同解除适用于有效的合同,可撤销、可变更合同也可以解除。

(2)原因不同。合同撤销的原因是由法律直接规定的;而合同解除的原因可以来自于法律规定,也可以来自于当事人约定或合意。例如,法律规定不可抗力致使合同不能实现目的时,可以解除合同;在买卖合同中约定,价格涨幅超过 10% 时,当事人可以解除合同。

(3)效力不同。合同撤销都有溯及力,撤销的民事行为从开始起无效;而合同解除则一般不具有溯及力,是否具有溯及力,通常以合同性质和履行情况或当事人约定而定。

(三)合同解除的类型

合同解除的情况比较复杂,可以从不同角度进行划分。

1. 单方解除和协议解除

这是以合同解除是否取得当事人意思表示一致为标准划分的。单方解除是指享有合同解除权的当事人行使解除权解除合同的情况。单方解除不必经对方当事人的同意或认可,只要解除权人将解除合同的意思表示直接通知对方,即可发生合同解除的效果。解除权源于法律的规定或当事人在合同中的约定。《合同法》第 93 条第 2 款规定:"当事人可以约定一方解除合同的条件。解除合同的条件成就时,解除权人可以解除合同。"合同法奉行合同自由原则,当事人可以成立合同,就应当允许当事人协商一致解除合同。协议解除以当事人就合同解除达成一致意见为前提。

2. 法定解除和约定解除

这是以合同解除的依据是来源于法律的规定还是当事人的约定为标准划分的。合同解除是依据法律规定的具体条件来进行的,为法定解除。约定解除是依据合同约定的条件来进行的,为约定解除。约定的解除条件,可以在当事人订立合同时约定,也可以是在以后另订立补充协议中约定。约定解除实际上是当事人风险自我控制的一种行为。

二、合同解除的条件

合同的解除,从依据上可以分为三种情况:一是依据协议解除;二是依据约定解除;三是依据法定解除。法定解除的条件又可区分为一般法定解除和特别法定解除。

(一)协议解除

协议解除,是指当事人就合同解除事项双方协商一致达成协议,从而使先前订立的合同消灭。《合同法》第 93 条第 1 款规定:"当事人协商一致,可以解除合同。"

协议解除,是当事人双方通过协商同意将合同解除的行为,不以解除权的存在为必要,解除是协商的结果,而不是解除权行使的结果,是通过后一个解除合同来消灭前一个合同的效力。协议解除又称为合意解除、契约解除。合同何时解除、解除是否有溯及力、解除后如何处理、当事人是否承担违约责任等等,均由当事人事后达成的解除协议来约定。解除协议只要内容合法,不受其他限制。解除协议可以在被解除合同生效后的任何时候达成,无论合同当事人是否享有合同解除权均可以以协议方式解除合同。

(二)约定解除

当事人可以在合同中约定解除的条件,该条件成就时,依据该条件享有解除权的人可以解除合同,我们把此种解除称为约定解除。《合同法》第 93 条第 2 款规定:"当事人可以约定一方解除合同的条件。解除合同的条件成就时,解除权人可以解除合同。"约定解除可以约定一方解除合同的条件,也可以约定双方解除合同的条件。约定解除是意思自治原则的体现,约定解除条件的事由可以很广泛,可以约定以对方某项违约作为解除合同的条件,也可以价格变化、供需关系变化约定为合同解除的条件,约定合同的解除条件可以防范商业风险,可以降低当事人的合同风险。

满足合同约定的解除条件时,享有解除权的当事人可以以此为由通知对方解除合同,在解除通知到达对方时,合同解除。值得注意的是,合同约定的解除条件出现时,合同并不必然解除,仅仅使当事人一方或双方取得了解除权,是否解除合同是享有解除权的当事人的权利。

(三)法定解除

法定解除是指依据法律规定的合同解除条件来解除合同。《合同法》在总则部分第 94 条中规定了合同解除的五种情况,其中四种为具体规定,一种为概括性规定,这些规定适用于所有的合同类型;《合同法》在分则部分规定了一些针对具体的合同类型的解除规定,这些规定只适用于具体某一类或两类合同(如规定承揽合同的任意解除权可以适用于建设工程合同),不具有广泛适用性。《合同法》第 94 条规定:"有下列情形之一的,当事人可以解除合同:(一)因不可抗力致使不能实现合同目的;(二)在履行期限届满之前,当事人一方明确表示或者以自己的行为表明不履行主要债务;(三)当事人一方迟延履行主要债务,经催告后在合理期限内仍未履行;(四)当事人一方迟延履行债务或者有其他违约行为致使不能实现合同目的;(五)法律规定的其他情形。"下面分别探讨《合同法》总则规定的合同解除的五种情况。

1. 不可抗力致使合同目的不能实现

不可抗力是指不能预见、不能避免和不能克服的客观情况。对于不可抗力的出现,非人力能够左右,当事人谈不上存在过错。当事人订立合同总是要通过合同达到一定的目的,不可抗力一旦致使合同目的不能实现,则该合同的存在已经没有任何意义,应该消灭。但在不可抗力致使合同目的不能实现时,合同必然消灭,还是赋予当事人有解除合同的权利,是否消灭合同,由当事人选择。我国《合同法》采用后者,在上述条件成就时赋予当事人以解除合同的权利,是否解除合同由当事人选择。

不可抗力致使合同目的不能实现,有可能致使当事人一方的合同目的不能实现,也有可能致使当事人双方的合同目的不能实现,即是说,在不可抗力致使合同目的不能实现的情况下,有可能是当事人一方享有解除权,也可能是当事人双方均享有解除权。

2. 预期违约

预期违约也称为先期违约,它是指在履行期限到来之前,一方无正当理由而明确表示将不履行合同,或者其行为表明其将不履行合同。

预期违约是在履行期到来之前的违约,尽管合同履行期限没有到来,违约尚没有成为现实,若让当事人继续期待对方能改变主意,等到合同履行期限届满再解除合同,只会给当事人造成更大的损失,因此在此情况下,应当赋予当事人一方解除合同的权利。预期违约包括明示违约和默示违约两种形态,即明确表示将不履行合同和行为表示将不履行合同。

一方预期违约,对方可以提前解除合同,还可以追究预期违约一方的违约责任。我国《合同法》第 108 条规定:"当事人一方明确表示或者以自己的行为表明不履行合同义务的,对方可以在履行期限届满之前要求其承担违约责任。"

3.经催告后在合理期限内仍未履行主要债务

当事人一方迟延履行主要债务,就构成违约,在多数情况下会给对方造成损害,但是在此情况下,给对方造成损害的程度未必严重,而且,违约一方也可能存在造成违约的客观原因,在此情况下,从维护合同目的的角度出发,不宜直接赋予合同相对人解除合同的权利。但是违约一再延续,有可能会严重损害相对方的合同利益,如果一方的违约会严重损害对方利益,相对方应该会很关注合同履行,应该督促对方履行,如果一方的违约,相对方并不关注对方履行合同,则说明违约造成对方的损害尚不严重,合同不需解除。在当事人一方迟延履行主要债务,经催告后在合理期限内仍未履行的情况下,说明一方一再迟延违约严重损害了对方的利益,为保护相对方的利益,应当赋予其解除合同的权利。

迟延履行的债务必须是合同主要债务,而非次要债务,次要债务的迟延一般不会严重损害对方的合同利益。催告对方履行,要为对方留出合理期限,合理期限根据合同标的、数量、履行方式决定,合理期限必须是对方在此期限内能够履行,且要为对方留出必要的履行准备时间。

4.根本违约

一般的违约行为会给相对方造成损害,但不会使相对方的合同目的丧失,在特殊情况下,当事人的一次违约有可能使合同相对人的合同目的直接丧失,这时,即使催告对方继续履行也无必要,合同延后履行已经没有意义,应当允许相对方直接解除合同。所谓根本违约是指当事人一方违约致使合同相对人的合同目的不可能实现。根本违约直接导致解除权的产生,而不需要再次履行催告。根本违约的典型案例:火鸡是西方人圣诞节不可缺少的食品,美国某商场在圣诞节前从澳洲采购了一批火鸡以供圣诞节前销售,约定于圣诞节前五天对方送货到沃尔玛商场,由于海上风浪等原因,货物晚到了五天,致使圣诞节前的销售季节已过,火鸡难以售出,对方迟延交货致使商场在圣诞节前供应火鸡的合同目的落空,构成根本违约。

何谓根本违约,我国立法规定过于简单,西方国家对此有较为详细的规定。欧洲合同法委员会《欧洲合同法原则》(1998 年)规定:"如有下列情形,不履行即为根本性的:1.严格符合债务要求是合同的核心;或 2.不履行实质上剥夺了受害方依合同有权期待的东西,除非另一方当事人没有预见到而且也不能够合理地预见到该结果;或 3.不履行是故意的,并且使受害方有理由认为它不能再信赖对方当事人未来的履行。"《联合国国际货物销售合同公约》(1980 年)第 25 条规定:"一方当事人违反合同的结果,如使另一方当事人蒙受损害,以至于实际上剥夺了他根据合同规定有权期待得到的东西,即为根本违反合同,除非违反合同一方并不预知而且一个同等资格、通情达理的人处于相同情况中也没有理由预知会发生这种结果。"

5.法律规定的其他情形

合同法的上述四项规定不足以概括合同解除的所有情形,《合同法》便做出了这一概括性的规定,构成了《合同法》总则和分则、《合同法》和其他法律关于合同解除的立法互通,使关于合同解除的立法更加完整。例如,《保险法》第 14 条规定:"保险合同成立后,投保人按照约定交付保险费,保险人按照约定的时间开始承担保险责任。"

三、合同解除的程序

协议解除只要当事人就合同解除事项协商达成一致即可解除合同效力,如果合同的生效经过批准、登记或公证的,还应当办理相关手续,此外,并无其他特别的程序要求。

对于约定解除和法定解除而言,具备合同解除的条件只是产生了解除权,合同并不当然且自动地解除。欲使合同解除,必须相对方行使解除权。所谓解除权,是合同当事人依法或约定享有的解除合同的权利。解除权是一种形成权,不需要对方当事人的同意,只需解除权人单方的意思表示,就可以解除合同,该意思表示到达对方时发生合同解除的效力。对方若对合同解除有异议,可以请求人民法院或者仲裁机构确认解除合同是否有效,如果人民法院或者仲裁机构确认解除合同有效,则解除效力自解除通知到达对方时产生。法律、行政法规规定解除合同应当办理批准、登记等手续的,在当事人解除合同后,应当办理相关手续,在办理相关手续后,发生解除的效力,在对方接到解除通知到办理相关批准、登记手续的合理期间内,合同应当中止履行。

在约定解除和法定解除的情况下,当事人也可以不直接通知对方解除合同,而是以诉讼或仲裁的方式解除合同,在此情况下,对方收到要求解除合同的诉讼或仲裁文书时,合同中止履行,在法院或仲裁机关作出支持解除合同请求的文书生效时合同解除。

四、合同解除的效力

合同解除致使合同消灭,合同消灭之后,当事人之间又将承担怎样的责任,这是必须研究的问题。具体而言,合同解除具有以下效力:

(一)合同消灭效力

合同解除必然消灭合同效力,合同对于将来的效力毫无疑问地消灭,但合同解除是否能溯及既往,即对于已经履行的部分是否因合同解除而恢复原状?合同解除有溯及力,是指解除使合同关系溯及既往地消灭,合同如同自始未成立。合同解除无溯及力,是指合同解除仅仅使合同关系向将来消灭,解除之前的合同关系仍然有效。合同解除是否有溯及力,我国法律无明文规定。在协议解除情况下,解除是否具有溯及力由当事人约定,无约定时根据具体情况判断。约定解除有无溯及力亦应依当事人的约定,无约定时根据具体情况判断。

合同解除应当以无溯及力为原则,以具有溯及力为例外。只有在合同解除后,如果不溯及既往会对当事人尤其是对守约方会造成损害或者会对社会利益造成损害的情况下,才应溯及既往。

(二)恢复原状效力

如果合同解除溯及既往就应当就履行后的状态恢复至合同订立前的原状。《合同法》第97 条规定:"合同解除后……已经履行的,根据履行情况和合同性质,当事人可以要求恢复原状……"可见,恢复原状以当事人请求为前提,当事人不要求则不应恢复原状。恢复原状效力不是所有解除都具有的效力,只有在合同解除具有溯及力时,才有恢复原状效力。

（三）不当得利返还效力

在合同解除无溯及力时,合同解除前所为的给付则不能要求返还,一方将来的给付被免除,使得双方因合同取得的利益严重不对等。因将来要履行的义务已免除,使得获益一方的利益没有支付对价,其获得利益变得没有法律依据,构成不当得利,应当予以返还。

（四）赔偿损失效力

解除合同必然使合同当事人的合同目的落空,会给当事人一方甚至双方带来损失,在协议解除的情况下,是否赔偿损失以及如何赔偿均由当事人约定,没有约定或约定不明时,违约方或过错方应承担赔偿责任。在约定解除和法定解除的情况下,违约方或过错方也应对其造成的损失承担赔偿责任,在双方均有违约或过错时按其过错程度向对方承担赔偿责任。《民法通则》第 115 条规定:"合同解除不影响当事人要求赔偿损失的权利。"《合同法》第 97 条规定:"合同解除后……当事人可以要求……并有权要求赔偿损失。"

第三节 清 偿

一、清偿的概念

清偿即履行,是指债务人按照法律规定或者合同的约定向债权人履行义务,从而引起合同关系消灭。债务人清偿债务,债权人权利得以实现,合同目的实现,合同使命完成,合同消灭。清偿是合同消灭最正常、最常见的原因。

清偿包括:债务人履行债务,第三人为满足债权人的目的而代为给付,强制执行或实现担保权而使债权获得满足。

二、代为清偿

清偿原则上应当由债务人履行,因为债务人负有履行的义务。但在法律规定或合同约定由第三人履行时,清偿可由第三人进行。笔者认为,在没有约定或法定第三人可以代为履行时,在第三人代为履行并不损害债权人利益的情况下,债权人应当接受第三人的代为履行;除非,债权人与债务人之间约定不得由第三人代为清偿。只有这样,才可以既方便债务人的履行,又便于合同目的的实现,又能体现效益原则。

三、清偿费用

清偿费用,是指清偿所需要的必要履行费用,例如物品运送费、包装费、汇费、登记费、通知费等。

清偿费用,有约定的从约定。当事人没有约定清偿费用的承担时,又没有交易习惯可以适用时,由债务人负担。但因债权人的行为而导致清偿费用增加时,增加的费用由债权人负担。

四、清偿的抵充顺序

清偿抵充顺序,是指债务人对同一债权人负担数宗同种类债务,而债务人的履行不足以清

偿全部债务时,决定该履行抵充某宗或某几宗债务的先后顺序。清偿抵充顺序在具备如下要件时适用:

（1）债务人对同一债权人有数宗债务。数宗债务,可以是自始发生在债务人与债权人之间,也可以是由他人移转形成,并不要求数宗债务均已到期。

（2）数宗债务的标的种类相同。标的种类不同,则无法抵充。例如,债务人借书 100 册、借钱 10 万元,债务人还钱 10 万元时,不发生抵充借书 100 册的问题。若债务人借钱 10 万元、后又借钱 10 万元,债务人还钱 10 万元时,则存在还钱 10 万元究竟是冲抵哪一笔 10 万元债务的问题。

（3）必须是债务人的给付不足以清偿全部债务,但至少是足以清偿一宗债务,否则,研究清偿抵充顺序则无意义。

在债务人对同一债权人有数宗债务的情况下,债权人与债务人可以约定清偿何笔债务,也可以约定清偿抵充顺序。在债务人对同一债权人有数宗债务,当事人对清偿抵充没有约定的情况下,《最高人民法院关于适用〈中华人民共和国合同法〉若干问题的解释（二）》第 20 条、第 21 条对此做出了明确的规定:

1.优先清偿实现债权费用和利息

债务人除主债务之外还应当支付利息和费用,当其给付不足以清偿全部债务时,并且当事人没有约定的,人民法院应当按照下列顺序抵充:①实现债权的有关费用;②利息;③主债务。

2.主债务的抵充顺序

第一,债务人的给付不足以清偿其对同一债权人所负的数笔相同种类的全部债务,应当优先抵充已到期的债务;第二,几项债务均到期的,优先抵充对债权人缺乏担保或者担保数额最少的债务;第三,担保数额相同的,优先抵充债务负担较重的债务;负担相同的,按照债务到期的先后顺序抵充;到期时间相同的,按比例抵充。

第四节 抵 销

一、抵销概述

抵销,是指二人互负债务均已到期时,彼此以其债权充当债务之清偿,而使其债务与对方债务在等额内相互消灭。主张抵销一方享有的债权,即为抵销的债权,称为主动债权。被抵销的债权,称为被动债权。根据抵销产生的依据不同,可分为法定抵销与合意抵销两种。法定抵销由法律规定其构成要件,当要件具备时,依当事人一方的意思表示即可发生抵销的效力。因此,当事人一方的抵销权属于形成权。合意抵销是指按照当事人双方协商一致所为的抵销。合意抵销只要当事人达成抵销合意即可产生抵销效力,不受法定抵销要件的限制。合意抵销,当事人需就抵销事项达成抵销合同。

当事人主张法定抵销的,应当通知对方,通知自到达对方时生效,抵销不得附条件或者附期限。当事人要求合意抵销的,如何抵销以抵销合同约定为准,一般在抵销合同生效时产生抵销效力,也可以有另外约定。

抵销可以省去互相给付,降低履行成本,避免财富浪费,而且,彼此享有债权实际使债权彼此具有担保功能,增加了债实现的安全性。

二、法定抵销的要件

《合同法》第99条规定:"当事人互负到期债务,该债务的标的物种类、品质相同的,任何一方可以将自己的债务与对方的债务抵销,但依照法律规定或者按照合同性质不得抵销的除外。当事人主张抵销的,应当通知对方。通知自到达对方时生效。抵销不得附条件或者附期限。"

(一)法定抵销的要件

法定抵销必须具备以下要件才能生效。

1. 双方当事人互负债务、互享债权

抵销是以已方债权抵偿对方所负债务,从而在对等额内使双方债权债务消灭。没有己方债权就缺少用以清偿的财产权利,没有对对方负有的债务,就没有清偿的必要。缺少这样的条件,抵销既不必要,也无可用于抵销的手段。当事人双方互负的债权债务,必须合法有效。

2. 互负债务的标的物种类、品质相同

只有标的物种类、品质相同的债权债务,可以简单以数量相减的方法直接抵销,无需对方同意也不会损害其利益。这里要求的标的物种类和品质均应相同,否则也不能抵销,只有标的物种类和品质均相同,彼此的债权债务才具有同质化的特点,才可以用数学方法相抵。例如,甲、乙互欠1吨大米,甲欠乙1吨一级大米,而乙欠甲1吨二级大米,大米品质不同,1吨二级大米价值与1吨一级大米价值不同,不能直接抵销。强调债务的标的物种类与品质相同,但不要求主动债权与被动债权必须是基于同一事实或同一法律关系而存在。

3. 债权已届清偿期

只有到期债务才需要清偿,未到期债务,债权人不能要求清偿,抵销具有相互清偿功能,因而当事人双方所负的债务均须到清偿期才能主张抵销。以未到期债权抵销已到期债务,会对未到期债权的债务人利益造成损害,故未届清偿期的债务,不得抵销,除非当事人自愿提前清偿,对对方也无影响时,可以允许抵销。但在破产程序中,破产债权人对其享有的债权,无论是否已届清偿期,无论是否附有期限或解除条件,均可抵销。

4. 须是可以抵销之债

只有可以抵销之债,才允许抵销,否则抵销会损害债的目的,使当事人目的或者社会利益不能实现。不能抵销之债分为:依性质不能抵销之债、依法律规定不得抵销之债和依约定不能抵销之债。依性质不能抵销之债是指根据给付的性质,如果允许抵销,就不能达到合同目的。依法律规定不得抵销之债是指法律规定禁止抵销的债务,如查封、扣押、冻结、拍卖、变卖被执行人的财产,应当保留被执行人及其所供养家属的生活必需品。当事人之间明确约定某项债务不得抵销时,应遵从其约定,这是意思自治原则的要求;除非该约定有害第三人的合法权益或社会利益。

5. 抵销的意思表示不得附有条件或期限

抵销是形成权,只要满足条件,互负债务的债权人均享有抵销权,而无需对方同意。如果允许债权人对抵销附有条件,必然损害了对方的抵销权,而且,作为债是约定或法定的产物,债权人单方无权为对方作出限制或附加条件、期限。故法律规定,抵销不得附条件或者附期限。但是,债权人违反法律规定对抵销附加条件或者期限时,其效力如何?有两种观点:抵销无效或者所附条件或期限无效。笔者认为,鉴于抵销可以省去互相给付,具有降低履行成本、避免财富浪费的社会功能,宜采用抵销有效而所附条件或期限无效的观点,以使抵销充分发挥其积极功能。

(二)法定抵销的方法

抵销权是形成权,一方作出即生效。故只要抵销权人提出抵销的主张,就产生抵销的效力,行使抵销权需通知对方。《合同法》第 99 条规定:"当事人主张抵销的,应当通知对方;通知自到达对方时生效。"

(三)抵销的效力

抵销在抵销通知到达对方时产生效力。法定抵销权的效力如下:第一,抵销权行使后,双方对等数额的债权因抵销而永远消灭,故抵销权行使后不得撤回。第二,双方债权的数额不符时,未抵销的部分,债权人仍可要求清偿。第三,残存债权(未抵销的部分债权)的诉讼时效中断,诉讼时效期间应该重新计算。

三、合意抵销

合意抵销是指当事人互负债务,标的物种类或品质不相同的,经双方协商一致而抵销双方所负的债务,在抵销范围内免除债务履行。合意抵销是当事人意思自治的体现。合意抵销又称为"约定抵销""意定抵销"。《合同法》第 100 条规定:"标的物的种类、品质不相同的,经双方当事人协商一致,也可以抵销。"

合意抵销与法定抵销的区别:

(1)抵销的根据不同。合意抵销的依据是当事人之间的协议;法定抵销的依据是债权人享有的形成权。

(2)债务的性质要求不同。合意抵销的债务是品质或种类不同的债务,债务不具有等质化的特点,不能简单地进行数学上的抵销运算;而法定抵销的债务必须是种类和品质同一,债务具有等质化的特点,可以简单地进行数学上的抵销运算。

(3)债务的履行期限要求不同。合意抵销在债务未届满履行期时,也可以抵销;法定抵销只有在债务均届满履行期时,才可以抵销。

(4)抵销的行使方式不同。合意抵销只有双方对债务抵销协商一致,才能抵销;法定抵销只要债权人满足法定条件,即可行使,无需对方同意。

(5)法定抵销不得附条件或附期限,而合意抵销合同可以附条件或附期限,只要双方当事人同意即可。

第五节　提　　存

一、提存的概念

提存,是指由于债权人的原因而致债务人无法向其交付债的标的物时,债务人将该标的物提交给提存机关而消灭债务的制度。

债务的履行需要债权人协助和受领。债权人拒绝受领或者不能受领或者无法找见债权人,债务人是不可能完成履行义务的。债务人虽不构成违约,但债务却不能因履行而消灭,债务人处于长期债务拘束之中,必会加重债务人负担,不利于保护债务人合法利益和保持民事关系的稳定。法律必须通过制度设计来解决这一问题,这就是提存制度的目的所在。提存制度在因债权人原因而致债务难以履行时,允许债务人向第三人履行来消灭债务。

提存制度有一般提存和特殊提存。一般提存是《合同法》规定的,主要目的是解决因债权人原因而致债务难以履行的问题。特殊提存则是其他法律出于其他特别目的而规定的。《担保法》第49条第3款规定:"抵押人转让抵押物所得的价款,应当向抵押权人提前清偿所担保的债权或者向与抵押权人约定的第三人提存。超过债权数额的部分,归抵押人所有,不足部分由债务人清偿。"这一规定不是解决因债权人原因而致债务难以履行的问题,解决的是抵押物变卖后所得价款的保存问题。本书所讲的是一般提存。

提存制度的建立,有利于平衡债权人和债务人双方的利益冲突,可以免除债务人债务履行困难的困扰,有利于保护债务人利益,有利于减少讼争。建立提存制度,也是诚实信用原则的必然要求。

提存涉及三方当事人:提存人即债务人、提存机关和债权人,因而发生提存人与提存机关、提存机关与债权人、提存人与债权人的三方法律关系。

二、提存的条件

《合同法》第101条规定:"有下列情形之一,难以履行债务的,债务人可以将标的物提存:(一)债权人无正当理由拒绝受领;(二)债权人下落不明;(三)债权人死亡未确定继承人或者丧失民事行为能力未确定监护人;(四)法律规定的其他情形。标的物不适于提存或者提存费用过高的,债务人依法可以拍卖或者变卖标的物,提存所得的价款。"根据上述法律规定,提存应当符合下列条件之一。

(一)债权人无正当理由拒绝受领

债权人无正当理由拒绝受领是指在债权到期的情况下,债权人无正当理由对债务人已提出之给付或履行行为予以拒绝,致使债务人不能完成履行义务。构成该提存原因必须是债务人现实地提出了给付,而由于债权人原因无法实现清偿。

(二)债权人下落不明

债权人下落不明包括:债权人地址不详,债权人失踪等。债权人下落不明使债务人无法履行义务,合同义务无法终止,使债务人长期受债务之约束,民事关系处于不稳定之中。

(三)债权人死亡或者丧失行为能力,又未确定继承人或者监护人

在债权人死亡或者丧失行为能力,又未确定继承人或者监护人的情况下,债权缺少合格的受领人,债务人将无法履行其与债权人之间的债务关系,或者即使债务人履行也不是符合法律规定的履行,达不到结束债务终止合同的目的,使债务人处于困境之中。

(四)法律规定的其他情形

《中华人民共和国担保法》(以下简称《担保法》)第49条第3款规定,抵押人转让抵押物所得的价款,应当向抵押权人提前清偿所担保的债权或者向与抵押权人约定的第三人提存。依据《提存公证规则》第 5 条第 2 项规定,债权人不在债务履行地又不能到履行地受领,债务人可以申请提存。这些规定是为实现担保目的所设立的提存制度。

三、提存的主体

提存的主体,又称提存的当事人,包括提存人(债务人)、提存受领人(债权人)、提存机关。提存人,是指为履行清偿义务或者担保义务而向提存机关申请提存的债务人或其代理人。提存是一种法律行为,提存人应当具有完全行为能力。提存受领人,是指提存之债的债权人或其代理人。提存机关,是指国家设立的有权接收并保管提存物,负有应债权人请求而将提存物返还债权人的机构。《提存公证规则》规定我国的提存机关是公证处。提存应当在债务履行地公证处进行。

四、提存的客体

提存的客体,是指债务人依合同约定应当交付的标的物。提存应按照合同约定的标的物进行,否则不发生债务消灭的效力。债务人应当将符合合同约定的标的物交付提存机关,否则不构成提存。《提存公证规则》第 13 条规定,提存标的与债的标的不符或在提存时难以判明两者是否相符的,提存机关应告知提存人,如提存受领人因此原因拒绝受领提存标的物,则不能产生提存的效力。提存人仍要求提存的,公证处可以办理提存公证,并记载上述情况。

提存的标的物,应当适合提存。提存的标的物可以是货币、有价证券、票据、提单、权利证书、贵重物品等等。在有些情况下,不动产也可以提存。

标的物不适于提存或者提存费用过高的,债务人依法可以拍卖或者变卖标的物,提存所得的价款。《最高人民法院关于适用〈中华人民共和国合同法〉若干问题的解释(二)》第 25 条规定:“依照合同法第一百零一条的规定,债务人将合同标的物或者标的物拍卖、变卖所得价款交付提存机关时,人民法院应当认定提存成立。提存成立的,视为债务人在其提存范围内已经履行债务。”不适于提存的标的物分为如下情况:①易于毁损、难以保管之物,如新鲜鱼肉,不易养育的动植物以及易耗、易燃、易爆等物品;②体积数量过大、过多之物,单位价值不大的物品,如煤、石、草、木、陶瓷等;③提存费用过高,不值得长期保存的物品。

五、提存的程序

根据我国《提存公证规则》的规定,提存的程序如下。

(一)提存人应向提存机关提出申请

在符合提存条件的情况下,提存人应向提存机关提交提存申请书申请提存,提存申请书上应载明提存人的姓名(名称)、提存物的名称、种类、数量以及债权人的姓名、住址等基本内容。提存人应提交与债务有关的证据以及满足提存条件的证据,以证明其所提存之物确系所负债务的标的物,且债务符合提存要件,以便提存机关决定是否接受提存。一般情况下,提存人在提出提存申请的同时应交付提存标的物;标的物不便于在申请提存时交付的,应在提存机关决定受理后及时交付。

(二)决定受理与接受提存

提存机关应当在收到申请之日起 3 日内作出受理或不予受理的决定。不予受理的,公证处应当告知申请人对不予受理不服的复议程序。提存机关通过审查确定提存人具有行为能力,债务具备提存的条件,提存标的与债的标的相符,符合管辖规则时,应当准予提存,接受提存。

接受提存可以分为接受债的标的物和接受标的物变卖价款两种方式。接受债的标的物的,提存机关应当验收提存标的物并登记存档。对不能及不便于提交到提存机关的标的物,提存机关应当派人到现场实地验收。验收时,提存申请人或其代理人应当在场,提存机关的工作人员应制作验收笔录。验收笔录应当记录验收的时间、地点、方式、参加人员,物品的数量、种类、规格、价值以及存放地点、保管环境等内容。相关人员应当在验收笔录上签字。对难以验收的提存标的物,提存机关可予以保全证据,并在笔录和证书中注明。对经验收的提存标的物应当封存或委托他人保管。对易腐烂、易燃、易爆或保管费用过高的物品,提存机关应在保全证据后,债的标的物由债务人拍卖或变卖,提存机关接受其价款以提存。

(三)通知提存受领人

提存机关接受提存物后,提存人(即债务人)在可能的情况下,应将提存事实通知债权人或者债权人的继承人、监护人,债权人或者债权人的继承人、监护人可以从提存机关受领提存物。《合同法》第 102 条规定:"标的物提存后,除债权人下落不明的以外,债务人应当及时通知债权人或者债权人的继承人、监护人。"

《提存公证规则》规定提存机关也有通知义务,《提存公证规则》第 18 条规定:"提存人应将提存事实及时通知提存受领人。以清偿为目的的提存或提存人通知有困难的,公证处应自提存之日起七日内,以书面形式通知提存受领人,告知其领取提存物的时间、期限、地点、方法。提存受领人不清或下落不明、地址不详无法送达通知的,公证处应自提存之日起六十日内,以公告方式通知。公告应刊登在国家或债权人在国内住所地的法制报刊上,公告应在一个月内在同一报刊刊登三次。"

六、提存的效力

提存法律关系当事人包括提存人、提存机关和提存受领人,因此,提存的效力可分为提存人(债务人)与提存受领人(债权人)之间的效力、提存人(债务人)与提存机关之间的效力、提存受领人(债权人)与提存机关之间的效力。

(一)提存人与提存受领人之间的效力

提存人(债务人)将债的标的物提存后,不论债权人受领与否,依法均发生债务消灭的效力。自提存之日起,提存人的债务归于消灭,提存受领人(债权人)无权请求提存人予以清偿。

提存物的所有权因提存而移转于提存受领人(债权人),提存物在提存期间所产生的孳息归提存受领人所有,同时提存费用也由提存受领人负担。《合同法》第 103 条规定:"标的物提存后,毁损、灭失的风险由债权人承担。提存期间,标的物的孳息归债权人所有。提存费用由债权人负担。"

(二)提存人与提存机关之间的效力

提存人依法将标的物交于提存机关,在二者之间即产生公法上的法律关系。在符合提存条件的情况下,提存人(债务人)有权利请求提存机关办理提存业务,提存机关有义务接受提存,提存机关负有保管提存物的义务。

根据《提存公证规则》规定,提存人可以凭人民法院生效的判决、裁定或提存之债已经清偿的公证证明取回提存物。提存受领人(债权人)以书面形式向公证处表示抛弃提存受领权的,提存人可以取回提存物。提存人取回提存物的,视为未提存,因此产生的费用由提存人承担。提存人未支付提存费用前,提存机关有权留置价值相当的提存标的。

(三)提存受领人与提存机关之间的效力

提存受领人与提存机关之间关系主要是:提存受领人有权受领提存物,并应承担费用;提存机关应当妥善保管并交付提存物。具体如下:

(1)提存受领人可以随时领取提存物,但提存受领人对债务人负有到期债务的,在提存受领人未履行债务或者提供担保之前,提存机关根据提存人的要求应当拒绝其领取提存物。债权人领取提存物的权利,自提存之日起 5 年内不行使而消灭,提存物扣除提存费用后归国家所有。提存期间,提存标的物毁损灭失的风险由提存受领人负担。提存物为特定物时,提存机关应当交付原物;提存物为不特定物时,提存机关可以交付替代物。

(2)提存受领人领取提存标的物时,应提供身份证明及有关债权的证明,并承担因提存所支出的费用。除当事人另有约定外,提存费用由提存受领人承担。提存费用包括提存公证费、公告费、邮电费、保管费、评估鉴定费、代管费、拍卖变卖费、保险费,以及为保管、处理、运输提存标的物所支出的其他费用。提存受领人未支付提存费用前,提存机关有权留置价值相当的提存标的物。

(3)提存机关应当妥善保管提存物。提存机关应当采取适当的方法妥善保管提存标的物,以防毁损、变质或者灭失。因提存机关过错造成毁损、灭失的,提存机关负有赔偿责任。对不宜保存的,提存受领人到期不领取或者超过保管期限的提存物品,提存机关可以拍卖,保存其价款。提存的存款单、有价证券、奖券需要领息、承兑、领奖的,提存机关应当代为承兑或者领取,所获得的本金和孳息在不改变用途的前提下,按不损害提存受领人利益的原则处理。无法按原用途使用的,应以货币形式存入提存账户。定期存款到期的,原则上按原来期限将本金和利息一并转存。股息红利除用于支付有关的费用外,剩余部分应当存入提存专用账户。

第六节　免　　除

一、免除概念

免除,是指债权人抛弃债权,从而使债务人全部或部分不受债务约束,导致终止合同关系的单方行为。免除是债权人固有的一项权利,免除是处分债权的行为,作出免除意思表示的债权人必须具有完全民事行为能力,无民事行为能力或者限制民事行为能力人的免除行为除非由法定代理人代理或经法定代理人同意,否则不发生法律效力。债权人丧失处分权或处分权受到限制时，债权人则丧失免除的权利，如受破产宣告，或者其债权被法院裁定扣押，或者为质权的标的等等，债权人均不得任意免除。

免除具有如下特点：

(1)免除是无因行为。免除仅依债权人表示免除债务的意思而发生效力，其原因如何，在所不问，不论是为了赠与、和解，还是别的什么原因，这些原因是否成立，都不影响免除的效力。

(2)免除为无偿行为。免除债务表明债权人放弃债权，不再要求债务人履行义务，免除本身是无偿的。即使为使债权人免除债务而约定对待给付，也不因此而使免除具有有偿性。例如，甲对乙享有1万元债权，甲要求乙向其赠送10箱水果，其免除乙的债务，随后，乙向甲赠送了10箱水果，甲做出免除乙债务的表示。

(3)免除不拘表达形式。口头、书面都可以成为表达免除意思表示的形式。比如债权人以口头或者书面形式通知债务人不必再履行债务，是以明示方式免除债务。免除需要债权人积极的表示，默示不构成免除，债权人不对债务人主张债权，超过诉讼时效期间，虽然债权人丧失请求债务人履行的权利，但这不同于债务免除。

二、免除的方法

免除是债权人的固有权利，免除是一种单方法律行为。免除须由债权人向债务人进行免除的意思表示。向第三人为免除的意思表示，不发生免除的法律效力。免除也可以由债权人的代理人进行表示。免除为单方法律行为，债权人向债务人作出免除的意思表示，即产生债务消灭的效果。免除的意思表示一旦作出，不得撤回和撤销。

关于免除是否可以附条件或期限，存在争议。笔者认为，免除可以附条件或期限，但附条件或期限的免除，不再是单方法律行为，须经债务人认可方能生效，是一种双方法律行为。

三、免除的效力

免除发生债务绝对消灭的效力。免除消灭债务的效力及于从债务，如利息债务、担保债务等。免除部分债务时，合同关系部分终止，其余部分仍然存在。免除不得损害第三人的合法权益。已设定担保的债权，不得以免除对抗担保权人。

第七节 混 同

一、混同概述

混同，是指债权和债务同归一人，致使合同关系消灭的事实。合同是双方法律行为，必须有两个或两个以上的当事人，在合同双方当事人混同为一人时，合同的主体要件就不能满足，债权债务就缺少享有者或承担者，债权债务变得没有意义，合同关系就应当予以终止。广义的混同，是指不能并立的两种法律关系同归于一人而使其权利义务归于消灭的现象。除狭义混同外，广义的混同还包括以下几种情形：①所有权与他物权同归一人，这实际是弱权利被强权利所吸收；②主债务与保证债务同归一人，这实际是弱义务被强义务所吸收。这里仅讨论狭义的混同。

有人认为，债权因混同而消灭，系因债权的目的已经达到，即债权人已获得实质的满足。

从实际情况看,债权人并未因混同而获实质的满足,只不过再为履行已无实际意义。也有人认为,债权因混同而消灭,系基于债权的观念,即债权的存在必须有两个主体,而一人同时为债权人和债务人时,不符合债权观念,因而混同为债消灭的独立原因。

二、混同的成立

债权债务的混同,是由于债权或债务的主体发生变化而导致。导致混同产生的原因有:债权让与、债务移转、债务人和债权人之间的相互继承、企业的合并。在上述原因发生时,债的关系中只有一个当事人,债无法履行,也失去了意义,债依法予以消灭。

混同是债的主体合二为一,当债权人和债务人构成财产共同共有关系时并不发生债的混同。例如,某男欠某女10万元,后二人结婚,并不发生混同,债务并不消灭。

三、混同的效力

混同使债的关系消灭,债务人的抗辩权、债权人的从权利均因混同而消灭。不可分债务或者不可分债权,债务人一人发生混同,债即消灭;连带债务的债务人一人发生混同,债也消灭,但连带债务的债务人之间的追偿责任并不消灭。

混同消灭债的关系也存在例外,《合同法》第106条规定:"债权和债务同归于一人的,合同的权利义务终止,但涉及第三人利益的除外。""涉及第三人利益"主要指合同债权为第三人权利的标的。例如,债权为他人质权的标的,为保护质权人的利益,不得使债权因混同而消灭。

思　考　题

1. 根本违约与预期违约的区别是什么?
2. 我国司法解释规定的清偿抵充顺序是什么?为何如此规定?
3. 简述提存的条件和效力。
4. 混同发生时,债是不是必然消灭?

第九章　违约与违约责任

本章提要：

违约责任是合同效力的体现,是对守约合同当事人利益的救济方式,不同的违约行为承担责任的方式有所不同。本章讲述了违约形态和不同的违约责任方式,以及免除违约责任的条件。

本章重点：

(1)违约形态；

(2)违约责任的归责原则；

(3)违约责任方式；

(4)免责条件与免责条款；

(5)违约责任与侵权责任的区别。

第一节　违约行为与违约责任概述

一、违约行为的构成要件与违约形态

违约,又称违约行为,是指合同当事人违反合同义务的行为。违约行为是违约责任的基本构成要件,没有违约行为,也就没有违约责任。

(一)违约行为的构成要件

违约行为应当符合两个要件。

1.违约行为的主体是债务人

只有债务人负有义务,而且必须履行义务,但在受领迟延情况下,违约行为的主体为债权人,此时的债权人负有受领标的物的义务,从这个角度上讲,此时的债权人实际上是债务人。

2.违约行为具有违法性

违约行为的违法性是指违约方在客观上违反了受法律保护的合同,侵害了法律保护的社会关系。违约行为的违法性可以理解为对《合同法》第 60 条的违反,《合同法》第 60 条规定:"当事人应当按照约定全面履行自己的义务。当事人应当遵循诚实信用原则,根据合同的性质、目的和交易习惯履行通知、协助、保密等义务。"

当事人违约应当推定其行为具有违法性,除非债务人可以证明其违反约定的行为是合法的(如:债务人证明其行为是行使抗辩权)的,否则就不能排除其行为的违法性,也可以将违约行为的违法性理解为无法律依据而违反约定。

(二)违约形态

在理论界,对于违约形态的区分存在争议:第一种观点将违约形态分为履行不能、履行迟延、履行拒绝与履行不当;第二种观点将违约形态分为全部不履行、部分不履行、不正确履行;第三种观点将违约形态分为预期违约和实际违约,实际违约又包括全部不履行、迟延履行、不当履行和不完全履行。笔者认为,上述观点是从不同角度对违约形态所作的区分,可以给我们不同的启示,但各种观点均有不足,难以给出统一的区分。我国现行《合同法》没有对违约形态做详细的区分。下面从不同角度介绍各种违约形态。

1. 不能履行

不能履行,又叫给付不能,是指债务人在客观上已经没有履行能力,或者法律禁止债务的履行。例如,以歌手演出为义务的演出合同中,歌手嗓子失音,其丧失履行能力,不能履行演出合同;买卖古董的合同中,古董毁损灭失,合同不能履行。

履行不能的原因很多,有时是因为标的物已灭失;有时标的物虽然存在,但因为法律上的原因而不能交付,如标的物被依法规定为限制流通物;有时是因为债务人自身的原因不能提供原定的劳务,如在以提供劳务为标的的合同中,债务人丧失劳动能力等。关于不能履行的判断标准,应根据个案具体情况并结合合同性质、标的状况、实现程度等综合判断。按照一个理性正常人的判断认为债务事实上难以履行或者不值得履行,即属于履行不能;如果尚有履行的可能,但如果履行将付出不适当的代价或可能牺牲生命,或者将违反更重大的义务,应认定为不值得履行。

不能履行按照不能履行事由出现的时间可以分为自始不能履行与嗣后不能履行;不能履行按照不能履行原因可以分为事实上的不能与法律上的不能。不能履行按照导致不能履行事由持续时间是否一直存在可以分为永久不能与一时不能。

不能履行是指全部不能和客观不能,而不包括一部不能和主观不能。

2. 迟延履行

迟延履行,又称债务人迟延或逾期履行,是指债务人能够履行,但在履行期限届满时却未履行债务的现象。构成迟延履行必须符合四个条件:一是有效债务的存在,二是债务人能够履行,三是债务履行期届满而未履行,四是债务人未履行不具有排除违法性的事由。如果债务以债权人主张为前提,在债权人未主张的情况下,即使债务履行期限已过,也不构成迟延。如:买卖合同约定,买受人到出卖人处提货,买受人没有去出卖人处提货,出卖人并不因履行期限届满而构成迟延履行。又如,以债权人的协助为必要的债务。

合同履行期限是否明确,对构成迟延履行非常重要,在合同履行期限不明时,《合同法》规定"债务人可以随时向债权人履行义务,债权人也可以随时要求债务人履行义务,但应当给对方必要的准备时间。"按此规定,可以通过债权人随时主张来确定债务履行期限届满。

3. 不完全履行

不完全履行,是指债务人履行的债务不完全符合债务的要求。不完全履行表明债务人有履行能力,且已履行了债务,只是履行债务的行为不完全符合约定。不完全履行与迟延履行、不能履行会发生转化。对不完全履行,债务人采取消除缺陷或另行给付等补救方法,使履行完全符合约定,但有可能因超过履行期限而构成迟延履行;如债务人采取消除缺陷或另行给付等补救方法,永不能使履行完全符合约定,若是主要义务不合约定,则构成不能履行。

4.债务人拒绝履行

拒绝履行,是指有履行能力的债务人对债权人表示不履行债务。拒绝履行可以是明示的,也可以是默示的,债务人以其行为表示将不再履行合同,如债务人在特定物买卖中将标的物转卖他人。拒绝履行应当是拒绝履行全部债务或主要债务,拒绝履行非主要债务不构成拒绝履行,而应是构成不完全履行。拒绝履行可以是债务履行期限届满时拒绝履行债务,也可以是债务履行期限未届满时的拒绝履行债务,后一种也被称为"预期违约"。《合同法》第94条第2项规定:"有下列情形之一的,当事人可以解除合同……(二)在履行期限届满之前,当事人一方明确表示或者以自己的行为表明不履行主要债务"。按此规定,一方预期违约则对方可以解除合同,与此同理,当一方拒绝履行时,对方也应当可以解除合同。《合同法》对此没有明确规定,但是可以适用《合同法》第94条第4项:"有下列情形之一的,当事人可以解除合同……(四)当事人一方迟延履行债务或者有其他违约行为致使不能实现合同目的"。可以认为拒绝履行构成了"其他违约行为致使不能实现合同目的"而解除合同,以避免让债权人做没有希望的期待。

5.债权人迟延

《合同法》第60条规定:"当事人应当按照约定全面履行自己的义务。当事人应当遵循诚实信用原则,根据合同的性质、目的和交易习惯履行通知、协助、保密等义务。"受领给付是债权人一项明确的法定义务,法律规定的受领、协助义务对于实现合同关系的最终目的、限制当事人滥用权利与平衡当事人权利关系是非常必要的,债权人受领给付迟延当然构成违约。债权人迟延导致了债务没有如约履行,债权债务没有实现的原因在于债权人。债权人迟延应当具备以下要件:①债务实现以债权人的受领或者协助为必要;②债务人依约定履行了义务;③债权人拒绝受领或不予协助,致使履行不能实现。

二、违约责任

(一)违约责任的概念

违约责任是合同当事人不履行合同义务或履行合同义务不符合约定时,所应承担的民事责任。违约责任仅指民事责任,不是行政责任及刑事责任。违约责任以有效的合同债权债务关系存在,且以一方合同当事人有违约行为为前提。违约责任相对于合同义务而言对违约人更为不利。

(二)违约责任的性质

1.违约责任是第二性义务

合同义务是依据法律或合同,当事人应当进行的行为。责任是债务人不履行债务时国家强制债务人履行或承担其他负担的制度。违约责任是由合同义务转化而来的,是对合同约定的债务的替代,责任是债务的转化形态,两者具有同一性关系,违约责任以合同债务存在为前提,无合同债务即无违约责任,从这个角度讲,义务是第一性的,责任是第二性的。

2.违约责任是一种财产责任

违约责任仅指民事责任中的财产责任,不包括非财产责任,例如,赔礼道歉就不属于违约责任。在我国,违约责任包括赔偿损失、支付违约金、强制履行、价格制裁及解除合同等方式。前四种责任方式均为财产责任,解除合同不直接具有财产性质,但与财产相关,合同解除一般会涉及财产赔偿问题。

3. 违约责任具有补偿性

违约责任补偿性,是指违约责任的主要功能是填补受害人遭受的损失。支付违约金、赔偿损失等责任方式就是违约责任补偿损失功能的具体体现。所谓补偿性就是说合同当事人因对方违约得到的赔偿不应高于实际损失,只应和实际损失相等。

4. 违约责任具有一定的惩罚性

关于违约责任的惩罚性问题,有人认为包括道德和财产两个方面:一是赔偿数额或违约金的数额高于受害人的实际损失,是从财产方面的惩罚;二是违约责任是从道德和法律上谴责了违约方的过错、否定了违约方的行为,是从道德和法律方面的惩罚。这里所讲的惩罚性仅指财产上的惩罚,法律允许当事人约定的违约金、定金高于实际损失,而且法律也支持当事人的这种约定,只是有所限制。

违约责任具有补偿性和惩罚性是矛盾的,究竟应如何理解二者关系?违约责任的补偿性是较强的,惩罚性是较弱的,只有在当事人约定的违约责任高于实际损失时,才体现出惩罚性,换言之,违约责任的惩罚性是通过约定实现的,在没有上述约定或者约定的违约责任不具惩罚性,且没有法律的特别规定时,违约责任只有补偿性,而无惩罚性。如果当事人约定的违约责任过重,我国《合同法》允许当事人向法院或仲裁机构请求予以减轻,同样,为了突出违约责任的补偿性,如果当事人约定的违约责任过轻,也允许当事人向法院或仲裁机构请求提高违约责任。《合同法》第 114 条规定:"当事人可以约定一方违约时应当根据违约情况向对方支付一定数额的违约金,也可以约定因违约产生的损失赔偿额的计算方法。约定的违约金低于造成的损失的,当事人可以请求人民法院或者仲裁机构予以增加;约定的违约金过分高于造成的损失的,当事人可以请求人民法院或者仲裁机构予以适当减少。"

5. 违约责任允许当事人在法律的范围内约定

合同是当事人意思自治的产物,法律规定合同可以约定违约金以及因违约产生损失赔偿额的计算方法,但是,当事人约定违约责任的意思自由并不是不受任何限制,当事人约定的违约责任不能与违约责任的补偿性严重冲突,否则,应一方当事人请求法院或仲裁机构可以予以降低。

(三)违约责任的归责原则

归责原则,是指确定民事主体承担责任依据的原则。违约责任归责原则是指基于一定的条件而确定违约责任成立的法律原则。只有符合一定的责任条件,当事人才承担违约责任,究竟符合什么样的条件,当事人才承担责任是需要研究的问题,对此也有不同的观点。

归责条件,是立法者根据其立法指导思想,按其价值观分配损害结果而在法律上确定的,不同的归责原则决定着不同的归责条件,反映出立法者的不同价值取向。不同的归责原则决定着不同的举证责任的内容和赔偿范围。

《合同法》第 107 条规定:"当事人一方不履行合同义务或者履行合同义务不符合约定的,应当承担继续履行、采取补救措施或者赔偿损失等违约责任。"按此规定,只要违约便应承担违约责任,而不要求违约人主观有过错,可见,《合同法》规定的违约责任的归责原则是严格责任,合同法之所以采用严格责任的归责原则是因为合同相对性原则所致,在很多情况下,合同当事人的违约是由于第三人原因所致,受约人对于合同之外的第三人并无权利,只能向没有过错的违约一方追究责任,违约一方承担责任后,可以基于其与第三人的合同关系或者侵权关系向第三人追偿。故我们说违约责任采用严格责任的归责原则是合同相对性原则的必然要求。但是对于纷繁复杂的合同,严格责任不能适用于所有合同关系的场合。《合同法》在分则中有多处规定了过错责任的归责原则,如供电人责任、承租人的保管责任、承揽人责任、保管人责任等等。因此,《合同法》以严格责任为原则,以过错责任为例外。

第二节　违约责任方式

违约责任是财产责任,故《民法通则》规定的十种责任方式不能完全适用于违约责任,违约责任的方式主要有强制履行、赔偿损失、支付违约金、价格制裁及解除合同等。

一、强制履行

(一)强制履行的含义

强制履行,也叫继续履行、实际履行或依约履行,是指在违约方不履行合同时,守约方有权要求法院强制违约方继续履行合同债务的违约责任方式。强制履行体现为法院的判决或仲裁机构的裁决要求当事人必须继续履行合同,或者法院以强制执行措施实现合同履行,如强制交付财物、划扣资金等。

强制履行是合同债务的要求,履行的仍然是原合同债务,强制履行与原合同债务相比有如下不同:①强制履行的时间晚于原合同债务约定的履行时间;②强制履行含有道德和法律对违约方的否定性评价。

强制履行与解除合同相对立,主张强制履行就不能请求解除合同,而主张解除合同,合同债务就不再履行。

(二)强制履行的适用条件

1. 存在违约行为

在债务人违约的情况下,才需要强制履行来救济,违约行为包括迟延履行、不完全履行以及拒绝履行,债权人迟延情形也可适用强制履行;强制履行以当事人违约为前提,当事人没有违约行为,则无强制的必要和价值。

2. 守约方要求继续履行合同债务

强制履行是对守约方的救济,如果守约方不需要继续履行合同债务,就应当认为合同强制履行已经失去意义或者不符合守约方的利益,法院或者仲裁机关不能裁决强制履行,强制履行以守约方的请求为前提,法院或者仲裁机关不能依职权作出强制履行。

3. 违约方能够继续履行合同

如果合同已经不能履行,无论是违约方事实上的不能履行,还是法律上不允许履行,都不能产生强制履行责任,强制履行已经失去前提和意义。

什么样的债务不能或不适合强制履行?《合同法》第110条规定:"当事人一方不履行非金钱债务或者履行非金钱债务不符合约定的,对方可以要求履行,但有下列情形之一的除外:(一)法律上或者事实上不能履行;(二)债务的标的不适于强制履行或者履行费用过高;(三)债权人在合理期限内未要求履行。"由此规定可以看出：对于金钱债务，皆可强制履行，不存在不能强制履行问题。法律上不能履行的债务是指法律上禁止履行的债务。事实上不能履行的债务是指债务人丧失履行能力。债务的标的不适于强制履行是指债务的性质不宜强制履行，比如委任合同、技术开发合同、演出合同、出版合同等。具有人身专属性质的债务，不能够由其他人代替履行，如果债务人不履行，不适于强制履行，即使强制也达不到履行目的。履行费用过高，是指对标的物实施强制履行比正常履行付出的成本高出许多，不符合效益原则，不应强制履行。债权人在合理期限内未要求履行，说明履行债务对债权人并不是非常迫切和需要，而且经过一段较长时间后强制履行，履行的条件早已变化或已丧失，强制履行对于债务人可能不公，如此规定，对债权人主张强制履行的权利是一种适当限制，以尽快结束债务人责任承担方式不确定的状态，使社会关系趋于稳定。这里的"合理期限"要针对个案而定，应当采用相对较长期限来确定，以免对债权人权利限制过于严重。

（三）强制履行的表现形态

1.限期履行债务

在债务人能够履行、债务也适于履行的情况下，守约方可以提出一个新的履行期限或者由人民法院或仲裁机构指定新的履行期限，要求违约方在该延展期内履行合同债务。

2.修理、重作、更换

如果债务人交付的标的物或提供的工作成果有瑕疵或不合格，债权人仍需要的，可以要求债务人修理、更换或者重作该标的物或工作成果，以对履行合同债务的行为进行补救。在债务人交付的合同标的物有瑕疵或不合格，有修理可能，且债权人需要标的物时，债务人可以进行修理。在债务人交付的合同标的物有瑕疵或不合格，无修理可能，或者修理所需要的费用过高或修理时间过长，允许债务人交付同种类、同质量、同数量的标的物来履行债务。在债务人交付的工作成果不合格的情况下，工作成果不能修理或不宜修理时，债务人应当重新完成并交付工作成果。理论上，更换和重作被称为另行给付，修理被称为消除缺陷。《合同法》第111条规定："质量不符合约定的，应当按照当事人的约定承担违约责任。对违约责任没有约定或者约定不明确，依照本法第六十一条的规定仍不能确定的，受损害方根据标的的性质以及损失的大小，可以合理选择要求对方承担修理、更换、重作、退货、减少价款或者报酬等违约责任。"

（四）强制履行与其他责任方式的关系

1.强制履行与赔偿损失

在债务人违约的情况下，债务即使因强制而履行，债权人一般也会遭受损失，故而为弥补债权人的损失，违约的债务人应当予以赔偿，强制履行是为了实现合同目的，赔偿损失是为了弥补债权人损失，二者并行不悖，可以同时适用。

2.强制履行与合同解除

强制履行是通过履行合同来实现合同目的，而当事人要求合同解除则说明债权人放弃了履行利益，合同不再履行，二者相互矛盾、相互排斥，不能同时主张。

3.强制履行与价格制裁

价格制裁，是对执行政府定价或者政府指导价的合同当事人，因其迟延履行遇到政府价格调整，应在原价格和新价格中选择适用对违约方不利的价格。构成价格制裁以履行合同为前提,履行合同是价格制裁适用的前提,二者可以同时并存。

二、赔偿损失

(一)赔偿损失概念

赔偿损失在此处仅指债务人违反合同约定时,依法应当就违约所造成的损失向债权人负赔偿金钱的责任。赔偿损失是以金钱来计算并赔偿给债权人,对于受害人给付金钱,以填补其损害。赔偿损失优点在于对各种损害均以金钱赔偿,简便易行;缺点在于有些损害难以精确计算,且赔偿未必能使债权人实现合同目的。

赔偿损失按照是基于约定或是法定产生,可以分为:约定赔偿、法定赔偿。约定赔偿是指依当事人合同约定而确定损害赔偿数额。法律允许当事人就违约赔偿问题约定违约金或计算方法,《合同法》第114条第1款规定:"当事人可以约定一方违约时应当根据违约情况向对方支付一定数额的违约金,也可以约定因违约产生的损失赔偿额的计算方法。"法定赔偿是指依法律规定而确定的损害赔偿,一般情况下法定赔偿只能确定赔偿的范围和原则,并不能直接计算出赔偿数额。特殊情况下,法律会规定出赔偿损失的具体方法,如《合同法》第113条第2款:"经营者对消费者提供商品或者服务有欺诈行为的,依照《中华人民共和国消费者权益保护法》的规定承担损害赔偿责任"。该法第49条规定:"经营者提供商品或者服务有欺诈行为的,应当按照消费者的要求增加赔偿其受到的损失,增加赔偿的金额为消费者购买商品的价款或者接受服务的费用的一倍"。

(二)违约损害赔偿责任的构成

违约损害赔偿责任的构成要件包括以下几点:违约行为、因违约造成损害、违约行为与损害之间有因果关系、违约人没有免责事由,特殊情况下,还要求违约人有过错。

1. 违约行为

违约行为是指当事人违反合同义务的行为,是承担损害赔偿责任的先决条件。违约行为以合同有效为前提。由于合同义务的多样性,违约行为也呈现多种形态。无违约则无责任,违约必然导致违约责任的产生,除非不可抗力所致。不可抗力发生后,当事人可以视合同不能履行的具体情形予以免责,或者全部免责或者部分免责或者迟延履行免责。

2. 损害事实

损害事实是违约损害赔偿的前提,即因违约导致受害方存在损害结果。损害包括受害人财产的积极损失和可得利益的损失,它是违约给债权人造成的一种利益损害状态。如果违约发生以后,债权人未遭受财产上的积极损失和可得利益损失,就认为没有损害结果出现。在英国,假如原告并没有因被告的违约行为遭受损失,原告可以得到象征性的损害赔偿,其数额通常是二英镑;在美国,其数额通常为一美元。象征性赔偿的意义在于确认被告违约的事实和对违约的谴责。按我国法律,无损害则无赔偿。

违约损失按照是否以合同履行后的利益计算可以分为履行利益损失与信赖利益损失。履行利益损失,是指因合同义务不履行而发生的损失,又称为积极的合同利益损失。积极利益的赔偿应当以合同被履行获得的利益来计算。信赖利益损失是指法律行为无效或被撤销,相对人信赖其为有效,因其无效或被撤销而遭受的损失,又称为消极利益或消极合同利益损失。消

112

极利益损害的赔偿以合同事项不发生的利益状况比对计算,在德国法上,信赖利益损失赔偿不得高于积极利益赔偿的限额。按照损害和违约行为之间的因果关系程度,违约损失可以分为直接损失和间接损失。我国学者一般将大陆法的积极损失和消极损失与直接损失和间接损失相对应,这是不妥的。直接损失是违约行为直接造成的损害后果,而间接损失是介入了其他因素所造成的后果。间接损失不等同于可得利益的损失,如将间接损失等同未来可得利益的损失,对于大量的因违约行为间接造成的损害则难以在法律上找到归属,它们既不能包括在直接损害里,又不能包括在可得利益损害中。我国合同法没有采用直接损失和间接损失的划分。《合同法》第 113 条第 1 款:"当事人一方不履行合同义务或者履行合同义务不符合约定,给对方造成损失的,损失赔偿额应当相当于因违约所造成的损失,包括合同履行后可以获得的利益……"。

违约损害赔偿中的损害应当是可以确定的。损害能够通过金钱加以计算和衡量,对于财产损失通过购买、评估等方式可以金钱计算损害的具体状况。对于违约造成的人身伤害,我们尽可能将其转化为能以金钱计算的财产损失,如医疗费、误工费、伤残补偿金等。因为精神损害难以准确地以金钱来衡量计算,因此在违约场合,精神损害不予赔偿。

3.违约行为与损害之间有因果关系

违约损害赔偿责任中的因果关系,是指违约方的违约行为与损害后果的产生之间具有必然的支配关系。因果关系的重要意义体现在两个方面:一是责任的成立与否,二是责任的范围。

在法律上,我们要求行为人对其行为负责,是要求对其行为产生的后果负责,损害与违约没有因果关系,则不承担违约赔偿责任。确定因果关系的简单方法是"无此即无彼",即无违约则无损害发生。要确定违约人的责任,必须确定引起损害后果发生的真正原因。有时确定违约行为和损害之间的因果关系是一个复杂的事情,通常以违约人具有一般社会经验和知识水平为基础来判断。

同时因果关系直接决定着赔偿责任的范围,行为人只对其违约行为造成的损害结果承担责任,如果损害结果因他人原因造成,行为人则不承担责任,如:在行为人已经违约的情况下,对方对违约产生的损害能够预防和阻止,但却坐视不管,任其发生,对扩大的损害主要是由于相对一方怠于采取措施产生的,因此扩大的损失则由相对一方承担。

4.违约人没有免责事由

通常情况下,违约人具备上述三个条件,即应承担违约赔偿责任。但是法律有时会出于平衡合同当事人利益的考虑,允许当事人在合同中约定在某些条件下,一方有违约行为时不承担责任。《合同法》第 117 条规定:"因不可抗力不能履行合同的,根据不可抗力的影响,部分或者全部免除责任,但法律另有规定的除外。当事人迟延履行后发生不可抗力的,不能免除责任。"第 53 条规定:"合同中的下列免责条款无效:(一)造成对方人身伤害的;(二)因故意或者重大过失造成对方财产损失的。"一旦违约人具有法定或约定的免责事由,违约人则不承担违约责任,故违约人承担违约责任的前提是违约人没有免责事由。

5.特殊情况下,违约人须有过错

违约责任的归责原则以严格责任为原则,以过错责任为例外。在违约责任适用严格责任时,不要求违约人有过错,违约人无过错也应承担赔偿责任。在违约责任适用过错责任时,则要求违约人具有过错,违约人无过错时,则不负赔偿责任。如《合同法》第 189 条规定:"因赠与人故意或者重大过失致使赠与的财产毁损、灭失的,赠与人应当承担损害赔偿责任。"

(三)违约损害赔偿责任的法律规制

一般而言,只要满足违约损害赔偿责任的构成要件,违约人就应当按照约定的违约金或者违约行为导致的实际损失来承担赔偿责任。为了合理规范违约责任,我国《合同法》规定了可预见性规则、过失相抵规则、减损规则。

1. 可预见性规则

《合同法》第 113 条第 1 款:"当事人一方不履行合同义务或者履行合同义务不符合约定,给对方造成损失的,损失赔偿额应当相当于因违约所造成的损失,包括合同履行后可以获得的利益,但不得超过违反合同一方订立合同时预见到或者应当预见到的因违反合同可能造成的损失。"该条规定了违约责任的可预见性规则,该规则是指合同当事人承担的违约责任应当以其在订立合同应当预见到的责任范围为限,对违约造成损失超过其合理预见范围之外的部分,不承担责任,该规则对违约可能承担的责任进行了范围限制。将合同当事人的违约责任限定在一定范围内,是对合同当事人违约责任风险的控制,能够鼓励当事人利用合同进行交易。对可预见性规则,应当从如下几个方面掌握:

(1)预见的主体和标准。预见的主体只能是违约方可以预见或者应当预见的合理范围,不是合同相对方,更不是其他人,也不是审判案件的法官,即使因预见范围发生争议而诉讼到法院,法官也只能从违约方的学历、社会经验、所处行业等因素出发,且以正常人的预见水平来确定违约人的预见范围,而不能以法官的预见水平认定违约责任的预见范围,必须站在违约人的角度来确定预见范围。例如,甲工厂出售了 200 元的螺丝钉给乙电机厂,乙电机厂将其中 20 枚螺丝钉用在其生产的电机上,并将该电机出售给丙发动机厂,丙发动机厂将电机用于其生产的发动机出售给丁造船厂,丁造船厂将发动机用于轮船出售给戊远洋公司,后该轮船因螺丝钉故障沉没于大海,损失 3 亿元。假定依据上述产品供应关系,最终甲工厂应向乙电机厂赔偿多少损失?如果按照一般情况下甲工厂能预见到 200 元的螺丝钉造成的损失最多不超过 1 000 万元,则甲工厂应当向乙电机厂负 1 000 万元的违约赔偿责任,但若乙电机厂在订立合同时告诉甲工厂其螺丝钉将用于海轮,则无论甲工厂是否预见到,我们则认为其应当预见到的违约责任范围至少 3 亿元,否则其违约责任的范围以 1 000 万元为限。

(2)预见的时间。人的预见能力会随着社会经验、阅历的变化而发生变化,违约人的预见能力也是一样,确定违约人的预见能力应当以其在订立合同时的预见能力为准。因为一个人预见的合同风险及其违约责任大小是其订立合同时要考虑的基本要素,风险不同则合同内容有可能不同,风险过大则当事人就可能会不接受相应合同条款或者改变合同条款,故合同风险是合同成立的基础。让违约人承担责任,只能以其在订立合同时预见到的风险为限。

(3)预见的内容。预见的内容究竟是预见到损害的类型还是损害的程度?英国法认为,只要被告本可预见到损害的类型或种类即可,无须预见到损害的程度或数额;法国法则要求损害的类型与程度均应是可预见的。国际商事合同通则规定的可预见性与损害的性质或类型有关,但与损害的程度无关,除非这种程度使损害转化为另一不同种类的损害。《合同法》对此没有明确规定。我们认为,预见的内容应当包括预见到损害的类型以及损害的程度,但对损害的数额不能要求准确的预见,应仅仅是一个范围。

2.过失相抵规则

过失相抵规则是指权利人对损害的发生或者扩大有过失时,法院可以减轻赔偿金额或者免除赔偿责任。这是诚实信用原则的具体化,行为人对于自己过失造成的损失,应自行承担,不可转嫁于他人。我国《民法通则》第 131 条规定:"受害人对于损害的发生也有过错的,可以减轻侵害人的民事责任。"过失相抵规则通常适用于侵权责任中,在合同关系中,对于损失的产生也会存在双方均有过错的情形,故该规则在合同关系亦可适用。

违约方基于其违约与受害人基于其过失共同对损害结果承担责任,按其违约或过错对于损害形成的作用大小,各自承担相应的责任,责任分担的结果最终表现为违约方的责任减轻或免除。过失相抵规则实质是在受害人有过错时,对违约方加以适当保护。

违约责任适用过失相抵规则的要件:

(1)赔偿权利人须有过失。在赔偿权利人的行为和违约方共同作用下导致了损害的发生,赔偿权利人存在过失导致损害结果的产生,应承担相应责任,基于此而减轻或免除违约方的责任。赔偿权利人行为若属于阻却违法的行为(如正当防卫、紧急避险),不认为存在过失,不应适用过失相抵。对于第三人行为导致赔偿权利人存在导致损害产生的行为时,推定赔偿权利人存在过失,至于第三人与赔偿权利人的纠纷,应属另一法律关系。《合同法》第 121 条规定:"当事人一方因第三人的原因造成违约的,应当向对方承担违约责任。当事人一方和第三人之间的纠纷,依照法律规定或者按照约定解决。"

(2)赔偿权利人的行为是损害产生的原因之一,或者导致了损害的扩大。赔偿权利人的过失行为与赔偿义务人的行为共同导致了损害的产生,或者其行为扩大了损害的结果。至于导致损害发生或扩大的几个原因,哪个原因在先,哪个原因在后,或者几个原因同时存在,均不影响过失相抵规则的适用。《合同法》第 120 条规定:"当事人双方都违反合同的,应当各自承担相应的责任。"

3.减损规则

减损规则,即减轻损失规则,是指守约方对违约方的违约行为有义务采取适当措施减少损害的发生,否则其不得就扩大的损失要求违约方赔偿。《民法通则》第 114 条规定:"当事人一方因另一方违反合同受到损失的,应当及时采取措施防止损失的扩大;没有及时采取措施致使损失扩大的,无权就扩大的损失要求赔偿。"《合同法》第 119 条规定:"当事人一方违约后,对方应当采取适当措施防止损失的扩大;没有采取适当措施致使损失扩大的,不得就扩大的损失要求赔偿。当事人因防止损失扩大而支出的合理费用,由违约方承担。"上述法律规定了守约方的减损义务,守约方未尽此义务则负有赔偿责任,此乃减损规则。设立守约方减损义务的目的在于,减损义务作为限制守约方获得的赔偿数额的规则,会给其造成不利益,促使其在对方违约时及时采取合理措施,尽可能按照经济效益的方式行事,增进社会整体的效益,避免造成社会财富的浪费。

减损规则规定了守约方有采取适当措施、避免损失继续产生的义务。何谓"适当措施"?笔者认为,"适当措施"应是"及时""合理""有效"的措施。"及时"是指在确定对方违约后,尽快采取措施;"合理"是指守约人采取措施的成本不得高于避免损失所带来的收益,且尽可能降低采取措施所付出的成本;"有效"是指采取的措施能够避免损失的发生,守约人不得采取对损失发生毫无意义的措施。减少损失采取的措施一般表现为停止工作、替代安排、变更合同等。

守约人为防止损失扩大而支出的合理费用,应当由相对方承担,因为该费用的产生是由于防止违约人的违约行为导致损失进一步扩大所致。

三、定金

(一)定金的概念与性质、种类

定金是在合同订立时或在履行之前支付的一定数额的金钱作为债权担保,债务人履行债务后,定金应当抵作价款或者收回。给付定金的一方不履行约定的债务的,无权要求返还定金;收受定金的一方不履行约定的债务的,应当双倍返还定金。给付定金的一方称为定金给付方,接受定金的一方称为定金接受方。定金是一种担保方式,以确保债的履行,定金也是违约责任的承担方式。《合同法》第 115 条规定:"当事人可以依照《担保法》约定一方向对方给付定金作为债权的担保。债务人履行债务后,定金应当抵作价款或者收回。给付定金的一方不履行约定的债务的,无权要求返还定金;收受定金的一方不履行约定的债务的,应当双倍返还定金。"

定金具有如下性质。

1. 定金具有从属性

定金随主合同的存在而存在,随着主合同的消灭而消灭。

2. 定金的成立具有实践性

定金是由当事人通过合同约定的,该约定在定金实际交付时生效;定金未实际交付时,该约定不生效。《担保法》第 90 条规定:"定金应当以书面形式约定。当事人在定金合同中应当约定交付定金的期限。定金合同从实际交付定金之日起生效。"

3. 定金具有双重担保性

定金同时担保合同双方当事人的债权,双方违约均以定金数额作为计算定金责任的依据。交付定金的一方不履行债务的,丧失定金;而收受定金的一方不履行债务的,则应双倍返还定金。

4. 定金的性质可以由当事人约定,无约定,则推定为违约定金

当事人可以在合同中约定定金具有互不排斥的多个性质。例如,可以约定定金既为立约定金,又为违约定金。当事人未对定金性质作出约定时,应当推定该定金仅具有违约定金的性质。

(二)定金的种类

定金按照不同的目的,可做不同的划分。

1. 订约定金

订约定金是指为担保合同的订立而支付的一定数额的金钱。订约定金是以一方拒绝订立主合同为适用条件。《最高人民法院关于贯彻执行〈中华人民共和国担保法〉若干问题的解释》第 115 条规定:"当事人约定以交付定金作为订立主合同担保的,给付定金的一方拒绝订立主合同的,无权要求返还定金;收受定金的一方拒绝订立合同的,应双倍返还定金。"

2. 成约定金

成约定金是指以合同成立为要件的定金。《最高人民法院关于适用〈中华人民共和国担保法〉若干问题的解释》第 116 条规定:"当事人约定以交付定金作为主合同成立或者生效要件

的,给付定金的一方未付定金,但主合同已经履行或履行主要部分的,不影响主合同成立或生效。"

3.解约定金

解约定金是指当事人在合同中约定的以损失定金或加倍支付定金作为保留合同解除权代价的定金。解约定金是以一方解除合同为适用条件。设立解约定金必须在合同中作出明确规定,否则定金仅为违约定金效力。解约定金的实质给合同当事人赋予了单方解除合同的权利,只是解除合同将承担与定金数额相同的资金损失,其本质为以金钱换取合同解除权利。

4.违约定金

违约定金是指当事人一旦违约将向对方承担与定金数额相同金额的违约处罚,违约定金目的在于促使债务人履行债务。《担保法》第 89 条规定,当事人可以约定一方向对方给付定金作为债务的担保。债务人履行债务后,定金应抵作价款或者收回。给付定金的一方不履行约定的债务的,无权要求返还定金;收受定金的一方不履行约定的债务的,应双倍返还定金。

5.证约定金

证约定金是指以交付定金的事实以证明当事人之间存在合同关系。证约定金仅仅证明合同关系的存在,别无其他效力。

(三)定金的构成要件

1.没有特别约定时,定金所担保债务必须有效

定金合同具有从属性,是从合同。如果定金担保的主合同无效或者被撤销,即便当事人已有交付和收受定金的事实,关于定金的约定也将无效,也不能适用定金罚则。但是,按照定金效力约定优于法定的原则,当事人可以约定定金合同的效力独立于主合同,主合同无效不影响定金合同的效力。

2.定金已交付

定金合同是实践合同,定金未实际交付前,定金合同并不生效。在定金未交付的情况下,当事人一方违约时,不能适用定金罚则。

3.违约不具有约定或法定的免责情形

在约定定金罚则的情况下,当事人违约即应承担定金责任,但在具有约定或法定的免责情形时,违约人并不承担定金责任。例如,因不可抗力、意外事件致使合同不能履行的,不适用定金罚则。

(四)定金的立法规制

定金数额由当事人约定,但如果当事人约定定金的数额过高,会导致违约损失和定金责任相差过大,对违约人极不公平的现象出现。需要对定金数额适当干预使其和当事人因违约遭受的损失不至于相差过大。故法律对定金数额的规制如下:

(1)定金数额不得超过主合同标的额的百分之二十。

《担保法》第 91 条规定:"定金的数额由当事人约定,但不得超过主合同标的额的百分之二十。"《最高人民法院关于适用〈中华人民共和国担保法〉若干问题的解释》第 121 条规定:"当事人约定的定金数额超过主合同标的额百分之二十的,超过的部分,人民法院不予支持。"第 119条规定:"实际交付的定金数额多于或者少于约定数额,视为变更定金合同;收受定金一方提出

异议并拒绝接受定金的,定金合同不生效。"

（2）当事人一方不完全履行合同的,应当按照未履行部分所占合同约定内容的比例,适用定金罚则。

四、违约金

(一)违约金的概念

违约金,是由当事人约定的或法律直接规定的,在一方当事人违反合同约定时向另一方当事人支付一定数额的金钱或其他给付的责任。

违约金具有如下性质:

1. 违约金的客体是金钱或其他给付

违约金的客体通常是金钱,即一方违约时应给对方一定数量的金钱,由于给付金钱便于计算和给付,法律规定的违约金都是给付一定数额的金钱,约定违约金绝大多数是给付金钱,但约定以金钱以外的其他给付作为违约金,从意思自由的角度出发,例如,以物、权利、行为作为违约金的标的,该约定也应当有效。

2. 违约金以合同约定或法律明确规定为条件

违约金并不是必然产生的,违约金产生必须有其依据,这种依据绝大多数来源于当事人在合同中约定的违约金条款,极少情况下法律也会直接规定当事人违约所应承担的违约责任,如我国《中华人民共和国消费者权益保护法》第49条的规定。如果合同没有约定违约金、法律也没有规定违约金,无论当事人有什么违约行为,也不产生违约金责任。

3. 违约金责任以当事人违约为前提

并不是合同约定了违约金就必然产生违约金,违约金是违约人承担的一种违约责任,在当事人有违约行为时产生。违约金以约定的违约行为存在为前提,而不论违约是否严重,也不论违约是否产生了损害。产生违约金责任的违约行为可以包括履行不能、拒绝履行、履行迟延、不完全履行等各种违约情形。违约金究竟是针对何种违约情形设定,由当事人协商约定或由法律直接规定。《合同法》第114条第1款前段规定:"当事人可以约定一方违约时应当根据违约情况向对方支付一定数额的违约金。"

4. 违约金可以通过诉讼方式主张,也可通过抗辩方式主张

违约金在对方不认可的情况下,可以通过诉讼方式要求违约方支付。但是在违约方向守约方提起诉讼或仲裁时,守约方也可主张违约金以期与对方权利进行抵消,这样能节省时间和资源,降低诉讼成本。例如,在甲起诉乙的租赁纠纷诉讼中,甲起诉乙要求支付租金,乙可以要求甲支付逾期交付房屋的违约金,以冲抵房租。对此,可参照适用《最高人民法院关于适用〈中华人民共和国合同法〉若干问题的解释(二)》第27条规定:"当事人通过反诉或者抗辩的方式,请求人民法院依照合同法第一百一十四条第二款的规定调整违约金的,人民法院应予支持。"

(二)违约金的种类

违约金可以按照不同标准进行区分,这有助于我们对违约金的理解:

1. 惩罚性违约金与赔偿性违约金

按照违约金主要功能是惩罚性还是补偿性,违约金可分为惩罚性违约金与赔偿性违约金。

违约金究竟是惩罚性还是赔偿性,取决于当事人的约定。只要当事人违约符合约定的承担违约金的事由就应承担违约金责任,而不论是否造成损失,从这个意义上讲,违约金当然具有惩罚性。但是在违约给当事人造成损害的情况下,如果违约金的数额等于或小于违约造成的损失,或者违约金数额比违约造成的损失高出不多或基本相当,我们均认为其为补偿性违约金。如果约定当事人一旦违约就要承担高额的违约金,违约金数额远高于实际损失,则认为违约金具有惩罚性。违约金是对违约行为的否定性评价,在多数情况下,违约金同时具有补偿性和惩罚性功能,只是在不同情况下,违约金以哪一种功能为主的问题。

法律对于惩罚性违约金与赔偿性违约金的规制不同,法律对于赔偿性违约金一般不予调整,对于惩罚性过强的违约金,法律往往允许当事人向法院或仲裁机构申请调整,以使当事人不因违约承担过高的违约责任,以避免合同关系严重失衡。

2.约定违约金与法定违约金

依违约金的发生原因不同,可以将其分为约定违约金和法定违约金。约定违约金是指由当事人在合同中约定的违约金。法定违约金是指由法律法规直接规定固定比率或数额的违约金。约定违约金视为合同的一项明示条款,只有约定才有效,法定违约金视为合同的一项默示条款,当事人不约定也应当遵守。约定违约金存在着应当事人请求而调整的可能,法定违约金不存在应当事人请求而调整的可能。约定违约金与法定违约金矛盾时,应当以法定违约金为准。

(三)违约金责任的构成要件

1.必须存在着合同关系

违约金以"约"的有效存在为前提,如果合同不成立、无效、不被追认或被撤销时,违约金自然也就不成立或无效。但在因违约而解除合同时,合同中的部分违约金条款仍然可以用。可以把违约金条款认为是"合同中的结算和清理条款",《合同法》第98条规定:"合同的权利义务终止,不影响合同中结算和清理条款的效力。"

2.存在有效的违约金条款或法律依据

合同中必须约定有明确的违约金条款,如果合同中没有约定违约金,法律也没有规定违约金,则违约金没有产生的依据,自然不能适用违约金责任。违约金条款应当是明确的,能根据违约情况直接确定出违约金的数额。

3.存在着约定的违约行为

违约行为是产生违约金责任的直接事由,而且,依据合同约定的不同,不同的违约行为产生的违约责任有可能有所不同;也有可能对一些违约行为没有约定违约金,在此情况下,即使有违约行为也不产生违约责任。

违约金责任的构成是否要求违约人具有过错?违约金责任的构成是否要求有损害的产生?违约金责任构成不要求以造成损害或当事人具有过错为前提,但当事人另有约定或法律另有规定的,从其约定和规定。

(四)违约金的法律规制

就当事人约定的违约金,无论是赔偿性违约金还是惩罚性违约金,都应当严格遵守,这是合同有效的当然之义。但过高的违约金责任可能会导致合同权利义务失衡,导致不公平。为此,需要法律介入来进行调整。如果当事人对此无异议,法律则无需介入,但在违约方认为违约责任过高要求调整时,法院或仲裁机构可予以适当降低。反之,如果违约金过低,依据同理,守约方也应当有权要求调整。为此,《合同法》第114条第2款规定:"约定的违约金低于造成的损失的,当事人可以请求人民法院或者仲裁机构予以增加;约定的违约金过分高于造成的损失的,当事人可以请求人民法院或者仲裁机构予以适当减少。"

《最高人民法院关于适用〈中华人民共和国合同法〉若干问题的解释(二)》第29条规定:"当事人主张约定的违约金过高请求予以适当减少的,人民法院应当以实际损失为基础,兼顾合同的履行情况、当事人的过错程度以及预期利益等综合因素,根据公平原则和诚实信用原则予以衡量,并作出裁决。当事人约定的违约金超过造成损失的百分之三十的,一般可以认定为合同法第一百一十四条第二款规定的'过分高于造成的损失'"。

对违约金的法律规制,实质是法律对过分的合同自由的适当干预,防止当事人滥用优势损害对方利益,也防止当事人缺乏市场经验而承担过高的违约责任。对约定违约金的适度调整是合同正义的必然要求。

值得注意的是,《合同法》第114条规定:"当事人可以约定一方违约时应当根据违约情况向对方支付一定数额的违约金,也可以约定因违约产生的损失赔偿额的计算方法。"法律对违约金过高、过低的情况予以规制,但是对当事人约定的"因违约产生的损失赔偿额的计算方法"没有进行规制,这是现行立法的一个严重不足。当事人存在着滥用合同优势或利用对方经验不足在合同中订立有失客观与公允的损失赔偿额的计算方法的可能,这种约定的损失赔偿额计算方法与违约金虽然名称不同,但是本质相同,甚至有时难以区分,法律对此不予以合理规制,使当事人滥用合同优势的行为无法纠正,因存在当事人利用约定损失赔偿额的计算方法来规避法律对违约金的规制,而使违约金规制制度效能大打折扣。

(五)违约金与其他违约救济方式的关系

1.违约金与强制履行

无论是惩罚性违约金还是补偿性违约金,其均以当事人违约为适用的前提,强制履行是以当事人能够履行而未履行义务为适用前提,二者的适用前提并不冲突和矛盾,在通常情形下,二者可以同时适用。《合同法》第114条第3款规定:"当事人就迟延履行约定违约金的,违约方支付违约金后,还应当履行债务。"只有在违约金基于约定或法定是在对方基于不能履行的情况下适用的,则违约金和强制履行不应同时适用。

2.违约金与定金、赔偿损失

尽管定金的核心性质是对合同的担保,但不可否认的是,定金与违约金同样可能具有对守约方补偿和对违约方惩罚的性质,二者性质和功能基本相同。那么让违约方同时承担违约金与定金责任显然是不妥的。所以,违约金与定金,权利人只能行使其中一项,究竟准许权利人行使哪一项,从保护权利人的角度出发,法律允许当事人选择行使。对此,《合同法》第116条规定:"当事人既约定违约金,又约定定金的,一方违约时,对方可以选择适用违约金或者定金条款。"

违约金具有对没有违约一方补偿的性质,补偿性违约金尤其如此。赔偿损失的目的是填补当事人因对方违约所遭受的损失。在这一点上,二者性质存在重合,那么,让违约方同时承担违约金和赔偿损失责任,是否构成对守约方的双倍补偿,导致合同权利义务关系失衡而不公平呢?的确存在这种可能。如果违约方承担的是惩罚性违约金,即违约金数额高于守约方遭受的实际损失,守约方的损失已经用违约金完全可以补偿,无需再赔偿损失。但若违约方承担的违约金不具惩罚性,违约金不足以弥补守约方的实际损失时,则就不足的部分,应让违约方继续承担赔偿责任。《最高人民法院关于适用〈中华人民共和国合同法〉若干问题的解释(二)》第28条规定:"当事人依照合同法第一百一十四条第二款的规定,请求人民法院增加违约金的,增加后的违约金数额以不超过实际损失额为限。增加违约金以后,当事人又请求对方赔偿损失的,人民法院不予支持。"

3.违约金与合同解除

违约金是在合同有效的前提下,违约人承担的一种违约责任。合同解除是在合同有效的前提下,因违约、法定事由的出现或者双方协商解除合同关系,消灭合同效力。在违约导致合同解除的情况下,违约金与合同解除可以同时适用,并不冲突。

第三节　免责条件与免责条款

任何交易均有风险,尤其在现代社会,合同会面临各种风险,这些风险均由合同当事人承担,但是有些风险是当事人所无力承担的,如不可抗力、战争等。合同既然采用意思自由原则,就应当允许当事人通过约定来分担合同风险,我们将之称为免责条款。为了防止当事人疏忽和一方当事人滥用优势,法律直接规定了一些必须免除当事人责任的事由,我们将之称为免责条件,来平衡当事人利益关系,从而鼓励和保护当事人进行交易。

一、免责条件

免责条件是指法律直接规定的当事人有违约行为而不承担违约责任的条件。法律规定的免责条件必须带有广泛适用性,换言之,免责条件适用于任何具体情况都应是公平、合理的,否则就不应将其规定为免责条件。

(一)不可抗力

《合同法》第117条规定:"因不可抗力不能履行合同的,根据不可抗力的影响,部分或者全部免除责任,但法律另有规定的除外。当事人迟延履行后发生不可抗力的,不能免除责任。本法所称不可抗力,是指不能预见、不能避免并不能克服的客观情况。"可见,"不可抗力"是法定的免责条件,不可抗力对于任何一个自然人或者组织来说都是难以抗拒的,故而其是通用的免责条件。构成不可抗力免责应当符合下列要件:

(1)不可抗力的事件发生。法律对不可抗力有比较抽象的规定,尚不够具体,当事人也可以在合同中将不可抗力具体化。构成不可抗力免责,必须有不可抗力事件发生。

(2)不可抗力致一方合同当事人违约。不可抗力必须对合同的履行产生了不利的影响,导致了合同不能履行或者不能全部履行或者不能按照约定条件履行,致使当事人一方出现了违约。换言之,不可抗力与一方合同当事人违约之间有因果关系。如果当事人迟延履行后发生不可抗力的,则说明不可抗力与当事人违约不具有必然的因果关系,不能免除责任。

只有满足上述条件,才产生合同当事人违约的免责,但并不意味着必然全部免责,根据不可抗力与一方合同当事人违约之间的因果力来决定是否全部免责,若当事人违约皆因不可抗力造成,则全部免责;若因不可抗力造成当事人部分违约,其余违约与不可抗力无关,则当事人部分免责。

不可抗力出现后，因不可抗力致使违约的一方应当将不可抗力的情况及时通知对方并提供证据，以便对方采取合理措施避免损失的扩大，否则对于扩大的损失，怠于通知一方负赔偿义务。《合同法》第118条规定："当事人一方因不可抗力不能履行合同的，应当及时通知对方，以减轻可能给对方造成的损失，并应当在合理期限内提供证明。"

(二)债权人的过错

按照法律的规定，合同当事人应当本着诚实信用和善意履行合同，在一方违约的情况下，对方应当采取适当措施防止损失扩大，而不应坐视不管；否则会造成社会财富的巨大浪费，给整个社会带来损害。在一方违约情况下，相对方没有采取措施避免损失扩大的，则相对方有过错，应当自担损失。《合同法》第119条规定："当事人一方违约后，对方应当采取适当措施防止损失的扩大；没有采取适当措施致使损失扩大的，不得就扩大的损失要求赔偿。当事人因防止损失扩大而支出的合理费用，由违约方承担。"

(三)货物本身的自然性质、货物的合理损耗

货物本身的自然性质、货物的合理损耗导致合同当事人一方违约，应当免除责任，货物本身的自然性质、货物的合理损耗通常是任何当事人都无法避免和克服的，故而这种原因导致的违约应予免除。虽然法律对此没有明确规定，但是依据公平原则，货物本身的自然性质、货物的合理损耗引起的合同当事人违约，应当予以免责，如合理磅差、货物在运输途中水分失去而致重量减轻等。

二、免责条款

(一)免责条款的概念与意义

免责条款，是指当事人以协议事先约定来限制或排除其未来责任的合同条款。免责条款是合同条款，是合同的组成部分，免责条款也可以为责任发生之前的补充协议所约定，免责条款的目的是限制合同当事人的责任范围或者排除其责任的承担，目的在于降低当事人的合同风险。免责条款根据免责程度不同，可以分为完全的免责和部分的免责；根据合同订立方式的不同，可以分为协商的免责和格式条款的免责。

当事人通过免责条款来限制和排除合同责任，从而达到合理规制交易风险的目的，使当事人意欲通过合同取得的利益变得更加安全和可靠，能够鼓励和保护当事人进行交易。免责条款的大量使用，必然会使整个社会交易更加理性、更为安全，从而避免不必要的损失出现。

(二)法律对免责条款的规制

免责条款对于鼓励交易有重要意义，但是在合同当事人一方占有优势地位的情况下，可能存在优势一方滥用优势地位，迫使对方接受苛刻的免责条件，从而损害合同当事人一方利益的情形。法律对此必须予以救济和矫正。我国法律将严重有失公平的免责条款规定为无效。《合同法》第53条规定："合同中的下列免责条款无效：(一)造成对方人身伤害的；(二)因故意或者重大过失造成对方财产损失的。"从上述规定免责条款无效的条件可以看出，法律在对人

身利益和财产利益的保护上有所不同,对人身利益的保护更重于对财产利益的保护,凡是造成人身伤害的免责一概无效,造成财产损失的,当事人出于一般过失时免责有效,当事人故意或者重大过失造成财产损失时免责无效。

对于格式条款的免责,《合同法》第40条规定:"提供格式条款一方免除其责任、加重对方责任、排除对方主要权利的,该条款无效。"

第四节　违约责任与侵权责任的竞合

一、责任竞合的含义

责任竞合是指同一事实符合数个法律规范的要件,从而导致产生了数种法律责任的产生。例如,某人伤害他人致死,此人应负刑事责任,同时又应负民事责任。这两种责任具有不同的目的和作用,两种责任同时适用。责任竞合也可以发生在同一法律领域,如刑法中的竞合犯。在民事领域,也会发生民事责任竞合的问题。

民事责任竞合,是指同一行为符合多种民事责任的构成要件,导致了多种民事责任的产生。例如,买卖灯泡的合同中,因灯泡质量不合格导致买受人受伤,既产生灯泡质量不合格的违约责任,又产生了人身侵权责任,产生了违约责任和侵权责任的竞合。买卖、承揽、建设工程、货运、租赁、仓储、赠与、技术开发和技术服务等合同都可能产生违约责任与侵权责任的竞合。

二、违约责任与侵权责任竞合的处理

在违约责任与侵权责任的竞合时,权利人既可以违约责任去追究对方责任,也可以侵权责任去追究对方责任,但是不可能因一个行为同时允许权利人行使两项权利,这对承担责任的一方极为不公平,法律究竟是让权利人以何种责任去追究对方责任?我国法律从保护受害人的角度出发,允许当事人选择对其最为有利的方式去主张权利。《合同法》第122条规定:"因当事人一方的违约行为,侵害对方人身、财产权益的,受损害方有权选择依照本法要求其承担违约责任或者依照其他法律要求其承担侵权责任。"

三、违约责任与侵权责任的区别

违约责任和侵权责任构成竞合时,受害人通常选择对其最为有利的方式去主张权利,而要正确选择主张权利方式,就必须清楚违约责任与侵权责任之间的区别。二者具体区别如下。

(一)构成要件不同

违约责任以严格责任为原则,以过错责任为例外,主张违约责任一般无需证明违约人存在过错,只要没有免责事由,违约人就应承担违约责任。侵权责任以过错责任为原则,以严格责任为例外。在侵权责任中,产品责任、危险责任、环境污染责任、饲养的动物致人损害责任、监护人对无民事行为能力人或限制民事行为能力人致人损害的责任、紧急避险场合的无过错责任、工伤责任等适用严格责任,其他场合适用过错责任。主张侵权责任多数要求证明侵权人存在过错,没有过错一般不构成侵权责任。

侵权责任以损害为构成要件,违约责任则未必以损害为构成要件,例如,违约金责任的构成不以损害为前提。

(二)举证责任不同

违约责任一般只要债权人证明债务人有违约行为即可,债务人是否免责,应由债务人举证。侵权责任受害人一般要证明加害人具有过错,否则便不构成。在我国侵权法上,过错推定仅为个别现象。

(三)赔偿范围不同

侵权责任赔偿范围包括实际损失和精神损害赔偿,而且事先不得约定。违约责任赔偿范围事先可以约定为定金、违约金,也可以约定损失的计算方法。在没有约定的情况下,赔偿范围为实际损失,可以主张合理利润,但不能主张精神损害赔偿。违约责任还受减轻损害规则、过失相抵规则、可预见性规则的规制,在约定违约金过高、过低时,当事人还可以请求法院或仲裁机关降低或提高。

(四)诉讼时效不同

因侵权行为产生的请求权的诉讼时效期间一般为 2 年,因身体受到伤害而产生的赔偿请求权诉讼时效为 1 年。请求违约方承担违约责任权利的诉讼时效期间一般为 2 年,出售质量不合格的商品不声明、延付或拒付租金、寄存财物被丢失或者损毁的诉讼时效为 1 年,因国际货物买卖合同和技术进出口合同争议提起诉讼或者申请仲裁的诉讼时效为 4 年。

(五)责任方式不同

侵权责任方式既包括财产责任,也包括非财产责任,如消除影响、恢复名誉、赔礼道歉、停止侵害等。违约责任方式是财产责任,包括强制履行、支付违约金、赔偿损失、价格制裁、合同解除。

思 考 题

1.简述违约金的法律规制。
2.简述违约损害赔偿责任的法律规制。
3.赔偿损失、违约金与定金三者的关系是什么?
4.简述免责条款的法律规制。
5.违约责任与侵权责任的区别是什么?

第十章 合同解释及其他规定

本章提要：

合同解释是明确合同准确含义的必要手段，合同解释对合同履行有着非常重要的意义，本章讲述了合同解释主体、原则及其具体规则。

本章重点：

（1）合同解释的主体；

（2）合同解释的原则；

（3）合同解释的规则；

（4）合同的法律适用。

第一节 合同解释的概念

一、合同解释的概念

合同解释是指通过对合同及其相关资料的含义所作的分析和说明，追求当事人双方真实的共同意思，进而确定合同关系的具体内容，以使合同能够无争议地履行。

由于语言语义的多样性，以及语言在不同语境中含义的变化，加之当事人客观表达能力和语言理解能力的不同，合同内容通常需要解释才能达到无争议的程度，以满足合同履行的需要。即使对合同进行解释，不同的人也有不同的解释，这致使合同解释成为一个复杂的问题。

合同解释不仅要探寻合同用语的准确含义，使其由模糊变得清楚，甚至要解决合同内容的矛盾之处，有时甚至对于合同约定不明、没有约定之处，要依据合同目的予以引申、完善。

合同解释的根本目的在于，使不明确、不具体的合同内容归于明确、具体，使当事人间的纠纷得以合理解决，使合同能够得到有效履行。

合同解释与法律解释的区别：

（1）适用对象不同。合同解释只涉及合同当事人，合同解释针对具体合同，而法律解释则适用于所有人，法律解释并不直接针对个案。

（2）目的在解释中的作用不同。所有法律规范均为其目的而设定，法律目的是最重要的解释标准。由于合同当事人所追求的合同目未必一致，因此合同目不能直接决定合同的内容。

（3）解释的规则不同。法律解释适用的一些规则，对于解释合同并不适用；合同解释的一些规则也不能适用于法律解释。如法律合宪的解释规则对于合同解释难以适用。

二、合同解释的主体

任何人都有权对合同条款及其相关资料的含义进行分析和说明。订立合同时,双方当事人经常对合同用语进行解释和说明。法院或仲裁机构在处理合同纠纷时,法官、仲裁员、当事人、诉讼代理人等都可以从不同的角度解释合同;学者进行个案研究时,也可对合同及其相关资料进行解释;社会公众也可发表自己对合同的理解和看法。任何人均有权对合同进行解释,这是广义的合同解释,这些解释中,有些解释对合同当事人产生约束力,有些解释不产生约束力。

狭义的合同解释专指有权解释,即受理合同纠纷的法院或仲裁机构对合同及其相关资料所作的分析和说明,这些解释对合同当事人产生法律拘束力。

三、合同解释的客体

合同解释的客体,即合同解释指向的对象,即合同中的哪些内容是需要解释的。通常情况下,解释的客体有如下几种:

(1)合同中的含糊不清、模棱两可的语言文字发生歧义导致合同不能履行时,合同解释的客体是含糊不清、模棱两可的语言文字的准确含义。

(2)在合同用语和条款相互矛盾时,合同解释的客体是矛盾的用语和条款究竟应以哪个用语和条款为准。

(3)在合同内容欠缺必要条款而致产生纠纷的情况下,合同解释的客体是漏订的合同条款的应有之意。

(4)当事人一方主张合同的语言文字所表达的含义与其内心真意相异及当事人主张意思表示不真实的情况下,合同解释的客体是当事人订立合同时的真实意思。

四、合同解释的效力

法院或仲裁机构在处理纠纷过程中对合同及其相关资料所作的分析和说明,成为合同内容,对合同当事人产生法律拘束力,当事人应当遵照执行。

其他的解释仅为个人观点,不具法律约束力。

第二节 合同解释的原则

合同解释的原则,是指对合同条款及其相关资料进行分析和说明应遵守的基本准则。合同解释的原则指导合同解释的进行,是合同解释的基本出发点。所有合同解释的原则是为了促使合同解释得更为具体、消除矛盾,利于合同履行,便于合同目的实现,实现公平正义。《合同法》第125条第1款规定:"当事人对合同条款的理解有争议的,应当按照合同所使用的词句、合同的有关条款、合同的目的、交易习惯以及诚实信用原则,确定该条款的真实意思。"该条规定了合同解释的基本原则。

一、以合同文义为依据,主、客观相结合原则

形成合同条款的基本元素是语言文字。一切合同内容均通过语言、文字或语言文字的结

合来体现。欲确定合同条款的含义,必须了解和掌握合同中的文字和词语,明晰合同词句的含义。因此,解释合同必须以合同的语言文字为依据,去探求合同的真正、正确含义。

确定合同用语的含义,首先以该词句的通常含义为准,只有在当事人赋予该词句以特别含义时,应以词句特别含义为准,对于词句特别含义的确定,首先应以合同对词句的特别定义及说明为准,在合同没有明确定义或说明的情况下,可结合合同目的和前后内容予以确定。

合同文本采用两种以上文字订立并约定具有同等效力时,对各文本使用的词句推定具有相同含义。当事人在签订合同时采用词句的准确含义,是以其内心的意思为准,还是以表示出来的意思为准? 对此有两种观点:主观主义和客观主义。19 世纪的立法盛行主观主义,现代法奉行客观主义,以当事人表示出来的意思来解释合同内容。

由于当事人表达能力不同以及语言在不同语境中的多种含义等多种原因,合同用语经常不能准确地反映当事人的真实意思,有时甚至与当事人内心意思相反。在合同因欺诈、胁迫、乘人之危、错误等原因订立时,如果不考虑当事人的内心真意,片面强调他们表示于外部的意思,不利于当事人的保护,而是放纵和助长了违法行为的发生。这就要求解释合同不能拘泥于文字,还应追求当事人真正的内心意思。应结合与交易有关的各种信息:往来文件、口头陈述、缔约中的行为、谈判过程、行业惯例以及当事人的地位来探寻当事人的内心意思。所以探寻合同真意,必须坚持以合同文义为依据,结合客观因素探寻当事人真实意思的主、客观相结合原则。

二、体系解释原则

体系解释是指把全部合同条款看作一个有机的整体,从各个合同条款及构成部分的相互关联、所处的地位和总体联系上探究合同文字的准确含义,或者推论出欠缺的合同条款的应有之意。

合同解释之所以要遵循体系解释原则,首先,在于合同条款经双方当事人协商一致,合同的各个条款应平等对待,视为一体。其次,表达当事人意图的语言文字在合同的整个内容中是有组织的,合同内容是一个体系,彼此之间存在关联,如果不把有争议的条款或词语与其上下文所使用的词语联系起来,就很难正确、合理地确定当事人的实际意图。再次,合同内容通常是单纯的合同文本所难以完全涵盖的,缔约过程和往来文件(如双方初步谈判、要约、反要约、信件、电报、电传等)能反映出合同内容,其中可能包含对合同文本内容的修订或补充,也可能包含对合同的担保。有些关键性词语合同会多次适用,且先后可能会有所限制或从不同角度进行使用,故从合同前后关联的内容中能够找到或确定争议词句的准确含义。因此,在确定某一争议条款或词句的过程中,应将这些材料放在一起进行解释,以便明确合同的准确内容。

三、符合合同目的原则

当事人订立合同均有一定目的,合同各项条款及其用语均是为达到该目的而设定的。故合同条款及词句应符合并能实现合同目的。《合同法》明确规定了合同解释应符合合同目的原则。

合同目的通常是当事人通过合同内容所要实现的法律效果,而不包括当事人内心所追逐的更进一步的目的。例如,我们认定买卖合同当事人的合同目的是达成买卖交易,一方获得物的所有权,一方获得对价,至于当事人是通过该买卖获得利润还是为了获得物的使用价值,则在所不问。合同目的首先表现为典型交易目的,每一类合同的典型交易目的是相同的,不因当事人不同而改变。例如,买卖合同中,买受人的典型交易目的是取得标的物的所有权,出卖人的典型交易目的是获得对价。建设工程合同中,发包方典型交易目的是工程建设,承办方典型交易目的是获得工程款项。典型交易目的决定了合同的基本义务和内容,确定合同典型交易目的,就可以确定合同的性质、种类,进而确定被解释合同所使用的法律规范,依据相关法律规范的规定,可以确定合同的基本内容。

合同目的第二个层次是指当事人的特定目的。典型交易目的只能确定基本内容,对于个别合同条款和词句的含义,需要依据合同当事人订立合同的特定目的来确定。依据合同目的解释,还需要根据当事人的特定目的解释合同。合同当事人的特定目的是当事人订立合同的动机。当事人特定的主观目的可能明确记载于合同内容之中,合同中有合同特定目的时,应以此目的确定合同内容。当事人特定的主观目的也有可能藏于其内心,他人、法律往往不易识别和判断,因此,倘若动辄依据当事人的主观目的解释合同,也会出现不适当的后果。

因此,能够作为解释合同的合同特定目的应当是:①当事人双方在合同中通过一致的意思表示而确定的目的。②当事人双方内心的合同目的不一致时,应以双方均已知或应知的表示于外部的目的为准。例如,甲与其单位订有出国培训合同,合同要求"培训完毕回单位工作",但甲回国后到单位工作了 6 个月后,提出辞职,并认为已按出国培训合同履行了义务。按照该合同的特定目的,单位培训人才是为了员工能长期为单位工作,工作了 6 个月应不符合合同目的——长期工作,甲的行为应构成违约。③合同特定目的应为合同整体目的,不应是部分合同目的和条款目的。部分合同目的、条款目的不是合同的整体目的,不可作为解释合同内容的依据。

符合合同目的解释原则与其他解释原则相比,居于核心地位,其他解释与该解释得出的结论不同时,应以符合合同目的解释的内容为准。

四、参照习惯与惯例原则

参照习惯与惯例原则,是指在合同条款或词句的含义不清时,应按照习惯与惯例的含义予以明确;在合同内容存在遗漏时,应参照习惯与惯例的做法加以补充、完善。习惯与惯例是在人们长期反复实践的基础上形成的,在某一地域、某一行业或某一类经济流转关系中普遍采用的做法、方法或规则。

合同的作用在于实现交易,法律目的在于规范交易行为,习惯与惯例是人们在长期交易中总结交易行为而反复适用的交易模式,这种交易模式经过长期的反复适用和提炼,往往具有高效、公平、实用的特点,有利于交易的形成和进行,也便于被当事人所认知、接受。有些习惯与惯例被法律吸收直接成为法律的一部分。在对交易关系缺乏更为具体的合同约定和法律规定时,在合同关系中采用习惯与惯例不失为高效、简捷的合同补救方法。参照习惯与惯例解释合同,符合社会正义和法律的要求。尤其是运用国际通用习惯与惯例解释合同更有利于国际经济往来。

参照习惯与惯例解释合同仍为各国法普遍承认的解释原则。在英美法系,习惯与惯例对于合同解释的作用,不仅出现在众多的判例中,《联合国国际货物销售合同公约》也有相应的规定。我国《合同法》第 125 条也规定按照交易习惯解释合同。《合同法》第 61 条规定:"合同生效后,当事人就质量、价款或者报酬、履行地点等内容没有约定或者约定不明确的,可以协议补充；不能达成补充协议的，按照合同有关条款或者交易习惯确定。"

参照习惯与惯例解释合同，应当注意以下问题：

1. 习惯与惯例应当是在一定范围内公认的

交易习惯与惯例，是指来自长期反复实践形成的并被普遍承认的特定行为模式。交易习惯与惯例应当在一定行业或地区是被普遍承认，并能反复适用的。主张适用习惯与惯例的当事人，负有当然的举证责任。

2. 习惯与惯例必须符合法律原则和强行性规范

习惯与惯例是在法律和合同没有明确规定的情况下适用的，但其内容不能违反法律，不得违背法律的基本原则。习惯与惯例内容违反强行性规范的，应确认为无效，不得使用。纵使合同当事人有依此习惯与惯例的意思，也不能以此确定或填补合同的含义及内容。

3. 适用的习惯与惯例应当是当事人没有明示排斥的

在合同关系中，意思自由是一个重要的原则，当事人可以约定合同内容，也可以约定合同不得具有的内容，这都是意思自由的含义。在当事人已约定的内容与行业习惯与惯例冲突或者合同注明不使用行业习惯与惯例时，则应视为当事人拒绝和排斥相关习惯与惯例的适用，合同的解释不能参照该行业习惯与惯例进行。

至于参照的行业习惯与惯例是否是当事人订立合同时明知应在所不问，当事人订立合同时明知行业习惯与惯例当然应当适用于合同，不为当事人明知的行业习惯与惯例只要不与当事人意思冲突，对当事人没有损害，也可参照其对合同进行解释。

4. 只有在合同缺乏必要条款或语义不明的条款时，才适用习惯与惯例进行解释

只有在合同条款的含义有疑义时，或者缺少必要的条款致使合同难以履行时，法院才可以求助于习惯与惯例作为指导，对合同进行解释。在合同内容清晰的、完整的情况下，不需以惯例或习惯来解释合同。

五、公平原则

公平原则是民法的基本原则之一，没有公平，当事人就难以追求合理利润，商品交换就失去了基础，公平是市场经济的基石。合同作为商品交换的一个重要手段，要促进商品经济的发展，就必须遵循公平原则。公平原则在合同解释中的体现就是要以平等的理念对待双方当事人，要使解释后的合同符合公平理念，不轻易增加当事人负担。但要注意的是，以公平原则解释合同仅仅适用于有偿合同和双务合同，而且只有在确认合同完全是坚持等价有偿原则分配合同权利义务时，才可适用公平原则。坚持公平原则，不得改变合同已经约定的义务分配，只是在合理的前提下平等分配负担。《合同法》第5条规定："当事人应当遵循公平原则确定各方的权利和义务。"

六、诚实信用原则

诚实信用原则是指民事主体进行民事活动必须诚实、善意，行使权利不侵害他人与社会的利益。《民法通则》第4条规定民事活动应当遵循诚实信用原则。诚实信用原则是市场伦理道德准则在民法上的反映。诚实信用是民法的一项基本原则，适用于全部民法领域，诚实信用原则常被奉为"帝王条款"，该原则要求当事人应以善意方式行使权利、履行义务，要求当事人在进行民事活动时遵循基本的交易道德，以平衡当事人之间的各种利益冲突和矛盾，以及当事人

的利益与社会利益之间的冲突和矛盾。

以诚实信用原则解释合同,就是要求当事人善意对待对方履行义务,将当事人在缔约过程中的明示和默示承诺作为合同内容,要求当事人之间相互协作,彼此关照,及时通知。

第三节　合同解释的规则

一、合同解释规则的概述

合同解释规则,是合同解释的具体方法,是合同解释原则结合实践经验而总结出来的具体运用方法。合同解释规则相对于合同解释原则更为具体,具有针对性。我国现行立法没有对合同解释做出具体规定,合同解释规则是对历史经验的不断总结而得出的。合同解释规则会随着经验的不断总结,不断丰富和增加。

二、合同解释的具体规则

结合国外立法的规定,总结合同解释的具体方法,大致有如下几种。

(一)"明确用语优于其他用语适用"规则

当事人在合同中的用语通常出现先后不一致,语义内涵外延不同的情况,究竟以何种语义确定合同内容?通常认为:只要合同中对同一问题有更为准确和具体的用语,在不同用语出现矛盾难以界定的情况下,该用语则优先于其他用语适用。

(二)同类规则

合同中列明了同类的特定项目,之后又使用了具有概括性的、表达同一种类概念的术语,那么就应认定当事人合同本意包含了同类项目下的所有项目。如合同中约定"乙方采集的铜、铁、铬等均应交甲方冶炼",其后又使用了"金属"一词,我们应该认为乙方交给甲方冶炼的是其采集的所有金属矿物,而不限于铜、铁、铬三种。

(三)推定每一条款具有意思与目的

应当认定合同中的每一条款都具有含义,即使其存在矛盾。如果因为合同内容矛盾,轻易否认某一条款的意思,势必不能追究当事人的本意,不能探究合同当事人的真实意思。如某合同约定:"当事人发生争议,协商不成,可向人民法院提起诉讼(可向中国国际仲裁委员会提请仲裁)。"不能因为"可向中国国际仲裁委员会提请仲裁"内容在括号中,而认为约定仲裁的内容是笔误而不具有意思,更不能认为约定仲裁的内容优先于诉讼适用,正确的理解是约定诉讼和仲裁的内容均具有目的和意义,但二者发生矛盾导致该条款无效。

(四)推定不违法

如果合同的一个条款可能有两种解释,其中一种解释与法律和法规相违背,另一种解释的内容符合法律、法规的规定,应当采用内容符合法律、法规规定的解释。即是说,有两种解释均符合文字含义时,我们应当采用内容合法的解释来理解合同约定。

合同用语可以解释为两种语义,有利于公共利益的解释优先于其他解释。

(五)明示条款优先于默示条款

明示条款是指合同条款对某项内容有明确约定。默示条款是指在合同内容没有明确约定的情况下,某些事项应该是此类合同的应有之义。例如,买卖合同没有说明标的物质量是否合格,应当理解为标的物质量合格,即标的物质量合格是买卖合同的默示条款,除非有相反约定。但当明示条款和默示条款内容矛盾时,明示条款优先于默示条款。

(六)异议时作不利于草拟人的解释

格式条款的提供者通常也是格式条款的制定者,市场主体有逐利的必然倾向,格式条款的制定者往往会制定对自己有利、于对方不利的条款,甚至会制定出迷惑对方、使其误认为有利而实际存在争议的多种语义的条款。为防止格式条款的制定者滥用优势损害对方利益,在格式条款发生争议时,应当采用对其不利的解释。《合同法》第41条规定:"对格式条款的理解发生争议的,应当按照通常理解予以解释。对格式条款有两种以上解释的,应当作出不利于提供格式条款一方的解释。"

(七)非格式条款优先于格式条款,手写条款优先于打印条款

格式条款是未予对方充分协商的条款,非格式条款通常是在格式条款的基础上充分协商而达成的,非格式条款与格式条款相比,非格式条款更能充分体现当事人的意思自由,故二者不一致时,应当采用非格式条款。《合同法》第41条规定:"……格式条款和非格式条款不一致的,应当采用非格式条款。"

与打印条款相比,手写的内容往往是当事人充分协商后达成的,故手写条款优先于打印条款。

(八)推定中文大写数字优先于小写数字或阿拉伯数字

中文大写数字书写起来复杂,误写的可能性较小,小写数字或阿拉伯数字笔画较少,误写的可能性相对较大,故中文大写数字与小写数字或阿拉伯数字发生矛盾时,应当推定中文大写数字优先于小写数字或阿拉伯数字。

第四节　合同法的其他规定

一、合同的法律适用

按照合同分则的规定,合同法列举了15种有名合同并予以明确规定其权利义务关系。这15种有名合同应当优先适用合同法分则的规定,分则没有规定的,适用总则的规定。《合同法》第124条规定:"本法分则或者其他法律没有明文规定的合同,适用本法总则的规定,并可以参照本法分则或者其他法律最相类似的规定"。值得注意的是,合同法在规定某类具体权利义务关系时,对某些内容通常允许当事人可以自由约定,不受合同法分则规定羁绊,我们称之为约定优先于法定,如《合同法》第142条规定:"标的物毁损、灭失的风险,在标的物交付之前

由出卖人承担,交付之后由买受人承担,但法律另有规定或者当事人另有约定的除外"。

对于不属于合同法分则规定的 15 种有名合同的其他有名合同,如《保险法》规定的保险合同,应当适用其他法律的具体规定。《合同法》第 123 条规定:"其他法律对合同另有规定的,依照其规定。"其他法律对相关有名合同规定不详的,可以适用《合同法》总则的规定。

无名合同首先适用合同总则的规定,总则不足以满足合同的法律适用,可以参照其他有名合同处理。

涉外合同的当事人可以选择处理合同争议适用哪个国家的法律,但我国法律另有规定的除外。涉外合同的当事人没有选择的,适用与合同有最密切联系国家的法律。在我国境内履行的中外合资经营企业合同、中外合作经营企业合同、中外合作勘探开发自然资源合同,适用我国法律,不允许当事人选择适用的法律。

二、合同纠纷的解决

合同纠纷的解决方法有和解、调解、仲裁和诉讼。和解是合同当事人双方自己协商达成一致的解决纠纷机制。调解是在第三人主持下当事人达成一致的解决纠纷机制。仲裁是合同当事人基于仲裁协议的约定请求仲裁机构对当事人的争议进行裁决的解决纠纷机制,这里的仲裁机构可以是中国的,也可以是外国的。仲裁机构作出的裁决,当事人可以请求人民法院予以执行。《合同法》第 128 条规定:"当事人可以通过和解或者调解解决合同争议。当事人不愿和解、调解或者和解、调解不成的,可以根据仲裁协议向仲裁机构申请仲裁。涉外合同的当事人可以根据仲裁协议向中国仲裁机构或者其他仲裁机构申请仲裁。当事人没有订立仲裁协议或者仲裁协议无效的,可以向人民法院起诉。当事人应当履行发生法律效力的判决、仲裁裁决、调解书;拒不履行的,对方可以请求人民法院执行。"

三、合同纠纷的时效

合同纠纷的诉讼时效一般是 2 年。

因国际货物买卖合同和技术进出口合同争议提起诉讼或者申请仲裁的期限为 4 年,自当事人知道或者应当知道其权利受到侵害之日起计算。法律之所以规定,主要是考虑到涉外诉讼比较复杂,搜集证据和进行诉讼往往需要较长时间的准备工作。

思 考 题

1. 合同解释的具体原则是什么?
2. 合同解释的具体规则是什么?
3. 如何确定一个合同所应适用的具体法律规定?

分　则

第十一章　买卖合同

本章提要：

买卖合同是最为常见的合同类型，也是实现商品交易的最主要手段。本章主要讲述了买卖合同的概念与特征、买卖合同的种类、买卖合同中当事人的权利与义务、标的物的风险负担以及几种特种买卖合同

本章重点：

(1)买卖合同的概念与特征；

(2)买卖合同中当事人的权利与义务；

(3)标的物的风险负担。

第一节　买卖合同概述

一、买卖合同的概念与特征

(一)买卖合同的概念

依《合同法》第130条规定可知，买卖合同是指出卖人转移标的物的所有权于买受人，买受人支付价款的合同。

在买卖合同中，应当交付标的物并转移标的物所有权的一方当事人称为出卖人，受领标的物并支付价款的一方当事人称为买受人。买卖合同所涉标的物必须是出卖人拥有所有权或处分权的动产或不动产，法律禁止流通的物不得成为买卖合同的标的物。

(二)买卖合同的特征

1.买卖合同以转移标的物所有权为其目的

买卖合同中，出卖人转移标的物所有权于买受人，其目的就在于取得买受人价款之所有

权;同理,买受人支付相应价款于出卖人,其目的就在于取得标的物之所有权。这是买卖合同成立的前提,也是买卖合同区别于运输合同、租赁合同、赠与合同等其他合同的本质特征。例如,在赠与合同中,出赠人亦是将赠与物之所有权转移于受赠人,但受赠人并不因此向出赠人支付任何价款,即受赠人无偿取得标的物之所有权。再如租赁合同中,出租人交付标的物于承租人,承租人也须支付相应租金于出租人,但是,并不会发生标的物所有权转移之效果,租金也不是标的物之价款。

2.买卖合同是双务、有偿合同

在买卖合同中,出卖人与买受人各自承担相应义务,因此,买卖合同是双务合同。又因买受人须向出卖人支付购买标的物之相应价款,出卖人获得该价款又是以转移标的物所有权为代价,故买卖合同又是有偿合同。买卖合同中许多规则的制定都是以买卖合同的有偿性为基点。

3.买卖合同是诺成性合同

在买卖合同中,只需买卖双方意思表示达成一致,买卖合同即成立。买卖合同的成立并不以当事人一方交付标的物或者一定行为的进行为买卖合同的成立要件。

4.买卖合同一般为不要式合同

一般情形下,买卖合同的成立并不需要具备特定形式,只要双方当事人就买卖相关事宜意思表示达成一致,买卖合同即告成立,而不需要履行特定的程序。但是,买卖合同一般为不要式合同,也不排除在特殊情形下,法律、行政法规对买卖合同形式作出特别规定。例如,《中华人民共和国城市房地产管理法》第40条规定:"房地产转让,应当签订书面合同,合同中应当载明土地使用权取得的方式。"依据该规定,买卖房屋须订立书面买卖合同,在此种情形下,就是法律对买卖合同形式上的特别要求。

二、买卖合同的种类

依据不同的标准,买卖合同有不同的种类划分。

(一)特定物买卖合同与种类物买卖合同

依据买卖合同中所涉标的物是特定物还是种类物,将买卖合同分为特定物买卖合同与种类物买卖合同。买卖标的物为特定物的为特定物买卖合同,买卖标的物为种类物的为种类物买卖合同。

此种分类的意义在于:第一,买卖合同中标的物所有权转移时间不同。《合同法》第133条规定:"标的物的所有权自标的物交付之日起转移,但法律另有规定或当事人另有约定的除外。"在特定物买卖合同中,当事人可约定标的物所有权自合同成立时转移。但在种类物买卖合同中,由于合同成立时标的物尚不确定,因此,标的物所有权无法在标的物交付前转移。第二,标的物发生灭失时产生的法律后果不同。在特定物买卖合同中,因标的物为特定物,故标的物一旦灭失,将会导致买卖合同客观上履行不能。但在种类物买卖合同中,因同质量、同种类的标的物具有可替代性,故即使标的物灭失也不会导致买卖合同客观履行不能,债务人仍应继续积极履行合同义务。

(二)一次性买卖合同与连续交易买卖合同

依据买卖双方的交易是否为一次性完结为标准,将买卖合同分为一次性买卖合同与连续交易买卖合同。一次性交易买卖合同,也称一时买卖合同,指买卖合同双方当事人仅进行一次交易即可完成的买卖合同。连续交易买卖合同,指买卖合同双方当事人于一定期限内,出卖人定期或不定期连续向买受人提供某种供给,买受人依照约定支付相应价款的买卖合同。

此种分类的意义在于:二者诉讼时效的起算不同。连续交易买卖合同诉讼时效的起算点是最后一次交易履行期届满之日,而一次性交易买卖合同诉讼时效的起算点是该买卖合同履行期届满之日。

(三)一般买卖合同与特种买卖合同

依据法律有无特别规定,将买卖合同分为一般买卖合同与特种买卖合同。一般买卖合同,指适用《合同法》的一般规定,其他法律、行政法规也对其未作特别规定的买卖合同。特种买卖合同,指法律、行政法规对其作出特别规定的买卖合同。例如,实验买卖合同、分期买卖合同、凭样品买卖合同、拍卖合同等特殊方式下的买卖合同。

此种分类的意义在于:对于买卖合同,若法律、行政法规对其做出了某种特别规定,须先适用该特别法的规定;若无特别规定,则适用《合同法》的一般规定。

(四)即时买卖合同与非即时买卖合同

依据买卖合同履行时间的不同,可将买卖合同分为即时买卖合同与非即时买卖合同。即时买卖合同,指当事人在买卖合同成立时,出卖人交付标的物于买受人,买受人支付价金于出卖人,即"即时结清"的买卖合同。非即时买卖合同,指在合同成立时非即时结清,双方或一方待日后履行的买卖合同。

三、买卖合同中当事人的权利与义务

(一)出卖人的主要义务

1. 交付标的物

第一,出卖人应按照合同约定或法律的规定将合同标的物交于买受人。买卖合同中,买受人的目的在于取得标的物之所有权,不论所有权的取得是否以占有为要件,出卖人均应按照合同的约定或法律的规定将合同标的物交于买受人。交付即意味着所有权的转移。一般情形下,交付即会发生标的物占有的转移,但是,出卖人除直接交付标的物于买受人之外,交付的方式也包括简易交付、占有改定等特殊的交付方式。

此外,依据"从随主走"的原则,出卖人在交付标的物时,应当按照约定或交易习惯向买受人同时交付标的物以外的有关单证与资料,如商业发票、产品合格书、产品说明书、质量保证书等。同时,出卖人有义务保证单证与资料的完整性并应符合买卖合同的规定。

第二,出卖人应按照合同约定的期限交付标的物。具体而言,若合同中约定交付的期限,则出卖人可以在该交付期限内的任何时间交付。但是,若合同中未约定交付期限或者约定不明确,当事人就交付时间亦不能达成补充协议,并且按照合同的有关条款或交易习惯依然无法确定交付时间的,则出卖人可随时交付。还应注意的是,依《合同法》第140条规定,"标的物在订立合同之前已为买受人占有的,合同生效的时间为交付时间",可见,若标的物在订立合同之前已为买受人占有,则依简易交付,合同生效时间即为标的物的交付时间。

第三,出卖人应按照约定的地点交付标的物。若当事人在合同中未约定交付地点或者约定不明确的,当事人就此亦未达成补充协议,且不能依据合同法的有关条款或交易习惯确定交付地点的,依照《合同法》第62条第4项的规定,出卖人可以随时履行交付义务,买受人也可以随时要求出卖人交付,但应当给对方以必要的准备时间。例如,为了使买受人有合理的准备接受标的物的时间(如买受人需要为接收标的物准备仓库等),出卖人应当在交付标的物之前合理时间内通知买受人。对此通知,即使法律不作规定,出卖人依据诚实信用原则也应履行该项通知义务。

第四,出卖人交付标的物应符合买卖合同约定的数量与质量。当出卖人多交付标的物时,买受人有权拒绝接受超出合同约定数量的部分。但需注意,此时买受人应将其拒收的意思表示即时通知出卖人。当然,买受人也可选择接受超出合同约定的数量部分,但应按照合同规定的价款向出卖人支付超出部分的价款。若出卖人以少于合同约定的数量交付标的物,买受人有权请求出卖人继续交付直至达到合同约定的数量。

第五,出卖人应按照约定的包装方式交付标的物。若合同中对标的物的包装方式没有约定或约定不明确,也未能达成补充协议,且依据《合同法》相关条款或交易习惯依然不能确定包装方式的,出卖人应当按照通用的方式包装。若无通用方式的,出卖人应当采取足以保护标的物的包装方式进行包装。

2. 转移标的物的所有权

依《合同法》第132条第1款的规定"出卖的标的物,应当属于出卖人所有或者出卖人有处分权",买卖合同以转移标的物的所有权为其目的,因此,出卖人不仅要转移标的物的占有,更负有转移标的物所有权于买受人之义务。为保证出卖人能够转移标的物之所有权于买受人,出卖人出卖的标的物自然应当为出卖人所有或者为出卖人拥有处分权。

《合同法》第133条规定:"标的物所有权自标的物交付时起转移,但法律另有规定或当事人另有约定的除外。"对此规定,应从以下三方面予以理解:

(1)一般情形下,标的物所有权自出卖人交付标的物时起发生转移,出卖人交付标的物具有转移占有与转移所有权之双重意义。但是,若法律对标的物所有权之转移另有规定或者当事人对标的物所有权之转移另有约定,则应遵从该规定或约定。

(2)依法律的特别规定,标的物所有权发生转移。法律对买卖标的物所有权转移另有规定的情形主要限于不动产买卖和价值较大的动产。在不动产买卖中,法律规定不动产所有权自办理过户登记时起发生转移,非经登记,即使出卖人已将标的物交付于买受人,也即使买受人已向出卖人支付了相应价金,也不会引起所有权的转移。汽车、飞机、船舶等价值较大动产所有权的转移亦以变更登记为准。

(3)依当事人约定,标的物所有权发生转移。这种情形是指当事人约定的时间到来或条件成就时起标的物所有权方发生转移。

当事人对标的物所有权转移的另行约定与法律对所有权转移的另行规定,均是对常态交付意义的改变。这种改变的方式有两种:其一,当事人约定所有权自合同成立时起转移于买受人的。这种约定是将标的物所有权转移的时间提前至合同成立之时。此种约定的目的在于:避免出卖人于合同成立后再以该标的物为他人设定物权或再次出卖。其二,若当事人约定买卖标的物交付后,买受人须支付全部价金标的物所有权方转移于买受人的。《合同法》第134条规定:"当事人可以在买卖合同中约定买受人未履行支付价款或者其他义务的,标的物的所有权属于出卖人。"这种约定是将标的物所有权转移时间置于标的物交付之后。此种约定的目的在于:出卖人于买受人支付全部价金之前得以保留标的物之所有权,以此来担保买受人按照约定支付全部价金。

确定标的物所有权转移的时间对于正确认定"二重买卖"具有重要作用。买卖合同生效后、标的物交付前,标的物仍处于被出卖人占有的状态,因此,出卖人可能因利益驱使等因素而将标的物又卖予他人,此时就会发生二重买卖的情形。在二重买卖的情形下,先后两个买卖合同均有效,但标的物的所有权只能归于其中一个买受人。在标的物所有权转移之前,于买受人而言,仅是对其产生债权效力,即买受人到时只能依据合同约定请求出卖人交付标的物而已,买受人的此项请求权不能产生对抗第三人的效力。又因标的物所有权在一般情形下均自出卖人交付标的物时起发生转移,因此,除当事人对标的物所有权的转移另有约定或者法律对此另有规定外,买受人只有在接受标的物交付时方可取得标的物的所有权。若出卖人因向其中一个买受人交付标的物而造成无法向其他买受人完成交付,则发生合同的履行不能。此时,出卖人须向不能交付标的物的买受人承担因履行不能而产生的违约责任。

3.瑕疵担保责任

买卖合同中的瑕疵主要指两种:一是已经转移占有的标的物存在缺陷;二是由于第三人主张权利,使得买卖标的物的所有权不能或不能全部转移给买受人。前者称为物的质量瑕疵,后者称为物的权利瑕疵。出卖人须保证不得出现上述两种瑕疵,否则,出卖人就应承担相应的民事责任。学者们有的将出卖人的此种责任称为出卖人的瑕疵担保责任,有的称之为瑕疵担保义务。

(1)出卖人物的质量瑕疵担保责任。物的质量瑕疵担保责任,又称为物的品质瑕疵担保责任,指出卖人对其所交付的标的物,应担保其符合约定或法定的质量,不存在有损质量的瑕疵;一旦存在质量瑕疵,出卖人即应按照约定或法律规定,履行更换、修补等义务。《合同法》第153条规定:"出卖人应当按照约定的质量要求交付标的物。出卖人提供有关标的物的质量说明的,交付的标的物应当符合该说明的质量要求。"《合同法》第155条规定:"出卖人交付的标的物不符合质量要求的,买受人可以要求承担违约责任。"物的质量瑕疵又可分为物的表面瑕疵与物的隐蔽瑕疵。物的表面瑕疵存在于物的表面,是人们从其外观或者按照通常的方法就能够发现的缺陷,例如本应新鲜的水果已发霉变质、定做的衣柜柜门严重闭合不严、鞋底开胶、汽车的喷漆脱落等。而物的隐蔽瑕疵存在于物的内部,是只有经过使用或者专门的技术检测才能发现的缺陷,例如电脑配置不符合约定、汽车的刹车失灵、食品中有不宜食用的有害添加剂等。

标的物质量瑕疵担保责任的成立应当具备以下要件:

第一,出卖人交付的标的物存在瑕疵。出卖人交付的标的物不符合当事人约定的质量要求或不符合法律规定的质量标准,即构成标的物的质量瑕疵。至于该瑕疵是出现于合同订立之前或是合同订立之后,则对质量瑕疵担保责任的构成没有影响。

第二,买受人善意且无重大过失。若买受人于订立合同时知晓标的物存在质量瑕疵却依然订立该买卖合同的,则是买受人自愿承担物的质量瑕疵,出卖人无需承担质量瑕疵担保责任。若买受人确实不知标的物存在质量瑕疵,但一经观察、验证即可发现存在质量瑕疵的,而买受人没有经过观察、验证便与出卖人订立买卖合同,除非买受人以重大误解撤销合同或者合同有明确的质量约定,否则,认为标的物质量符合合同要求。出卖人不承担质量瑕疵担保责任。对于买受人而言,其负有对标的物的检验义务。[①] 若买受人不知道也不应当知道标的物存在瑕疵,买受人的不知是因为出卖人故意隐瞒瑕疵所致,或者是因为出卖人对标的物有特别保证所致,此时,买受人善意且无重大过失,出卖人须承担质量瑕疵担保责任。

第三,买受人须及时履行瑕疵告知义务。《合同法》第158条第1款规定:"当事人约定检验期间的,买受人应当在检验期间内将标的物的数量或者质量不符合约定的情形通知出卖人。买受人怠于通知的,视为标的物的数量或者质量符合约定。"可知,当标的物出现质量瑕疵,买受人向出卖人予以通知是其应当履行的义务。《合同法》第158条第1款规定:"当事人没有约定检验期间的,买受人应当在发现或者应当发现标的物的数量或者质量不符合约定的合理期间内通知出卖人。买受人在合理期间内未通知或者自标的物收到之日起两年内未通知出卖人的,视为标的物的数量或者质量符合约定,但对标的物有质量保证期的,适用质量保证期,不适用该2年的规定。"可知,若买受人怠于通知、在合理期限内未通知、或自收到标的物之日起2年内没有通知的,均视为标的物质量符合约定。另外注意,若标的物本身有质量保证期限,则不受上述2年期的规定,而适用该质量保证期。另据《合同法》第158条第3款规定可知,若出卖人知道或者应当知道提供的标的物不符合约定,则买受人免除其通知义务。

出卖人标的物的瑕疵担保责任是其法定义务,无需当事人在合同中对此约定。

出卖人的瑕疵担保责任成立后,应当依据当事人约定的形式承担相应责任。若当事人没有就责任承担形式予以约定,则出卖人应依瑕疵的不同情形向买受人承担修复、更换、重做、减少价金、解除合同或赔偿损失等责任。

(2)出卖人的权利瑕疵担保责任。出卖人就其交付的标的物,除法律另有规定外,还负有保证第三人不得向买受人主张任何权利的义务。出卖人违反该义务而承担的责任,理论上称为权利瑕疵担保责任。《合同法》第150条规定:"出卖人就交付的标的物,负有保证第三人不得向买受人主张任何权利的义务,但法律另有规定的除外。"

权利瑕疵担保义务是出卖人的法定义务,无需当事人在合同中特别约定。

权利瑕疵担保责任的构成须具备以下条件:

第一,须权利瑕疵于买卖合同成立时就存在。若权利瑕疵发生于合同成立之后,则不成立权利瑕疵,仅发生出卖人债务履行不能的违约责任。

第二,须买受人不知该权利瑕疵的存在。若买受人在订立合同时知道或应当知道第三人对标的物享有某种权利,则出卖人不负权利瑕疵担保责任。

第三,须标的物交付时权利瑕疵并未消除。若在出卖人交付标的物时,该权利瑕疵已经消除,则买受人依然可取得标的物之所有权,此时,出卖人不负权利瑕疵担保责任。

权利瑕疵的具体情形主要有:[②]

(1)出卖人没有合法的处分权。标的物的所有权属于他人所有,出卖人没有合法的处分权。如出卖国有财产但出卖人不享有经营管理权或须经过审批而未批准等。

(2)出卖共有财产。出卖共有财产,出卖人未经其他共有人的同意,侵犯其他共有人的财产权益。

[①] 所谓买受人的检验义务,指买受人应在约定的检验期限内对标的物进行检验,即使合同未约定检验期限,买受人亦应当即时对标的物进行检验的义务。

[②] 黄健中:《合同法分则重点疑点难点问题判解研究》,人民法院出版社2006年版,第19页。

（3）处分权受到限制。包括：一是标的物设定有担保物权，所有权人将不得擅自出卖其所有的财产；二是标的物设定了用益物权，如地役权、居住权等；三是依法被查封、扣押的财产，所有权人不得非法处置；四是标的物具有第三人的优先购买权，权利人出卖财产不得侵犯依法或合同约定享有优先权者的合法权益；五是权属不明或有争议的财产；六是标的物侵犯他人的知识产权。

出卖人若违反权利瑕疵担保义务，买受人依据合同约定及法律规定行使权利，出卖人应承担相应的违约责任，这些责任形式主要包括：

（1）中止支付相应价款。《合同法》第 152 条规定："买受人有确切证据证明第三人可能就标的物主张权利的，可以中止支付相应的价款，但出卖人提供适当担保的除外。"

（2）解除合同。因标的物存在权利瑕疵导致买受人无法取得标的物所有权，或者使买受人对财产的占有、使用、收益或处分权受到较大影响，且权利瑕疵无法消除，以至于令买受人无法达到订立合同之目的时，买受人有权依据合同约定或法律规定解除合同。

（3）赔偿损失。因权利瑕疵给买受人造成损失的，买受人有权要求出卖人承担赔偿责任。

（4）支付违约金。当交付的标的物存在权利瑕疵构成违约的，买受人有权要求出卖人依据合同约定支付违约金。

除上述几种责任形式外，买受人还有权请求出卖人采取其他补救措施，如买受人有权请求出卖人消除标的物上的权利瑕疵，出卖人也有责任采取其他补救措施。

（二）买受人的主要义务

1. 支付价款

价款是标的物所有权转移的代价，也是买受人取得标的物所有权应支付的货币对价。支付价款是买受人的主要义务之一，也是买受人最基本的义务。

买受人支付价款的义务主要表现如下：

第一，买受人应按合同约定的数额支付价款。买受人可以将价款支付给出卖人、出卖人的代理人或出卖人指定的收款人。需要注意的是，价款虽然是买卖合同的主要条款，但若合同对价款没有约定或者约定不明，并不因此影响合同的效力。《合同法》第 159 条规定："买受人应当按照约定的数额支付价款。对价款没有约定或者约定不明确的，依照本法第六十一条、第六十二条第二项的规定。"可见，当出现合同对价款没有约定或约定不明确的情形时，当事人首先可就价款问题协议补充，若不能达成补充协议，则按照合同有关条款或交易习惯确定，若依然不能确定价款，则依据《合同法》第 62 条第 2 项的规定："价款或者报酬不明确的，依照订立合同时履行地的市场价格履行；依法应当执行政府定价的或者政府指导价的，按照规定履行。"另外，依《合同法》第 63 条的规定可知，执行政府定价或指导价的，在合同约定的交付期限内政府价格调整时，按照交付时的价格计价。逾期交付标的物的，遇上价格上涨时，按照原价格执行；价格下降时，按照新价格执行。逾期提取标的物或者逾期付款的，遇上价格上涨时，按照新价格执行；价格下降时，按照原价格执行。

第二，买受人应按照合同约定的期限付款。付款期限与交付标的物具有相似之处，即当事人可以约定付款期间，也可以约定一个付款日。另外，对价款的支付可以是一次性支付，也可以是分期支付。但是，无论哪种支付价款的方式，买受人都应严格按照合同约定的时间支付价款，否则就应承担违约责任。

若出现当事人对价款支付的时间没有约定或者约定不明确的情形,依照《合同法》第 61 条的规定依然不能加以确定的,依据《合同法》第 162 条的规定可知,买受人应当在收到标的物或者提取标的物的单证的同时支付价款。

第三,买受人应按照合同约定的付款地点支付价款。对于买受人支付价款的地点,依据《合同法》第 160 条规定可知,买受人应按照约定的地点支付价款。对支付地点没有约定或者约定不明确,依据《合同法》第 61 条的规定仍不能确定的,买受人应当在出卖人的营业地支付,但约定支付价款以交付标的物或者交付提取标的物的单证为条件的,在交付标的物或者提取标的物单证的所在地支付。另据《合同法》第 62 条第 3 项规定可知,履行地点不明确的,给付货币的,在接受货币一方所在地履行;交付不动产的,在不动产所在地履行;其他标的,在履行义务一方所在地履行。

2. 受领标的物

买受人受领标的物既是买受人的权利,也是买受人的义务。

买受人购买合同标的物的目的就是取得标的物的所有权,买受人有权请求出卖人依据合同约定的时间、地点、数量、质量等交付标的物并转移标的物的所有权。因此,受领标的物是买受人的权利。同时,出卖人依据合同约定交付标的物的,买受人不得无故拒绝。根据诚实信用原则的精神,买受人还应对出卖人的交付行为予以积极协助。若买受人无故拒绝受领标的物或迟延受领标的物,则构成买受人违约。可见,受领标的物亦是买受人的义务。

此外,出卖人若提前交付标的物,应取得买受人的同意,否则买受人有权拒绝受领,但若提前交付并不会损害买受人利益的除外。出卖人若多交付标的物,买受人可以选择接受,也可以选择拒绝。若买受人选择接受出卖人多交付的标的物,则对多收的部分,买受人应按原合同价格支付价款;若买受人选择拒绝接受,亦应即时通知出卖人,否则视为买受人接受。

3. 验收标的物

《合同法》第 157 条规定:"买受人收到标的物时应当在约定的检验期限内检验。没有约定检验期间的,应当及时检验。"可见,在约定期间内对标的物进行检验、即使没有约定检验期也应在合理期间内检验标的物是买受人应履行的义务。

验收标的物的目的在于查明出卖人交付标的物的数量、质量等是否与合同的约定相符。从严格意义上讲,验收标的物是买受人享有的权利,因此,买受人可以放弃对标的物的验收。但是,依《合同法》第 158 条规定可知,若买受人不对标的物进行验收,或者买受人怠于通知出卖人标的物的检验结果,其法律后果是可视为出卖人交付标的物的数量和质量等符合合同的约定。为了避免买卖双方的法律关系长期处于不稳定状态、维护健康正常的交易秩序、即时明确标的物的质量状况,对买受人而言,对标的物进行相应的验收工作还是十分有必要的。

因此,《合同法》对买受人检验标的物的问题做出了明确规定,即买卖双方约定了检验期间的,买受人应当在检验期间内将标的物的数量、质量等与合同约定不符的情形通知于出卖人。若买受人怠于通知,则视为标的物的数量或质量等符合约定。买卖双方没有约定检验期间的,买受人应当在发现或者应当发现标的物的数量或质量不符合合同约定的合理期间内通知出卖人。若买受人在合理期间内未通知或者自标的物收到之日起两年内未通知出卖人的,视为标的物的数量或质量符合合同约定,但对标的物有质量保证期的,适用质量保证期,而不适用该两年的规定。另外,依据《合同法》第 158 条的规定,出卖人知道或应当知道提供的标的物不符合约定的,买受人不受前两款规定时间的限制。

四、买卖合同标的物的风险负担

（一）风险负担的立法例

所谓风险，是指标的物毁损、灭失的危险。风险负担，是指买卖合同的标的物在合同生效后因不可归责于双方当事人的事由发生毁损、灭失时，损失由哪方承担。

买卖合同中的风险负担，于买受人而言，是其丧失了价金却不能获得标的物；于出卖人而言，是其丧失了标的物却得不到价金。所谓不可归责于双方当事人的事由，主要包括两种情形：一是因不可抗力而导致的标的物的毁损、灭失，如地震、海啸、飓风等；二是意外事故，如当事人虽可预见却难以避免或克服的事件。

在导致标的物毁损、灭失的现象发生之前，毁损灭失是一种风险，而一旦毁损灭失的现象客观发生，则之前的风险就演变为现实的损失。在买卖合同的法律关系中，标的物风险负担事关买卖双方中究竟由哪一方承担这种尚未演变为现实损失的风险。因此，风险负担问题实际上是一个责任分配问题，即在买卖双方之间确定由谁承担将来可能出现的损失的问题。

为合理分配买卖双方之间的这种责任，各国法有不同的标准和原则。

（1）合同成立原则。该原则以合同的成立作为风险负担转移的确定标准，即合同一经成立，标的物意外毁损灭失的风险就由出卖人转移给买受人。

（2）所有权原则。该原则以所有权转移作为风险负担转移的标准，即若所有权已经转移给买受人，则标的物意外毁损灭失的风险也一并转移给买受人。

（3）交付原则。该原则以标的物的实际交付为风险转移确定的标准，即标的物交付之前，风险由卖方承担；交付之后则由买方承担。

（二）我国合同法规定的风险负担

《合同法》对买卖合同中标的物意外毁损灭失的风险究竟由买卖双方谁负担，主要有以下几种情形：

1. 风险依双方当事人的约定而转移

依合同自愿原则，标的物风险转移的时间可以由双方当事人在合同中明确约定。当事人既可以约定标的物的风险在交付之前就由买方承担，也可以约定标的物交付后一定期限内依然由卖方承担。例如，在国际货物销售合同中，当事人可以在合同中约定使用某种国际贸易术语，而在大宗的贸易尤其是国际贸易中，当事人也往往采用国际贸易术语的方式在合同中就确定了风险转移的时间，如在约定 FOB 条件成交时，货物的风险都是在装运港装船并待货物越过船舷时起，由卖方转移给买方。

2. 风险自标的物交付时发生转移

若当事人对风险转移时间未作特别约定或者约定不明，则依据法律的有关规定确定风险由谁来承担。《合同法》确立了风险自交付转移的原则，第 142 条规定："标的物毁损、灭失的风险，在标的物交付之前由出卖人承担，交付之后由买受人承担，但法律另有规定或者当事人另有约定的除外。"可见，对买卖合同中标的物的风险转移问题，在法律没有特别规定或者当事人没有特别约定的情形下，我国合同法就买卖合同中标的物的风险转移标准采用交付主义原则。

但是，《合同法》第 133 条规定："标的物所有权自交付时起转移，但法律另有规定或当事人另有约定的除外。"对此规定不少人提出如下疑问：这样规定是否意味着标的物的风险负担与其所有权的转移相伴随？答案应当是否定的。虽然于一般情形下，买卖合同中标的物的所有权随交付发生转移，但是，依据合同自由原则，法律也允许当事人对标的物所有权的转移进行特别约定，即可能出现标的物所有权已经因约定转移给买受人，但依然由出卖人占有标的物。此时，标的物的风险并不一定转移给买受人，也不一定因出卖人继续占有标的物就归出卖人，因为法律也允许买卖双方就标的物风险转移进行特别约定。可见，对于法律特别规定了或者当事人特别约定了标的物所有权的转移时间但却没有同时约定风险转移时间的；或者法律特别规定了或当事人特别约定了标的物的风险转移，而没有同时规定或同时约定标的物所有权转移时间的，风险负担与所有权并非相伴转移。只有在标的物风险转移与其所有权转移既没有法律特别规定也没有当事人特别约定的情形下，风险才伴随交付发生转移。

交付主义的优点在于：第一，标的物风险转移时间的标准明确。标的物的交付是一个事实问题，易于判断，而所有权的转移则相对抽象。以交付为标的物风险转移的判断标准，利于人们对风险是否已经转移进行判断。第二，交付主义更显公平。一般情况下，所有权伴随标的物的交付发生转移，但若法律有特别规定或当事人有特别约定时，标的物所有权转移的时间就会与标的物交付的时间存在不一致。例如买卖双方约定标的物虽然交付于买受人，但标的物所有权并不因此发生转移。在此情形下，标的物被买受人占有，若依所有权未发生转移为由而要求出卖人承担风险显然不合理，也有失公平。第三，交付主义增强了当事人妥善保管标的物的意识。在所有权取得与对标的物占有相分开的场合，如果要求所有权人对标的物风险承担责任，客观上将会导致占有人对标的物管理义务的淡漠；反之，若要求占有人对标的物风险承担责任，将风险与所有权相分离，就可增强其妥善管理标的物的责任心，从而有利于防范标的物毁损、灭失风险的出现。

此外，合同法在采取交付主义判断买卖合同中标的物的风险转移之外，还通过特别规定对风险进行了更全面公平的规定。《合同法》第143条规定："因买受人的原因致使标的物不能按照约定的期限交付的，买受人应当自违反约定之日起承担标的物毁损、灭失的风险。"第146条规定："出卖人按照约定或者依照本法第一百四十一条第二款第二项的规定将标的物置于交付地点，买受人违反约定没有收取的，标的物毁损、灭失的风险自违反约定之日起由买受人承担。"《合同法》第148条规定："因标的物质量不符合质量要求，致使不能实现合同目的的，买受人可以拒绝接受标的物或者解除合同。买受人拒绝接受标的物或者解除合同的，标的物毁损、灭失的风险由出卖人承担。"可见，在买受人违约或出卖人违约的场合，法律也通过特别规定的方式对标的物毁损、灭失产生的风险责任做出了更公平、合理的分配。

3. 路货买卖合同中，风险自合同成立时起转移

路货买卖合同是指出卖人将已在运输途中的货物出卖给买受人的买卖合同。对于运输途中货物的买卖，在双方订立合同时，合同标的物已经在船上或者其他运输工具上，买卖双方均难以知晓此时标的物是否已经毁损灭失，也难以判断标的物的毁损灭失究竟是在订立合同前还是订立合同后。鉴于此情形，《联合国国际货物销售公约》第68条规定："对于在运输途中销售的货物，从合同订立时起，风险转移到买方承担。"从此确立了此类合同风险转移的标准。我国《合同法》借鉴此公约并作出相应规定。《合同法》第144条规定："出卖人出卖交由承运人运输的在途标的物，除当事人另有约定的以外，毁损、灭失的风险自合同成立时起由买受人承担。"

此外,运输途中往往还会涉及不同承运人的问题,即同一货物可能先后经历数次运输方到达买方手中。在整个运输过程中,针对不同的承运人如何分配标的物毁损、灭失的风险责任也是十分重要十分现实的问题。对此,《合同法》第145条规定:"当事人没有约定交付地点或者约定不明确,依照本法第一百四十一条第二款第一项的规定标的物需要运输的,出卖人将标的物交付给第一承运人后,标的物毁损、灭失的风险由买受人承担。"可见,法律规定出卖人将标的物交付第一承运人即视为完成了交付义务,此后标的物毁损、灭失的风险发生转移。

五、标的物的利益承受

标的物的利益承受,指在买卖合同成立后标的物所生孳息的归属。

利益承受与风险负担是相对的两个概念,前者解决的是买卖合同成立后标的物所生孳息的合理分配问题,后者解决的是合同成立后标的物意外毁损、灭失所致损失的合理分配问题。根据权利义务相一致的原则,标的物所生之利益也应以交付为利益分配的标准。对此,《合同法》第163条规定如下:"标的物在交付前产生的孳息,归出卖人所有,交付之后产生的孳息,归买受人所有。"

第二节　特种买卖合同

一、分期付款买卖合同

(一)分期付款买卖合同的概念

分期付款买卖合同,是指买受人将其应支付于出卖人的价款按照一定的期限分批次向出卖人支付的买卖合同。

分期付款买卖是一种特殊的买卖形式,在我国通常用于房屋或其他价值较大的物件的买卖。此种买卖的一项重要特征是:出卖人已经交付标的物于买受人占有、使用、收益,但买受人在接受标的物后并非一次将价款支付于出卖人,而是按照约定,在一定期限内连续向出卖人支付价款直至全部价款支付完毕。简言之,即买受人在尚未支付所有价款的情况下,已经先行获得了对标的物的使用权,甚至收益权。

分期付款买卖合同中,交易双方可以自由约定支付价款的期限和支付次数,以及每次支付的数额。虽然此类买卖合同允许买卖双方对价款支付的次数进行约定,但是这种约定不得少于两次。

(二)分期付款买卖中的违约救济

买卖双方往往在订立合同时就约定相应的违约救济。若当事人没有对此进行约定,则适用合同法的特别规定。合同法针对此类违约有如下规定:

1. 解除合同

《合同法》第167条规定:"分期付款的买受人未支付到期价款的金额达到全部价款的五分之一的,出卖人可以要求买受人支付全部价款或者解除合同。出卖人解除合同,可以向买受人要求支付该标的物的使用费用。"可见,与一般的买卖合同相比,当遇有买受人违约的情形时,只要买受人未支付到期价款的金额达到全部价款的五分之一，分期付款买卖合同中的出卖人即可请求解除合同，而无论买受人的上述行为是否造成《合同法》第 94 条规定的"致使合同目的不能实现"的后果。此外，分期付款买卖合同还与一般买卖合同相区别的是：分期付款买卖合同的解除，买受人还应向出卖人支付其占有标的物期间对标的物的使用费。

2.支付全部价款

根据《合同法》第 167 条的规定可知，当买受人未支付的到期价款达到全部价款的五分之一时，出卖人亦有权利请求买受人支付交易的全部价款。在分期付款买卖合同中，买受人须依约定向出卖人支付价款。若买受人某一次没有按约向出卖人支付价款，出卖人仅有权利就本次支付要求买受人承担违约责任，而非就合同的整体要求买受人承担违约责任。只有当买受人未支付的价款达到全部价款的五分之一时，出卖人才有权利要求买受人支付全部价款。

分期付款买卖合同中，买方向卖方支付价款的方式是"分期"为之。买方按照约定向卖方支付了相应期限中应付的款项，而于剩余期限的款项是否会一定如期支付，这于卖方而言具有不确定性，即买方到期可能依约付款，也可能不依约付款。一方面，若严格规定买方必须依约付款否则卖方就享有解除合同的权利，这样看似有效避免了卖方在买方不依约付款时损失的继续扩大，很好地保护了卖方的利益，但也会使卖方的合同解除权利过大，造成哪怕买方仅是极少数额的违约卖方也将可能因此解除合同的情形发生。这样一来，看似保证了卖方的利益，但难以保证买方在分期付款买卖合同中的合法权利。在另一方面，若法律规定唯有当买方未依约履行的款项达到很高数额时卖方才享有合同解除权，这虽然很好地保护了买方的利益，但是却使卖方因承担过大合同款项不能收回的风险而可能使其利益最终受到极大损害。因此，为了平衡此类买卖合同中买卖双方的利益，合理保护双方的合法权益，《合同法》规定了上述较为合理的违约救济，即只有当买方未支付的价款达到全部价款的五分之一时，出卖人才有权利选择解除合同。

二、分期交付买卖合同

分期交付买卖合同，指出卖人按照一定的期限向买受人交付标的物的买卖合同。分期交付买卖合同的特殊性在于：出卖人不是一次性交付标的物，而是分批次向买受人交付标的物，出卖人交付的标的物是否符合要求，应依照每次的交付情况确定。《合同法》第 166 条规定："出卖人分批交付标的物的，出卖人对其中一批标的物的不交付或者交付不符合约定，致使该批标的物不能实现合同目的的，买受人可以就该批标的物解除。出卖人不交付其中一批标的物或者交付不符合约定，致使今后其他各批标的物的交付不能实现合同目的的，买受人可以就该批以及今后其他各批标的物解除。买受人如果就其中一批标的物解除，该批标的物与其他各批标的物相互依存的，可以就已经交付和未交付的各批标的物解除。"

可见，根据分批交付的标的物间的关联程度，对分批交付的标的物若存在出卖人不按照约定交付或者拒不交付的违约情形，买受人的解除权范围亦随之不同。

（1）当出卖人分批交付的标的物之间无任何关联时，若出卖人违约，则买受人仅就出卖人交付的部分可以行使解除权。此类分批交付买卖合同实际上是若干个买卖合同的组合，其每一部分均可单独存在。严格来讲，此种买卖合同并非特种买卖合同，而仅是将一般的买卖合同组合在一起而已。因此，如果发生违约，对于违约责任的认定、违约责任的方式等问题，是可以依照一般合同原则进行处理的。

（2）出卖人分批交付标的物存在关联、相互组合、互有影响时，若某个批次标的物的交付违约就会影响到其他批次标的物的价值或用途，进而影响到整个合同目的实现的，买受人即可就本批次交付以及之后其他受影响批次的交付行使解除权；如果某个批次标的物的交付违约会影响以前交付标的物的价值或用途，则解除合同具有溯及力。

三、所有权保留买卖合同

所谓所有权保留买卖合同，是指买卖双方在买卖合同中约定，买受人虽先占有、使用甚至对标的物已为收益，但在买受人付清全部价款或者履行其他义务前，所有权仍由出卖人享有，待买受人支付全部价款或者履行其他义务后才转移给买受人的合同。对此，《合同法》第134条规定如下："当事人可以在买卖合同中约定买受人未履行支付价款或者其他义务的，标的物所有权属于出卖人。"

所有权保留买卖中所涉及的标的物一般价格高昂，买受人一次性支付全部价款往往存在困难，故买卖双方约定在买方未支付全部价款前标的物所有权仍由卖方保有。所有权保留常见于分期付款买卖中，但并不限于分期付款买卖中，在许多一次性买卖合同中，也会因双方当事人的约定而在买方支付全部价款前所有权仍归卖方所有。

所有权保留实际上是附条件的所有权转移，所附条件就是买受人若想获得标的物的所有权就需向出卖人支付全部价款。若该条件不成就，买受人就不能取得标的物所有权；若条件成就，买受人方可取得标的物所有权。

四、凭样品买卖合同

凭样品买卖合同，指以约定的样品来决定标的物质量的买卖合同。《合同法》第168条规定："凭样品买卖的当事人应当封存样品，并可对样品品质予以说明。出卖人交付的标的物应当与样品及其说明书的质量相同。"此类合同的特殊性在于：买卖双方以确定的样品的质量来决定买卖标的物的质量。

凭样品买卖合同中，当事人对标的物的品质、性能等要求无需在合同中用具体言语表述，也无需以国家标准、行业标准予以认定，而是以出卖人展示的样品为标准。这就要求买卖双方在签订合同时样品已经存在，并且出卖人将样品向买受人进行了展示，同时，合同中应当约定以样品为标准交付标的物。此外，为了避免当事人对样品的品质发生歧义，当事人还应当对样品的品质予以说明，并为了将来检验出卖人交付的标的物是否符合样品之品质，当事人应将样品封存。

此外，为切实保护买受人的利益，针对样品中可能存在的隐蔽瑕疵，《合同法》第169条给出了明确的规定："凭样品买卖的买受人不知道样品有隐蔽瑕疵的，即使交付的标的物与样品相同，出卖人交付的标的物的质量仍然应当符合同种物的通常标准。"可见，若样品本身存在隐蔽瑕疵，订立合同时，买受人未发现样品存在该瑕疵，却于接受出卖人交付后方发现该瑕疵的，出卖人仍要对此承担瑕疵担保责任。

五、试用买卖合同

试用买卖合同，指买卖双方约定，于合同成立时，出卖人将标的物交付买受人试验或者检验，并以买受人在约定期限内对标的物认可为合同生效条件的买卖合同。此类买卖合同常见于新产品销售的场合。

(一)试用买卖合同的特征

1.买受人有权对合同标的物进行试用或者检验

对于一般买卖合同,出卖人的义务就是按照合同的约定将标的物交付买受人并转移所有权,而不存在买受人试用标的物的情形。但试用买卖合同中,出卖人有义务在买卖合同成立后将标的物交付买受人试用。买受人有权对标的物在一定期限内进行试用,是试用买卖合同的一个基本内容。

2.试用买卖合同以买受人认可为合同生效的要件

在一般情形下,买卖合同成立即生效,但试用买卖合同与一般买卖合同不同的是:须试用人经试用并认可标的物时合同方生效。在试用买卖中,买受人的认可是试用买卖合同生效的条件。若买受人经试用认可标的物的性能,则试用买卖合同生效;若买受人不予认可产品,则试用买卖合同未生效。买受人的认可,须向出卖人作出同意接受标的物的意思表示,这种意思表示可以是口头作出,也可以是书面作出。此外,买受人的认可还应当在双方约定的期限内做出。

当然,于试用人而言,是否接受试用物是其自由意志的体现,试用期满,试用人有购买或者拒绝购买试用标的物的权利,试用人对于购买或者不购买标的物完全凭自主意愿而定。

(二)试用期满的后果

《合同法》第 171 条规定:"试用买卖的买受人在试用期内可以购买标的物,也可以拒绝购买。试用期间届满,买受人对是否购买标的物未作表示的,视为购买。"可见,试用期间届满,买受人对是否购买标的物未作表示的,视为购买,这样规定也是出于对出卖人合法利益的保护考虑。

此外,在以下几种情形下,若试用期满,也视为试用人认可标的物,买卖合同生效。第一,试用人既未通知出卖人接受标的物,也未通知出卖人拒绝认可标的物,但是试用人未将标的物退还于出卖人而是继续占有或使用标的物;第二,试用人向出卖人支付了全部或部分价金;第三,试用人对标的物进行试用以外的其他行为,如试用人将标的物转卖、转租、转借他人等。

(三)标的物所有权转移与风险承担

试用期间,在试用人认可试用物的意思表示作出之前,因买卖合同尚未生效,标的物所有权尚未转移,一旦标的物发生毁损、灭失,该风险究竟由谁承担,我国《合同法》尚未进行明确规定。对此,理论界有不同观点。一种观点认为:风险负担仍应适用交付主义,即标的物毁损、灭失的风险在交付前由出卖人承担,一旦交付完成则由买受人承担。另外一种观点是:交付主义是针对已生效的买卖合同而言的,而试用买卖合同是附生效条件的买卖合同,所以,因试用所为的交付与履行买卖合同而进行的交付有重大不同,因此风险负担的转移不能适用交付主义。[①]

虽然试用买卖合同实为附生效条件的买卖合同,但采交付主义为风险转移的一般标准在此适用并无不妥。在试用期间,标的物为试用人管理、占有,若风险仍由出卖人承担,不但不能

[①] 黄健中著:《合同法分则重点疑点难点问题判解研究》,人民法院出版社 2006 年版,第 94 页。

很好地约束试用人尽到自身妥善保管试用物之义务,也增加了出卖人防范试用物在试用期间毁损、灭失的风险成本,这对出卖人而言非常不公。因此,试用期间的标的物毁损、灭失的风险由试用人承担更显合理。

六、招投标买卖合同

(一)招投标买卖合同的概念

招投标买卖合同,指招标人公布买卖标的物的出卖条件,投标人参加投标竞买,招标人选定中标人的买卖合同。招投标买卖法律关系的主体包括出卖人,又称为招标人;竞买人又称投标人或买受人,若其中标则为中标人。

《合同法》第172条规定:"招标投标买卖的当事人的权利和义务以及招标投标程序等,依照有关法律、行政法规的规定。"招标投标买卖在现代社会是一种重要的买卖形式,尤其在大宗货物和政府采购中发挥着十分重要的作用。

(二)招投标买卖合同的阶段

招标投标买卖一般分为以下几个阶段进行:

(1)招标阶段。所谓招标,指招标人采取招标通知或者招标公告的形式,向不特定的对象发出的投标邀请。

在我国,学者一般认为招标的法律性质为要约邀请,而投标人的投标为要约。但是,若招标人已经在招标公告中明确表示将与报价最优者订立合同的,这样的招标行为则已具备要约的性质。

(2)投标阶段。所谓投标,指投标人按照招标文件的要求,在规定期间内向招标人提出报价的行为。

投标人必须在招标通知或者招标公告规定的期限内,到指定地点索取招标文件,按该文件的规定编制好相关文件、资料,做好参加投标的准备工作,并将制好并被密封后的投标书按照规定的地点、期限投入标箱。因投标的法律性质为要约,故投标人投标后须有招标人的承诺,合同方可生效。

(3)开标、验标阶段。开标指招标人在召开的投标人会议上,当众启封标书,公开标书内容的行为。

验标是验证标书的效力,对不具备投标资格的标书、不符合招标文件规定的标书以及超过截止日期到达的标书,招标人可宣布其无效。

(4)评标、定标阶段。此阶段指招标人对标书进行评审,选出自己满意的投标人并决定其中标的阶段。

(5)签订招投标买卖合同。中标人在接到中标通知后,在指定的时间、地点与投标人签订合同书。

需要注意的是,招投标买卖合同与同为竞争买卖的拍卖合同存在不同。拍卖是以最高应价者为买定人,而招投标买卖合同中招标人所选中的投标人往往是数个投标人中出价最低的,并且是综合衡量投标者的条件最后选择出中标人。

七、拍卖合同

(一)拍卖合同的概念

拍卖有广义与狭义之分。广义的拍卖指竞争买卖,即众多欲订约的人通过竞争与出卖人订立买卖合同,其包括狭义的拍卖与招投标买卖两种。狭义的拍卖指对物品的拍卖,即以众多人通过公开竞价,而出卖人将标的物卖予应价最高者的买卖方式。这里的拍卖合同是指狭义的拍卖合同。

拍卖合同指出卖人向众多竞买人发出竞买的邀请,并在众多竞买人的竞价中选择出价最高者并与之订立合同的特殊买卖合同。《合同法》第173条规定:"拍卖的当事人的权利和义务以及拍卖程序等,依照有关法律、行政法规的规定。"1996年7月5日第八届全国人民代表大会常务委员会第十二次会议通过了《中华人民共和国拍卖法》(以下简称《拍卖法》),该法已于1997年1月1日开始实施。通过拍卖方式进行标的物的买卖的,主要适用《拍卖法》的相关规定。拍卖合同中的拍卖标的应当是委托人所有或者依法享有处分权的物品或财产权利。法律、行政法规禁止买卖的物品或者财产权利不得作为拍卖标的。依照法律或者按照国务院规定须经审批才能转让的物品或财产权利,在拍卖前应当依法办理审批手续。

(二)拍卖的种类

依不同标准,可对拍卖进行如下分类:

1.法定拍卖与意定拍卖

因拍卖发生的原因不同可将拍卖分为法定拍卖与意定拍卖。

法定拍卖指基于法律的规定而发生的拍卖。例如,对抵押物的拍卖、对质物以及留置物的拍卖、对提存物的拍卖、对罚没物品的拍卖等拍卖。意定拍卖指无法律规定的拍卖原因,完全基于出卖人自己的意愿而为的拍卖。

2.公的拍卖与私的拍卖

因主持者身份的不同,可将拍卖分为公的拍卖与私的拍卖。

公的拍卖又称强制性拍卖,指由人民法院依强制执行程序主持的拍卖。例如为偿还债务,人民法院代替债务人将已抵押的财产进行的拍卖。私的拍卖又称任意拍卖,指出卖人依自己的意愿并以出卖人的名义而为的拍卖。

3.委托拍卖与自己拍卖

因拍卖人与出卖人之间关系的不同,可将拍卖分为委托拍卖与自己拍卖。

委托拍卖指受托人接受出卖人的委托而为的拍卖。在委托拍卖中,出卖人与拍卖人之间是委托与被委托的关系,是代理关系。自己拍卖指由出卖人自己担任拍卖人的拍卖。

(三)拍卖的程序

1.拍卖表示

拍卖表示就是发出对标的物进行拍卖的意思表示,从而使不特定的人知晓一定时间、地点下的拍卖事宜的进行。拍卖表示通常以拍卖公告的方式作出,也可以是拍卖师在开始拍卖前作出。根据拍卖法的有关规定,拍卖人应当在拍卖七日前就发布拍卖公告。拍卖公告应当通过报纸或其他新闻媒介发布。

2. 应买表示

应买表示指竞买人发出购买拍卖物的意思表示。在拍卖时,参加应买的人为竞买人,竞买人提出的价格为应价。一经应价,应买人就不得撤回,一般情况下,拍卖表示属于要约邀请,竞买人的应价为要约,竞买人应受其应价约束。竞买人一经应价,则拍卖合同成立。而当其他竞买人有更高应价时,先前竞买人的应价方丧失约束力。可见在拍卖合同中,合同的生效以无其他更高应价为合同生效的条件。

另外,根据《拍卖法》的规定,拍卖人及其工作人员不得以竞买人的身份参与自己组织的拍卖活动,也不得委托他人代为竞买,否则,工商行政管理部门有权给予其相应的行政处罚,且该拍卖合同无效。

3. 买定表示

《拍卖法》第51条规定:"竞买人的最高应价经拍卖师落槌或者以其他公开表示买定的方法确认后,拍卖成交。"拍卖成交即是买卖成立,因此,拍卖人关于买定的表示属于承诺,且该表示应以规定的方式公开表示。经拍卖人确认的最高应价的竞买人即为买受人。拍卖成交后,买受人与拍卖人应签订成交确认书。

(四)拍卖的效力

拍卖的效力指当拍卖成交后,在拍卖人与买受人之间的买卖合同成立。若是委托拍卖,拍卖的效力还指在拍卖人、委托人与买受人三者间产生的法律效力。

具体而言,这些效力主要表现为如下几个方面。

1. 交付标的物与转移标的物的所有权

经拍卖人卖定后,出卖人与买受人之间的买卖合同成立,双方当事人基于合同产生权利义务关系。与一般买卖合同相同的是,出卖人交付标的物并转移标的物所有权于买受人,买受人则须向出卖人支付价金。此外,依照法律规定,若拍卖标的物需要办理证照变更、产权过户手续的,委托人、买受人还应当持拍卖人出具的成交证明和有关材料,到有关行政管理机关办理相应手续。因委托人或拍卖人的原因致使买受人不能办理有关手续的,委托人或者拍卖人应当承担违约责任。

2. 价款的支付与再拍卖

若拍卖成交,则按照约定支付价款是买受人的主要义务,除此之外,买受人还应按照约定向拍卖人支付一定的佣金。《拍卖法》第39条规定:"买受人未按照约定支付价款的,应当承担违约责任,或者由拍卖人征得委托人的同意,将拍卖标的物再行拍卖。"据此规定可见,买受人若未按约定支付价款,则拍卖人有权不经催告即可解除与买受人间的买卖合同,而在征得委托人同意的情况下可对标的物进行再次拍卖。另据《拍卖法》第39条第2款的规定可知,当拍卖人再次拍卖时,原买受人依然应当支付前一次拍卖中本人及委托人应当支付的佣金,再行拍卖的价款低于原拍卖价款的,原买受人还应当补足差额。

3.瑕疵担保责任

与一般买卖合同相比,拍卖合同在瑕疵担保责任方面有其特殊性。《拍卖法》第16条规定:"标的物瑕疵给买受人造成损失的,买受人有权向拍卖人要求赔偿,属于委托人责任的,拍卖人有权向委托人追偿。"

就瑕疵担保责任本身而言,拍卖合同与一般买卖合同的区别主要体现在责任主体上。一般买卖合同中,标的物的瑕疵担保责任由出卖人承担,而拍卖合同中则由拍卖人承担。拍卖人应当于拍卖时向竞买人说明拍卖标的物是否存在瑕疵以及存在怎样的瑕疵,或者公开声明不能保证标的物无瑕疵或标的物的真伪。拍卖人未说明或者未声明的,是拍卖人的过错,应当由拍卖人向买受人承担瑕疵担保责任。

思 考 题

1.如何判断买卖合同中的风险转移?

2.如何判断买卖合同中的所有权转移?

3.如何理解买卖合同中标的物所有权的保留?

4.分期付款买卖合同中的违约救济有哪些?

5.试用买卖合同中标的物的所有权转移与风险转移是如何规定的?

第十二章 供用电、水、气、热力合同

本章提要:

供用电、水、气、热力合同,是指一方提供电、水、气、热力供另一方利用,另一方支付对价的合同。本章阐述了该类合同的概念、特征,并重点阐述了供用电合同的内容、特点及当事人的权利义务,供用气、供用水及供用热力合同参照供用电合同的规定。

本章重点:

(1)供用电合同当事人的义务;

(2)供用电、水、气、热力合同的公益性。

第一节 概 述

一、供用电、水、气、热力合同的概念

供用电、水、气、热力合同,是指一方提供电、水、气、热力供另一方利用,另一方支付对价的合同。此类合同由一方向对方提供电、水、气、热力等商品,另一方支付价款,因此是一类特殊的买卖合同。该合同实质是供应方出售无体物(电、热力)或有体物(水、天然气、煤气)给使用方使用和消费的合同,但是这类合同的四种标的物有所不同。电、气、热力在供应给使用方消费后,这些"物"便消失、不复存在;水在供应给使用方消费后依然存在,或是以液体、气体方式存在,或是以固体方式存在,只是水的质量会发生变化,例如,可以饮用的水变成污水。

由于此类合同广泛存在,且其标的物具有特殊性,对于公众生活及社会经济具有重要作用,具有公用性质,因此在《合同法》中将其单列为一类有名合同。但该类合同未作特殊规定的,对其适用买卖合同的规定。

二、供用电、水、气、热力合同的特征

供用电、水、气、热力合同与一般买卖合同相比,具有以下特点。

(一)公用性

公用性是指此类合同商品的利用对象不是特定的社会成员,而是一般的社会公众。商品的供应人不得拒绝利用人通常的、合理的缔约要求,以保证成员享有平等利用电、水、气、热力资源之权利。

(二)公益性

公益性是指此类合同的缔约目的不仅在于让供方获取商业利益,其目的还包括满足社会

成员生活、生产的需要,并促进社会公众生活水平的提高。

(三)继续性

继续性是指此类合同无论是供应人的供应,还是利用人的利用均非一次完成,而是持续进行。一般的一次性完成的买卖合同中,双方一次交付即可完成合同履行。而此类合同中,双方的履行均是长期进行的。虽然利用人交费可能是分期支付,但仍为一个合同的继续履行,而非多个合同。

我国合同法的条文仅就供用电合同做出了规定,并规定供用水、供用气、供用热力合同参照供用电合同的规定。本章也按上述方式,仅对供用电合同进行阐释。

第二节 供用电合同

一、供用电合同的概念和特点

供用电合同是供电人向用电人供电,用电人支付电费的合同。

供用电合同具有以下特点。

(一)供电人主体特定,用电人主体广泛

就合同主体而言,一方主体供电人是指专业的供电企业,不符合要求的任何组织或个人都不得作为供电人;另一方主体用电人则无限制,范围广泛,任何组织、个人均可以成为用电人,订立用电合同。

(二)合同标的物的特殊性

供电合同的标的物是电力,从自然属性而言,是一种无体物,且一经使用即被消耗,因此,此类合同即使发生合同责任,其责任中不存在普通买卖合同中返还原物的承担责任方式。从社会属性而言,电力是一种关系国计民生的重要能源,电力供应对社会经济生活影响重大,因此国家对此类合同的标的进行必要的干预,如统一定价、用电高峰时期对生产用电使用量进行限制等。

(三)合同的价格实行政府统一定价

由于电力是一种关系国计民生的重要能源,其价格会对整个社会经济生活及生产活动造成重要影响,因此应由政府统一定价。供电企业应按照国家核准的电价收取电费,不得擅自变更电价。

(四)一般按照格式条款订立

由于供电合同是与社会公众订立,供电人如与每一个用电人进行磋商并分别订立合同,将会使订约效率低下,交易成本增高。由于诸多用电合同的内容具有一致性,为提高订约效率,供电企业一般会事先拟定好格式条款,用电人只需在合同上签名并记载主体的简单事项即可,不必再就合同内容作更多协商。如有特殊要求,可依非格式条款方式订立。格式条款的优点

在于提高订约效率,降低交易成本。但其缺点在于制定格式条款一方往往会基于自己利益的考虑,在合同中减轻己方义务,增加对方义务和责任。由于目前我国的供电企业处于独占和垄断地位,其利用这种地位在格式合同中要求对方承担不公平条款,而用电人可能会基于弱势的地位被迫接受。对此问题,应按照《合同法》的规定执行。《中华人民共和国合同法》第39条规定:"采用格式条款订立合同的,提供格式条款的一方应当遵循公平原则确定当事人之间的权利和义务,并采取合理的方式提请对方注意免除或者限制其责任的条款,按照对方的要求,对该条款予以说明。格式条款是当事人为了重复使用而预先拟定,并在订立合同时未与对方协商的条款。"第40条规定:"格式条款具有本法第五十二条和第五十三条规定情形的,或者提供格式条款一方免除其责任、加重对方责任、排除对方主要权利的,该条款无效。"

二、供电人的义务

1.按照供电质量标准和约定安全供电

供电人应当安全、合格供电,其供电应当符合国家规定的供电质量标准和双方约定,如按照约定的电流、电压供应。否则,造成用电人损失的,应当承担损害赔偿责任。

2.中断供电的通知义务

供电人因供电设施计划检修、临时检修、依法限电或者用电人违法用电等原因,需要中断供电时,应当按照国家有关规定事先通知用电人。未事先通知用电人中断供电,造成用电人损失的,应当承担损害赔偿责任。

3.及时抢修义务

供电人对于因自然灾害等原因造成的断电,应当按照国家规定及时进行抢修。未及时抢修,造成用电人损失的,应当承担损害赔偿责任。

4.不得拒绝用电人用电要求义务

由于用电事关社会经济生活,缺少电力将严重影响社会生活的正常运转,且在我国供电主体处于独占地位,属于无替代性的市场主体。因此,供电人一般不得拒绝用电人的缔约要求,不得拒绝与用电人建立供用电合同关系。

三、用电人的义务

1.及时交付电费

供电合同是有偿合同,用电人的主要义务表现为按照国家规定或双方约定及时交付电费。用电人逾期不交付电费的,应当按照约定承担违约金。经催告在合理期限内用电人仍不支付电费和违约金的,供电人可以按国家规定的程序中止供电。

2.安全用电义务

由于电力具有高度的危险性,用电人须保持用电设施处于安全状态。对于装设的用电设施和安全设施,用电人不得随意拆换,以免发生危险。需连接用电设施或对用电设施修理、更换的,应当由具有相应资质的工作人员进行。用电人未按照国家规定或双方约定安全用电给供电人造成损失的,应当承担损害赔偿责任。

3.对供电人正常中止供电的容忍义务

供电人对供电设施的正常检修,是为了安全供电的必要措施,对因此而引起的中止供电,用电人得负容忍义务。对于因特定时期的供电总量有限,需要限制用电人的用电量的,用电人也应负必要的容忍义务。

思 考 题

1. 为什么说供用电、水、气、热力合同具有公用性和公益性?
2. 供用电、水、气、热力合同的履行有什么特点?

第十三章 赠与合同

本章提要：

赠与合同是无偿转让财产的合同，赠与合同的履行对于缩小社会贫富差距，合理分配社会财富具有重要意义。本章讲述了赠与合同的概念、特征和分类，赠与合同的效力，赠与合同的撤销和特殊的赠与合同。

本章重点：

(1)赠与合同的特征；

(2)赠与合同的效力；

(3)赠与合同的撤销和履行豁免。

第一节 赠与合同概述

一、赠与合同的概念和特征

(一)赠与合同的概念

赠与合同是指赠与人将自己的财产无偿给予受赠人，受赠人表示接受的合同。

赠与合同中的当事人分别是赠与人与受赠人，其中，将自己的财产无偿给予他人的人是赠与人，接受方为受赠人。赠与合同中的赠与人既可以是自然人，也可以是法人，一定条件下还可以是国家。

赠与合同是一种双方法律行为，不仅需要赠与人愿意将自己的财产赠与他人的意思表示，还需要受赠人接受该赠与的意思表示。只有赠与人与受赠人的意思表示达成一致，赠与合同方成立。

赠与在现代社会中有非常重要的作用和意义，赠与可以促进物的流通，使物的价值能得到最大限度发挥，赠与是社会财富的第三次分配，能促进社会财富分配的合理化，缩小贫富差距，有利于社会稳定。赠与的这些功能全依赖于赠与合同的履行来实现。

(二)赠与合同的特征

1.赠与合同为财产权转移合同

赠与合同是赠与人将其财产无偿转移给受赠人的合同，其法律效果即为财产所有权的转移。

2.赠与合同是双方法律行为

赠与合同的成立必须有赠与人与受赠人双方意思表示达成一致。如果一方有赠与的意思表示但对方无接受赠与的意思表示,或者一方有接受赠与的意思表示而对方无赠与的意思表示,赠与合同无法成立。赠与合同的这一特征使其与遗赠区别开来。所谓遗赠,是指自然人以遗嘱的方式将其全部遗产或者部分遗产赠送给国家、集体组织、社会团体或其法定继承人以外的其他公民个人,并在遗嘱人死亡后发生法律效力的法律行为。遗赠是单方法律行为,仅须遗赠人单方遗赠意思表示做出即可,即遗赠人在立遗嘱时,不必征得受遗赠人的同意,只需遗赠人在其遗嘱中写明有关遗赠的具体事项即可,该遗赠于立遗嘱人死后发生法律效力。至于受遗赠人是接受该遗赠或是拒绝该遗赠,均不会影响遗赠的法律效力。而赠与是双方法律行为,赠与合同成立与否,取决于双方当事人是否就有关赠与事项达成一致意见。

3. 赠与合同是无偿合同

赠与合同中,赠与人将自己的财产无偿给予受赠人,不收取任何报酬;受赠人接受该赠与且无需付出任何代价。赠与合同的无偿性决定了赠与人一旦为相关赠与,则其财产就相应减少,而受赠人财产会对应增加。因此,对于无民事行为能力人,他们可以作为纯获利益的受赠人,却不能作为赠与人。而对于限制民事行为能力人,只能从事与其行为能力相适应的赠与行为。

赠与合同的无偿性决定了赠与人承担的责任相比有偿性合同中当事人应承担的责任要轻。在有偿性合同中,当事人双方要对自己的故意或过失负责,但赠与合同中的赠与人只需对自己故意或者重大过失负责,而对因一般性过失给对方造成的损失无需承担责任。如《合同法》第 189 条规定:"因赠与人故意或者重大过失致使赠与的财产毁损、灭失的,赠与人应当承担损害赔偿责任。"

虽然附负担赠与中的"负担"与赠与义务不构成对价,但为了保护受赠人的利益,避免赠与人为受赠人设置负担损害受赠人利益,《合同法》第 191 条规定"赠与的财产有瑕疵的,赠与人不承担责任。附义务的赠与,赠与的财产有瑕疵的,赠与人在附义务的限度内承担与出卖人相同的责任"。

4. 赠与合同是单务合同

赠与合同是单务合同,指在赠与合同中只有赠与人一方履行交付财产给受赠人的义务,而受赠人享有接受该赠与的权利,且无需承担与之相应的义务。即使在附负担的赠与中,受赠人虽然依据合同约定履行所附加的义务,但是这些义务并不能认为是受赠人接受该项赠与的对价。正因为赠与合同的这种单务性,赠与合同中的当事人不能像双务合同中的当事人一样享有同时履行抗辩权、不安抗辩权等特殊的权利。

5. 赠与合同是诺成性合同

在赠与合同中,只要赠与人与受赠人意思表示达成一致,赠与合同即成立,而不以赠与人向受赠人交付赠与物为合同的成立要件。

二、赠与的分类

(一)现实赠与和非现实赠与

这是根据赠与的成立时间与履行时间的不同对赠与所为的分类。

现实赠与也称即时赠与,指在合同成立时赠与人即将赠与财产转移给受赠人或其代理人的赠与。以口头方式订立赠与合同的,往往采取即时赠与的方式。非现实赠与也称非即时赠与,指在合同成立后,赠与人按照合同约定的期限将赠与财产转移给受赠人或其代理人的赠与。非现实赠与合同往往采用书面形式,并在该合同中明确规定履行赠与义务的时间。

区分现实赠与与非现实赠与的法律意义在于:现实赠与于合同成立时赠与人即交付赠与标的物,合同成立与交付标的物同时进行;而非现实赠与中,并不要求合同成立时赠与人就交付标的物,而是按照合同规定的期限交付标的物。

(二)附条件赠与和无条件赠与

这是根据赠与合同是否给受赠人附加条件而对赠与合同所为的分类。

附条件赠与是指在赠与合同中附加一定条件的赠与。一般而言,赠与合同是无偿单务合同,赠与人只有履行赠与的义务而无权利可享有,受赠人则享有接受赠与的权利而无需承担任何义务,但这并不妨碍赠与人在赠与中附加条件。附条件赠与并不等于附义务赠与,附条件赠与中的附条件,也并不一定就是受赠人的义务。所附的条件也可能会是赠与人要求自己这方面的赠与条件成就后才实施赠与,例如,甲与乙约定如果自己工作调往外地,则将现有的一台笔记本电脑赠与乙。当然,附条件赠与也可能会对受赠人附加一定的义务,且对受赠人附加义务应是附条件赠与合同的一种常态。可见,附条件的赠与中包括了附义务赠与,但其并不限于附义务赠与。

区分附条件赠与和无条件赠与的法律意义在于:在无条件赠与中,赠与人在赠与财产的权利转移后,一般不享有撤销权。在附条件赠与中,赠与人可以通过主张受赠人未履行相关义务而撤销赠与。

(三)履行道德义务的赠与和非履行道德义务的赠与

这是根据赠与人赠与的目的为标准对赠与合同所为的分类。履行道德义务的赠与是指赠与人为履行道德义务而为的赠与,如赠与人为抢险救灾目的而为的赠与。非履行道德义务的赠与是指赠与人的赠与行为非以履行道德义务为目的。

区分履行道德义务的赠与和非履行道德义务的赠与的法律意义在于:履行道德义务的赠与对赠与人的约束力较强,赠与人不得随意撤销;而对于非履行道德义务的赠与,赠与人在赠与财产的权利转移之前,享有任意撤销权。

第二节　赠与合同的效力

一、赠与人的义务

赠与合同是单务无偿合同,赠与合同的效力主要表现为赠与合同中赠与人所负担履行赠与的义务。赠与人的义务主要有如下几项:

1. 赠与人交付、转移赠与标的物的义务

赠与合同以使赠与标的物的所有权归受赠人为直接目的,赠与人的主要义务为按照合同约定的期限、地点、方式等将赠与物交付给受赠人,并依法转让赠与物的所有权。因为赠与合同是无偿合同,受赠人在接受赠与时无需履行任何义务,因此,对于赠与人而言,其承担的责任应当小于有偿合同中当事人应承担的责任。根据《合同法》第189条的规定可知,赠与人只有在因故意或者重大过失致使赠与的财产毁损、灭失的,赠与人才承担损害赔偿责任,对轻微过失致使赠与的财产毁损、灭失的,赠与人不承担损害赔偿责任。当受赠人面对赠与人的迟延交付行为时,一般情况下,其并无权要求赠与人支付迟延利息或者赔偿其他损失。此外,在赠与的标的物交付之前,允许赠与人可随时撤销赠与。

2. 赠与人的瑕疵担保义务

因赠与合同的单务无偿性,在一般赠与合同中,赠与人对赠与财产的瑕疵并不负担责任。各国立法通常也做如此规定,如《日本民法典》规定,赠与人对赠与标的物或权利的瑕疵或欠缺,不负责任。

在附义务的赠与中,若赠与财产有瑕疵,赠与人在所附义务的范围内,对受赠人承担瑕疵担保责任。一旦赠与合同附义务,在义务的价值范围内,赠与人实际上承担类似于买卖合同中出卖人的物的瑕疵担保义务。由此可以推论,赠与合同所附义务不得高于赠与人的赠与义务。《合同法》第191条第1款对赠与人的瑕疵担保责任规定如下:"赠与的财产有瑕疵的,赠与人不承担责任。附义务的赠与,赠与的财产有瑕疵的,赠与人在附义务的限度内承担与出卖人相同的责任。"

3. 赠与人的瑕疵告知义务

单纯的赠与合同中赠与人无瑕疵担保义务,但有告知义务。赠与人在赠与财产时,明知赠与财产有瑕疵却故意不告知受赠人或者赠与人向受赠人保证赠与的财产无瑕疵时,若因此给受赠人造成损失,赠与人应负赔偿责任。此处须要注意的是,赠与财产的瑕疵给受赠人造成的损失是指赠与财产以外的损失,对于赠与财产本身的瑕疵,赠与人并不负赔偿责任。《合同法》第191条第2款规定:"赠与人故意不告知瑕疵或者保证无瑕疵,造成受赠人损失的,应当承担损害赔偿责任。"

若赠与物无瑕疵,则赠与人无此义务。

二、受赠人的义务

赠与合同是单务无偿合同,受赠人一般无积极履行义务,但受赠人应有受领赠与物的义务。受赠人的义务具体如下:

1. 受领赠与物

赠与合同是诺成合同,赠与合同因受赠人同意接受赠与而成立,故受赠人有受领赠与的义务,若受赠人拒绝受领给赠与人造成损失时,受赠人应当承担赔偿责任。

2. 履行合同所附负担的义务

在附义务的赠与合同中,履行合同中所附的负担是受赠人的义务,受赠人不得拒绝。

第三节　赠与合同的撤销

赠与合同的撤销是指赠与人在赠与合同生效后,依法撤销赠与合同,使赠与合同效力归于终止的行为。

一、赠与合同的任意撤销

赠与合同的任意撤销指在赠与合同生效后,赠与财产的权利转移之前,赠与人有权基于自己的意思而撤销赠与的行为。由于赠与合同是单务无偿合同,为了保护赠与人的利益,法律赋予赠与人享有撤销已生效赠与合同的权利。《合同法》第 186 条第 1 款规定:"赠与人在赠与的财产的权利转移之前可以撤销赠与。"

"赠与人在赠与的财产的权利转移之前可以撤销赠与"如何理解? 第一种理解:赠与的财产的权利全部转移之前,可以撤销,如:赠与电脑一台,赠与人先交付主机,在交付显示器前,赠与人撤销赠与。另一种理解是赠与的财产的权利尚未开始转移之前,才可以撤销。那么,在前述案例中,赠与人一旦交付主机,即使未交付显示器,赠与人也无权撤销赠与。笔者认为:若一个赠与合同的数个赠与物是可以分割而不损害其价值的,则赠与人只能撤销未履行部分的赠与;若一个赠与合同的数个赠与物一旦分割将损害其价值时,则出于对赠与人利益的保护,赠与人未全部交付前,可撤销全部赠与,包括已履行部分。

赠与人的任意撤销权,具有以下几种情形时,不得行使:

(1)赠与标的物若为动产且已完成交付的或者为不动产已完成产权过户登记的不得撤销。

(2)具有救灾、扶贫等社会公益性质、道德性质的赠与合同一旦成立不得撤销。

(3)经过公证的赠与合同不得撤销。

二、赠与合同的法定撤销

赠与合同往往是以赠与人与受赠人之间良好的人际关系为基础而产生的,最起码,赠与合同的赠与人与受赠人之间关系不应是相互侵害和交恶。赠与人与受赠人之间良好的人际关系一旦失去,赠与合同的基础便失去,应当允许赠与人撤销赠与。

赠与合同的法定撤销指在法定事由发生时,赠与人或其继承人、法定代理人依法行使撤销权,撤销已经生效的赠与合同的行为。

(一)赠与人的法定撤销权

根据《合同法》第 192 条的规定可知,受赠人有以下三种情形之一的,赠与人有权行使法定撤销权:受赠人严重侵害赠与人或者赠与人的近亲属;受赠人对赠与人有抚养义务但不履行抚养义务;受赠人不履行赠与合同约定的其他义务。

赠与人的撤销权,自知道或应当知道撤销原因之日起 1 年内行使,超过这一期间,赠与人不得行使撤销权。

(二)赠与人的继承人或其他法定代理人的法定撤销权

一般情形下,只能由赠与人对赠与合同行使撤销权,这是由合同的相对性决定的。但在某些特殊情形下,当赠与人不能行使撤销权时,也可由其继承人或者法定代理人来行使此项撤销权。《合同法》第 193 条第 1 款对此进行明确规定:"因受赠人的违法行为致使赠与人死亡或者丧失民事行为能力,赠与人的继承人或者法定代理人有权撤销赠与。"具体而言,赠与人的继承人在因受赠人的违法行为致赠与人死亡的情形下,可以撤销赠与;而赠与人的法定代理人在因受赠人的违法行为致赠与人丧失行为能力时,有权代赠与人撤销赠与。

法定撤销权的行使,可以通过直接向受赠人为撤销的意思表示,也可以通过诉讼或者遗嘱的方式为之。赠与合同被依法撤销后,就合同尚未履行的部分,不再履行;已经履行的部分,可以依照所有物返还请求权或者不当得利请求权请求受赠人返还。

赠与人的继承人或代理人的撤销权,自知道或应当知道撤销原因之日起6个月内行使,超过这一期间,撤销权丧失。

三、赠与合同的履行豁免

赠与合同是以赠与人有能力履行赠与为前提。赠与合同生效后,赠与人一旦因客观情况变化,丧失履行能力或履行赠与将严重影响或损害其生产、生活的,赠与合同将不会对社会有益。为消除这种不利影响,应当允许赠与人不再履行赠与,不再受赠与义务的约束。《合同法》第195条规定:"赠与人的经济状况显著恶化,影响其生产经营或者家庭生活的,可以不再履行赠与义务。"此种情形下的赠与合同的解除不发生溯及既往的效力,赠与人就原已履行的赠与,无权要求受赠人返还。

第四节　特殊赠与合同

一、附负担赠与合同

(一)附负担赠与合同的含义

《合同法》第190条第1款规定了赠与可以附义务。附负担赠与合同也可称为附义务赠与合同,是指赠与人在与受赠人约定有关赠与事项时同时要求受赠人或第三人须履行一定义务的赠与。附负担赠与合同与单纯的赠与合同最大的不同就在于受赠人若想获得赠与就需承担一定的义务。这一"义务"在学理上被称为"负担"。《合同法》第190条中没有使用"负担"一词,但理论上将之称为"负担"。

附负担赠与合同中,若受赠人不履行负担就要承担相应的法律责任。附负担赠与合同中的负担构成了该合同的一部分,并且此种负担并非赠与人所负的给付义务的对价,否则,就无法解释赠与合同单务无偿这一特征。一般而言,此种赠与中,赠与人履行给付义务在先,而受赠人履行负担在后,赠与人不能以受赠人未履行其负担而拒绝给付赠与物。通常,所附负担的价值不可超过赠与财产的价值,若超过了或者正好等于赠与财产的价值,就不能称之为赠与了,因为这样就违背了赠与的无偿性。

(二)附负担赠与合同的特殊效力

1. 受赠人应履行负担义务

附负担赠与合同一旦生效,受赠人即受负担条款的约束。一般赠与合同中,受赠人无需承担义务,但在附负担赠与合同中,赠与人向受赠人为交付赠与的财产或者为有关登记义务后,受赠人也应按照合同的约定履行其承担的义务。受赠人若不履行其义务,赠与人有权要求受赠人履行或者撤销赠与。

此外,除合同另有约定外,赠与人须先履行自己的赠与义务,其后才有权利要求受赠人履行约定的义务。若约定的负担是由受赠人向第三人履行义务,则赠与人或其继承人、法定代理人只能要求受赠人向第三人履行义务。若该负担具有公益性质,在赠与人死亡后,赠与人的继承人或者有关主管机关有权请求受赠人履行负担。

虽然,该义务不与赠与义务对等,赠与合同也不作为双务合同看待。但笔者认为,在符合其他条件时,赠与合同所附的负担与赠与义务,二者间可以产生抗辩权。

2.赠与人撤销赠与的权利

根据《合同法》第192条第1款第3项规定可知受赠人不履行赠与合同约定的义务,赠与人可以撤销赠与。

一旦赠与人行使撤销权,被撤销的赠与合同的效力溯及既往地消灭,当事人的权利义务回复到未订立赠与合同之前的状态。赠与人有权以不当得利要求受赠人返还受赠的财产。

二、公益捐赠

(一)公益捐赠的概念

公益捐赠是指赠与人为了社会公益目的,无偿地将自己的财产给予一定社会组织的行为。

公益捐赠是为了某一类或者某一地域大多数人受益而为的一类特殊赠与。

(二)公益赠与和单纯赠与的区别

(1)在单纯赠与合同中,当事人一般情形下只包括赠与人和受赠人;在附负担赠与中,一般不涉及受益人,只有当负担的受益人是赠与人以外的其他特定的人时,才会涉及受益人的问题。在附负担的公益赠与合同中,受益人是赠与合同的关系人,当事人除了赠与人与受赠人之外,还包括受益人。

(2)从赠与人的角度看,单纯赠与合同中的赠与人多为自然人;公益赠与合同中的赠与人既可以是自然人,还可以是法人或其他社会组织。

(3)从受赠人角度看,单纯赠与合同中的受赠人多数时候为赠与人的亲朋好友,有时也会是某些特定的个人;但公益捐赠中的受赠人多为公益性社会团体或者公益性的非营利事业单位,也包括一些临时机构,少数情况下受赠人是个人。

(4)从受赠人角度看,单纯赠与合同中的受赠人在赠与合同签订时就被特定,但公益捐赠中,受赠人并不具有特定性,并且在合同成立时也可能仍未被确定。

受赠人与受益人可能存在不一致。当公益捐赠中的受赠人与受益人不一致时,通常情形下,受益人具有不特定性。

(三)公益捐赠合同中当事人的权利与义务

1.公益捐赠人的权利和义务

(1)公益捐赠人主要享有下列几项权利:①请求实现捐赠目的的权利;②依法撤销合同或履行合同的权利。

(2)公益捐赠人的义务主要是指捐赠人应按照合同约定的时间、地点、方式将其捐赠财产交付给受赠人。公益捐赠具有不得任意撤销的性质,故赠与人迟延履行交付义务或者不履行交付义务,就构成违约,应承担违约责任。对于受赠人而言,其有权请求赠与人为约定的交付,赠与人不交付的,受赠人可向法院起诉要求其履行赠与义务。

2.受赠人的权利与义务

(1)捐赠人一旦认捐,其在法律上就负有相应的给付义务,受赠人就有权要求其按照合同的约定履行捐赠义务,当捐赠人迟延捐赠或者拒绝捐赠时,受赠人有权申请法院强制执行。

(2)当捐赠人交付的捐赠物有瑕疵,并造成一定的财产损失时,受赠人有权要求其承担赔偿责任。

(3)受赠人有义务实现捐赠人为捐赠时的意愿与目的。

(4)受赠人有义务妥善保管受赠财产。

(5)受赠人对其受赠有接受监督的义务。

思 考 题

1.赠与合同的效力有哪些?

2.引起赠与合同被撤销的事由有哪些?

3.如何理解特别是在附条件赠与中赠与合同的无偿性?

第十四章 借款合同

本章提要：

商品流通，实质是以资金为代表的财富的流通，借款合同对于促进资金融通、推动经济发展起着非常重大的作用。本章讲述了借款合同的概念、种类、特征及借款合同当事人的主要权利和义务。

本章重点：

(1)借款合同的特征；

(2)金融机构的借款合同与自然人借款合同的区别；

(3)贷款人的权利与义务；

(4)借款人的权利与义务。

第一节 借款合同概述

一、借款合同的概念

借款合同是指双方当事人约定一方当事人向另一方当事人提供借款，另一方当事人依约定按期返还借款本金并支付利息的合同。其中，提供借款的当事人为贷款人，使用借款的当事人为借款人，合同标的物为货币。如果借款合同涉及第三人提供担保的，则第三人为担保人。

二、借款合同的特征

（一）借款合同的贷款人多为金融机构

借款合同旨在解决借款人的资金周转困难和为贷款人的闲置资金提供安全有效的投资途径。在现代市场经济中，资金融通成为市场经济发展必不可少的经济活动，为保障资金融通安全，现代各国普遍将专门从事资金融通经营行为规定为需获得经营许可证方可从事的行为，因此对发放贷款谋求获得利息的贷款人有特定的主体资格要求。中国人民银行 1996 年发布的《贷款通则》第 21 条规定贷款人必须经中国人民银行批准经营贷款业务，持有中国人民银行颁发的《金融机构法人许可证》或《金融机构营业许可证》，并经工商行政管理部门核准登记方可从事贷款业务。对金融机构借款合同的借款人，《贷款通则》第 17 条规定，借款人应当是经工商行政管理机关核准登记的企业法人、其他经济组织、个体工商户或具有中华人民共和国国籍的具有完全民事行为能力的自然人。

自然人之间的借款合同，基于自然人之间的人身信赖关系及其自然人借款合同资金量小、社会影响面不大等因素，法律对其当事人主体资格没有强制性规定。

（二）借款合同是货币所有权发生转移的合同

借款合同的标的物为货币，是借款合同与租赁合同、借用合同的根本区别点。在租赁合同中，承租人获得租赁合同标的物的一定时间段内的使用权，该标的物的所有权并未发生转移。在借用合同中，一方当事人借用动产标的物，也是在一定时间段内获得对动产标的物的使用权，而该标的物所有权不发生转移。合同到期后，租赁合同的承租人、借用合同的借用人都必须返还标的物原物。

"借"在汉语中解释为暂时使用别人的财物。租赁合同和借用合同一方当事人暂时使用另一方当事人提供的财物的合同，不发生所有权的转移。借款合同与前述两种合同的区别在于作为合同标的物的货币在合同中发生所有权的转移，贷款人将借款交付给借款人时，借款人获得该借款的所有权而非仅仅获得借款货币的使用权。

货币作为一种特殊商品，其本身并不具有使用价值，是充当一般等价物的特殊商品。在目前市场经济中，货币更是脱离了贵、贱金属的本质，当以纸币的信用货币符号来表示时，货币更没有自身的使用价值，而仅有流通价值。借款人获得借款货币，其目的在于使用货币，但是，货币本身基本无使用价值，而仅具有交换价值。因此，货币唯一的使用价值是对货币所有权的处分。货币由于其自身属性决定了其所有权与占有的不可分离，故当货币占有转移时，货币所有权亦同时转移。在借款合同中，借款人获得借款货币的同时也获得了借款货币的所有权。

（三）金融机构借款合同一般为诺成、双务、有偿、要式合同；自然人借款合同为实践合同

借款合同依合同当事人的身份不同分为金融机构借款合同与自然人借款合同。

在以金融机构为贷款人的借款合同中，双方当事人就借款一事达成合意即告合同成立，故为诺成性合同。而合同一旦成立并生效，则贷款人有义务依照合同约定交付货币给借款人，并有权利在合同履行期限届满时请求借款人按约定返还本金和利息；借款人则享有请求贷款人依合同约定支付借款的权利，并有义务在合同履行期限届满时向贷款人按约定返还本金及利息，故为双务合同。又因借款人需要向贷款人支付利息，利息是借款人使用借款的对价，故为有偿合同。另外，在以金融机构为贷款人的借款合同中，又因借款合同往往涉及资金的使用，为安全起见，金融机构借款合同要求必须采用书面形式，故为要式合同。

自然人借款合同与以金融机构为贷款人的借款合同存在诸多不同。在自然人借款合同中，除双方当事人就借款事宜达成一致外，还须贷款人将有关款项交付借款人，借款合同方成立，故自然人借款合同为实践性合同。根据《合同法》第 197 条规定："借款合同采用书面形式，但自然人之间借款另有约定的除外……"可见，自然人借款合同，合同形式以要式为原则，以不要式为例外。《合同法》第 211 条第 1 款规定："自然人之间的借款合同对支付利息没有约定或者约定不明确的，视为不支付利息。"可见，自然人之间在无利息约定或者就利息约定不明确的情况下，则为无偿合同。

三、借款合同的分类

（一）金融机构借款合同与自然人借款合同

依据借款合同中贷款人身份的不同，可将借款合同分为金融机构借款合同与自然人借款合同。

金融机构借款合同通常被称为贷款合同或者信贷合同,是指银行等金融机构作为贷款人,将金钱出借给借款人使用,在合同履行期限届满后由借款人按照合同约定向贷款人返还借款并支付利息的合同。在民事主体之间发生货币借贷合同中,有自然人之间的借款合同,有非金融机构之间的借款合同和自然人与非金融机构之间的借款合同,其中的自然人借款合同,仅指借款合同的主体均为自然人的借款合同,这种合同成为民间借贷合同,且因其主体均为民事主体身份,非商事经营者的身份,法律对自然人借款合同约束较少,多为任意性规定,而对金融机构借款合同多为强制性规定。在自然人与非金融机构之间的借款合同中,自然人作为贷款人的借款合同参照民间借贷的规定处理;非金融机构为贷款人的借款合同通常受到严格限制,不得约定利息,否则无效。

(二)自营贷款合同与委托贷款合同

依据贷款资金来源不同,以银行等金融机构为贷款人的借款合同又可分为自营贷款合同与委托贷款合同。

自营贷款合同是指金融机构以其自有资金与借款人签订的借款合同。委托贷款合同是指金融机构作为受托人根据委托人确定的贷款对象、金额、用途、期限、利率等代理发放,并监督使用、协助收回贷款的贷款合同。

自营贷款合同与委托贷款合同的区别在于贷款人承担的贷款风险不同。当自营金融机构使用自有资金发放贷款时,其贷款风险自行承担,贷款收益也自行享有。在委托贷款中,金融机构身份仅为受托人,资金来源于委托人,金融机构只是依据委托人的指示确定借款人、借款金额、借款用途等。故委托贷款中的风险由委托人自行承担,金融机构在其中仅收取一定的手续费。

(三)信用借款合同与担保借款合同

依据借款人是否提供担保,借款合同可分为信用借款合同与担保借款合同。

信用借款合同是指借款人仅以其信誉作为其还款保证的借款合同。在信用借款合同中,借款人仅以其信用作为借款担保,金融机构能否顺利收回贷款与借款人的诚信品格密切相关,这对金融机构而言风险很大。为避免并防范金融机构此类业务风险的发生,对此,我国《银行法》的有关规定明确禁止金融机构发放信用贷款。

担保借款合同是指借款人提供一定形式的担保作为其还款保证的借款合同。担保形式有第三方的信用保证借款和财产担保借款,其中财产担保借款又可依据是否转移担保物给担保权利人占有而分为抵押担保借款和质押担保借款。

第二节　借款合同的效力

一、贷款人的权利与义务

(一)贷款人的权利

1. 贷款人有要求借款人提供担保的权利

贷款人的此项权利是为降低其贷款风险。若借款人提供担保,则当借款人到期不能还款时,贷款人可以通过行使担保物权来实现其贷款的权益。

2.贷款人有解除合同的权利

《合同法》第 203 条规定:"借款人未按照约定的借款用途使用借款的,贷款人可以停止发放借款、提前收回借款或者解除合同。"可见,当借款人未按照约定用途使用借款时,贷款人有权单方解除借款合同。

3.借款使用的检查监督权

《合同法》第 202 条规定:"贷款人按照约定可以检查、监督借款的使用情况……"可见,贷款人对其发放的贷款有权进行检查监督,以保证贷款按照约定的用途被借款人使用并保证贷款人的资金安全。

4.确定利率的权利

《合同法》第 204 条规定:"办理贷款业务的金融机构贷款的利率,应当按照中国人民银行规定的贷款利率的上下限确定。"在中国人民银行发布的基准利率规定的范围内,金融机构有权依据不同的借款人和不同的借款风险,在法律规定的利率浮动范围内自行确定利率。

(二)贷款人的义务

1.贷款人有义务依合同约定提供贷款

在借款合同中,贷款人的主要义务是给借款人提供一定数量的货币。

金融机构借款合同作为诺成性合同,当事人一经达成合意则借款合同即告成立,此时依照合同约定,贷款人有义务提供借款给借款人。若贷款人不能依照约定提供借款给借款人,贷款人必须向借款人承担违约责任,因此给借款人造成损失的,贷款人还需要承担损害赔偿责任。

在自然人借款合同中,因其为实践性合同,故在贷款人未向借款人交付借款前,借款合同未成立,此时,贷款人尚不存在合同义务。贷款人向借款人提供借款时借款合同成立,但贷款人因已经支付借款,故对自然人借款合同而言,合同一成立义务已履行。

2.诚信义务

贷款人在借款合同履行过程中,必须遵守诚信义务,对借款人的各种情况进行保密,在借款合同中知悉的借款人的商业秘密、技术秘密等信息不得对外泄露。

二、借款人的权利与义务

(一)借款人的权利

1.借款人获得全额贷款的权利

借款合同旨在解决借款人资金周转困难,同时为贷款人闲置资金提供投资途径。一旦借款合同生效,借款人就有从贷款人处获得全额贷款的权利,不允许贷款人在借款合同履行过程中提前将利息扣除。对此,《合同法》第 200 条明确规定:"借款的利息不得预先在本金中扣除。利息预先在本金中扣除的,应当按照实际借款数额返还借款并计算利息。"

2.提前还款的权利

借款合同旨在于解决借款人的资金短缺问题并以借款人支付利息为对价,当借款人可以在还款期限到来前解决其资金困难时,提前还款可以减少其利息支出。借款人提前还款,是对其返还本金及利益义务的提前履行,并没有给贷款人造成损失。因此,在当事人就提前还款没有相反的约定时,借款人要求提前还款,贷款人不得拒绝。《合同法》第 208 条规定:"借款人偿还借款的,除当事人另有约定的以外,应当按照实际借款期间计算利息。"

3. 申请贷款展期的权利

《合同法》第 209 条规定:"借款人可以在还款期限届满前向贷款人申请展期。贷款人同意的,可以展期。"可见,当借款合同到期而借款人没有能力及时返还本金及利息的,借款人可以在还款期限到期前向贷款人申请展期。若贷款人同意的,可以展期。

(二)借款人的义务

1. 诚实信用义务

对贷款人而言,借款合同是具有一定风险的。为防范贷款人的风险,借款人应当在订立借款合同时,如实向贷款人提供自身的相关资料以供贷款人审查,贷款人依据借款人的实际情况自主决定是否订立借款合同。若借款人在订立合同时提供虚假资料,贷款人有权请求撤销借款合同,情节严重构成贷款诈骗行为的,借款人还应承担相应的刑事责任。

2. 依照合同约定收取借款的义务

借款人应依照合同约定收取借款,如此,贷款人完成其发放贷款义务,借款人得以获得资金,实现借款合同的根本目的。若贷款人依据合同约定日期履行其发放贷款义务,但借款人未按照约定日期和数额领取借款的,计算利息开始的日期应当从合同约定的日期和数额来计算。

3. 依照合同约定使用借款的义务

贷款人在磋商订立借款合同时,约定的借款用途是贷款人衡量其贷款风险的因素之一。因此,借款人应当依照约定用途使用借款,并有义务接受贷款人的检查。

4. 按期返还借款的义务

借款合同到期后,借款人应依照合同约定返还相同数额的本金给贷款人,也可以在合同到期前返还本金。经贷款人同意的,借款人还可以延期返还贷款。

5. 支付利息的义务

借款人支付利息是其使用贷款人本金的对价,也是贷款人之所以发放贷款的目的之一。借款人应当依照合同约定支付利息给贷款人。

至于支付利息的期限,有约定的从约定。如果没有约定或者约定不明的,双方当事人对此又未能达成补充协议的,可以按照合同条款或交易习惯确定。如果依照合同条款或交易习惯依然不能确定的,借款期间不满一年的,应当在返还借款时一并支付利息;如果借款期间在一年以上的,应当在每届满一年时支付利息,剩余期间不满一年的,应当在返还借款时一并支付利息。

思　考　题

1. 简述借款合同的概念及特征。
2. 简述自然人借款合同与金融机构借款合同的区别。
3. 简述委托贷款合同与自营贷款合同的区别。
4. 简述金融机构贷款人的主要权利和义务。
5. 简述借款人的主要义务。

第十五章　租　赁　合　同

本章提要：

租赁合同是非常常见的一种合同类型,租赁合同对于促进物的使用价值的发挥具有重要意义。本章主要讲述了租赁合同的概念与特征、出租人和承租人的权利与义务、租赁合同的效力、租赁合同中的风险负担。

本章重点：

(1)租赁合同的特征、种类；

(2)租赁合同当事人的权利与义务；

(3)租赁合同的特别效力与风险负担；

(4)租赁合同的解除。

第一节　租赁合同概述

一、租赁合同的概念与特征

(一)租赁合同的概念

租赁合同指当事人一方将标的物交付另一方使用、收益,另一方支付租金,并于使用、收益完毕后归还原物的合同。《合同法》第 212 条规定:"租赁合同是出租人将租赁物交付承租人使用、收益,承租人支付租金的合同。"

在租赁合同中,被交付并被使用、收益的物为租赁物,提供租赁物的一方当事人为出租人,使用租赁物并支付租金的一方当事人为承租人,租金是承租人使用、收益租赁物所支付的相应代价。

(二)租赁合同的特征

1.租赁合同是出租人保留租赁物所有权的合同

租赁合同是出租人将租赁物在一定期限内的占有权、使用权、收益权让与承租人,承租人为此支付租金的合同。在租赁合同中,出租人保留标的物的所有权,承租人通过支付相应租金获得一定期限内占有标的物并获取该期限内标的物的使用权与收益权。

2.租赁合同是双务、有偿、诺成性合同

在租赁合同中,出租人与承租人按照租赁合同的约定各自承担相应义务、享有相应权利,因此为双务合同。承租人以向出租人支付相应租金为代价获取对租赁物的占有、使用以及收益,而出租人以交付租赁物于承租人并允许承租人占有、使用并对租赁物进行收益为代价获取租金,因此为有偿合同。此外,租赁合同仅需双方当事人意思表示达成一致即可成立并生效,而非以标的物的交付为合同成立或生效的要件,因此,租赁合同又是诺成性合同。

3.租赁合同一般为不要式合同

租赁合同的成立并不以具备特定形式或者履行特定手续为要件,当事人可以自由选择合同的形式。《合同法》第 215 条规定:"租赁期限六个月以上的,应当采用书面形式。当事人未采用书面形式的,视为不定期租赁。"可见,若租赁期限较长,则双方应当签订书面租赁合同,但若租赁合同未采用书面形式也并不会导致租赁合同无效,而是会使该租赁合同被视为不定期合同。而对租赁期限较短的,即六个月以内的租赁合同是否采用书面形式视双方当事人自愿。

4.租赁合同具有期限的限制性

租赁合同是出租人就租赁物的占有权、使用权以及收益权在租赁期间转让于承租人的合同。租赁合同不可能永久性存在,否则出租人的所有权就会被架空,出租人就租赁物享有所有权也就徒有其名,就可能存在着当事人规避法律,以租赁之名行买卖之实的漏洞。《合同法》第 214 条规定:"租赁期限不得超过二十年。超过二十年的,超过部分无效。租赁期间届满,当事人可以续订租赁合同,但约定的租赁期限自续订之日起不得超过二十年。"

5.租赁物为非消耗物

根据《合同法》第 235 条规定可知,租赁期限届满,承租人应当返还租赁物。可见,因租赁期限届满承租人需将租赁物原物返还出租人,这就决定了租赁物必须为不可消耗物。并且,承租人返还的租赁物,还应当符合约定或者根据租赁物的性质使用后的状态。租赁合同的这项特征,一方面是由租赁物的非消耗性决定,另一方面也是由承租人订立租赁合同的目的决定。况且于出租人而言,其出租租赁物就是为了通过出租获取收益,而非处分物的所有权。

二、租赁合同的分类

(一)动产租赁合同与不动产租赁合同

按照租赁物是动产还是不动产,可将租赁合同分为动产租赁合同与不动产租赁合同。动产租赁合同指以动产为租赁标的物的租赁合同。不动产租赁合同指以不动产为租赁标的物的租赁合同。无论租赁物是一般动产还是特殊动产(如汽车、船舶、飞机等),均为动产租赁;不动产租赁通常指对土地、房屋的使用、收益租赁。

区分动产租赁合同与不动产租赁合同的主要意义在于:对于不动产租赁合同,法律往往有特别要求,例如《城市房地产管理法》第 53 条规定:"出租人、承租人签订房屋书面租赁合同时,应当约定租赁期限、租赁用途、租赁价格、修缮责任等条款,以及双方的其他权利和义务,并向房产管理部门登记备案。"根据《房屋租赁办法》第 13 条、第 14 条规定可知,房屋租赁合同实行登记备案制度,签订、变更、终止房屋租赁合同的,当事人应当向房屋所在地市、县人民政府房屋管理部门登记备案。房屋租赁人应当在租赁合同签订后 30 日内,持规定的文件到市、县房地产管理部门办理登记备案手续。对于动产租赁合同,法律一般无特别要求。

(二)一般租赁合同与特别租赁合同

根据法律对租赁合同有无特别规定,可将租赁合同分为一般租赁合同与特别租赁合同。一般租赁合同指法律没有特别规定的租赁合同,例如就普通动产为租赁标的物的租赁合同。

特别租赁合同指法律有特别规定的租赁合同。法律的特别规定既包括合同法中的特别规定，也包括特别法中有关租赁合同的规定。例如我国的《城市房地产管理法》《海商法》等对租赁的规定，均是有关特别租赁的规定。

(三)定期租赁合同与不定期租赁合同

根据当事人在租赁合同中就租赁期限有无明确约定为标准，可将租赁合同分为定期租赁合同与不定期租赁合同。若当事人在租赁合同中明确约定租赁期限的，则为定期租赁合同；若当事人对租赁期限没有约定或约定不明确的，则为不定期租赁合同。

合同法确定了在特定情况下认定不定期租赁的方法。依《合同法》第215条规定可知，租赁期限六个月以上的，应当采用书面形式。当事人未采用书面形式的，视为不定期租赁。另据《合同法》第236条的规定可知，租赁期间届满，承租人继续使用租赁物，出租人没有提出异议的，原租赁合同继续有效，但租赁期限为不定期。

区分定期租赁合同与不定期租赁合同的主要意义在于：两类租赁合同下当事人合同解除权的行使存在不同规定，对于不定期租赁而言，除法律有特别规定外，当事人双方均可随时终止合同；而对于定期租赁合同而言，当事人若无约定或法定事由在合同期限届满前无权解除合同。

第二节　租赁合同的内容

一、租赁合同条款

租赁合同的主要条款如下。

1. 租赁物条款

租赁物条款即租赁合同的标的物条款，属于租赁合同的租赁交易对象。根据《中华人民共和国物权法》(以下简称《物权法》)、《合同法》等法律法规的规定，租赁物应当具备下列条件：①出租人对租赁物拥有合法的处分权；②租赁物为可流转物，限制流通物与禁止流通物不得成为租赁标的物；③租赁物为不可消耗物。

2. 租赁期限条款

租赁期限条款是租赁合同的重要内容之一。针对租赁合同的期限问题，合同法有明确规定。例如，《合同法》第214条规定："租赁期限不得超过二十年。超过二十年的，超过部分无效。"《合同法》第215条规定："租赁期限六个月以上的，应当采用书面形式。当事人未采用书面形式的，视为不定期租赁。"可见，合同法就租赁期限问题，不仅规定了租赁的最长期限，六个月以上租期的租赁合同须采用书面形式，也规定了不定期租赁等情形。

3. 租金条款

租金条款是租赁合同中极其重要的条款内容。一般而言，双方当事人在就租赁合同的相关事宜进行磋商的过程中，磋商的核心往往是租金条款。收取租金是出租人订立租赁合同的目的所在，因此，租赁双方必须就租金达成协议。同时，双方当事人对租金的约定应当具体、明确，不仅应约定租金的数额与支付期限，还应约定租金的支付方式。

4. 租赁物维修条款

租赁物的维修是使租赁物保持正常状态以使其能为承租人正常使用、收益的必要措施，也是租赁期间经常会发生的问题。为避免发生维修租赁物的争议,双方可以在租赁合同中就与维修租赁物有关的事宜进行约定。但是,租赁物的维修条款并非租赁合同的必要条款,即使租赁合同中没有就租赁物维修进行有关约定,也不会影响租赁合同的效力。

5.转租等特殊事项条款

转租是涉及承租人收益利益的一项重要内容。一般而言,允许转租的通常是租赁期限比较长的租赁合同,也意味着出租人的处分权受到更大限制。转租会使预期利益交易更广,内容也会更为复杂,因此,在多数时候,租赁合同中往往有"不得转租"或者"禁止转租"等限制性条款。

二、出租人的权利与义务

(一)出租人的权利

1.收取租金

收取租金是出租人的核心权利,也是租赁合同中出租人的目的利益所在。《合同法》第226条规定:"承租人应当按照约定的期限支付租金……"《合同法》第227条规定:"承租人无正当理由未支付或者迟延支付租金的,出租人可以要求承租人在合理期限内支付。承租人逾期不支付的,出租人可以解除合同。"

2.合同解除权

出租人并不能随意解除租赁合同,否则需向承租人承担违约责任。但是,在下列情形中,出租人享有合同解除权:①出租人与承租人经过协商,双方就合同解除事宜达成一致意见;②当双方约定的解除合同的条件成就时,出租人可依照约定解除合同;③若租赁合同未约定承租人可转租,承租人未经出租人同意擅自转租的,出租人有权解除合同;④承租人擅自将租赁物转让、转借他人使用或者擅自调换使用的,出租人有权解除合同;⑤承租人无正当理由未支付或者延付租金时,出租人有权要求承租人在合理期限内支付租金,承租人逾期不支付的,出租人有权解除合同;⑥租赁期限在6个月以上但双方未签订书面租赁合同的,或者租期已经届满而承租人继续使用租赁物且出租人未提出异议的,或者其他可视为不定期租赁合同关系的,出租人有权随时解除租赁合同;⑦承租人利用承租房屋进行违法活动,或者承租人擅自拆改房屋结构,或者改变租赁物用途或故意毁坏租赁物的,出租人有权解除租赁合同;⑧因不可抗力导致租赁合同不能继续履行的,出租人有权解除租赁合同。

3.租赁物的取回权

租赁物的取回权指在租赁合同期限届满后或者解除租赁合同的情形下,出租人从承租人处取回租赁物的权利。此项权利是出租人对租赁物拥有所有权的表现。此外,当出现承租人破产这种特殊情况时,出租人对租赁物依法享有法定的取回权。

(二)出租人的义务

1.交付租赁物

交付租赁物是出租人的首要义务。依《合同法》第216条规定可知,出租人应当按照约定将租赁物交付承租人。将租赁物的占有凭证(如仓单)、钥匙等交付承租人一般视为交付租赁物的完成。例如出租屋的钥匙交给承租人且承租人对此无异议的,即视为出租人已经履行了对租赁物的交付义务。若存在书面形式的交接单证,如交接记录、验收单等单证时,则出租人对这些书面单证的交付视为其交付义务的完成。

2. 维修租赁物的义务

《合同法》第 220 条规定:"出租人应当履行租赁物的维修义务,但当事人另有约定的除外。"第 221 条规定:"承租人在租赁物需要维修时可以要求出租人在合理期限内维修,出租人未履行维修义务的,承租人可以自行维修,维修费用由出租人负担。因维修租赁物影响承租人使用的,应当相应减少租金或者延长租期。"可见,除法律另有规定或合同另有约定外,出租人对租赁物负维修义务。出租人的此项义务实际上是出租人保持租赁物使其符合于使用、收益状态义务的延伸。在租赁物需要维修时,承租人有权要求出租人于合理期限内进行维修。出租人未履行该维修义务的,承租人亦可自行维修,但维修费用应由出租人承担。若出租人因维修租赁物而影响到承租人对租赁物的正常使用时,出租人有义务相应减少租金或者延长租期。

此外,当发生可归责于承租人的事由而导致租赁物毁损的,当事人双方又对租赁物的维修事宜事先未约定或事后未能达成补充协议的,出租人仍应承担维修义务。但是,为了维护出租人的合法权益,公平调整、均衡出租人与承租人间的各自义务,出租人有权请求承租人承担损害赔偿责任。并且,在此种情形下,出租人的维修即使影响到了承租人对租赁物的使用、收益,承租人也无权请求出租人减少租金。

3. 租赁物的用途保证义务

租赁物的用途保证义务是出租人对于租赁物交付后的租赁物功能保障义务。依《合同法》第 216 条规定可知,在租赁期间,出租人应当保证租赁物符合约定的用途。这种保证义务的实质,是由出租人对租赁物拥有所有权而决定的,即当出租人以租赁物进行有关租赁交易并谋求租赁交易时,租赁物符合约定的用途是出租人获得租赁收益的前提。若租赁物具有承租人不能正常使用的瑕疵,则出租人就需承担相应的瑕疵担保责任。出租人应当使租赁物在租赁期间能满足约定的用途,如:对于汽车租赁,出租人应当保证汽车在租赁期间能正常使用,租赁期间,汽车在正常使用中出现故障,出租人应更换车辆,并赔偿损失。

4. 租赁物的权利瑕疵担保责任

出租人的权利瑕疵担保责任指出租人应当担保不会因第三人主张权利而使承租人不能依照合同使用、收益租赁物。《合同法》第 228 条规定:"因第三人主张权利,致使承租人不能对租赁物使用、收益的,承租人可以要求减少租金或者不支付租金。"

出租人的权利瑕疵担保责任的构成需要如下要件:

(1)第三人向承租人主张权利,且该权利构成了承租人对租赁物使用、收益的障碍。

(2)第三人向承租人主张的权利应在租赁物交付承租人之前便存在。

如果第三人对租赁物享有的权利发生于租赁物交付承租人之后,则因承租人的租赁权具有对抗任意第三人之效力而不会发生权利瑕疵担保问题。例如,房屋在租赁后出租人又就该房屋向第三人设立抵押权,当实现抵押权的条件具备,第三人欲通过行使抵押权来实现其债权时,在承租人的租赁期限未届满的情形下,承租人的租赁权并不受抵押权实现的影响,即承租人可继续租赁房屋至租赁期限届满。

(3)承租人善意。承租人善意指承租人在订立租赁合同时对租赁物存在权利瑕疵并不知情且无过失。若承租人订立合同时明知或者应当知道租赁物上存在第三人的某项权利,且该权利会造成对承租人使用、收益租赁物的障碍,但承租人依然与出租人订立此项合同的,表明承租人自愿承担这种因第三人主张权利而存在的租赁风险。此时,出租人无须承担权利瑕疵担保责任。

三、承租人的权利与义务

（一）承租人的权利

1. 租赁物的维修请求权

租赁物的正常使用或符合正常的功能用途,是承租人实现对租赁物使用、收益的关键所在。因此,一旦租赁物出现影响其正常功能发挥的故障,承租人的首要权利便是对租赁物的维修请求权。对此《合同法》第 221 条规定:"承租人在租赁物需要维修时可以要求出租人在合理期限内维修。出租人未履行维修义务的,承租人可以自行维修,维修费用由出租人负担。因维修租赁物影响出租人使用的,应当相应减少租金或者延长租期。"

在合同约定维修义务由承租人负担时,承租人无此权利。

2. 租赁物的改善权

《合同法》第 223 条第 1 款规定:"承租人经出租人同意,可以对租赁物进行改善或者增设他物。"第 2 款规定:"承租人未经出租人同意,对租赁物进行改善或者增设他物的,出租人可以要求承租人恢复原状或者赔偿损失。"可见,承租人虽享有对租赁物的改善权,但是该项权利的前提是得到出租人的同意。

改变租赁物的现状,往往会涉及租赁物的添附或者形状改变,这就有可能对租赁物自身安全或者用途构成一定隐患。对租赁物自身的改善,从其本质而言,并不能属于承租人的权利之列,而应是出租人对租赁物所有权的一种延伸,即对租赁物的改善权本应属于出租人。但就另一方面看,所有权人即出租人一旦将租赁物出租,在租赁期限内对租赁物的占有、使用等权利又均属于承租人,租赁物的现状是否满足承租人的租赁要求往往会直接关系到承租人是否续租或者其收益能否最大限度地实现等问题。假设无论在任何条件下,承租人均不具有对租赁物的改善权,那么,于承租人而言,不是租期届满便寻找新的租赁对象就是可能在商定租赁合同有关事宜阶段就已打消了与对方合作的念头。因此,有条件地承认承租人对租赁物的改善权,能够发挥租赁物的最大使用价值,使物尽其用,对双方当事人乃至社会均是有利的。

3. 出租人同意时,对租赁物的转租权

所谓转租权,指在租赁合同有效期内,承租人根据合同的约定对租赁物再次出租而收取租金的权利。承租人称为转租人,第三人称为次承租人。转租权是承租权的扩展层面,与出租人和承租人的利益均关系重大,故《合同法》对承租人的转租权也进行了严格限制。《合同法》第 224 条第 1 款规定:"承租人经出租人同意,可以将租赁物转租给第三人。承租人转租的,承租人与出租人之间的租赁合同继续有效,第三人对租赁物造成损失的,承租人应当赔偿损失。"第 2 款规定:"承租人未经出租人同意转租的,出租人可以解除合同。"可见,承租人对租赁物转租权的获得,以出租人同意为必备要件,即只有经出租人同意(出租人的同意既可以是事先同意,也可以是事后追认),承租人方有权将租赁物转租于第三人。

就《合同法》第 224 条第 1 款规定看,在取得了出租人同意的情形下的转租,在相关当事人间将会发生如下法律后果:第一,出租人与承租人之间的租赁关系并不因转租而受影响,承租人有义务就因次承租人之故而致租赁物所受的损失向出租人承担损害赔偿责任;第二,在出租人与次承租人之间并不存在直接的法律关系,但次承租人可以直接向出租人履行承租人应当履行的义务,出租人也可以直接向次承租人行使转租人可以行使的权利;第三,转租以承租人的租赁权为基础,在承租人的租赁权因合同终止等原因归于消灭时,次承租人不得向出租人主张租赁权。

4.租赁物的收益权

租赁物的收益权是承租人的又一项重要权利。所谓租赁物的收益,是指租赁物在租赁期间产生的收益。

就物权法的原理看,物的收益除法律另有规定或者当事人另有约定外,应归物的所有权人所有。租赁物在租赁期间产生的收益究竟归谁,这本应与租赁合同本身的性质与内容密切相关。有的租赁合同仅转移标的物的使用权,这类租赁合同中租赁物的收益权并不随之转移。例如,承租人为居住而租赁房屋,此时租赁本身并不会产生收益,谈及租赁物收益权的归属也无任何意义。学者将此种租赁称为使用租赁。但在某些情形下,承租人租赁的直接目的就是为了收益,例如,承租人为了生产经营而租赁机器设备,此时就会产生租赁物的收益这一客观问题。只是,承租人的此种租赁所带来的收益本就是以承租人向出租人支付租金为代价,故租赁期间因机器设备投入使用而产生的收益自然应归承租人所有。除此之外,我国合同法将租赁合同规定为"出租人将租赁物交付承租人使用、收益"的合同,可见,在我国,租赁合同的生效意味着对租赁物不仅是使用权在租赁期间内的转移,也包括收益权在租赁期间内的转移。据此,随着租赁合同的生效,承租人当然取得租赁期间内租赁物的使用权与收益权,故《合同法》第 225 条规定:"在租赁期间因占有、使用租赁物获得的收益,归承租人所有,但当事人另有约定的除外。"

5.优先权

租赁物的优先权,是承租权物权化的结果,也是世界范围内的一种趋势。《合同法》第 230 条、第 234 条对承租人的优先权进行了规定,分为两种情况:一是承租人的优先购买权,即当出租人出卖已经租赁的房屋时,同等条件下承租人依法享有优先购买的权利。二是利益人的优先承租权,即当承租人在租赁期间内死亡,与之生前共同居住的人可按照原租赁合同约定的内容,继续租赁房屋至租赁期限届满。

(二)承租人的义务

1.按照约定用途使用的义务

承租人应当按照约定的方法使用租赁物。对租赁物的使用方法没有约定或者约定不明确,依照《合同法》第 61 条的规定仍不能确定的,应当按照租赁物的性质使用。承租人按照约定的方法或者租赁物的性质使用租赁物,致使租赁物受到损耗的,不承担损害赔偿责任。承租人未按照约定的方法或者租赁物的性质使用租赁物,致使租赁物受到损失的,出租人可以解除合同并要求赔偿损失。如:甲承租乙的房屋约定居住使用,甲却使用此房屋进行商业活动,乙可以此为由要求解除合同。

2.租赁物的保管义务

承租人在租赁期间占有租赁物,应当尽善意保管的义务。《合同法》第 222 条规定:"承租人应当妥善保管租赁物,因保管不善造成租赁物毁损、灭失的,应当承担损害赔偿责任。"

3.支付租金的义务

租金是承租人使用、收益租赁物的对价,是承租人的主要义务。《合同法》第 226 条规定:

"承租人应当按照约定的期限支付租金。对支付期限没有约定或者约定不明确,依照本法第六十一条的规定仍不能明确,租赁期间不满一年的,应当在租赁期间届满时支付;租赁期间一年以上的,应当在每届满一年时支付,剩余期间不满一年的,应当在租赁期间届满时支付。"

4.返还租赁物的义务

《合同法》第235条规定:"租赁期间届满,承租人应该返还租赁物。返还的租赁物应当符合按照约定或者租赁物性质使用后的状态。"此条即是对承租人返还租赁物之义务的规定。承租人履行此项义务应当注意以下几点:①返还的期限。其中,定期租赁应当于租赁期限届满时返还;不定期租赁,应当于租赁关系届满时返还。②承租人返还的租赁物应当符合按照约定或者租赁物的性质使用后的状态。③承租人在租赁期间未经出租人同意,对租赁物进行改建、改装或者是增加附着物,则在返还租赁物时应予拆除,以恢复租赁物的原状。当然,在出租人同意的情形下,也可以不拆除。

第三节　租赁合同的特别效力与风险负担

一、租赁合同的特别效力

租赁合同的特别效力指生效的租赁合同对第三人产生的法律约束力。租赁合同的特别效力主要包括租赁权的物权化、承租人的优先购买权以及承租人的共同居住人的继续承租权这几个方面。

(一)租赁权的物权化——买卖不破租赁

买卖不破租赁是指在租赁关系存续期间,出租人出卖租赁物给第三人时,承租人有权继续占有、使用租赁物至租赁期限届满,第三人不能以其为租赁物之所有权人而否认原租赁关系的存在。

租赁合同本质上为债权债务关系,但是近代民法规定,租赁物所有权在租赁期间内的转移不得影响承租人的承租权,承租人与出租人间的租赁合同继续有效,第三人也无权解除该租赁合同。买卖不破租赁的情形是对传统民法理论中债的相对性的突破,它使租赁权这种债权产生了可以对抗第三人的效力,使租赁权呈现出了物权的某些特性。

我国一贯承认"买卖不破租赁"的原则。《合同法》第229条规定:"租赁物在租赁期间发生所有权变动的,不影响租赁合同的效力。"此外,在《担保法》中规定的"抵押不破租赁"是对买卖不破租赁的具体应用。《担保法》第48条规定,抵押人将已出租财产抵押的,应当书面告知承租人,原租赁合同继续有效。《物权法》在承袭此规定的基础上,又对"抵押不破租赁"的适用范围做出一定的限制。《物权法》第190条规定:"订立抵押合同前抵押财产已出租的,原租赁关系不受该抵押权的影响。抵押权设立后抵押财产出租的,该租赁关系不得对抗已登记的抵押权。"应当注意的是,租赁权虽然呈现出物权的某些特征而存在租赁权物权化的倾向,但是租赁权的本质依然是债权。

(二)承租人的优先购买权

承租人的优先购买权指在租赁关系存续期间,在出租人出卖租赁物时,同等条件下承租人享有对该租赁物的优先购买权。对承租人的此项权利,《合同法》第 230 条规定:"出卖人出卖租赁房屋的,应当在出卖之前的合理期限内通知承租人,承租人在同等条件下享有优先购买的权利。"

承租人行使优先购买权应当具备下列条件:

(1)出租人需在租赁期间出卖租赁物。若出租人在租赁期限届满后出卖租赁物,则承租人不享有对原租赁物的优先购买权。

(2)在同等条件下,承租人主张购买该租赁物。

(3)承租人需在合理期限内行使优先购买权。

对于此处究竟何为"合理期限",《合同法》并没有进行明确规定,但根据相关司法解释可知,出租人出卖租赁房屋的,应提前三个月通知承租人。可见,这个合理期限应当是自出租人通知承租人之日起的三个月内。

对于损害优先权的后果是产生赔偿责任还是导致转让行为无效存在争议。如甲出租房屋给乙,租期内甲未征得乙的同意而将房屋出售给丙,损害了乙的优先购买权。究竟是甲的出售行为无效,还是甲的出售行为有效,从维护善意第三人利益和交易秩序稳定的角度出发,应当认定甲的出售行为有效,但因其损害乙的优先购买权而应向乙负赔偿责任。

(三)承租人的共同居住人的继续承租权

在承租人死亡后,租赁合同本应终止。但是,为了保护生前与承租人共同居住者的利益,为了民事法律关系的稳定,为了使物的使用价值得以充分发挥,法律允许当承租人在租赁期限届满前死亡时,与承租人生前共同居住的人依然有权利继续居住租赁房屋至租赁期限届满。

二、租赁合同的风险负担

在租赁关系存续期间,承租人有妥善保管租赁物的义务,若是因承租人的妥善保管义务未尽到而致使租赁物毁损、灭失的,承租人应当对此承担损害赔偿责任。但是,当面对不可归责于双方当事人的事由而致租赁物毁损、灭失时,就会发生究竟由谁承担租赁物毁损、灭失的结果的风险负担问题。

在租赁关系存续期间,关于租赁物毁损、灭失的风险负担,我国合同法采取了"所有人主义"[①],这与买卖合同中风险负担采取"交付主义"完全不同。根据《合同法》第 23 条规定可知,因不可归责于承租人的事由,致使租赁物部分或全部毁损、灭失的,承租人可以请求减少租金或不支付租金;若因租赁物部分或全部毁损、灭失,致使不能实现合同目的的,承租人可以请求解除合同。

第四节　租赁合同的终止

一、租赁合同终止的原因

依《合同法》的规定,租赁合同的终止主要有以下原因。

[①]　所谓"所有人主义",是指由租赁物的所有权人承担因不可归责于双方人的事由而致租赁物毁损、灭失的风险的主张。

1.租赁合同因租赁期限届满而终止

在租赁合同中,当事人定有租赁期限的,在租赁期限届满而双方又没有续订租赁合同时,租赁合同因租赁期限的届满而终止。

2.租赁合同因租赁物的灭失而终止

在租赁合同中,租赁物的存在既是承租人实现其利益所需的根本所在,也是出租人获取租金收益的关键所在。若租赁物灭失,则承租人和出租人均无法实现各自的利益所需。故租赁物一旦灭失,租赁关系终止。

3.租赁合同因双方当事人的解除而终止

租赁合同的解除有约定解除与法定解除之分。所谓约定解除租赁合同,指经过双方当事人的协商一致而终止租赁合同效力的解除方式。所谓法定解除租赁合同,指当出现解除租赁合同的法定事由时,租赁合同被解除的情形。

另外,根据合同法的规定,法定解除租赁合同的情形主要有以下几种:

(1)承租人未按照约定的方式或者租赁物的性质使用租赁物,致使租赁物受到损毁的,出租人有权解除租赁合同;

(2)承租人未经出租人同意转租的,出租人可以解除租赁合同;

(3)承租人无正当理由未支付租金或者迟延支付租金,经催告后在出租人给予的合理期限内仍不支付租金的,出租人可以解除租赁合同;

(4)因不可归责于承租人的事由而使租赁物部分或全部毁损、灭失,致使不能实现租赁合同目的的,承租人可以解除租赁合同;

(5)当事人对租赁期限没有约定或者约定不明确,依照《合同法》第61条的规定仍不能确定的,视为不定期租赁,当事人可以随时解除租赁合同,但出租人解除合同时应当在合理期限之前通知承租人;

(6)租赁物危及承租人的安全或者健康的,即使承租人订立合同时明知该租赁物质量不合格,承租人仍然可以随时解除租赁合同。

二、租赁合同终止的效力

租赁合同是一种继续性合同,承租人以向出租人支付租金为代价而获得一定期限内对租赁物使用、收益的权利。基于继续性合同的特殊性,在租赁合同终止后,特别是在当事人行使法定解除权的情形下,存在租金返还的可能性,但承租人在合同解除前对租赁物的使用、收益却不可能返还。因此,租赁合同终止后所产生的效力,只能是对合同解除后产生相应效力,即租赁合同的终止只能向未来发生效力,而不可能发生溯及既往的效力。

思 考 题

1.租赁合同中出租人的权利和义务有哪些?

2.租赁合同中承租人的权利和义务有哪些?

3.《合同法》对租赁合同中的风险负担是如何规定的?

4.租赁合同的效力有哪些?

第十六章　融资租赁合同

本章提要：

融资租赁合同是租赁和买卖合同联立而成的新合同,融资租赁合同是以融物为形式以融资为目的的合同。本章讲述了融资租赁合同的概念和特征、融资租赁合同的效力、融资租赁合同的终止等。

本章重点：

(1)融资租赁合同的特征;

(2)融资租赁合同的效力。

第一节　融资租赁合同概述

一、融资租赁合同的概念和特征

(一)融资租赁合同的概念

依《合同法》第237条的规定可知,融资租赁合同是出租人根据承租人对出卖人、租赁物的选择,向出卖人购买租赁物并提供给承租人使用,由承租人支付租金的合同。

在融资租赁合同中,融资租赁从形式上看确实是租赁,但究其实质却是融资。在实践中,融资租赁公司一般没有承租人需要租赁的标的物,它所拥有的是金钱,融资租赁公司在与承租人签订合同后,其出钱购买承租人想要购买的标的物。因此,融资租赁名为"租赁"实为"借款",即承租人向融资方借钱购买自己需要的标的物。融资租赁合同使出租人通过出租租赁物获取利润,承租人解决了资金缺乏对经营的不利影响,出卖人卖出了产品获取了利益,三方各取所需,达到共赢,故融资租赁合同对推动经济的发展有重要意义。

(二)融资租赁合同的特征

1.融资租赁合同是一种联立的有名合同,形式为"融物"实为"融资"的合同

融资租赁合同是买卖合同和租赁合同结合而成的新的有名合同,具有买卖合同和租赁合同的特征,却受专门的相关法律限制。融资租赁合同从表面上看是租赁物在出卖人、出租人和承租人之间流通,本质是资金的流动,名为买卖合同和租赁合同结合,实际是借款和买卖的关系,多数融资租赁合同约定租赁物的所有权归承租人所有,在这种情况下,租金可以理解为分期支付的货款。

2.出租人按照承租人的要求购买租赁标的物

出租人按照承租人的要求购买租赁标的物,这是融资租赁合同不同于其他民事合同的重

要特征。一般民事合同中,承租人往往按照出租人已有的标的物订立租赁合同,且出租人已有的标的物也并非是出租人按照承租人的要求提前购买,而是出租人自主购买。承租人是通过出租人购买其所需的租赁标的物而达到融资的目的,故在融资租赁合同中,出租人一般根据承租人的要求选择租赁标的物。

虽然融资租赁合同的出租人是按照承租人的要求购买标的物,但出租人的这种购买又不同于一般的买卖合同中买受人的购买。在一般买卖合同中,买受人之所以购买标的物,目的往往是为了获得标的物的所有权或者是为了自己的生产、生活或经营所需。但在融资租赁合同中,出租人购买标的物的直接目的在于选择符合承租人需要的标的物,而承租人通过由出租人购买所需标的物,以解决自己一次性购买标的物资金的不足,从而达到融资的目的。

3. 出租人一般对租赁标的物无瑕疵担保责任

在一般的租赁合同中,出租人需承担瑕疵担保责任,即出租人需保证其租赁物符合合同约定的使用、收益状态,并保证第三人不得对租赁物主张相关权利。但在融资租赁合同中,通常情况下,出租人完全是在承租人的指示与要求下购买有关租赁物,因此,若出现租赁物不符合有关的使用、收益目的,出租人无须承担一般租赁合同中存在的瑕疵担保责任。但是,若承租人是依赖出租人的技能确定租赁物,或者承租人是在出租人的干预下选择租赁物的,则出租人就要承担租赁物的瑕疵担保责任。

4. 承租人于租赁关系终止后享有选择权

一般租赁合同中,在租赁期限届满双方并未续租的情形下,承租人负有返还租赁物于出租人的义务。但在融资租赁合同中,当事人可以约定租赁期限届满有关租赁物的归属。承租人既可以在租赁期限届满时通过向出租人支付价款购买租赁物而获得租赁物的所有权,甚至可以直接约定合同期满租赁物所有权归承租人,也可以将租赁物向出租人返还。可见,承租人于租赁关系终止后享有对租赁物购买或返还出租人的选择权。

5. 出租人为专营融资租赁业务的租赁公司

出租人需为专营融资租赁业务的租赁公司,这是融资租赁合同在主体上与普通租赁合同的不同之处。融资租赁合同是以融资为目的的合同,这种融资性的特点决定了出租人必须是具备特定身份的主体。

出租人必须是经国家金融管理部门批准从事经营融资租赁业务的企业法人,而不能是一般的自然人、法人或其他组织。

6. 涉及两个合同、三方当事人

融资租赁合同中的当事人包括出租人、承租人、出卖人三方当事人;所涉及的两个合同分别是出租人与承租人间的租赁合同以及出租人与出卖人间的买卖合同。

7. 融资租赁合同为诺成合同、双务合同、有偿合同、要式合同

融资租赁合同需双方当事人达成合意即可成立,而无需标的物的交付,故是诺成合同。因双方均具有相应的权利与义务,故是双务合同。《合同法》第 238 条第 2 款规定:"融资租赁合同应当采用书面形式。"可见,其为要式合同。另据《合同法》第 248 条规定:"承租人应当按照约定支付租金。"可见,其又是有偿合同。

二、融资租赁合同的历史沿革

据考证,融资租赁最早产生于美国。20 世纪 50 年代,因生产技术的进步,企业规模不断

扩大,美国政府为防止经济过热,采取金融紧缩政策,使企业资金所需无法满足。在此背景下,融资租赁作为一种新型的信贷方式应运而生。因为融资租赁这种方式既灵活又方便,为企业提供了一种中长期贷款所无法提供的独特便利,故颇受当事人各方青睐。融资租赁这种方式不仅在美国,而且在许多发达国家都得到了飞速的发展。

改革开放后,我国引进了融资租赁这一经济发展的产物。我国的融资租赁经营与模式的选择均围绕一个基本目标,即利用外资。我国首次融资租赁的成功尝试,是 20 世纪 80 年代我国民航总局与美国汉诺威尔制造租赁公司和美国劳埃德银行合作,利用融资租赁方式从美国租进了第一架波音 747 飞机。此后,融资租赁成为我国利用外资的一种重要方式。

在我国,与投资人的目的以及我国的监管体制相适应,形成了我国特有的融资租赁合同中出租人的类型:一是以经营融资租赁业务为主的中外合资租赁公司,二是以经营融资租赁业务为主的非银行金融机构的金融租赁公司。改革开放后,我国利用外资的方式一直是以鼓励外商直接投资为主,许多外国银行以外商直接投资的方式,分别与我国的国内投资人合资组建了作为外商直接企业并以融资租赁业务为主的中外合资租赁公司。这些中外合资租赁公司在开展融资租赁业务时,主要依托外方银行股东的力量筹措资金,外国银行通过其设立在中国的租赁子公司向中国输出资本。外国银行通过融资租赁,规避了我国金融市场准入和外汇管理的双重制约,曲线地进入我国金融市场。

现在,融资租赁业务经常出现在大型设备、机械的租赁场合,融资租赁对推动经济发展意义重大。

第二节　融资租赁合同的效力

一、融资租赁合同的效力

融资租赁合同的效力,指生效的融资租赁合同所具有的法律约束力。由于融资租赁合同是由两个合同、三方主体结合在一起的独特类型合同,故融资租赁合同的效力较其他合同效力更为复杂。

(一)出租人的义务

1.购买租赁物

按照承租人的指定购买租赁物,从而实现融资租赁是出租人的首要义务。

在订立融资租赁合同时,租赁物并非出租人的所有物,出租人为了向承租人交付租赁物必须先购买租赁物。若出租人不购买租赁物或者虽然购买但出租物不符合承租人的要求,出租人应承担违约责任。

2.向出卖人支付货款

在融资租赁合同中,虽然租赁物为承租人使用,但并非由承租人向出卖人支付货款,而是由出租人向出卖人支付货款。

若出租人未按约定向出卖人支付货款而致承租人不能依约使用租赁物时,出租人应向承租人承担违约责任。

3.保障租赁物可正常被承租人使用

在融资租赁合同中,出租人在购买租赁物后,不但应当将租赁物交付承租人使用,还应当保证该租赁物可正常被承租人使用,从而实现承租人订立合同的目的。

4.协助承租人向出卖人主张权利

融资租赁合同中所涉及的买卖合同,一方当事人是卖方,另一方则是融资租赁合同中的出租人。当出卖人不履行其相应义务时,出租人可向出卖人主张相应权利,出租人的这些权利是其基于买卖合同本身而享有的权利。融资租赁合同因其自身的特殊性,出租人购买标的物并非为自己使用而是要将该标的物交付承租人使用,往往出租人将其在买卖合同中享有的权利也转移给承租人。若出卖人有违反买卖合同约定的行为出现,承租人就可依出租人转移给其的权利而直接向出卖人予以主张,同时,出租人在承租人向出卖人主张有关合同权利时有进行协助的义务。

(二)承租人的义务

1.接收标的物

按照合同约定及时接受出租人依约购买的标的物是承租人的重要义务。需要注意的是,虽然租赁物为出租人购买,但并不意味着承租人只能从出租人处获取标的物。为了交易的效率,法律也允许承租人可直接从出卖人处取得标的物。但不论从何处取得标的物,承租人都应当以约定的时间、地点和方式来接收。

此外,承租人接收标的物后,还应当及时对标的物进行验收,并将验收结果通知出租人。若承租人无正当理由,拒绝接收标的物或者迟延接收标的物,并不因此影响出租人按照合同约定收取租金的权利。若因承租人拒绝受领标的物或者迟延接收标的物而致出租人损失的,则承租人应向出租人赔偿损失。

2.向出租人支付租金

按照合同约定向出租人支付租金是融资租赁合同中承租人最主要的义务。

需要注意的是,在融资租赁期间,即使承租人并未使用租赁物,或者虽然使用了租赁物但并未获得预期的收益,均不影响承租人向出租人交付租金的义务的履行。

3.对租赁物妥善保管和维修的义务

在融资租赁合同中,当事人可以约定租赁期限届满有关租赁物的归属。承租人既可以在租赁期限届满时通过向出租人支付价款购买租赁物而获得租赁物的所有权,甚至可以直接约定合同期满租赁物所有权归承租人,也可以将租赁物返还出租人。可见,承租人于租赁关系终止后享有对租赁物购买或返还出租人的选择权。若租赁关系终止,承租人选择将租赁物返还出租人,则在租赁期间,承租人当然负妥善保管租赁物的义务。《合同法》第247条规定:"承租人应当妥善保管、使用租赁物。承租人应当履行占有租赁物期间的维修义务。"

4.对第三人承担责任

在租赁期间,若租赁物造成第三人的财产或者人身伤害,承租人应承担侵权责任。

(三)出卖人的主要义务

1.向承租人交付标的物

根据《合同法》第239条的规定:"出卖人应当按照约定向承租人交付标的物。"在融资租合同中,出卖人的对方当事人虽然是出租人,但其交付标的物的义务却需向承租人履行。出卖人未按照约定向承租人交付标的物的,为出卖人违约,应负违约责任。承租人可要求出卖人继续履行交付标的物的义务,也可以解除合同,并要求出卖人赔偿损失。

2. 出卖人的标的物瑕疵担保责任

一般租赁合同中,瑕疵担保责任由出租人承担。但在融资租赁中,由于是出卖人向承租人交付标的物并由承租人对标的物进行验收,出卖人和标的物也是由承租人选定的,故应由出卖人向承租人承担瑕疵担保责任。具体而言,当出卖人交付的标的物不符合约定但也并不影响使用,且承租人愿意继续使用时,承租人可要求减少价金;若出卖人交付的标的物不能使用,则承租人可根据情况要求出卖人予以修理或者更换;如果出卖人交付的标的物无法实现合同目的,则承租人有权解除合同并请求出卖人赔偿损失。

二、融资租赁合同的终止

(一)融资租赁合同终止的原因

融资租赁合同主要因下列原因而终止。

(1)融资租赁合同因期限届满而终止。若融资租赁合同期限届满,当事人又没有续租,则融资租赁合同终止。

(2)融资租赁合同因当事人的解除而终止。融资租赁合同可因当事人的解除而终止。《合同法》第248条规定:"承租人应当按照约定支付租金。承租人经催告后在合理期限内仍不支付租金的,出租人可以要求支付全部租金;也可以解除合同,收回租赁物。"但是,在当事人约定租赁期间届满租赁物归承租人所有,承租人已经支付大部分租金,却无力支付剩余租金,出租人因此解除合同收回租赁物的,收回的租赁物的价值超过承租人欠付的租金以及其他费用的,承租人可以要求部分返还。

应当注意的是,在一般租赁合同中,如果没有特殊约定,一旦租赁物因不可归责于双方当事人的事由归于毁灭时,租赁合同即终止。但在融资租赁合同中,若对租赁物毁损、灭失的风险当事人没有约定的,则由承租人承担该风险。可见,在融资租赁合同中,即使租赁物因不可归责于出租人与承租人的事由归于毁灭,承租人仍应负担支付租金的义务,合同也并不因此而终止。

(二)融资租赁合同终止后租赁物的归属

在融资租赁期间,出租人对租赁物享有所有权,但在租赁期限届满时,根据《合同法》第250条的规定可知,出租人与承租人可以约定此时租赁物的归属。当对租赁物的归属没有约定或者约定不明确时,则依照《合同法》第61条的规定确定租赁物的归属,若依然无法确定的,则租赁物的所有权归属于出租人。

在融资租赁合同中,当事人对租赁期间届满租赁物的处理一般有以下三种方式:①留购租赁物,即由承租人支付一定的价款取得租赁物的所有权。②续租,即由承租人继续承租租赁物,而租赁物的所有权继续归属于出租人。承租人若请求续租的,则当事人双方应更新租赁合同。此外,续租后的租金标准应以租赁物残存的价值为基础来确定,而非适用原来的租金标准。③退租,即双方租赁关系终止,由承租人将租赁物返还给出租人所有。

思　考　题

1.融资租赁合同的本质是什么?
2.融资租赁合同中出卖人、出租人与承租人之间的权利和义务是什么?

第十七章 承揽合同

本章提要：

承揽合同是承揽人按照定作人的要求完成工作，交付工作成果，定作人支付报酬的合同。本章阐释了这类合同的概念、特征、种类、内容、当事人权利义务等，并分析了承揽合同与买卖合同、劳务合同等相似合同的区别。

本章重点：

(1)承揽合同的概念和特征；

(2)承揽合同双方的权利义务、承揽合同的解除；

(3)承揽合同与买卖合同的区别。

第一节 承揽合同概述

一、承揽合同的概念和特征

承揽合同是承揽人按照定作人的要求完成工作，交付工作成果，定作人支付报酬的合同。在承揽合同中，完成工作并交付工作成果的一方为承揽人，接受工作成果并支付报酬的为定作人。

1.承揽合同以完成一定工作并交付工作成果为目的

在承揽合同中，定作人订立合同的目的是为了取得承揽人完成的工作成果。承揽人为完成工作成果须使用劳务进行工作，但定作人设立合同的目的是要求承揽人提供工作成果，而非承揽人提供工作过程。因此，承揽合同与劳动合同相区别，后者以提供劳动过程为合同目的。承揽人的工作结果体现于物化的工作成果，才能满足定作人的需要。

2.承揽合同的标的物具有特定性

在承揽合同中，标的物的质量、数量、规格和形状等特性是由定作人提出要求而由承揽人完成的，因此承揽合同标的物具有特定化的特点，以满足定作人的特殊需要。

3.承揽人独立完成工作

在承揽合同中，承揽人以自己的设备、技术和能力等完成工作任务，独立完成主要工作，并按约定的质量、数量和期限等条件完成并交付工作成果。尽管定作人在承揽人工作期间可以进行必要的监督检验，但这种监督检验以不妨碍承揽人正常工作为前提，也不构成对承揽人独立完成工作的干预。

承揽人和定作人可以约定将承揽的主要工作交由第三人完成，承揽人将其承揽的主要工作交由第三人完成的，应当就该第三人完成的工作成果向定作人负责；承揽人将其承揽的主要工作交由第三人完成，未经定作人同意的，定作人也可以解除合同。

184

4. 承揽合同是双务、有偿、诺成合同

承揽合同一经定作人和承揽人意思表示达成一致即生效,为诺成合同。在承揽合同中,定作人和承揽人互负权利义务,故承揽合同为典型的双务合同。在承揽合同中,定作人为取得工作成果要向承揽人支付报酬对价,因此,承揽合同是有偿合同。

二、承揽合同的种类

1. 加工合同

加工合同是承揽人利用定作人提供的原料,按照定作人的要求,为定作人制作物品的承揽合同。如用定作人提供的布料加工衣被,用定作人提供的木料加工家具等。这一类合同也被称为"来料加工合同"。

2. 定作合同

定作合同是指承揽人以自己的原料,按照定作人的要求为定作人制作物品,定作人支付报酬的承揽合同。如常见的定作家具、定作特种设备等。本类合同与加工合同的区别在于:前者由承揽人提供原材料,而加工合同由定作人提供原材料。

3. 修理合同

修理合同是指承揽人为定作人修复损坏的物品,定作人接受该工作成果并支付报酬的合同。如修理手机、电脑、电视机等。

4. 复制合同

复制合同是指承揽人按照定作人要求,依照定作人提供的样品制作复制品,定作人支付报酬的合同。如常见的文稿复印、照片洗印等。

5. 测试合同

测试合同是指承揽人按照定作人的要求以其技术、设备等为定作人完成测试工作,并交付测试成果由定作人支付报酬的合同。

6. 检验合同

检验合同是指承揽人依定作人要求,以自己的技术和设备,为定作人进行特定物品或事项的检验工作,交付检验成果,定作人支付报酬的合同。

三、承揽合同的内容

1. 承揽标的物

承揽的标的物是指承揽合同双方权利与义务共同指向的对象,即承揽的工作成果。合同双方在合同中应对承揽标的物进行明确约定,使之特定化。数量与质量是确定合同标的物的具体条件,是该合同标的物区别于其他标的物的具体特征。当事人应当明确规定标的物的数量,明确计算单位、计算方法等。标的物质量条款须具体确定,如技术指标、规格、型号等都要明确。一般来说,标的物质量包括五个方面:一是标的物的物理和化学成分,如定作被服对于面料、底料、里料等成分要求;二是标的物的规格,通常是用度、量、衡等单位确定,例如定作课桌时,就应当明确其高度、长度、宽度等规格;三是标的物的性能,如硬度、强度、弹性、抗蚀性、耐水性、耐热性、耐寒性、传导性等;四是标的物的款式,包括色泽、图案、式样等特性,如时装等标的物的款式即构成重要的质量特征;五是标的物感觉要素,主要指标的物的味道、触感、音质、新鲜度等。当事人在签订合同时,应明确质量要求,质量要求可以以样品方式确定,也可以以说明书或其他方式确定。

2. 价款或报酬

报酬是定作人因承揽人完成工作成果而支付的对价。报酬条款是承揽合同的主要条款。当事人双方可以在合同中约定报酬的数额,也可以约定报酬的计算方法。如果在合同生效后,当事人就报酬没有约定或者约定不明确的,当事人可以协议补充;不能达成补充协议的,按照合同有关条款或者交易习惯确定;仍不能确定的,按照订立合同时履行地的市场价格履行,有政府定价的,按政府定价履行。

3. 材料的提供

在承揽合同中,原材料可以由定作人提供,也可以由承揽人提供。合同应对由何方提供材料做出明确约定,并明确约定材料的规格、数量、质量,以及材料的提供时间、地点等。

4. 履行期限

对于定作人而言,履行时间主要指给付价款的时间,如果定作人提供材料的,还包括提供材料的时间。对于承揽人而言,履行时间主要指完成并交付工作成果的时间,如其提供材料,还可以约定提供材料的时间。

5. 交付方式和验收标准

双方应在合同中约定工作成果的交付方式,如定作人提货还是承揽人送货等,并明确约定对于工作成果的验收时间、地点、标准、方法等。

四、承揽合同与其他合同的区别

1. 承揽合同与买卖合同

承揽合同与买卖合同的相同之处在于,买卖合同是转移标的物所有权的合同,而承揽合同常常也存在标的物所有权转移的情形,但两者存在区别。

(1)在承揽合同中,标的物是承揽人的主要义务是以特定的工具或技能完成的工作成果,移转标的物所有权并不是承揽人的主要义务;而在买卖合同中,出卖人的主要义务即为移转标的物所有权。

(2)在承揽合同中,标的物是承揽人按照定作人的要求完成的工作成果,其只能是特定物;而买卖合同的标的物可能是特定物,也可能是种类物。

(3)在承揽合同中,双方权利义务指向的是承揽人工作成果,并关注承揽人的工作过程,除非定作人同意,承揽人需亲自完成主要工作,定作人有权对承揽人的工作过程进行监督;在买卖合同中,双方权利义务指向的是标的物的所有权,双方并不关注标的物的制作过程,标的物的制作可能由出卖人完成,也可能是由合同之外的其他人完成,买受人也无权对制作过程进行监督。

2. 承揽合同与劳动合同

承揽合同与劳动合同均属于广义的劳务合同,但两者存在重要区别。

(1)在承揽合同中,尽管定作人对其工作有监督检查权,但承揽人独立完成承揽工作并交付工作成果,其承揽工作过程是独立的。而在劳动合同中,工作过程由用人单位组织,劳动者与用人单位之间存在隶属性,一旦双方建立劳动合同关系,则劳动者成为用人单位职工,要服从用人单位的工作安排和劳动纪律。

(2)在劳动合同中,劳动者(雇员)给他人造成损害,由雇主承担责任,如自身因工作原因造成损害,亦由雇主承担责任。而在承揽合同中,承揽人独立承担其工作过程中的风险,自身受到损害或给他人造成损害,定作人均不承担责任。

(3)承揽合同是典型的私法合同,遵循意思自治、合同自由原则,国家干预较少。而劳动合同属于社会法上的合同,实行意思自由与国家干预相结合的原则,其受到国家更多的调控和干预。

第二节　承揽合同的效力

一、承揽人的主要义务

1. 按照约定完成承揽工作

在承揽合同中,承揽人的主要义务是按照合同约定,以自己的设备、技能完成承揽工作,承揽人应按照合同约定的工作时间开始工作,并于约定期限内完成工作。如果合同约定定作人应先行提供材料、图纸等,因定作人未提供或提供的材料、图纸不符合约定,致使承揽人不能着手工作而造成延误的,不应视作承揽人违约。如双方约定定作人先行支付定金或报酬的,因定作人未支付的,承揽人可行使合同抗辩权,而拒绝履行相应义务。

2. 承揽人需亲自完成工作的主要部分

承揽合同是承揽人以其特定的技能、设备等为定作人完成特定工作并交付工作成果的合同,其建立在定作人对承揽人信赖的基础之上,为保护定作人的信赖利益,承揽人需亲自以其技能、设备等完成工作的主要部分,但当事人另有约定的除外。承揽工作的辅助部分或非主要部分,承揽人可以交由第三人完成。所谓工作的主要部分,应以该部分工作的重要性、对工作成果质量的影响程度、占全部工作的数量比例、是否为一般人均可完成等情形认定。如承揽人将其工作的主要部分未经定作人同意转交他人完成的,定作人有权解除合同,如承揽人将非主要的辅助工作交由他人完成的,应就他人完成的工作成果向定作人负责,这也是合同相对性原则的体现。例如:育才中学委托利达服装厂加工500套校服,约定材料由服装厂采购,学校提供样品,取货时付款。为赶时间,利达服装厂私自委托恒发服装厂加工100套。育才中学按时前来取货,发现恒发服装厂加工的100套校服不符合样品要求,遂拒绝付款。利达服装厂则拒绝交货。依据《合同法》第253条规定:"承揽人应当以自己的设备、技术和劳力,完成主要工作,但当事人另有约定的除外。承揽人将其承揽的主要工作交由第三人完成的,应当就该第三人完成的工作成果向定作人负责;未经定作人同意的,定作人也可以解除合同。"利达服装厂未经定作人育才中学同意,擅自将其中100套委托恒发服装厂加工,故育才中学有权以此为由解除合同。由于恒发服装厂与育才中学不存在合同关系,育才中学无权要求恒发服装厂承担违约责任。

3. 承揽人应按约定向定作人交付工作成果

承揽人不仅应按约定完成工作成果,且应依约将工作成果交付定作人。《合同法》第261条规定:"承揽人完成工作的,应当向定作人交付工作成果,并提交必要的技术资料和相关质量证明。"承揽人应按照约定的方式、时间、地点等要求将工作成果交付定作人。如约定的时间、地点、方式不明确的,应根据合同其他条款、交易习惯或合同目的等确定。为便于定作人检验和利用工作成果,承揽人应提供技术资料和质量证明等必要文件。

4.接受定作人的必要检验和监督

为保证承揽工作质量,定作人有权利对承揽人的工作进行必要的检验和监督,承揽人不得拒绝。但定作人的监督检验以必要为限,且不得妨碍承揽人的正常工作。

5.保密义务和通知义务

保密义务是指承揽人应当按照定作人的要求保守定作人的秘密,不得泄露。在承揽工作完成后,应将定作人提供的技术资料及复制品等归还定作人,未经定作人许可,不得留存。

通知义务是指承揽人发现定作人提供的原材料不符合约定,或定作人提供的图纸、技术要求不合理时,应当及时通知定作人。

6.工作成果的瑕疵担保义务

工作成果的瑕疵担保义务即指承揽人应当保证其所交付的工作成果符合合同约定,否则,定作人可要求承揽人承担违约责任。定作人应当在双方约定的期限或法律规定的合理期限内对成果进行验收,发现存在瑕疵,应当及时通知承揽人。承揽人承担质量瑕疵责任的方式有:

(1)修理。当工作成果存在轻微质量瑕疵时,定作人要求承揽人修理的,承揽人应进行修理,以使之符合质量要求。

(2)重作。当工作成果存在严重瑕疵时,定作人可要求承揽人重作,承揽人应予重作或更换。

(3)减少报酬。因工作成果存在瑕疵,定作人不要求修理或重作,或经修理或重作后仍存在质量瑕疵,或不具备修理、重作条件,或修理、重作代价过高时,如定作人仍同意收取工作成果,应根据工作成果的瑕疵情况,按质论价,定作人须要求减少报酬。

(4)赔偿损失。因工作成果的瑕疵给定作人造成损失的,定作人可要求承揽人赔偿损失。我国《合同法》第112条规定:"当事人一方不履行合同义务或履行合同义务不符合约定的,在履行义务或者采取补救措施后,对方还有其他损失的,应当赔偿损失。"

7.依约自行提供材料或接收定作人提供的材料

在承揽合同中,双方可以约定由承揽人自行提供材料,也可以约定由定作人提供材料。承揽人自行准备材料的,其提供的材料要符合合同约定的要求,合同中未对材料的质量要求进行约定的,依照《合同法》第61条、第62条的规定执行,即由双方补充约定,不能达成补充协议的,按照合同有关条款或交易习惯确定。如仍不能确定的,按照国家标准、行业标准履行;没有国家标准、行业标准的,按照通常标准或者符合合同目的的特定标准履行。承揽人对其提供的材料承担瑕疵担保责任。

定作人提供材料的,承揽人应当及时接收定作人提供的材料,并在约定的期限内进行验收,未约定验收期限的,应在合理的期限内验收。经验收后发现材料不符合约定的,应及时通知定作人更换、补齐或采取其他补救措施。承揽人不得擅自更换定作人提供的材料,不得更换不需要修理的零部件。在承揽人自定作人处接收材料后,承揽人应对其管控的材料负有保管义务,因保管不善致材料毁损、灭失的,承揽人承担责任。

二、定作人的主要义务

1.支付价款的义务

定作人应当按照合同的约定向承揽人支付承揽工作成果的对价,此为定作人的基本义务。对于支付的期限未约定或约定不明确的,由双方补充协议约定,不能达成补充协议的,依照合同有关条款或交易习惯确定。如以上方法仍不能确定的,定作人应当在承揽人交付工作成果时支付,工作成果如为部分交付的,价款亦相应部分支付。

除当事人另有约定,定作人未向承揽人支付报酬或材料费等价款的,承揽人享有留置权,留置成果物,以担保其报酬请求权的实现。留置权为法定的担保权,无需双方约定,承揽人即可依法享有。

2.受领工作成果

定作人受领工作成果的义务,既包括对工作成果的接收,也包括对工作成果的验收。验收时,发现工作成果不符合约定的,应当及时通知承揽人。定作人无正当理由不受领工作成果的,承揽人得请求定作人受领并支付报酬,定作人并承担其迟延受领期间的工作成果的保管费用及风险。

3.协助义务

《合同法》第259条规定:"承揽工作需要定作人协助的,定作人有协助的义务。"定作人的协助义务主要表现为:①合同约定由定作人提供材料的,定作人应按双方约定及时提供。②约定由定作人提供图纸、资料、样品或技术工艺要求的,定作人应依约及时提供。③按承揽人通知,应由定作人对所供材料、图纸、资料、技术要求等进行更换、补齐、修订、更正的,定作人应及时进行。④根据承揽合同的要求,定作人应为承揽人提供完成工作成果所需的工作场所、工作环境或其他条件的,定作人应依约提供。

定作人不履行协助义务致承揽工作不能完成的,承揽人可以催告定作人在合理期限内履行义务,并可以相应顺延履行期限;定作人逾期不履行的,承揽人可以解除合同。

4.解除、变更合同的赔偿责任

定作人可随时解除承揽合同,可中途变更承揽工作的要求,但因此造成承揽人损失的,应当赔偿损失。

第三节　承揽合同的解除

一、承揽合同的约定解除

承揽合同成立后,承揽人和定作人可以经协商一致,解除承揽合同。亦可以约定一方解除合同的条件,待该条件成就时,解除权人可以解除合同。

二、承揽合同的法定解除

1.因不可抗力的法定解除

依照《合同法》第94条第1项的规定,因不可抗力不能实现合同目的时,当事人可以解除合同。

2.一方严重违约时的法定解除

承揽合同在一方严重违约,符合合同规定的法定解除条件时,另一方有权依法解除合同。如承揽人未经定作人同意将承揽工作的主要部分交由第三人完成的,定作人有权解除合同;定作人不履行协助义务致承揽工作无法完成,经承揽人催告在合理期限内仍不履行的,承揽人得解除合同;其他符合《合同法》第94条规定的法定解除条件的情形。

三、定作人的随时解除权

承揽合同除遵循合同解除的一般规则外,法律亦赋予定作人享有随时解除权。《合同法》第 268 条规定:"定作人可以随时解除承揽合同,造成承揽人损失的,应当赔偿损失。"法律赋予定作人随时解除权是因为考虑承揽合同是承揽人按定作人特定需要为定作人完成特定工作成果,在工作完成过程中,定作人可能因为市场变化或其他原因而不需要继续完成该工作成果,如承揽人继续完成该特定工作成果,可能反而会损害定作人利益,亦不利于节约人力、物力,故赋予定作人随时解除权。但定作人行使该解除权应在工作成果完成之前,因工作成果完成后,已无解除必要。定作人行使该解除权而给承揽人造成损失的,应予以赔偿。

思 考 题

1. 承揽合同与买卖合同有何区别?
2. 承揽人的主要义务有哪些?
3. 定作人的主要义务有哪些?
4. 承揽合同中承揽人行使留置权的依据是什么?

第十八章 建设工程合同

本章提要：

建设工程合同是承包人进行工程建设，发包人支付价款的合同。建设工程合同包括工程勘察、设计、施工合同。建设工程合同属于一类特殊的承揽合同，本章阐释了该类合同的概念、特征、种类、内容、双方的权利义务等，并重点分析了建设工程施工合同中涉及的垫资问题，工程分包、转包，工程款优先权等问题。

本章重点：

(1)建设工程合同当事人的权利义务；

(2)建设工程的分包与转包；

(3)工程款优先权的性质。

第一节 建设工程合同概述

一、建设工程合同的概念和特征

建设工程合同是承包人进行工程建设，发包人支付价款的合同。建设工程合同包括工程勘察、设计、施工合同。

建设工程合同属于一类特殊的承揽合同。《合同法》第 287 条规定："本章没有规定的，适用承揽合同的规定。"建设工程合同除具有承揽合同的一般特性外，其具有以下特点。

1.建设工程合同的标的物是建设工程

建设工程是指房屋、道路、桥梁、铁路、公路、机场、港口、水库、电站等建设中的土木、线路、管道、设备安装、装饰装修等建设工程。而一般承揽合同的标的物可以是多种工作成果。

2.建设工程合同的主体应具备相应的资质

建设工程具有资金需求大，专业技术性强，完成周期长，质量隐蔽性强，不易重作、修复等特点，其质量往往关乎公众安全，因此，建设工程合同的主体资格受到限制。承包人只有具备完成建设工程所需的相应设计、勘察、施工资质，才能签订建设工程合同，否则，合同无效。

3.建设工程合同具有较强的国家干预性

由于建设工程资金投入大，履行周期长，其质量通常影响公共安全和重大社会利益。因此，在建设工程合同的订立和履行各环节，均体现了较强的国家干预色彩，如从设计、勘察、施工到竣工验收，均有相应国家标准。除主体资质的管理外，还存在强制招投标制度、禁止转包和限制分包制度、质量保修制度等管理制度。

4.建设工程合同为要式合同

《合同法》第 270 条规定："建设工程合同应当采用书面形式。"这也是其与一般承揽合同的区别,后者无此要求。

二、建设工程合同的种类

依据《合同法》第 269 条规定,建设工程合同包括工程勘察、设计、施工合同。与上述合同密切联系的建设工程领域常见的还有监理合同。亦有人将监理合同归入广义的建设工程合同。但建设工程合同实为特殊的承揽合同,而监理合同就其性质而言属于委托合同。因此,严格说来,监理合同并不属建设工程合同范围,《合同法》也未将其列入建设工程合同部分进行规定。

1.勘察合同

勘察合同是指建设单位(发包人)与勘察人(承包人)订立的,由勘察人为建设单位完成特定的勘察工作并交付工作成果,建设单位支付价款的合同。

2.设计合同

设计合同是指建设单位(发包人)与设计人(承包人)订立的,由设计人为建设单位完成特定的设计工作并交付工作成果,建设单位支付价款的合同。

3.施工合同

施工合同是指建设单位(发包人)与施工人(承包人)订立的,由施工人为建设单位完成特定的建筑、安装等施工工程,建设单位支付价款的合同。

三、建设工程合同的订立

与一般合同相比,建设工程合同的订立程序有以下特点:

1.招投标方式是订立建设工程合同的重要方式

国家鼓励采用招投标方式订立建设工程合同,并对规模较大的建设工程施工合同要求必须采用招投标方式订立合同。《中华人民共和国招标投标法》第 3 条规定:"在中华人民共和国境内进行下列工程建设项目,包括项目的勘察、设计、施工、监理以及与工程建设有关的重要设备、材料等的采购,必须进行招标:(一)大型基础设施、公用事业等关系社会公共利益、公众安全的项目;(二)全部或者部分使用国有资金投资或者国家融资的项目;(三)使用国际组织或者外国政府贷款、援助资金的项目。前款所列项目的具体范围和规模标准,由国务院发展计划部门会同国务院有关部门制订,报国务院批准。法律或者国务院对必须进行招标的其他项目的范围有规定的,依照其规定。"《合同法》第 271 条规定:"建设工程合同的招投标活动,应当依照有关法律的规定公开、公平、公正进行。"

招标的方式可分为两种:邀请招标和公开招标,前者是指招标单位邀请特定的单位投标的招标方式;后者是指将招标信息向社会公布由不特定的投标主体进行投标的招标方式。招投标的过程可分为以下几个阶段:

(1)招标。招标人编制并发布招标文件,确定投标要求、招标规则及程序,发出招标邀请书等。

(2)投标。投标人参加资格预审,考察现场,研究招标文件,编制并报送投标文件等。

(3)开标。在投标文件提交截止后,依据招标文件确定的时间和地点,开启投标人提交的投标文件并宣布投标文件的主要内容。

(4)评标。由评标委员会或评标小组按照招标文件确定的评价标准和方法,对投标文件进行评审、比较,确定评标结果。

(5)定标。招标人根据评标委员会的评标报告和推荐的中标候选人确定中标人。

依照《招标投标法》规定,在招投标活动结束后,招标人和中标人应当自中标通知书发出之日起三十日内,按照招标文件和中标人的投标文件订立书面合同。招标人和中标人不得再行订立背离合同实质性内容的其他协议。

2.国家重大建设工程合同按照国家规定的程序订立

《合同法》第273条规定:"国家重大建设工程合同,应当按照国家规定的程序和国家批准的投资计划、可行性研究报告等文件订立。"对于国家重大建设工程,一般要经过立项、可行性分析、编制计划任务书、工程选址等程序,建设工程合同应当在上述相应文件的基础上订立。

3.建设工程合同可以采用总承包和分别承包的方式订立

《合同法》第272条规定:"发包人可以与总承包人订立建设工程合同,也可以分别与勘察人、设计人、施工人订立勘察、设计、施工承包合同。"总承包是指发包人将建设工程的勘察、设计、施工全部发包给同一承包人,并与之订立合同。分别承包是指发包人将建设工程的勘察、设计、施工分别发包给不同的承包人,并分别订立设计、勘察、施工合同。

4.分包的限制和转包的禁止

《合同法》第272条规定:"总承包人或者勘察、设计、施工承包人经发包人同意,可以将自己承包的部分工作交由第三人完成。第三人就其完成的工作成果与总承包人或者勘察、设计、施工承包人向发包人承担连带责任。承包人不得将其承包的全部建设工程转包给第三人或者将其承包的全部工程肢解以后以分包的名义分别转给第三人。禁止承包人将工程分包给不具备相应资质条件的单位。禁止分包单位将其承包的工程再分包。建设工程主体结构的施工必须由承包人完成。"

建设工程的分包是指建设工程的承包人经发包人同意后,将建设工程的部分工作交由第三人完成的行为。建设工程的分包应符合下列要求:

(1)分包需经发包人同意。

(2)分包单位需具有完成分包工作所需的资质。

(3)分包以一次为限。分包人不得再行将其承包的工程进行分包。

(4)分包的工程需为非主体工程。建设工程的主体结构的施工必须由承包人自行完成,不得进行分包。承包人不得将其承包的工程以分包的名义肢解后全部转包出去。

(5)分包人就其完成的工作成果与承包人共同向发包人承担连带责任。承包人不得以分包工作是由分包人完成而拒绝承担责任。

建设工程的转包指承包单位将承包的工程全部转承包给他人的行为。《中华人民共和国建筑法》第28条规定:"禁止承包单位将其承包的全部建筑工程转包给他人,禁止承包单位将其承包的全部建筑工程肢解以后以分包的名义分别转包给他人。"最高人民法院《关于审理建设工程施工合同纠纷案件适用法律问题的解释》也规定承包人非法转包、违法分包建设工程签订建设工程施工合同的行为无效,并规定人民法院可以收缴当事人已经取得的非法所得。由于工程转包危害极大,世界上大部分国家立法都禁止转包,我国也不例外。

例如,甲大学与乙公司签订建设工程施工合同,由乙为甲承建新教学楼。经甲同意,乙将主体结构的施工分包给丙公司。后整个教学楼工程验收合格,甲向乙支付了部分工程款,乙未向丙支付工程款。依据《合同法》第272条规定:"禁止分包单位将其承包的工程再分包。建设工程主体结构的施工必须由承包人自行完成。"可知,乙公司将主体结构施工分包给丙公司,违反了上述强制性规定,虽经甲大学同意,乙、丙之间分包合同亦属无效。依据最高人民法院《关于审理建设工程施工合同纠纷案件适用法律问题的解释》第26条规定:"实际施工人以转包人、违法分包人为被告起诉的,人民法院应当依法受理。"故丙可以乙为被告诉请支付工程款。依据最高人民法院《关于审理建设工程施工合同纠纷案件适用法律问题的解释》第26条"实际施工人以发包人为被告主张权利的,人民法院可以追加转包人或者违法分包人为本案当事人。发包人只在欠付工程价款范围内对实际施工人承担责任。"可知,丙可以甲为被告诉请支付工程款,人民法院追加违法分包人参诉的身份应当是被告,而不是第三人。

四、建设工程合同的效力

依照最高人民法院《关于审理建设工程施工合同纠纷案件适用法律问题的解释》第1条规定,已经订立的建设工程合同在以下情形下无效:①承包人未取得建筑施工企业资质或者超越资质等级的;②没有资质的实际施工人借用有资质的建筑施工企业名义的;③建设工程必须进行招标而未招标或者中标无效的。

以上情形盖因违反了合同主体或订立程序的法律强制性规定而无效。但该司法解释第2条规定:"建设工程施工合同无效,但建设工程经竣工验收合格,承包人请求参照合同约定支付工程价款的,应予支持。"即合同虽然无效,但其价款条款作有效处理。

第二节　勘察合同与设计合同

一、发包人的义务

1.按约定支付价款

发包人应当按照约定向勘察人、设计人支付勘察费、设计费,未按约支付的应承担违约责任。

2.依约向勘察人、设计人提交开展勘察、设计所需的基础资料和文件

发包人应按照约定向勘察人、设计人提交勘察工作所需的基础资料和文件,如地下管线设置、地下设施、相邻建筑的图纸资料等。

3.其他协作义务

如为勘察人、设计人开展勘察、设计工作提供必要的水、电等工作条件或生活条件等。

4.因变更计划、资料不准确或未提供工作条件时的违约责任

《合同法》第285条规定,因发包人变更计划、提供的资料不准确,或者未按照期限提供必需的勘察、设计工作条件而造成勘察、设计的返工、停工或者修改设计,发包人应当按照勘察人、设计人实际消耗的工作量增付费用。

二、承包人的义务

1.按约定完成并交付工作成果

勘察人、设计人应按照双方约定完成勘察、设计工作并交付其勘察报告、设计图纸等工作成果。勘察人、设计人未按时提交勘察、设计成果的,应承担违约责任。

2. 勘察、设计成果的瑕疵担保义务

依照《合同法》第 280 条规定，因勘察、设计成果不符合要求或不符合法律法规的强制性标准而造成发包人损失的，勘察人、设计人应当完善勘察、设计成果，减收或者免收勘察、设计费并赔偿损失。

第三节　建设施工合同

一、发包人的主要义务

1. 支付工程价款

支付工程价款是发包方的主要义务。《合同法》第 286 条规定："发包人未按照约定支付价款的，承包人可以催告发包人在合理期限内支付价款。发包人逾期不支付的，除按照建设工程的性质不宜折价、拍卖的以外，承包人可以与发包人协议将该工程折价，也可以申请人民法院将该工程依法拍卖。建设工程的价款就该工程折价或者拍卖的价款优先受偿。"

最高人民法院《关于审理建设工程施工合同纠纷案件适用法律问题的解释》规定，当事人对欠付工程价款利息计付标准有约定的，按照约定处理；没有约定的，按照中国人民银行发布的同期同类贷款利率计息。利息从应付工程价款之日计付。当事人对付款时间没有约定或者约定不明的，下列时间视为应付款时间：①建设工程已实际交付的，为交付之日；②建设工程没有交付的，为提交竣工结算文件之日；③建设工程未交付，工程价款也未结算的，为当事人起诉之日。

依照最高人民法院《关于审理建设工程施工合同纠纷案件适用法律问题的解释》规定："建设工程施工合同无效，但建设工程经竣工验收合格，承包人请求参照合同约定支付工程价款的，应予支持。"即只要建设工程经竣工验收合格，即使合同无效，承包人仍得请求支付工程价款。盖因建设工程作为不动产，合同无效后难以恢复原状或恢复原状成本高而不合算，如承包人已完成了建设工程且经竣工验收合格，其结果与有效合同所追求的目标并无二致，故施工人请求参照合同约定支付工程价款的，法院予以支持。即合同虽然无效，但其价款条款作有效处理。

施工合同中的垫资，亦称带资承包，是指发包人未全额支付工程预付款或未按工程进度按月支付工程款，由承包人垫付资金进行建设的承包方式。"以前，为防止拖欠工程款，我国施工合同中的垫资条款或者另行签订的垫资合同，被定性为企业法人间的违规拆借资金行为，是被严格禁止的。"[①]根据建设部 1996 年《关于严格禁止在工程建设中带资承包的通知》规定，任何建设单位都不得以要求施工单位带资承包作为招标投标条件，更不得强行要求施工单位将此类内容写入工程承包合同，施工单位也不得以带资承包作为竞争手段承揽工程。其对垫资采取了否定和禁止的态度。然而，在 2006 年《关于严禁政府投资项目使用带资承包方式进行建设的通知》中，政府投资项目一律不得以建筑业企业带资承包的方式进行建设，不得将建筑业企业带资承包作为招投标条件；严禁将此类内容写入工程承包合同及补充条款。但以 BOT，BOOT，BOO 等方式建设的政府投资项目除外。盖因与一般工程相比，政府投资项目多为公

[①]　高富平，黄武双：《房地产法学》，第 2 版，高等教育出版社，2006 年 12 月。

共设施,其资金需求量大且其质量关乎公众安全,由承包单位直接垫资建设工程,会因其资金不足而偷工减料或降低技术要求,导致产生安全隐患,故予以禁止。该规定对于垫资的禁止仅限于政府投资项目,其立场已有所松动。其实,垫资施工在国外作为合法方式普遍存在。我国在加入 WTO 后,适应建筑市场与国际接轨的需要,垫资施工也逐渐得到认可。最高人民法院2004 年出台的《关于审理建设工程施工合同纠纷案件适用法律问题的解释》则不再视垫资为非法。该司法解释规定,当事人对垫资和垫资利息有约定,承包人请求按照约定返还垫资及其利息的,应予支持,但是约定的利息计算标准高于中国人民银行发布的同期同类贷款利率的部分除外。当事人对垫资没有约定的,按照工程欠款处理。当事人对垫资利息没有约定,承包人请求支付利息的,不予支持。

2. 协助义务

(1)做好施工前的准备工作。其包括施工现场的水、电、气、道路的接入,办妥施工前的相应建设手续,为承包人进入现场施工做好所需的准备工作等。

(2)按照约定提供原材料、设备、场地、技术资料等。如合同中约定发包人有上述提供义务而不提供的,则承包人可以顺延工期,并有权要求赔偿停工、窝工等损失。发包人并应保证其提供的材料、设备、场地、技术资料等符合约定要求。否则,因发包人的原因致使工程中途停建、缓建的,发包人应当采取措施弥补或者减少损失,赔偿承包人因此造成的停工、窝工、倒运、机械设备调迁、材料和构件积压等损失和产生的实际费用。

(3)其他协助配合义务。发包人应按照诚实信用原则的要求,对承包人在履行合同中需配合的其他事项进行配合。

3. 对工程及时进行验收、接收

建设工程竣工后,发包人应当根据施工图纸及说明书、国家颁发的施工验收规范和质量检验标准及时进行验收。验收合格的,发包人应当接收该建设工程。

二、承包人的主要义务

1. 按照约定进行施工

承包人应按照双方的约定做好开工的准备工作,编制施工方案,按照约定进行材料设备的采购,向发包人提出应由发包人采购的材料清单、计划等。对于发包人提供的施工图纸和技术资料等,不得擅自修改。承包人擅自修改施工图纸或其他技术资料而导致工程质量不符合合同约定要求的,应承担法律责任。

2. 按照约定完成工程并交付工程

建设工程施工合同是一类特殊的承揽合同,因此,按约完成并交付工作成果就是承揽人的主要义务。在建设工程合同中,承揽人即为建设工程承包人,工作成果即为建设工程。按照约定完成工程并交付工程应包括两项要求:按照约定工期要求和按照约定质量要求完成并交付工程。

按照约定工期完成工程即按照双方约定的期限竣工。通常施工合同中双方约定的期限既可以是固定的日期,也可以是自开工令下达起计算的一定期限。无论是哪一种,承包人均应按照约定的工期完成工程。工期条款是建设工程合同的重要条款,在经营性的工程开发项目中,工期条款对于建设单位在变化的市场行情中取得预期收益具有重要意义。如因承包人的原因导致工期延误,承包人应承担违约责任。但如因发包人未按照约定的时间和要求提供原材料、设备、场地、资金、技术资料的,承包人可以相应顺延工期。

承包人完成的工程质量应符合施工合同中关于质量的约定。《合同法》第281条规定:"因施工人的原因致使建设工程质量不符合约定的,发包人有权要求施工人在合理期限内无偿修理或返工、改建。经过修理或返工、改建后,造成逾期交付的,施工人应当承担违约责任。"依照最高人民法院《关于审理建设工程施工合同纠纷案件适用法律问题的解释》规定,因承包人的过错造成建设工程质量不符合约定,承包人拒绝修理、返工或者改建的,发包人可减少支付工程价款。

按照最高人民法院《关于审理建设工程施工合同纠纷案件适用法律问题的解释》的规定,发包人具有下列情形之一,造成建设工程质量缺陷的,应当承担过错责任:①提供的设计有缺陷;②提供或者指定购买的建筑材料、建筑构配件、设备不符合强制性标准;③直接指定分包人分包专业工程。对于以上造成质量缺陷的情形,承包人有过错的,也应当承担相应的过错责任。

3.接受发包人检查

《合同法》第278条规定,隐蔽工程在隐蔽以前,承包人应当通知发包人检查。发包人没有及时检查的,承包人可以顺延工程日期,并有权要求赔偿停工、窝工等损失。所谓隐蔽工程,指按照设计被建筑物其他部分遮掩或覆盖的部分。该部分工程在完成后应及时进行检查,以免因被覆盖或遮掩后造成检查的不便或无法检查。

发包人在不妨碍承包人正常作业的情况下,可以随时对作业进度、质量进行检查。由于建设工程技术要求高、合同履行周期长、质量问题不易修复且修复代价大、质量事关公众安全,因此,发包人依法享有随时检查权,即发包人有权对施工情况随时进行检查,承包人对此有容忍的义务,但该检查权行使存在限制,即不得妨碍承包人正常的施工作业。

4.质量保修

承包人在建设工程施工合同约定的质量保证期内,要承担质量保修义务,对于质量瑕疵,应免费予以更换、修理等。合同双方根据相关法律、法规的规定和实际需要确定合理的质量保修范围和质量保证期,但不得低于国家的强制性标准。质量保证期一般从竣工验收起算。

5.建设工程合理使用期限内的侵权责任

依照《合同法》第282条规定,在建设工程的合理使用期限内,因承包人的原因致使建设工程造成人身和财产损害的,承包人应当承担损害赔偿责任。

三、承包人的工程价款优先权

1.建设工程价款优先权的性质

《合同法》第286条规定:"发包人未按照约定支付价款的,承包人可以催告发包人在合理期限内支付价款。发包人逾期不支付的,除按照建设工程的性质不宜折价、拍卖的以外,承包人可以与发包人协议将该工程折价,也可以申请人民法院将该工程依法拍卖。建设工程的价款就该工程折价或者拍卖的价款优先受偿。"该条规定了承包人工程价款的法定优先权,即在发包人不按约支付工程价款的情况下,承包人可与发包人协商将该工程折价,亦可请求法院拍卖,并可就工程价款优先受偿。

对于承包人所享有的该法定权利的性质,理论上还存在不同观点。有学者称之为留置权。[①]《合同法》第264条规定:"定作人未向承揽人支付报酬或者材料费等价款的,承揽人对完成的工作成果享有留置权,但当事人另有约定的除外。"《合同法》第287条也规定:"本章没有规定的,适用承揽合同的有关规定。"承揽人得享有法定的留置权,由于建设工程合同实为特殊的承揽合同,故认为该权利为承揽人所享有的留置权。工程款优先权与留置权确实存在相同之处:①同为法定优先权利,即权利的产生无须约定,而是基于法律规定直接产生;②同是工作成果的完成人对于其投入人力、物力的工作成果得享有的权利;③同是对于合同对方未支付合同价款而行使的对抗权利。

但两者之仍存在诸多区别:①留置权的行使对象是动产,而工程款优先权行使的对象是不动产。《物权法》第230条规定:"债务人不履行到期债务,债权人可以留置已经合法占有的债务人的动产,并有权就该动产优先受偿。前款规定的债权人为留置权人,占有的动产为留置财产。"民法理论与我国现行物权立法均将留置权的对象限定为动产。②权利的行使限制不同。留置权的行使范围法律未作限制,即承揽人可以就其承揽合同的全部价款受偿;而工程款优先权的行使范围仅限于承包人为建设工程应当支付的工作人员报酬、材料款等实际支出的费用,不包括承包人因发包人违约所造成的损失。③留置权以留置权人对留置财产占有为前提,如留置权人丧失占有的留置财产,则留置权消灭。而工程款优先权的行使不以权利人对工程的占有为前提。即使工程已交付,承包人仍可以行使该权利。④行使期限不同。法律对留置权的行使期限未作限制,《物权法》第236条规定:"留置权人与债务人应当约定留置财产后的债务履行期间;没有约定或者约定不明确的,留置权人应当给债务人两个月以上履行债务的期间,但鲜活、易腐等不易保管的动产除外。债务人逾期未履行的,留置权人可以与债务人协议以留置财产折价,也可以就拍卖、变卖留置财产所得的价款优先受偿。"根据最高人民法院《关于建设工程价款优先受偿权问题的批复》规定可知,建设工程承包人行使优先权的期限为六个月,自建设工程竣工之日或者建设工程合同约定的竣工之日起计算。基于以上理由,不应将建设工程价款优先权定性为留置权。

亦有学者将工程价款优先权称为法定抵押权,"从以上立法过程可知,合同法第286条,从设计、起草、讨论、修改、审议直至正式通过,始终是指法定抵押权。"[②]但无论我国的《担保法》还是《物权法》,均无法定抵押权的概念,仅规定了抵押权因当事人的行为而产生,即意定抵押。如将其定性为担保物权范畴的抵押权,与现行立法不符,尤其是与物权领域基本法的《物权法》不符,有违物权法定的法治理念。按照物权公示的理论,抵押需办理登记,方可取得对抗第三人的对世效力。而工程价款优先权无须登记,即可取得优先于其他债权甚至意定抵押权受偿的效力。因此,不应将工程价款优先权定性为法定抵押权。

最高人民法院在《关于建设工程价款优先受偿权问题的批复》中将该权利称为"工程价款优先受偿权",其第1条规定"人民法院在审理房地产纠纷案件和办理执行案件中,应当依照《合同法》第二百八十六条的规定,认定建筑工程的承包人的优先受偿权优于抵押权和其他债权。"明确了该权利优先于抵押权,可理解为否定了法定抵押权的概念,而采用了"优先受偿权"的概念。"优先权,是指由法律直接规定的特种债权的债权人享有的优先受偿的权利。优先权

① 江平:《中华人民共和国合同法精解》,中国政法大学出版社,2000年。
② 梁慧星:《工程款拖欠,老话重提,是优先权还是抵押权》,中国律师,2001年第10期。

分为一般优先权和特别优先权,依法律规定就债务人的全部财产(动产和不动产)优先受偿的为一般优先权,依法律规定就债务人的特定财产(动产或不动产)优先受偿的为特别优先权"①。因此,笔者认为将该权利定性为优先受偿权更符合其本质特征,且符合现行物权与担保立法。

2.工程款优先权行使的规则

依照最高人民法院《关于建设工程价款优先受偿权问题的批复》的规定,建设工程款优先权的行使要遵循以下规则:

(1)建筑工程价款包括承包人为建设工程应当支付的工作人员报酬、材料款等实际支出的费用,不包括承包人因发包人违约所造成的损失。即建设工程价款优先权的范畴限于承包人为完成工程所投入的人力、物力等成本,不包括收益的损失等其他损失。如存在其他损失,则不能列入享受优先权的价款范畴,应作为承包人对发包人的普通债权,不具有优先受偿权。

(2)建筑工程承包人的优先受偿权不仅优于其他普通债权受偿,而且优于抵押权优先受偿。抵押权亦为优先权,但与其相比,工程价款优先受偿权更为优先。"在物权法中存在两个规则:一是法定优先受偿权(或担保物权)优先于意定担保物权;二是费用性担保物权优先于融资性担保物权,这两个规则是支撑工程款优先的理论基础。"②盖因工程款优先权的债权系承包人投入的人力、物力成本费用。"一、法定权利应当优先于约定权利。二、从法律政策上考虑,法定抵押权所担保的债权中相当部分是建筑工人的劳动工资,应予优先确保。三、建筑工程是靠承包人付出劳动和垫付资金建造的,如果允许约定抵押权优先行使,则无异于以承包人的资金清偿发包人的债务,等于发包人将自己的欠债转嫁给属于第三人之承包人,违背公平及诚实信用原则。四、承包人法定抵押权,是法律为保护承包人的利益而特别赋予的权利,具有保护劳动者利益和鼓励建筑、创造社会财富的政策目的。"③

(3)消费者交付购买商品房的全部或者大部分款项后,承包人就该商品房享有的工程价款优先受偿权不得对抗买受人。"实质是承包人利益与消费者利益相比较,消费者属于生存利益应当优先,承包人属于经营利益应退居其次。"④消费者购买商品房之生存权利高于工程款优先权。

(4)建设工程承包人行使优先权的期限为六个月,自建设工程竣工之日或者建设工程合同约定的竣工之日起计算。

3.工程款优先权行使的程序

(1)催告发包人。按照《合同法》第286条规定,发包人未按照约定支付价款的,承包人可以催告发包人在合理期限内支付价款。合理期限,应从发包人收到通知之日起计算,至于合理期限多长,应依据建筑行业习惯及合同具体情况确定。

(2)协议将工程折价。在催告后的合理期限内,发包人仍不支付工程价款的,除依照工程性质不宜折价的以外,承包人可与发包人协商将该工程折价以偿付工程价款。

(3)拍卖。在承包人与发包人无法就工程折价达成协议,或者发包人拒绝进行协议时,除依照建设工程的性质不宜拍卖的以外,承包人有权申请人民法院将该工程依法拍卖,并就拍卖的价款优先受偿。如发包人对工程价款有争议或对优先权行使的范围、工程价款数额等存在

①　戴佛明,刘佐:《建设工程价款优先受偿权若干问题探讨》,法律适用,2003年第6期。
②　高富平,黄武双:《房地产法学》,第2版,高等教育出版社,2006年,第172页。
③　梁慧星:《工程款拖欠,老话重提,是优先权还是抵押权》,中国律师,2001年第10期。
④　梁慧星:《工程款拖欠,老话重提,是优先权还是抵押权》,中国律师,2001年第10期。

争议,此争议属实体争议,应先以诉讼方式确定债务额和优先权范围,再进行拍卖。

四、建设工程施工合同的解除

1. 发包人的解除权

依照最高人民法院《关于审理建设工程施工合同纠纷案件适用法律问题的解释》规定,承包人有下列情形之一的,发包人可以请求解除合同:①明确表示或以行为表明不履行合同主要义务的;②合同约定的期限内没有完工,且在发包人催告的合理期限内仍未完工的;③已经完成的建设工程质量不合格,并拒绝修复的;④将承包的工程非法转包、违法分包的。

2. 承包人的解除权

依照最高人民法院《关于审理建设工程施工合同纠纷案件适用法律问题的解释》规定,发包人具有下列情形之一,致使承包人无法施工,且在催告的合理期限内仍未履行相应义务,承包人可请求解除建设工程施工合同:①未按约定支付工程价款的;②提供的主要建筑材料、建筑构配件和设备不符合强制性标准的;③不履行合同约定的协助义务的。

3. 合同解除后的后果

建设工程施工合同解除后,已经完成的建设工程质量合格的,发包人应当按照约定支付相应的工程价款;已经完成的建设工程质量不合格的,承包人应负责修复,修复后的建设工程经竣工验收合格,发包人应向承包人支付工程价款,但承包人应承担修复费用;修复后的建设工程经竣工验收不合格,承包人请求支付工程价款的,不予支持。因建设工程不合格造成的损失,发包人有过错的,也应承担相应的民事责任。

思 考 题

1. 为什么说建设工程合同是一类特殊的承揽合同?
2. 建设工程合同包括哪几类合同?
3. 建设工程分包有哪些法律限制?
4. 工程款优先权的法律性质和行使规则是什么?

第十九章 运 输 合 同

本章提要：

本章主要介绍运输合同的概念、特征，比较其与承揽合同、委托合同等相关概念的区别与联系，着重阐述了客运合同、货运合同、多式联运合同的特征、效力。

本章重点：

(1)运输合同的概念、特征；

(2)客运合同、货运合同、多式联运合同的特征、效力。

第一节 运输合同概述

一、运输合同的概念与特征

《合同法》第 288 条规定："运输合同是承运人将旅客或者货物从起运地点运输到约定地点，旅客、托运人或者收货人支付票款或者运输费用的合同。"运输合同又称为运送合同，是一方当事人利用运输工具将旅客或者货物从某一地运送到另一地，由另一方当事人支付运输费用的合同。

由于运输合同是实现人流、物流的重要法律形式，运输合同的履行对现代人的生活有非常重要的意义，我国《合同法》将运输合同规定为一种有名合同。运输合同所规范的运输关系是以交通运输工具进行的运输关系，只要是利用运输工具的运送均应属于运输合同。有学者认为运输工具不限于有动力者，故动力车、手推车、牛、马或人力均包括在内。笔者认为，运输合同不应包括利用"扁担"等工具进行的运送关系，纯利用人力进行的运送不应适用运输合同的规定，而应适用雇佣合同的规定。

运输合同具有以下特征。

1. 运输合同为双务、有偿合同

运输合同的双方当事人为承运人与旅客或者托运人，当事人双方相互负有对待给付义务：承运人应将旅客或者货物按照约定的时间或合理的时间、约定的路线或者通常路线安全地运送到约定的地点，旅客、托运人或者收货人应当支付票款或者运输费用。运输合同中任何一方取得利益均需向对方给付一定的对价，承运人取得运费以完成运送行为为对价，旅客、托运人享有的受承运人运送旅客或货物的利益以支付运费为对价。

运输合同可否为无偿，或者说若承运人不收取运费运输合同可否成立，依《合同法》规定，运输合同只能是有偿合同，而并非既可为有偿也可为无偿。在现实生活中，尽管存在承运人不收取运输费用的情形，但这实质上是承运人放弃了自己的权利，而不能改变运输合同的有偿性，承运人也不能以自己未收取费用为理由减轻自己的责任。当然，现实中也存在依政策或规章出于对特定人群优待而减免票款的情形,属于例外情形,并不影响运输合同的有偿性。

2.运输合同为诺成合同

对于运输合同是否为诺成合同有不同的观点。有学者认为,运输合同一般为诺成合同,但以托运单、提单代替书面运输合同的,因承运人往往需要收取货物并核查后,才能签发提单或在托运单上盖章,故这类合同应为实践合同。[①] 笔者认为,即使以托运单、提单代替书面运输合同,运输合同也不属于实践性合同。因为在此情形下,虽然托运人填交的货物托运单经承运人接收并由承运人填发货运单后,运输合同即告成立,但承运人是否检查货物并非合同的成立条件。在现代社会中,诺成性合同为合同的常态,实践性合同为合同的特殊形态。一类合同是否为实践性合同,应由法律特别规定。如果法律没有规定某类合同为实践性合同,则该类合同就应属于诺成性合同。《合同法》中未明确规定运输合同为诺成性合同还是实践性合同,就应认定运输合同为诺成性合同。将运输合同定性为诺成性合同,也有利于维护运输合同当事人的利益,有利于促进运输业的发展和维护交易秩序。如果将运输合同定性为实践性合同,则在旅客乘坐运输工具之前或货物交付承运人之前,即使双方已明确达成运送协议,合同也不成立,托运人不交付货物或者承运人拒绝进行运输,都不构成违约。这将导致托运人和承运人都无法按照预定的计划从事运输事宜,从而实现运输合同的目的。

3.运输合同的标的是运送行为

运输合同是以将旅客或者货物运送到约定地点为目的,因此,旅客、货物为运送的对象,而不属于合同的标的。运输合同的标的是承运人的运送行为。

运输合同是提供劳务类的合同,但运输合同属于何种提供劳务类合同,人们有不同的看法。有人认为,运输合同是委托他人处理运送事务,故应为委托;有人认为,承运人为运送工作的完成,不仅应执行运送事务,而且负有使运送标的安全到达目的地,并将货物交付于收货人的义务,因此,运输合同属于承揽合同;也有人认为,运输合同是承揽合同与委托合同的混合合同。[②] 从世界各国立法来看,尽管运输合同属于提供劳务类合同,但运输合同不同于委托合同,也不同于承揽合同与雇佣合同,其是一种独立的有名合同。

4.运输合同一般为格式条款

运输合同的承运人为从事客货运输业务的人,为便于订立合同、简便手续,承运人往往根据有关法规事先拟定出合同条款以重复使用。作为合同表现形式的客票、货运单、提单等都是统一印刷的,运费也是统一规定的,旅客或者托运人与承运人订立合同时,只能就已拟定好的合同条款作出同意或不同意的表示,双方一般不能就有关条款进行协商。因此,运输合同一般为格式条款。当然,运输合同也并非全为格式条款,部分运输合同也是由当事人双方协商制定而成的。

5.承担公共运输义务的承运人负有强制缔约义务

在通常情况下,一方当事人不能强迫另一方当事人必须接受自己的订约要求。但承担公共运输义务的承运人负有强制缔约义务,承运人必须接受旅客、托运人正常的缔约要求。这是因为运输合同的承运人一般属于公用企业,其提供的服务具有一定的行业垄断性,旅客、托运人除接受承运人提供的服务外难有其他选择。为保护旅客、托运人的利益,满足公众的运输需

---

① 崔建远:《合同法》,第3版,法律出版社,2003年,第409页。
② 史尚宽:《债法各论》,中国政法大学出版社,2000年,第584页。

求,《合同法》第 289 条规定:"从事公共运输的承运人不得拒绝旅客、托运人通常、合理的运输要求。"依该条规定,运输合同的缔约强制必须符合以下两个条件:

(1)承运人从事的运输业务属于公共运输。所谓"公共运输",是对社会公众开放的、为社会公众提供运送服务的运输。在我国,航空运输、铁路运输、公交运输、出租车运输、班轮运输等,都属于公共运输。公共运输的承运人是专业性的承运人,以运输为营业,其运输路线、运输价格、运输时间都是固定的,公共运输合同采用格式合同形式。

旅游公司的旅游车、单位内部的班车等所从事的运输不属于公共运输。只有从事公共运输的承运人才负有强制缔约的义务,非从事公共运输的承运人无强制缔约义务。

(2)旅客或托运人的运输要求必须是通常、合理的要求。运输合同的强制缔约性表现为承运人不得拒绝旅客、托运人的通常、合理的运输要求。也就是说,只要旅客、托运人的运输要求是通常、合理的,从事公共运输的承运人必须同意与之订立运输合同。而对于旅客、托运人不合理的运输要求,承运人可以拒绝。

旅客、托运人的运输要求是否为通常、合理的,应当从旅客、托运人的要求与承运人的运输范围、运输路线、运输时间、运输价格等客观情形并结合社会一般人的观念加以认定。例如,公交车的运输路线、运输时间是固定的,如果旅客要求改变运输路线或者发车时间,则旅客的运输要求就是不合理的。而市内出租车的运输路线是不固定的,旅客提出要求从某路线运行,其运输要求通常是合理的,承运人一般不得拒绝。

二、运输合同的种类

运输合同的适用范围极广,种类甚多,从不同的角度依不同的标准,可对运输合同作不同的分类。常见的分类主要有以下几种。

(一)旅客运输合同和货物运输合同

依据运输对象不同,运输合同分为旅客运输合同和货物运输合同。旅客运输合同简称为客运合同,是以旅客为运输对象的运输合同;货物运输合同简称为货运合同,是以货物为运输对象的运输合同。这种分类也是《合同法》中对运输合同的基本分类。

有的人认为,根据运输对象不同,运输合同分为货运合同、客运合同和行李运输合同。[①]这种观点不妥,因为行李是随旅客由同一运输工具运输的,并不是独立的运输对象。如果行李作为独立的运输对象,则为货物运输合同。我国《合同法》中明确将有关行李的运输规定在客运合同中,这表明行李运输是旅客运输合同内容的一部分。

(二)铁路运输合同、公路运输合同、航空运输合同、水路运输合同、海上运输合同与管道运输合同

依据运输工具不同,运输合同可分为铁路运输合同、公路运输合同、航空运输合同、水上运输合同、海上运输合同和管道运输合同等。这些运输合同多在特别法中有明确规定。例如,《中华人民共和国铁路法》(以下简称《铁路法》)中规定了铁路运输合同;《中华人民共和国民用航空法》(以下简称《民用航空法》)中规定了航空运输合同;《中华人民共和国海商法》(以下简

---

① 房维廉:《中华人民共和国合同法实用讲座》,中国人民公安大学出版社,1999 年,第 349 页。

称《海商法》)中规定了海上运输合同。根据《合同法》第123条的规定,其他法律对运输合同另有规定的,应依照其规定;其他法律没有规定的,适用《合同法》关于运输合同的规定。

(三)单式运输合同与多式联运合同

依据是否采用单一运输方式,运输合同可分为单式运输合同和多式联运合同。单式运输合同是以一种运输工具进行运输的运输合同。单式运输合同的承运人可以是一人,也可以是多人,在承运人为多人时发生单式联运。多式联运合同是以两种以上的运输工具进行的运输,订立运输合同的承运人可以是一人,也可以是若干人。《合同法》专门规定了多式联运合同。

(四)国内运输合同与国际运输合同

依据运输合同的运输区间不同,运输合同可分为国内运输合同与国际运输合同。国内运输合同是起运点和到达点均在我国境内的运输合同;国际运输合同是起运点和到达点在不同国家境内的运输合同。由于国际运输合同会涉及不同国家和地区,具有涉外因素,因此在立法上与国内运输合同的规定有所不同。

三、运输合同与相关合同的区别

(一)运输合同与雇佣合同的区别

(1)雇佣活动是指从事雇主授权或指示范围内的生产经营活动或者其他劳务活动。雇佣的标的注重雇工无形的劳务给付,以供给劳务本身为目的,偏重于劳动者出卖劳动力的行为。运输合同又称运送合同,是承运人将旅客或者货物从起运点运送到约定地点,旅客、托运人或者收货人支付票款或者运输费用的合同。它的标的物是货物或是旅客,其表现为物化的劳动成果,着重于有形工作量的完成,以提供通过劳动产生的工作成果为目的。在雇佣活动中雇员所提供的是劳务,而在运输合同中承运人提供的是运送行为,承运人完成运送行为必须借助运输工具,否则运输行为就不能实现。

(2)在雇佣关系中,雇员的报酬体现为工资;在运输合同中,承运人获取的报酬是运费。

(3)在雇佣活动中,雇主有权对雇员的劳务活动进行监督,受雇人要受雇主指示的约束。但在运输合同中,托运人无权对承运人的运送行为进行监督,托运人追求的结果是货物能够按期安全抵达,至于承运人用何种运输方式,选择什么样的运送路线等,除托运人有特殊要求外,承运人有权自主选择。

(二)运输合同与委托合同的区别

运输合同不同于委托合同,两者的区别主要在于:

(1)运输合同的标的是运送行为,而委托合同的标的是处理事务。

(2)在运输合同中,承运人提供劳务体现为承运人以自己的名义和费用独立地将旅客或货物运送到目的地;在委托合同中,受托人提供劳务一般体现为受托人以委托人的名义和费用完成委托人交办的事务。

(3)运输合同可不涉及第三人,而委托合同必涉及第三人。

(4)运输合同为有偿合同,而委托合同可以为无偿合同。

(三)运输合同与承揽合同的区别

《合同法》第251条第1款将承揽合同定义为"承揽人按照定作人的要求完成工作,交付工作成果,定作人给付报酬的合同。"运输合同与承揽合同的根本区别在于:运输合同的标的是运送行为,不涉及工作的物化结果;而承揽合同的标的是承揽人完成并交付工作成果,涉及劳务的物化结果。

第二节　客 运 合 同

一、客运合同的概念与特点

客运合同即旅客运输合同,是承运人将旅客及其行李从起运地点运送到约定地点,旅客支付票款的合同。

客运合同是以旅客为运输对象的运输合同,是与货物运输合同相对应的一种基本运输合同类型。依运输工具的不同,客运合同可进一步分为铁路客运合同、公路客运合同、水路客运合同、航空客运合同等,不同的客运合同各有自己的特点,应适用不同的专门法规定。各种客运合同具有相同的特点,除适用专门法的规定外,还应适用《合同法》的相关规定。

1.客运合同的标的是运送旅客的行为

客运合同是旅客与承运人签订的,以将旅客安全送达目的地为目的的合同。与货运合同不同的是,客运合同的标的是承运人运送旅客的行为。在客运合同中,旅客既是承运人承运的对象,又是合同的一方主体。

能否说在亲属购买客票运送儿童或者大人购买客票免费携带儿童时,所运送或携带的儿童只是运送的对象,而不是合同主体呢? 答案是否定的。因为在客运合同中,除记名客票外,持有客票的人就是合同的当事人。当亲属购买客票运送儿童时,该亲属只不过是该儿童的代理人,仍需由该儿童持有客票;免费携带儿童时,实际上是因该儿童符合免费承运的条件,其与大人同用一张客票,这不影响该儿童也作为合同主体。

2.客运合同为格式合同,通常表现为客票形式

客运合同属于格式合同,合同的内容是由承运人一方事先拟定并重复使用的。客运合同采用客票形式,如车票、船票、机票等。承运人一方制作、出售客票,客票既是客运合同的书面表现形式,又是旅客要求承运人运送的凭证,持有客票的人有权要求承运人运送。客票是旅客与承运人之间订立运输合同、接受运输条件的一个证明,具有运输合同成立的证据效力,是旅客乘用运输工具的权利证明,也是旅客交付票款的收据,即旅客基本义务履行完毕的证明。

但是,客票本身并非完全等同于客运合同,如依《民用航空法》第111条规定:"客票是航空旅客运输合同订立和运输合同条件的初步证据;旅客未能出示客票、客票不符合规定或者客票遗失,不影响运输合同的存在或者有效。"

3.运送行李通常是客运合同内容之一

客运合同的承运人不仅应将旅客安全送达,而且还应将符合规定的旅客行李送达目的地,

关于旅客行李运送的条款也是客运合同的组成部分,而并不构成独立的运输合同。当然,对于超过规定数量的行李,旅客应当办理托运。在旅客凭票办理托运时,行李票是托运行李的货物运输合同的表现形式。

4.旅客可以任意解除合同

一般说来,合同成立后,任何一方当事人都不得擅自解除合同。但客运合同生效后,旅客可以任意解除合同,而不必征得承运人的同意。这是因为不能强制旅客必须接受承运人提供的运送服务。当然,旅客解除合同退票的,应在承运人规定的期间内办理,且须支付一定的手续费。

二、客运合同的成立与生效

《合同法》第 293 条规定:"客运合同自承运人向旅客交付客票时成立,但当事人另有约定或另有习惯的除外。"依此规定,客运合同的成立分为以下两种情形。

1.在通常情形下,客运合同自承运人向旅客交付客票时成立

在通常情形下,旅客向承运人要求购买客票的行为属于要约,承运人向旅客交付客票的行为属于承诺。自承运人向旅客交付客票时起当事人双方意思表示达成一致,客运合同即成立。

2.当事人另有约定或者另有交易习惯的,依约定或者交易习惯确定合同的成立时间

客运合同自交付客票时起成立,这是以当事人没有另外约定或者无另外的交易习惯为前提的。即在当事人对合同成立另有约定或者另有交易习惯时,客运合同不是自交付客票时起成立,合同的成立时间应依当事人的特别约定或者交易习惯确定。例如,在出租车运输中,依交易习惯,客运合同自旅客坐上出租车时起合同即成立,在到达目的地后承运人才交付客票。在此情形下,客运合同就不是自交付客票时成立,而是自旅客坐上出租车时成立。

除出租车客运外,在旅客先上车(船)后补票的情况下,客运合同自何时成立呢?对此有不同的观点。有的人认为,在旅客先乘上运输工具后补票的情况下,应以旅客乘上运输工具之时为合同的成立时间。有的人认为,在旅客先乘上运输工具后补票的情况下,客运合同应当自补票时成立。这些观点均有一定道理。实际上,在旅客先乘上运输工具后买票的情况下,合同的成立时间应当区分不同的情况而定:第一种情况是根据交易习惯,旅客是先乘上运输工具后购买客票,如城市公交车运输就是如此,此时应依交易习惯确定客运合同的成立时间为旅客经允许乘上运输工具之时;第二种情况是承运人同意无票旅客先乘运输工具而后补票。在此种情形下,旅客乘运输工具的要求为要约,承运人同意旅客乘坐为承诺,旅客乘上运输工具时起双方的意思表示达成一致,客运合同随即成立;第三种情况是无票旅客未经承运人同意即乘上运输工具,承运人发现后要求旅客补票。在此种情况下,只有在旅客同意补票时,当事人双方的意思表示才达成一致。依《合同法》第 294 条规定可知,旅客无票乘运或者持失效客票乘运的,应当补交票款,承运人可以按照规定加收票款;旅客不交付票款的,承运人有权拒绝运输。旅客不交付票款,说明旅客与承运人的意思表示不一致,客运合同不能成立。依《合同法》第 302 条规定可知,承运人对运输过程中旅客伤亡所承担的赔偿责任,也适用于按照规定免票、持优待票或者经承运人许可搭乘的无票旅客。该规定将未经承运人许可搭乘的无票旅客排除在外,其原因即在于此种情形下的旅客与承运人之间还没有成立客运合同。客运合同自成立时

起生效。

三、客运合同的效力

(一)旅客的义务

1.支付票款并持有效客票乘运的义务

《合同法》第 294 条规定:"旅客应当持有效客票乘运。旅客无票乘运、超程乘运、越级乘运或者持失效客票乘运的,应当补交票款。旅客不交付票款的,承运人可以拒绝运输。"如前所述,客票是客运合同的表现形式。旅客持有有效客票表明旅客已履行了支付票款的义务,有权利要求承运人按客票规定的时间、运输工具、运输地点等提供运输服务。旅客无票乘运、超程乘运、越级乘运或者持失效票乘运的,表明旅客没有履行支付票款的义务或者没有完全履行支付票款的义务,承运人有权要求旅客补交票款,并可以按照规定加收票款。加收票款是在应收票款数额基础上额外收取一定的费用,只有根据法律、法规或者部门规章的规定,承运人才可以加收票款。如果旅客的行为不属于法律、法规或者部门规章所规定的可以加收票款的情形,则承运人不得加收票款。在通常情形下,旅客支付票款的义务先于承运人的履行义务,在旅客拒绝支付票款即表示不履行其义务时,承运人自然可以拒绝履行运送义务。

2.按规定限量携带行李和儿童的义务

《合同法》第 296 条规定:"旅客在运输中应当按照约定限量携带行李。超过限量携带行李的,应当办理托运手续。"旅客的行李是旅客出行时携带的物品。随身携带行李是旅客的权利,但旅客只能携带一定量的行李,而不能随意携带行李。因此,携带的行李不得超过约定的限量是旅客的义务。所谓"约定的限量",在实际生活中一般表现为运输企业根据有关行政规章所规定的数量。旅客携带行李超过限量的,应当办理托运手续。旅客须持有效客票办理行李托运,领取行李时应出示客票。

旅客除可携带限量的行李外,还可以按规定携带一名符合免票条件的儿童。旅客携带的儿童若不符合免票条件的,应当另外购买相应的客票。

3.不得携带危险物品和在行李中夹带违禁品的义务

《合同法》第 297 条规定:"旅客不得随身携带或者在行李中夹带易燃、易爆、有毒、有腐蚀性、有放射性以及可能危及运输工具上人身和财产安全的危险物品或者其他违禁物品。""旅客违反前款规定的,承运人可以将违禁物品卸下、销毁或者送交有关部门。旅客坚持携带或者夹带违禁物品的,承运人应当拒绝运输。"违禁物品主要指会危及运输工具上的旅客人身和财产安全的危险物品,稍有处置不慎的情形就会发生事故,因此,法律禁止旅客携带违禁物品。旅客有义务执行国家安全运输的有关规定,不得携带法律禁止携带的违禁物品。为保证运输安全,承运人有权按照国家有关规定,检查旅客携带的物品和托运的行李是否安全,而旅客有义务协助检查。若承运人在安全检查中发现旅客随身携带或者在行李中夹带违禁物品的,承运人可以将违禁物品卸下、销毁或者送交有关部门。旅客违反不得携带或夹带违禁物品的义务,坚持携带或夹带违禁物品的,如果旅客未乘上运输工具,承运人有权利也有义务拒绝运输;如果旅客已乘上运输工具,在运输过程中发现的,承运人也有权让携带或夹带违禁物品的旅客离开运输工具。

旅客违反规定,不履行不得携带或夹带违禁物品的义务,在运输过程中因携带或夹带的违禁物品给承运人或者第三人造成损害的,应当承担损害赔偿责任。

4.安全乘运义务

在运输过程中,旅客应当服从承运人的指挥,遵守承运人提出的安全运输注意事项。特别是在发生事故时,旅客应当按照承运人的安排进行施救和避险。

在运输过程中,旅客有权使用承运人提供的运输设施,同时也有义务爱护各种运输设施,不得损坏。如果由于旅客的过错致使运输设施受损的,旅客应负赔偿责任。

(二)承运人的义务

1.按照约定运送旅客的义务

承运人的基本义务是按照约定运送旅客。承运人的这一义务主要包括以下内容:

(1)承运人应按照约定的或者通常的运输路线将旅客运输到约定地点。依《合同法》第291条规定,承运人应当按照约定或者通常的运输路线将旅客运输到约定的地点。承运人未按照约定路线或者通常路线运输而增加票款的,旅客有权拒绝支付增加部分的票款。

(2)在约定的期间或合理期间内将旅客送达目的地。依《合同法》第290条规定,承运人应当在约定期间或者合理期间内将旅客安全运输到约定地点。为保证按约定的期间运送旅客,承运人应按照约定的时间运输。《合同法》第299条规定:"承运人应当按照客票载明的时间和班次运输旅客。承运人迟延运输的,应当根据旅客的要求安排改乘其他班次或者退票。"因承运人迟延运输而导致旅客退票的,承运人不得收取手续费。

(3)使用约定的运输工具运输。《合同法》第300条规定:"承运人擅自变更运输工具而降低服务标准的,应当根据旅客的要求退票或者减收票款;提高服务标准的,不应当加收票款。"承运人不仅应按照约定的路线、时间和地点将旅客运送到目的地,而且应当按照约定的服务标准提供运输服务。承运人提供运输的服务标准与提供的运输工具密切相关,因此,为保证服务标准,在运输过程中承运人不得擅自变更运输工具。承运人擅自变更运输工具提高服务标准的,不得加收票款。承运人擅自变更运输工具降低服务标准,达不到合同约定的服务标准的,若旅客不愿意接受低于约定服务标准的运输服务,则可以要求解除合同,承运人应接受旅客的要求,退还旅客全部票款;若旅客同意接受承运人提供的低于约定服务标准的运输服务,则旅客有权要求承运人减收票款,承运人应当按照变更后的服务标准收费,将多收的票款退还给旅客。

2.重要事项的告知义务

《合同法》第298条规定:"承运人应当向旅客及时告知有关不能正常运输的重要事项和安全运输应当注意的事项。"依此规定,承运人有及时向旅客提供有关信息、说明有关情况的告知义务。承运人告知义务的内容主要有以下两方面:

(1)不能正常运输的重要事由。承运人应当按照约定的时间、运输工具提供运输服务。在发生不能正常运输的情况时,承运人应当将不能正常运输的重要事由及时告知旅客。例如,飞机不能正常起飞、列车不能正常运行的,承运人应当及时向旅客说明不能正常起飞、不能正常运行的原因,以满足旅客的知情权,使旅客及早作出安排。承运人如不及时告知旅客有关不能正常运输的重要事由,致使旅客受到损失的,承运人应当承担赔偿责任。

(2)安全运输的注意事项。承运人应当将旅客安全运输到目的地。为保证安全运输,承运人应当及时向旅客告知安全运输应当注意的事项,包括运输过程中可能发生的危险以及危险发生时应当采取的应对措施等。如因承运人未及时向旅客告知有关安全运输的注意事项致使旅客在运输中受到损害的,承运人应当承担损害赔偿责任。

3.救助旅客的义务

承运人在运输过程中对旅客负有救助义务。《合同法》第301条规定:"承运人在运输过程中,应当尽力救助患有急病、分娩、遇险的旅客。"承运人对旅客的救助义务是其法定义务,而非约定义务。即使在合同中约定承运人不负救助义务,该约定也属无效。当然,承运人对旅客的救助义务并非是无限制的,承运人仅对在运输过程中患急病、分娩和遇险的旅客负有救助义务。所谓患急病,是指旅客因体质等原因,在运输过程中突然发生疾病或原有疾病突然发作,如不及时加以救治,会严重损害其健康甚至危及生命。所谓分娩,指的是从要分娩到分娩的整个过程。所谓遇险,指旅客在运输过程中遇到的会损害其健康和生命安全的任何危险,而不论危险的来源为何,也不论承运人对危险的发生是否有责任。如果旅客不是患急病而是患有一般的慢性病或没有危险的小病,也没有遇险或分娩,则承运人对其无救助义务。承运人履行救助义务,应充分利用相应的运输工具具备的设施和服务,尽力采取各种有效措施。

4.确保旅客人身安全的义务

承运人在运输过程中应当确保旅客的人身安全。《合同法》第302条规定:"承运人应当对运输过程中旅客的伤亡承担损害赔偿责任,但伤亡是旅客自身健康原因造成的或者承运人证明伤亡是旅客故意、重大过失造成的除外。""前款规定适用于按照规定免票、持优待票或者经承运人许可搭乘的无票旅客。"依此规定,承运人对于旅客在运输过程中的伤亡承担无过错的损害赔偿责任,即旅客只要与承运人存在客运合同关系,不论其是否持有客票或持何种客票,也不论其因何种原因发生伤亡,除非承运人能够证明该伤亡是旅客自身健康原因造成的或者是旅客故意、重大过失造成的,承运人均应负损害赔偿责任。即使承运人能够证明旅客的伤亡是因其一般过失而非重大过失造成的,承运人也不能免除赔偿责任。例如:小王在从甲小学放学回家的路上,将石块扔向路上正常行驶的出租车,致使乘客张某受伤,张某经治疗后脸上仍留下一块大伤疤。出租车为乙公司所有。根据《合同法》第302条第1款可知,由于乘客张某与乙公司之间成立了承运合同,对于张某在运输过程中受到的人身损害,乙公司应当承担赔偿责任,赔偿后,承运人乙公司可以向小王追偿。

5.妥善保管和安全运输旅客行李的义务

承运人不仅应当将旅客安全运输到约定地点,而且应当将旅客的行李也安全送达目的地。对旅客行李,承运人负有妥善保管和安全运输的义务。《合同法》第303条规定:"在运输过程中旅客自带物品毁损、灭失,承运人有过错的,应当承担损害赔偿责任。""旅客托运的行李毁损、灭失的,适用货物运输的有关规定。"依此规定,对旅客行李的安全运输分两种情况:一是旅客自身携带的物品。因旅客自带的物品直接处于旅客的看管下,因此,旅客有直接的管理责任。该物品发生毁损、灭失的,承运人只在有过错的情况下才承担赔偿责任。于此情形下,承运人承担的是过错责任,承运人有无过错,应由旅客举证证明。二是旅客托运的行李。因托运的行李是在承运人的直接管理下,承运人同时负有妥善保管的义务。因此,托运行李毁损、灭失的,承运人应当按照货物运输合同的规定承担损害赔偿责任。于此情形下,承运人承担无过错责任。

第三节　货运合同

一、货运合同的概念与特点

货运合同亦即货物运输合同,是承运人将货物从起运地点运输到约定地点并交付给收货人,托运人支付运输费用的合同。

货运合同依运输工具的不同,也可以分为铁路货运合同、公路货运合同、水路货运合同、航空货运合同等。总的来说,货运合同除具有运输合同的一般特征外,还具有以下特点。

1.货运合同的标的是货物运输

货运合同是以将货物从约定地点运输到目的地为目的的运输合同,承运人运输的对象是货物。这是货运合同与客运合同的基本区别。所谓运输货物,是指以运送"物"而不是运送"人"为主要目的。这里的物既可以是固体,也可以是液体,还可以是气体。

2.货运合同往往涉及第三人

货运合同虽由托运人与承运人签订,但往往还会涉及第三人。因为托运人可以自己为收货人,也可以第三人为收货人。在收货人与托运人不一致时,货运合同就涉及第三人。收货人虽不是货运合同的订约当事人,却享有相应的权利。依我国《合同法》规定,收货人虽不是订约当事人,但是合同利害关系人,收货人是依托运人与承运人订立的货运合同享有权利并负担相应义务的。因此,当托运人与收货人不一致时,货运合同属于为第三人利益订立的合同,即利他合同。

3.运输义务以货物交付收货人为终结

货运合同与客运合同一样,是以承运人的运输行为为标的。但是,在货运合同与客运合同的履行上,各自对承运人义务履行完毕的要求不同。对于客运合同,承运人将旅客运输到目的地,合同即履行完毕;而对于货运合同,承运人仅将货物运输到约定的地点,合同履行并未完结,只有在承运人将货物交付给收货人时承运人的义务才履行完结。

二、货运合同的成立与生效

如前所述,运输合同为诺成性合同,因此货运合同自当事人双方关于运输货物的意思表示达成一致时成立。订立货运合同,一般是由托运人向承运人提出运输货物的要约,承运人同意承运的意思表示即为承诺。如果承运人不同意托运人提出的运输货物要求,则货运合同不成立。但是,如前所述,货运合同也存在强制缔约,依《合同法》第289条规定,从事公共运输的承运人,对于托运人通常的、合理的运输要求不得拒绝。

当托运人托运货物时,应当办理托运手续。当办理托运手续时,承运人要求填写托运单的,托运人应当按照要求填写托运单。

除当事人约定附有条件和期限外,货物合同自依法成立时起生效。

三、货运合同的效力

(一)托运人的义务

1.支付运输费用的义务

支付运输费用是托运人的主要义务。托运人应当按照合同约定的数额、时间、地点、方式等支付运输费用。在一般情况下,运输费用是在货物运输前支付的,但也可以在货物运输到目的地时支付。运输费用一般由托运人支付,但也可以由收货人支付。《合同法》第315条规定:"托运人或者收货人不支付运费、保管费以及其他运输费用的,承运人对相应的运输货物享有留置权。但当事人另有约定的除外。"

托运人支付运输费用是以承运人将货物运输到目的地为对价的。如果货物在运输过程中因不可抗力灭失,由于承运人还未将货物运输到目的地,因此,承运人未收取运输费用的,此种情况下不得要求托运人支付运输费用;若承运人已收取运费的,托运人可以要求承运人返还运费。

2.如实申报义务

《合同法》第304条第1款规定:"托运人办理货物运输,应当向承运人准确表明收货人的名称或者姓名或者凭指示的收货人、货物的名称、性质、重量、数量、收货地点等有关货物运输的必要情况。"托运人办理托运手续,承运人要求填写托运单的,托运人应当按照要求如实填写托运单。除法律规定托运人应当如实向承运人告知的事项外,凡承运人要求托运人告知的事项,以及托运人基于运输货物的属性所知道的有可能影响正常运输的事项,托运人均应向承运人予以告知。因托运人申报不实或者遗漏重要情况,造成承运人损失的,托运人应当承担损害赔偿责任。

《合同法》之外的其他法律中也明确规定了托运人的申报义务。例如,《铁路法》第19条规定:"托运人应当如实填报托运单,铁路运输企业有权对填报的货物和包裹的品名、重量、数量进行检查。经检查,申报与实际不符的,检查费用由托运人承担;申报与实际相符的,检查费用由铁路运输企业承担,因检查对货物和包裹中的物品造成的损坏由铁路运输企业赔偿。"《民用航空法》第117条规定:"托运人应当对航空货运单上所填关于货物的说明和声明的正确性负责。因航空货运单上所填的说明和声明不符合规定、不正确或者不完全,给承运人或者承运人对之负责的其他人造成损失的,托运人应当承担赔偿责任。"

3.交付货物运输并提交审批、检验等文件的义务

托运人应当按照约定的时间和数量,依照办理托运时的申报将货物交付承运人运输。同时,对于货物运输需要办理审批、检验等手续的,托运人应当按照规定办理审批、检验等手续,并将取得的批准和检验文件提交承运人,以使承运人及时运输。《合同法》第305条规定:"货物运输需要办理审批、检验等手续的,托运人应当将办理完有关手续的文件提交承运人。"托运人提交审批、检验等文件的义务,以货物运输需要办理审批、检验等手续的为限。如果托运的货物是不需要办理特别手续的,托运人在交付货物运输时也就无须向承运人提交有关审批、检验文件。

如果托运人违反交付货物运输并提交审批、检验等文件的义务,导致承运人遭受损失的,则承运人应负赔偿责任。如《民用航空法》第 123 条规定:"托运人应当提供必需的资料和文件,以便在货物交付收货人前完成法律、行政法规规定的有关手续;因没有此种资料、文件,或者此种资料、文件不充足或者不符合规定造成的损失,除由于承运人或者其受雇人、代理人的过错造成的外,托运人应当对承运人承担责任。"《海商法》第 67 条规定:"托运人应当及时向港口、海关、检疫、检验和其他主管机关办理货物运输所需的各项手续,并将已办理各项手续的单证送交承运人;因办理各项手续的有关单证送交不及时、不完备或者不正确,使承运人的利益受到损害的,托运人应当负赔偿责任。"

4.按照约定包装运输货物的义务

《合同法》第 306 条第 1 款规定:"托运人应当按照约定的方式包装货物。对包装方式没有约定或者约定不明确的,适用本法第一百五十六条的规定。"而《合同法》第 156 条规定:"出卖人应当按照约定的包装方式交付标的物。对包装方式没有约定或者约定不明确,依照本法第六十一条的规定仍不能确定的,应当按照通用的方式包装,没有通用方式的,应当采取足以保护标的物的包装方式。"货物包装是货物安全运输的基本保障,也是提高运输质量的重要基础,还是分清当事人责任的一个考虑因素。当事人对货物包装有明确约定的,托运人应当按照约定的方式包装货物。当然,托运人按照约定的方式包装货物,一般也就是托运人所采用的经承运人认可的包装方式。在承运人对货物包装有特别要求时,托运人应按照承运人的特别要求包装。如果当事人双方就货物包装没有明确约定,又不能达成补充协议的,托运人应当按照通常的方式包装货物。所谓通常方式,是某种运输工具运输某种货物惯常采用的包装方式。没有通常方式的,托运人应当采取足以保护货物的包装方式,即足以保证货物在运输过程中正常情形下不致发生损坏、散失、渗漏等情形的包装方式。

依《合同法》第 306 条第 2 款规定可知,托运人违约,不按照约定的或者规定的方式包装货物的,承运人有权拒绝运输。

5.危险物品情况的告知义务

《合同法》第 307 条第 1 款规定:"托运人托运易燃、易爆、有毒、有腐蚀性、有放射性等危险物品的,应当按照国家有关危险物品运输的规定对危险物品妥善包装,作出危险标志和标签,并将有关危险物品的名称、性质和防范措施的书面材料提交承运人。"危险物品因为具有损害人身、财产的危险性,在运输中需要采取特别安全措施的,由于托运人较之承运人更了解其交运的危险物品的情形,因此,托运人托运危险物品时,负有特别告知义务,一方面托运人应按照国家有关规定妥善包装,作出危险警示的标志和标签,以警示他人注意;另一方面应将有关危险物品的名称、性质和防范措施的书面材料提交承运人,而不能仅以口头形式告知。

依《合同法》第 307 条第 2 款规定,托运人违反托运危险物品的义务的,承运人可以拒绝运输,由托运人按规定处理后再行运输;承运人也可以直接采取相应的措施以避免损失的发生,因此产生的费用由托运人承担。

6.托运人变更或者解除合同时,对承运人损失负赔偿义务

《合同法》第 308 条规定:"在承运人将货物交付收货人之前,托运人可以要求承运人中止运输、返还货物、变更到达地或者将货物交给其他收货人,但应当赔偿承运人因此受到的损

失。"依此规定,托运人对于在运货物有变更目的地和收货人的权利。所谓在运货物,是指托运人已交付承运人由承运人运输、承运人还未将其交付给收货人的货物。所谓对货物的处置,是指托运人对在运货物运输结果的处置,包括:①中止运输,即在运输物到目的地前要求承运人暂时停止运输,待经过一定时间后再继续运输。②返还货物,即要求承运人将货物返还。③变更到达地点,即要求承运人将货物运输到另外的地点。④变更收货人,即要求承运人将货物交付给其他收货人,而不是交给原约定的收货人。依货运合同的性质,托运人可以在合同履行完毕前变更或者解除合同,但是,托运人变更在运货物目的地或收货人或者解除合同的,应赔偿承运人因此而受到的损失。

(二)承运人的义务

1.按照约定完成货物运输的义务

按照约定的期限和路线将货物运输到约定的地点,是承运人的基本义务。《合同法》第290条规定,承运人应当在约定期间或者合理期间内将货物安全运输到约定的地点。为保证在规定期间内到达,承运人应当按照约定的期限接受托运人交运的货物并将货物运输到约定的地点。若承运人错发到货地点的,应无偿将货物运输到约定的地点;承运人未在约定期间或者合理期间内将货物运输到目的地的,应当负迟延履行的责任。依《合同法》第291条规定,承运人应当按照约定的路线或者通常的路线将货物运输到约定地点。承运人未按照约定的路线或者通常路线运输而增加运输费用的,应自行承担,而不得向托运人加收运费。

2.妥善保管义务

在运输过程中,承运人有义务采取各种措施妥善保管货物,以保证货物的安全,并应当依合同约定将货物安全运输到约定地点并交付给收货人。在运输过程中,货物发生毁损、灭失的,承运人应当负赔偿责任。《合同法》第311条规定:"承运人对运输过程中货物的毁损、灭失承担损害赔偿责任,但承运人证明货物的毁损、灭失是因不可抗力、货物本身的自然性质或者合理损耗以及托运人、收货人的过错造成的,不承担损害赔偿责任。"依此规定,承运人对运输过程中发生的货物毁损、灭失的赔偿责任是一种无过错责任,承运人不能以自己没有过错为由不承担责任。

《合同法》规定,货物损毁、灭失,承运人不承担赔偿责任的免责事由如下:①货物损毁因不可抗力造成。②货物损毁因货物本身的自然性质或者合理损耗而造成。货物本身的自然性质是指货物本身发生的物理或化学变化等,如因货物本身性质产生的货物变质、生锈、自燃等。合理损耗是指货物的减损未超过有关主管部门规定的自然减量标准或者规定范围内的尾差、磅差。③货物损毁因托运人、收货人的过错而造成,如托运人的押运人员未尽押运职责等。

至于货物损毁的赔偿数额,《合同法》第312条规定:"货物的毁损、灭失的赔偿数额,当事人有约定的,按照其约定;没有约定或者约定不明确的,依照本法第六十一条的规定仍不能确定的,按照交付或者应当交付货物到达地的市场价格计算。法律、行政法规对赔偿额的计算方法和赔偿限额另有规定的,依照其规定。"依此规定,承运人对运输过程中发生货损的赔偿额,分以下三种情形:①法律、行政法规有特别规定的,依照特别规定。例如,《民用航空法》第128条规定:国内航空运输承运人的赔偿责任限额由国务院民用航空主管部门制定,报国务院批准

213

后公布执行。旅客或者托运人在交运托运行李或者货物时,特别声明在目的地点交付时的利益,并在必要时支付附加费的,除承运人证明旅客或者托运人声明的金额高于托运行李或者货物在目的地点交付时的实际利益外,承运人应当在声明金额范围内承担责任。②法律、行政法规没有特别规定,当事人在运输合同中对赔偿数额或赔偿计算方法有约定的,依照其约定。③法律、行政法规没有特别规定,当事人也没有明确约定,当事人不能就赔偿达成协议,且依照合同有关条款或者交易习惯也不能确定赔偿数额的,按照交付或者应当交付时货物到达地的市场价格计算赔偿数额。

3.及时通知收货人提货并将货物交付收货人的义务

《合同法》第309条规定:"货物运输到达后,承运人知道收货人的,应当及时通知收货人,收货人应当及时提货。"依此规定,承运人负有将货物运输到约定地点后及时通知收货人的义务。因承运人未及时通知收货人而使收货人未能及时提货发生的保管费用应由承运人自行承担。当然,承运人的通知义务以承运人知道收货人并能够通知为限。若承运人不知收货人或者因某种原因不能通知收货人的,可免除其通知义务。承运人不仅应当将货物已运输到达的事实通知收货人,而且在收货人提货时,还应将货物交付给收货人。

《合同法》第313条规定:"两个以上承运人以同一运输方式联运的,与托运人订立合同的承运人应当对全程运输承担责任。损失发生在某一运输区段的,与托运人订立合同的承运人和该区段的承运人承担连带责任。"两个以上承运人以同一运输方式联运的,称为相继运输,又称单式联运。这种运输的特点在于:与托运人订立运输合同的是一个承运人,而实际承担运输任务的是几个承运人,各承运人在各自的区段内负责运输,且各承运人使用的是同一种运输方式。因此,订立合同的承运人应当负责货物全程运输的安全,各个承运人又应当对各自区段内的货物运输安全负责,货物的毁损、灭失发生在某一区段的,订立合同的承运人与该区段的承运人对货损承担连带赔偿责任。

(三)收货人的义务

收货人依货运合同享有提取货物的权利,但同时也负有与此相关的义务。收货人的义务主要为以下几项:

1.支付运输费用的义务

按照货运合同的约定由收货人支付运费的,收货人应当支付运费。合同中虽没有明确约定收货人支付运费,但托运人未支付运费的,收货人只有于提货时代交运费才能提出货物。对于在运输过程中发生的其他运输费用,以及货物运输到达后的保管费用,收货人亦应当支付。依《合同法》第315条规定,托运人或收货人不支付运费、保管费以及其他运输费用的,承运人对相应的运输货物享有留置权,但当事人另有约定的除外。

2.及时提货的义务

《合同法》第309条规定:"收货人应当及时提货。收货人逾期提货的,应当向承运人支付保管费等费用。"依此规定,收货人有及时提货的义务。所谓及时提货,是指收货人应于收到承运人的到货通知后在规定期限内提取货物。收货人超过承运人通知中规定的时间提货的,应当向承运人支付保管费等费用。依《合同法》第316条规定知,收货人不明或者收货人无正当理由拒绝受领货物的,承运人可以依法提存货物。

3.及时检验货物的义务

收货人在提取货物时,除须出示有效的提货凭证外,还应当及时验收货物。《合同法》第310条规定:"收货人提货时应当按照约定的期限检验货物。对检验货物的期限没有约定或者约定不明确,依照本法第六十一条仍不能确定的,应当在合理期限内检验货物。收货人在约定的期限或者合理的期限内对货物的数量、毁损等未提出异议的,视为承运人已经按照运输单证的记载交付的初步证据。"依此规定,合同对检验货物的期限有约定的,收货人提货时应当在约定期限内检验;合同对检验期限没有明确约定的,当事人可以通过协商确定检验期限,协商不成的,可以依据合同的有关条款或者交易习惯确定检验期限;仍不能确定的,应当在合理的期限内检验。合理期限应根据具体的运输方式、货物性质以及通常情况下检验所需的期限确定。收货人在检验期限内对货物进行检验,若有异议,应当在该期限内提出。收货人在检验期限内没有就货物的数量、毁损等提出异议的,视为承运人已经按照运输单证的记载交付货物的初步证据。另外,若在诉讼时效期间内收货人就货物的毁损请求承运人赔偿的,必须举证证明货物的毁损因承运人的原因而造成。

第四节　多式联运合同

一、多式联运合同的概念与特点

多式联运合同,是由多式联运经营人与托运人或旅客订立的,以两种以上的不同运输方式将货物或旅客从起运地运输到约定目的地,由托运人或旅客支付运输费用的运输合同。

多式联运合同除具备一般运输合同的特征外,还具有以下特点:

1.承运人为多式联运经营人

多式联运合同的当事人一方为多式联运经营人,另一方为托运人或旅客。多式联运经营人,是以自己的名义或者委托他人以自己的名义与托运人或旅客签订多式联运合同的当事人。多式联运经营人在多式联运中处于两种不同的地位:一是负责履行合同;二是组织履行合同。在多式联运经营人负责履行合同的情况下,多式联运经营人直接从事运输活动,他既是缔约承运人,又是实际承运人,即多式联运经营人代表着其他承运人与托运人或旅客订立合同。在多式联运经营人组织履行的情况下,他本身并不参加运输活动,只是缔约承运人,他与实际承运人之间订立运输合同。后一种情况下的多式联运合同,实际上是承揽运输合同。

2.承运人以相互衔接的不同运输方式承运

多式联运合同以两种以上的不同运输方式运输。按照《合同法》的规定,只有以两种以上不同的运输方式所进行的联运才属于多式联运。多式联运合同的承运人需以不同的运输方式运输,并且各种不同的运输方式需相互衔接,即各种不同运输方式的运输衔接为一个整体,都是全程运输不可缺少的组成部分。

3.托运人或旅客一次交费并使用同一运输凭证

多式联运合同虽然涉及不同的运输方式,但托运人或旅客仅与经营多式联运业务的多式联运经营人一人订立合同。托运人或旅客与多式联运经营人订立合同,只需一次交费,多式联运经营人只需出具一份运输凭证。因此,多式联运合同是一个合同,而不是若干合同的组合。在履行多式联运合同的过程中,货物由一个承运人转交另一承运人运输或者旅客由一种运输工具换乘另一种运输工具,都不需要另行交费,也不需要另行办理转运手续。

从运输对象上说,多式联运合同有货物多式联运合同与旅客多式联运合同之分。联合国成员国于 1980 年 5 月 24 日在日内瓦签订的《联合国国际货物多式联运公约》规定了国际货物多式联运。我国《合同法》中的《多式联运合同》专门规定了多式联运合同,该规定主要调整货物多式联运关系。

二、多式联运单据

《合同法》第 319 条规定:"多式联运经营人收到托运人交付的货物时,应当签发多式联运单据。按照托运人的要求,多式联运单据可以是可转让单据,也可以是不可转让的单据。"依此规定,多式联运单据是证明多式联运合同以及证明多式联运经营人接受货物并负责按照合同条款交付货物的单据。多式联运单据既是多式联运合同的凭证,是确立当事人权利义务的重要依据,也是在多式联运的全程运输中指示各承运人运输的依据。

多式联运单据,由多式联运经营人签发。多式联运经营人在收到托运人交付的货物时,由托运人填写多式联运单据后,多式联运经营人就应当予以审核签发。多式联运单据的内容主要包括:货物品类、标志、包数或件数、货物的毛重、货物的外表现状、多式联运经营人的名称和主要营业所、托运人与收货人的名称和住所、多式联运经营人接管货物的地点和日期、交货日期、多式联运单据的签发地点和日期、运费、多式联运经营人或经其授权的人的签字等。

多式联运单据分为可转让单据和不可转让单据两种。托运人根据需要可以选择让多式联运经营人签发多式联运单据的种类。托运人要求签发可转让单据的,多式联运经营人应签发可转让单据并在可转让单据中列明是"按指示"交付,还是向持票人交付。可转让单据可以转让,但列明"按指示"交付的,需经背书后方可转让;如列明向持票人交付的,无须背书即可转让。托运人要求签发不可转让单据的,多式联运经营人应签发不可转让单据。不可转让单据不得转让,单据中应指明记名的收货人。

三、多式联运合同的效力

多式联运合同除具有一般运输合同的效力外,还具有以下特殊效力。

1. 多式联运经营人对全程运输享有承运人的权利和承担承运人的义务

如上所述,多式联运经营人是签订多式联运合同的当事人一方,在运输过程中,多式联运经营人可以是参与实际承运的承运人,也可以是仅组织履行合同而不参与实际承运的人。但不论多式联运经营人是负责履行还是组织履行运输合同,都对全程运输享有承运人的权利与承担承运人的义务。多式联运经营人有权收取全程运输费用,有权请求违约的托运人承担违约责任,同时,它也应当向托运人履行全部合同义务,承担全部责任.

《合同法》第 318 条规定:"多式联运经营人可以与参加多式联运的各区段的承运人就多式联运合同的各区段运输约定相互之间的责任,但该约定不影响多式联运经营人对全程运输承担的义务。"依此规定,我国在多式联运合同上采取了统一责任制,而非分散责任制。多式联运经营人可以与各区段的承运人约定相互之间如何分担责任,但该约定仅在多式联运经营人与各承运人之间有效力,而不能对抗托运人。即不论多式联运承运经营人与各区段运输的承运人如何约定相互间的责任,多式联运经营人均对全程运输承担责任,多式联运经营人在向运输合同的对方当事人承担责任后,可以依其与各区段承运人的约定向负有责任的承运人追偿。

2.托运人就其过错造成的损失向多式联运经营人负赔偿责任

《合同法》第 320 条规定:"因托运人托运货物时的过错造成多式联运经营人损失的,即使托运人已经转让多式联运单据,托运人仍然应当承担损害赔偿责任。"依此规定,托运人如果因其托运货物时的过错给多式联运经营人造成损失,无论其是否将多式联运单据转让,都应向多式联运经营人承担赔偿责任。这是因为托运人托运货物时为合同当事人一方,因其过错给对方造成损失,自然应向对方赔偿。托运人即使已经将多式联运单据转让而退出运输关系,但其并没有且并不能将已产生的自己应当承担的责任转嫁给他人。因此,托运人对多式联运经营人的赔偿责任并不受多式联运单据是否转让的影响。

3.多式联运经营人赔偿责任的法律适用

《合同法》第 321 条规定:"货物的毁损、灭失发生于多式联运的某一运输区段的,多式联运经营人有赔偿责任和责任限额,适用调整该区段运输方式的有关法律规定。货物毁损、灭失发生的运输区段不能确定的,依照本章规定承担赔偿责任。"因为多式联运是以不同的运输方式进行运输,法律对于各种不同的运输方式中承运人的赔偿责任和责任限额有不同的专门规定。因此,如果能够确定货物的毁损、灭失是发生于某一运输区段的,就应当按照调整该区段运输方式的有关法律规定来确定多式联运经营人的赔偿责任和责任限额,而不论多式联运经营人是否为该区段运输的实际承运人。例如,货物的毁损、灭失发生在航空运输区段,就应当按照《民用航空法》关于货物毁损、灭失的规定处理。如果不能确定货物的毁损灭失发生于哪一运输区段,则多式联运经营人的赔偿责任应按照《合同法》关于运输合同的规定确定。

思 考 题

1.运输合同的概念与特征是什么?
2.客运合同、货运合同的效力是什么?
3.强制缔约义务与合同自由的关系及其价值是什么?
4.多式联运合同的特征与效力是什么?

第二十章 技术合同

本章提要：

技术合同，是指当事人之间就技术开发、技术转让、技术咨询或者服务所订立的确立相互之间权利和义务的合同，包括技术开发合同、技术转让合同、技术咨询合同和技术服务合同。本章讲述了各种技术合同的概念、种类、合同当事人的权利和义务。

本章重点：

(1)技术合同的概念、特征；

(2)技术开发合同；

(3)技术转让合同；

(4)技术咨询合同；

(5)技术服务合同。

第一节 技术合同概述

一、技术合同概述

(一)技术合同的概念

所谓技术，是指根据生产实践经验和科学原理所形成的，作用于自然界一切物质设备的工艺操作方法与技能。《合同法》第 322 条明确规定："所谓技术合同，是指当事人之间就技术开发、技术转让、技术咨询或者服务所订立的确立相互之间权利和义务的合同。"

技术合同是技术成果商品化和社会化的必然产物，同时也是技术进入交换市场的法律形式。技术合同包括技术开发合同、技术转让合同、技术咨询合同与技术服务合同。

(二)技术合同的特征

技术合同除了具有一般合同共有的法律特征外，还具有以下法律特征：

1. 技术合同的主体具有特定性

技术合同的主体即技术合同的当事人，是指依据技术合同享有权利和承担义务的自然人、法人或者其他组织。

技术合同当事人，通常至少一方是能够利用自己的技术力量从事技术开发、技术转让、技术服务或咨询的自然人、法人或其他组织。技术合同的主体具有特定性。

2.技术合同的标的物是技术成果

由《最高人民法院关于审理技术合同纠纷案件适用法律若干问题的解释》第1条规定可知,技术成果是指利用科学技术知识、信息和经验作出的涉及产品、工艺、材料及其改进等的技术方案,包括专利、专利申请、技术秘密、计算机软件、集成电路布图设计、植物新品种等。技术合同与其他合同相比较,其标的物不是一般的商品或劳务,而是一种特殊的商品——技术成果,是凝聚着人类智慧的创造性劳动成果。

3.技术合同是双务合同、有偿合同

在技术合同中,当事人双方都承担相应的义务,故为双务合同。技术合同当事人一方从对方取得利益的,需向对方支付相应的对价,因此技术合同为有偿合同。

4.技术合同受多重法律调整

技术合同是技术领域中技术成果的交换和使用关系的反映,属于合同法调整的对象。但是,由于技术合同的标的物是技术成果,因此,技术合同还要受知识产权法的调整。此外,在使用技术成果方面,技术合同还要受反不正当竞争法的调整。

(三)订立技术合同的基本原则

根据《合同法》第323条的规定:"订立技术合同,应当有利于科学技术的进步,加速科学技术成果的转化、应用和推广。"《合同法》将有利于科学技术的进步,加速科学技术成果的转化、应用和推广作为技术合同的一项基本原则加以规定,其目的在于鼓励和引导当事人正确地运用技术合同这一法律形式,鼓励技术转让和交换,促进社会生产发展。

该原则是法律对订立技术合同的特殊要求。它既是指导当事人订立技术合同的准则,也是判断技术合同合法性的重要因素。例如甲公司与乙公司订立了技术转让合同,但乙公司作为让与人所转让的技术为已经淘汰的技术,那么其行为就违反了订立技术合同的基本原则,即订立技术合同,应当有利于科学技术进步,加速科学技术成果的转化、应用和推广。因此该合同应当认定无效。

二、技术合同的种类

根据《合同法》第322条的规定:"技术合同是当事人就技术开发、转让、咨询或者服务订立的确立相互之间权利和义务的合同。"可见,技术合同可分为技术开发合同、技术转让合同、技术咨询合同和技术服务合同四大类。

(一)技术开发合同

技术开发是开拓科学技术生产力的重要实践,根据《合同法》第330条规定可知,技术开发合同是指当事人之间就新技术、新产品、新工艺和新材料及其系统的研究开发所订立的技术合同。

所谓新技术、新产品、新工艺和新材料及其系统,是指当事人在订立技术合同时尚未掌握的产品、工艺、材料及其系统等技术方案。但是,在技术上没有创新的现有产品改型、工艺变更、材料配方调整以及技术成果的检验、测试和使用等除外。

根据《合同法》第330条规定可知,技术开发合同又可分为委托开发合同与合作开发合同。

1. 委托开发合同

委托开发合同是指当事人一方按照另一方当事人的要求完成研究、开发工作,另一方当事人接受研究开发成果并支付报酬的合同。其中,提出委托的一方称委托方,接受委托的一方称研究开发方。

2. 合作开发合同

合作开发合同是指两个或者两个以上的当事人共同参与研究开发的合同。合作开发合同的当事人应当按照约定进行投资,包括以技术进行投资、分工参与研究开发工作、协作配合研究开发工作。

(二)技术转让合同

技术转让合同是指当事人之间就专利权转让、专利申请权转让、技术秘密转让和专利实施许可所订立的合同。其中,交付技术成果的一方为让与人,接受技术成果并支付报酬的一方为受让人。

根据《合同法》第342条的规定,技术转让合同可分为专利权转让合同、专利申请权转让合同、技术秘密转让合同和专利实施许可合同。

1. 专利权转让合同

专利权转让合同是指转让方(即专利权人)将其发明创造专利的所有权转让给受让方,受让方支付约定的价款所订立的一类技术合同。其中,发明创造专利即专利技术成果,包括发明专利、实用新型专利以及外观设计专利。

2. 专利申请权转让合同

专利申请权转让合同是指双方当事人约定,一方将技术成果的专利申请权转让给另一方当事人,另一方当事人支付约定价款的技术合同。

3. 技术秘密转让合同

技术秘密转让合同是指转让方将其拥有的技术秘密成果提供给受让方,明确相互之间就该技术秘密的使用权、转让权等权利、义务关系,受让方支付约定使用费所订立的技术合同。

4. 专利实施许可合同

专利实施许可合同是指专利权人或者其授权的人作为转让方许可受让方在约定范围内实施专利,受让方支付约定的价款所订立的技术合同。

(三)技术咨询合同

技术咨询合同是指当事人一方以技术知识为另一方就特定技术问题所给出的意见和建议。

技术咨询合同包括就特定技术项目提供可行性论证、技术预测、专题技术调查、分析评价报告等技术合同。其中,提供咨询方案与意见的一方为受托方,接受咨询方案与意见的一方为委托方。

(四)技术服务合同

技术服务合同是指一方当事人以技术知识为另一方解决特定技术问题所订立的技术合同。技术服务合同不包括建设工程的勘察、设计、施工、安装合同和加工承揽合同。以常规手段或者以生产经营为目的进行一般加工、定作、修理、修缮、广告、印刷、测绘、标准化测试等订立的合同,不属于技术服务合同。

技术服务合同又可分为技术培训合同和技术中介合同。

1.技术培训合同

技术培训合同是指当事人一方委托另一方对指定的专业技术人员进行特定项目的技术指导和专业培训所订立的合同。但不包括职业培训、文化学习和按照行业、单位的计划进行的职工业余教育。

2.技术中介合同

技术中介合同是指受托人以知识、技术、信息、经验为促成委托人与第三方订立技术合同进行联系、介绍,并由委托人支付报酬而订立的技术合同。

三、技术合同的内容

(一)技术合同内容的一般规定

与其他合同一样,技术合同的内容是通过技术合同的条款体现出来的。技术合同的内容由当事人约定。一般而言,技术合同内容主要包括以下几个方面:①项目名称;②标的的内容、范围和要求;③履行的计划、进度、期限、地点、地域和方式;④技术情报和资料的保密;⑤风险责任的承担;⑥技术成果的归属和收益的分成办法;⑦验收标准和方法;⑧价款、报酬或者使用费及其支付方式;⑨违约金或者损失赔偿的计算方法;⑩解决争议的方法;⑪名词和术语的解释。

另外,与履行合同有关的技术背景资料、可行性论证和技术评价报告、项目任务书和计划书、技术标准、技术规范、原始设计和工艺文件,以及其他技术文档,按照当事人的约定,也可以作为合同内容的组成部分。

技术合同涉及专利的,还应当注明发明创造的名称、专利申请人和专利权人、申请日期、申请号、专利号以及专利权的有效期限。

(二)技术合同的价款、报酬和使用费

对技术合同的价款、报酬和使用费,当事人没有约定或者约定不明确的,人民法院可以按照以下原则处理:①对于技术开发合同和技术转让合同,根据有关技术成果的研究开发成本、先进性、实施转化和应用的程度,当事人享有的权利和承担的责任,以及技术成果的经济效益等合理确定;②对于技术咨询合同和技术服务合同,根据有关咨询服务工作的技术含量、质量和数量,以及已经产生和预期产生的经济效益等合理确定。若技术合同价款、报酬、使用费中包括非技术性款项的,还应当分项计算。

技术合同价款、报酬或者使用费的支付方式则由当事人约定,可以采取一次总算、一次总付或者一次总算、分期支付的方式,也可以采取提成支付或者提成支付附加预付入门费的方式。约定提成支付的,可以按照产品价格、实施专利和使用技术秘密后新增的产值、利润或者产品销售额的一定比例提成,也可以按照约定的其他方式计算。提成支付的比例可以采取固定比例、逐年递增比例或者逐年递减比例。约定提成支付的,当事人还应当在合同中约定查询

有关会计账目的办法。

四、职务技术成果和非职务技术成果的特殊规定

(一)职务技术成果的特殊规定

职务技术成果是执行法人或者其他组织的工作任务或者主要是利用法人或者其他组织的物质技术条件所完成的技术成果。职务技术成果的使用权、转让权属于法人或者其他组织的，法人或者其他组织可以就该项职务技术成果订立技术合同。法人或者其他组织应当从使用和转让该项职务技术成果所取得的收益中提取一定比例，对完成该项职务技术成果的个人给予奖励或者报酬。法人或者其他组织订立技术合同转让职务技术成果时，职务技术成果的完成人享有以同等条件优先受让的权利。

(二)非职务技术成果的特殊规定

非职务技术成果的使用权、转让权属于完成技术成果的个人，完成职务技术成果的个人可以就该项非职务技术成果订立技术合同。完成技术成果的个人有在有关技术成果文件上写明自己是技术成果完成者的权利以及取得荣誉证书、奖励的权利。

五、技术合同的无效

非法垄断技术，妨碍技术进步或者侵害他人技术成果的技术合同无效，这是《合同法》第329条关于技术合同无效的特别规定。

我国法律一方面采取必要措施保障技术合同当事人在合法的范围内行使自己的权利，另一方面不允许当事人滥用这种权利来损害国家利益和社会公共利益。为了防止技术合同当事人通过技术合同的订立来达到自己非法垄断和控制市场的目的，应认定此类技术合同为无法律约束力的无效合同。有的技术合同当事人通过合同条款限制另一方在合同标的技术的基础上进行新的研究开发，限制另一方从其他渠道吸收先进技术，或者阻碍另一方根据市场的需求，按照合理的方式实施专利和使用非专利技术。上述合同内容妨碍了技术进步，应属无效合同。侵害他人技术成果的技术合同，也属无效合同。

当事人双方对技术合同约定不明确的地方，由当事人通过协商解决，如果当事人不能达成补充协议的，则依照《合同法》第62条的规定，按合同有关条款或交易习惯确定。

第二节　技术开发合同

一、技术开发合同概述

(一)技术开发合同的概念

技术开发合同是指当事人之间就新技术、新产品、新工艺和新材料及其系统的研究开发所订立的合同。

凡进行基础理论研究的合作协议应不属于技术开发合同。另外，为鼓励规范先进科技成

果的转化，《合同法》第330条第4款规定："当事人之间就具有产业应用价值的科技成果实施转让订立的合同，也适用技术开发合同的有关规定。"

(二)技术开发合同的特征

技术开发合同除具有技术合同的一般特征外，还具有如下法律特征：

1. 技术开发合同的标的是技术成果，具有创造性、新颖性和实用性

技术开发合同的标的是一种技术成果，即新技术、新产品、新工艺和新材料及其系统。所谓新技术、新产品、新工艺和新材料及其系统，是指当事人在订立合同时尚未掌握的产品、工艺、材料及其系统等技术方案。这种技术成果具有创造性、新颖性和实用性。所谓创造性，是指与原有产品、工艺、材料及其系统等技术方案相比较具有实质性特点和进步；所谓新颖性，是指这种新技术成果是当事人在订立合同时尚未掌握、不存在的，只有经过研究开发方的创造性活动才能取得；所谓实用性，是指这种新技术、新产品、新工艺和新材料及其系统能够作为商品在产业上应用，具有商业使用的价值。

2. 技术开发合同的风险承担

技术开发合同中的风险主要是指在技术开发合同履行过程中，遇到在现有技术水平下无法预见、无法防止和无法克服的技术困难而导致开发工作全部或部分失败。

《合同法》第338条第1款规定："在技术开发合同履行过程中，因出现无法克服的技术困难，致使研究开发失败或者部分失败的，该风险责任由当事人约定。没有约定或者约定不明确的，依照本法第六十一条的规定仍不能确定的，风险责任由当事人合理分担。"可以说，技术开发的风险性是不可能完全避免的。如果尽管开发研究方尽了自己最大的努力，仍因技术上的难度大而未能取得合同约定的预期成果时，其风险责任在合同双方当事人没有约定或者约定不明确的情况下，一般由当事人合理分担。

3. 技术开发合同是双务合同、有偿合同、诺成合同和要式合同

首先，技术开发合同是双务、有偿合同。技术开发合同是产生新的科学技术知识的一种手段，目的是当事人双方力求在高技术、高知识领域有所创新、有所突破、有所进步。但是，实现这一目的必须通过双方协作才能顺利完成。如在技术开发合同中，委托方有义务向受托方提供研究开发经费，受托方有义务向委托方提供科技研究成果。在双方的相互配合下，按技术开发合同的约定，共同实现双方的权利和义务。

其次，技术开发合同是诺成合同。技术开发合同自双方当事人意思表示一致时起即可成立，并不以实际履行合同义务为合同的成立要件。

最后，技术开发合同是要式合同。《合同法》第330条第3款规定："技术开发合同应当采用书面形式。"因为技术开发合同涉及技术成果的研究开发，履行时间一般较长，而且当事人之间的权利义务关系较复杂，故为要式合同。

(三)技术开发合同的种类

《合同法》将技术开发合同分为委托开发合同和合作开发合同两种。

1. 委托开发合同

委托开发合同是指一方当事人按照另一方当事人的要求完成研究开发工作，另一方当事人接受研究开发成果并支付报酬的合同。其中，按照另一方当事人的要求完成研究开发工作

的称为研究开发人;接受研究开发成果并支付报酬的称为委托人。

委托开发合同的特征是:研究开发方以自己的名义、技术和劳务独立完成研究开发工作,委托方一般只提供资金、设备、材料等物质条件或者承担辅助、协作事项,并在研究开发过程中有权对经费的使用情况进行必要的监督,但不参与具体的研究开发工作。

2.合作开发合同

合作开发合同是指两个或者两个以上的当事人共同参与研究开发工作的合同。

在合作开发合同中,各方当事人共同研究开发、共同投资、共享成果、共担风险。合作开发合同的特征是:当事人各方共同参加研究开发工作,既可以共同进行全部的研究开发工作,也可以约定各自分工,分别承担相应部分研究开发。

委托开发合同与合作开发合同的区别主要在于:提供研究经费或者工作条件的一方当事人是否参与研究开发工作。如果参与,就是合作开发合同;如果不参与,则是委托开发合同。

二、委托开发合同当事人的主要义务

(一)委托开发合同中委托人的义务

依照《合同法》第331条的规定可知,在委托开发合同中,委托人主要承担以下义务。

1.按照约定支付研究开发经费和报酬的义务

研究开发经费是指完成研究开发工作所需要的成本,一般包括设备费、器材费、能源费、试验和试制费、安装和调试费、技术资料费以及进行研究开发工作所需要的其他费用。

委托人除负有支付研究开发经费的义务外,还负有支付报酬的义务。此处的报酬和研究开发经费是两个不同的概念。研究开发经费是研究开发的投入,而报酬则是委托方取得研究开发成果后,作为合同的"对价"应向研究开发方支付的款项。

除合同另有约定外,委托方应当提供全部研究开发工作所需的费用。其支付方式通常采取预付的方式,既可以在合同订立后研究开发工作进行前支付,也可以根据情况分期支付,但不能影响研究开发工作的正常进行。同时,当事人应当在合同中约定研究开发经费的结算办法。例如,当事人可在合同中约定研究开发费用按照实际需要支付,若委托方支付的研究费用不足则应当补充支付;当研究开发费用剩余时,由研究开发方如数返还。再如,在合同中约定研究开发费用包干使用或没约定结算办法的,对不足的费用委托方无补充的义务;对节余的费用委托方也无权要求返还。

委托方迟延支付研究开发经费,造成研究工作停滞、延误的,研究开发方不承担迟延责任。委托方逾期支付费用,经催告在合理期限内仍不支付研究开发费用或者报酬的,研究开发方有权解除合同,委托方应当返还技术资料、支付应付报酬和费用,并赔偿因此给研究开发方造成的损失。

2.按照约定提供技术资料、原始数据的义务

为了保证合同目的的顺利实现,委托方有义务按合同约定向研究开发方提供有关技术背景资料和必要的数据、资料等。研究开发方也有权要求委托方补充必要的背景资料和数据,但不得超过履行合同所需要的范围。

委托方不依合同约定及时提供技术资料、原始数据或者所提供的技术资料、原始数据有重大缺陷,导致研究开发工作停滞、延误、失败的,研究开发方不承担责任,委托方应当承担责任;委托方逾期不提供技术资料、原始数据的,研究开发方有权解除合同,并请求委托方赔偿损害。

3.完成协作事项的义务

委托开发合同的履行往往需要委托方除了提供资金和约定的技术资料、原始数据等以外，还需要其完成一些必要的协作事项，例如，委托方还需提供研究开发所必需的设备、零部件、原材料等物质条件。

对于这些协作事项，委托人应当按照合同约定予以提供，研究开发方也可以依据《合同法》第60条的规定要求委托人履行相应协助义务。

4.接受研究开发成果的义务

委托方应当按期接受研究开发方完成的研究开发成果。委托方不及时接受研究开发方交付的已完成的研究开发成果时，应当按约定承担违约责任并支付给研究开发方因委托人迟延接受所产生的保管费用。经研究开发方催告并经过合理期限委托人仍拒绝接受的，研究开发方有权处分研究开发成果，从所得收益中扣除约定的报酬、费用、违约金以及保管费用，如有剩余，应当退还委托方；如果不足，研究开发方有权请求委托方赔偿损失。

（二）委托开发合同中研究开发方的义务

依照《合同法》第332条的规定，委托开发合同中研究开发方主要承担以下义务。

1.按照约定制定和实施研究开发计划的义务

研究开发是一项复杂的工作，研究开发方制定研究开发计划是其按期完成技术开发的首要任务，直接关系到合同目的能否实现。因此，在合同订立并生效后，研究开发方应当尽快制定研究开发计划，选择适当的研究开发方案，以保证合同达到预期目的。研究开发方未按计划实施研究开发工作的，委托方有权要求其实施研究开发计划并采取补救措施。研究开发方逾期不实施研究开发计划的，委托方有权解除合同，并有权要求研究开发方返还研究开发经费。若因研究开发方逾期不实施研究开发计划而给委托人造成损失的，委托人有权请求研究开发方进行相应赔偿。

2.合理使用研究开发经费的义务

研究开发方必须按照合同约定的研究开发经费的使用范围使用研究开发经费。合同约定的专用经费必须专项使用。合同没有约定的，应当按照有利于实现合同目的来合理安排、使用研究开发经费，不得挪作他用。如果研究开发方将研究开发费用于履行合同以外的目的，委托方有权制止并要求其退还。由此而造成研究开发工作停滞、延误或失败的，研究开发方应赔偿损失；经委托方催告并经合理期间，研究开发仍不退还费用的，委托方有权解除合同，并有权请求研究开发方赔偿损失。

3.按期完成研究开发工作，交付研究开发成果的义务

按照合同的约定，交付研究开发成果是研究开发方应履行的基本义务。研究开发方应当按照合同约定的条件按期完成研究开发工作，并将工作成果交付委托方。研究开发方在完成研究开发工作中不得擅自变更标的内容、形式和要求。由于研究开发方的过错，致使研究开发成果不符合合同约定条件或者导致研究开发工作失败的，研究开发方应当支付违约金，返还部分或者全部研究开发经费，并赔偿委托方因此造成的损失。

4.研究开发方的后续义务

研究开发方依照合同约定完成研究开发工作并交付工作成果时，还应当提供有关的技术资料，并给予必要的技术指导，对委托方人员进行技术培训，帮助委托方掌握该项技术成果。

研究开发方不得向第三人泄露技术开发成果的技术秘密,不得向第三人提供该项技术成果,但当事人另有约定或法律另有规定的除外。

研究开发方未提供必要技术资料或技术指导的,委托方有权要求研究开发方在合理期限内采取补救措施。研究开发方未及时采取补救措施,以致委托方不能按合同约定使用技术成果,未实现订立合同目的的,视为研究开发方交付的技术成果不符合合同的约定,委托方有权要求研究开发方承担违约责任,退还研究经费,并赔偿委托方因此受到的损失。

三、合作开发合同当事人的主要义务

《合同法》第 335 条规定:"合作开发合同的当事人应当按照约定进行投资,包括以技术进行投资;分工参与研究开发工作;协作配合研究开发工作。"可见,合作开发合同双方当事人均负有以下义务。

(一)按照合同约定进行投资的义务

所谓投资,是指当事人以资金、设备、材料、场地、技术情报资料、专利权、技术秘密成果等方式对研究开发项目所作的投入。共同投资是合作开发合同当事人的法定义务之一。合作开发合同当事人各自应依合同的约定投资,包括以技术进行投资。以资金以外的形式投资的,应当折算成相应的金额,明确当事人在投资中的比例。

(二)按合同约定的分工参与研究开发工作的义务

合作开发合同各方当事人必须直接参与研究开发工作,这是合作开发合同的基本特征,也是其与委托开发合同的根本区别。

合作开发合同当事人应对研究开发工作中的重大问题进行决策,协调和组织研究开发工作,包括按照约定的计划和分工共同进行或者分别承担设计、工艺、试验、试制等研究开发工作。如果当事人一方仅提供资金、设备、材料等物质条件,或者仅承担辅助、协作事项的,不能成为合作开发合同的当事人,而只能是委托开发合同的委托人。合作开发合同的当事人必须分工参与研究开发工作。

(三)协作、配合研究开发工作的义务

合作开发必然要求合同当事人各方密切协作,相互配合。为了保证合作开发工作的顺利进行,可以成立由各方代表组成的指导机构,对研究开发工作中的重大问题进行决策,协调和组织研究开发活动,以保证研究开发工作的顺利进行。

四、技术开发合同的解除和技术风险承担

(一)技术开发合同的解除

《合同法》第 337 条规定:"因作为技术开发合同的标的技术已经由他人公开,致使技术开发合同的履行没有意义的,当事人可以解除合同。"此处的"技术已由他人公开"主要有以下情形:一是该技术已由他人进行了专利登记;二是合同的标的技术已由他人研究成功或从国外引进,并可以在技术市场上作为商品进行转让;三是合同的标的技术已通过科技文献、展示会等

方式向社会公布,成为共有技术。这几种情形,就当事人双方而言,属不可归责于双方当事人的事由,是技术开发合同中的固有风险。因此,若因这几种情形而给各方当事人造成损失的,对损失的赔偿有约定时从约定,没有约定时则由各方合理分担。

除此之外,技术开发合同也存在因当事人一方的严重违约而被解除的可能。

(二)技术开发合同的风险责任承担

技术开发合同中的风险是指在技术开发合同履行过程中,因出现无法克服的技术困难,致使研究开发失败或者部分失败的风险。

科学研究和技术开发均是一项探索未知领域的活动。由于人们受现有认识水平的限制,研究开发的失败与反复是不可避免的,在高技术领域和科技攻关活动中尤其如此。实践中,研究开发方已经做了主观努力,并取得了实质性进展,却因在现有科学技术水平下不可克服的技术困难而导致研究开发目标未能实现的情况时有发生。但这同当事人违约是有根本区别的,因为当事人在主观上没有过错。此种情况也不同于不可抗力,因为它是当事人受主观或客观因素的局限所造成的,而这种局限在当下的科学技术条件下又是无法避免的。

为鼓励科研人员勇于探索,解决一些关键性的技术难题,从科研工作的特殊性考虑,有必要规定风险责任的特殊制度,明确因风险导致研究开发失败或者部分失败不属于违约,所发生的损失应按公平合理的原则处理。因此,《合同法》第338条规定:"在技术开发合同履行过程中,因出现无法克服的技术困难,致使研究开发失败或者部分失败的,该风险责任由当事人约定。没有约定或者约定不明确,依照本法第六十一条的规定仍不能确定的,风险责任由当事人合理分担。当事人一方发现前款规定的可能致使研究开发失败或者部分失败的情形时,应当及时通知另一方并采取适当措施减少损失。没有及时通知并采取适当措施,致使损失扩大的,应当就扩大的损失承担责任。"

五、技术开发合同的技术成果权利归属

(一)委托开发合同中技术成果的权利归属

(1)《合同法》第339条规定:"委托开发完成的发明创造,除当事人另有约定的以外,申请专利的权利属于研究开发人。研究开发人取得专利权的,委托人可以免费实施该专利。研究开发人转让专利申请权的,委托人享有同等条件优先受让的权利。"委托开发所完成的技术成果,如需申请专利的,则申请专利的权利在一般情况下归研究开发人。但当事人约定申请专利的权利归委托人或由双方当事人共同行使的,从其约定。例如甲公司和乙公司签订了一份委托开发合同,双方并未就研究开发成果的专利申请权做出约定,那么研究开发方即乙公司就该研究开发成果享有申请专利的权利,专利授权后,委托方甲公司转让该技术的行为就属于违法。

此外,为鼓励风险投资,推动技术进步,《合同法》第339条规定:"研究开发人取得专利权的,委托人可以免费实施该专利。研究开发人转让专利申请权的,委托人享有同等条件优先受让的权利。"

(2)根据《合同法》第341条的规定,就委托开发所完成的技术成果,如属不可申请专利或虽可申请专利,但当事人不欲申请专利的,对于此项技术秘密成果的使用权、转让权以及利益的分配办法,由当事人约定。没有约定或者约定不明确,依照《合同法》第61条的规定仍不能

确定的,当事人均有使用和转让的权利,但委托开发的研究开发人不得在向委托人交付研究开发成果之前,将研究开发成果转让给第三人。

(二)合作开发合同中技术成果的权利归属

(1)《合同法》第341条规定:"合作开发完成的发明创造,除当事人另有约定的以外,申请专利的权利属于合作开发的当事人共有。当事人一方转让其共有的专利申请权的,其他各方享有以同等条件优先受让的权利。合作开发的当事人一方申明放弃其共有的专利申请权的,可以由另一方单独申请或者由其他各方共同申请。申请人取得专利权的,放弃专利申请权的一方可以免费实施该专利。合作开发的当事人一方不同意申请专利的,另一方或者其他各方不得申请专利。"

按照上述规定,合作开发所完成的技术成果,如需申请专利的,申请专利的权利属于合作开发的当事人共有。当事人约定归其中一方或几方所有的,从其约定。

在合作开发合同中,当事人一方转让专利申请权的,其他各方当事人在同等条件下享有优先受让权。合作开发的当事人一方声明放弃其所共有的专利申请权的,该专利申请权由其他当事人单独或共同享有并行使。申请人经申请取得专利权的,声明放弃专利申请权的一方可以免费实施该专利。

合作开发合同的当事人中,一方不同意申请专利的,另一方或其他各方不得申请专利。

(2)根据《合同法》第341条的规定,合作开发所完成的技术成果,如属不可申请专利或虽可申请专利,但当事人不欲申请专利的,对于此项技术秘密成果的使用权、转让权以及利益的分配办法和委托开发合同的规定一致。

第三节　技术转让合同

一、技术转让合同概述

(一)技术转让合同的概念

技术转让合同是指当事人之间就专利权转让、专利申请权转让、技术秘密转让和专利实施许可所订立的合同,其中,交付技术成果的一方为让与人,接受技术成果并支付报酬的一方为受让人。

(二)技术转让合同的特征

技术转让合同除具有技术合同的一般特征外,还具有如下特征:

(1)技术转让合同的标的是现有的技术成果,而不是待开发研究的技术成果;

(2)技术转让合同是双务合同、有偿合同、诺成合同、要式合同。

在技术转让合同中,让与人负有转让其技术成果、技术成果的使用权或者专利申请权的全部或一部分的义务,受让人负有向让与人支付价金或者使用费的义务,故技术转让合同为双务合同。合同当事人任何一方取得利益均需支付相应的对价,故技术转让合同又为有偿合同。技术转让合同并不以技术成果的实际交付为成立要件,而是当事人意思表示一致时即成立,故技术转让合同又为诺成合同。技术转让合同应当以书面形式制定,有的还要求具备特定手续,因此,技术转让合同又为要式合同。

(三)技术转让合同中的"使用范围"条款

《合同法》第 343 条规定:"技术转让合同可以约定让与人和受让人实施专利或者使用技术秘密的范围,但不得限制技术竞争和技术发展。"

这就明确了关于技术转让合同中约定实施专利或使用技术范围的原则,即不得"非法垄断技术、妨碍技术进步"。法律承认当事人在合同中约定一定的使用范围的合法性,并不意味着当事人可以滥用此项合同权利,以种种不合理的限制性条款妨碍技术竞争和技术发展。含有上述条款的技术转让合同,属于无效技术合同。

在订立技术转让合同时,要注意让与人不得以合同条款限制技术竞争和技术发展。它包含两层含义:一是不得通过合同条款限制另一方在转让的技术基础上进行新的研究开发;二是不得通过合同条款限制另一方从其他渠道吸收技术或者阻碍另一方根据市场的需求,按照合同的方式充分实施专利和使用技术秘密。

另外,此处所称的"实施专利或者使用技术秘密的范围",是指技术让与人与受让人在合同中约定的对实施专利技术或使用非专利技术的合理限制,包括实施专利或者使用技术秘密的期限、地域以及方式等。当事人之间要明确受让人取得的是普遍使用权、排他使用权还是独占使用权。当事人对实施专利或者使用技术秘密的期限没有约定或者约定不明确的,受让人实施专利或者使用技术秘密不受期限限制,但专利实施许可的期限不应超过专利权的有效期限。当事人可以在合同中规定技术受让人使用合同标的的地区。这里的地域限制一般是指受让方有权依专利实施许可合同的技术去从事产品制造或销售等活动的地域范围,它包括本国的不同地区或跨国的不同地区。此外,当合同标的物的实施表现为某种特定的技术,并且该技术可以用于多种用途和目的时,让与人可以在合同中规定受让人只能将其用于一种或几种目的和用途。

(四)技术转让合同的种类

依照《合同法》第 342 条的规定,技术转让合同包括专利权转让合同、专利申请权转让合同、技术秘密转让合同、专利实施许可合同。

1.专利权转让合同

专利权转让合同是指让与人即专利权人将其专利权转让给受让人,受让人支付约定的价款所订立的技术合同。专利权转让合同的主要内容包括项目名称、发明创造的内容、专利号、专利权的有效期、有关的技术资料、费用、违约责任等。

2.专利申请权转让合同

专利申请权转让合同是指让与人将其专利申请权转让给受让人,受让人为此支付价款的合同。专利申请权转让合同的主要内容包括项目名称、发明创造名称和内容及性质、技术资料清单、价款、违约责任等。

3.技术秘密转让合同

技术秘密是指可以为所有人带来经济效益,不为公众所知悉的当事人独有的秘密技术,即专利技术以外的技术,包括未申请专利的技术、未授予专利权的技术以及不受专利法保护的技术等。技术秘密转让合同是指让与人将其拥有的技术秘密成果提供给受让人，明确相互之间就该技术秘密的使用权、转让权的权利义务关系，受让人支付约定价款所订立的技术合同。技术秘密转让合同的主要内容包括项目名称、技术秘密成果的名称和内容、使用许可的范围、保密责任、价款等。

4. 专利实施许可合同

专利实施许可合同是指专利权人作为让与人许可受让人在约定的范围内实施专利，受让人支付约定的使用费所订立的技术合同。其中，让与人又称许可方，受让人又称被许可人。专利实施许可合同的标的是在约定范围内的专利实施权。专利实施许可合同的主要内容包括项目名称、实施许可的范围、专利申请日、专利号、专利权的有效期限、技术资料、验收标准、使用费、保密义务以及违约责任等。

二、技术转让合同中当事人的义务

(一)技术转让合同中让与人的义务

1. 保证义务

《合同法》第 349 条规定："技术转让合同的让与人应当保证自己是所提供的技术的合法拥有者，并保证所提供的技术完整、无误、有效，能够达到约定的目标。"

根据此条规定，技术转让合同的让与人负有以下保证义务：①保证自己是所提供的技术的合法拥有者；②保证所提供的技术完整、无误、有效；③保证所提供的技术能够达到约定的目标。

这是技术转让合同中让与人的权利瑕疵担保义务和物的瑕疵担保义务的具体体现。《合同法》第 349 条规定："受让人按照约定实施专利，使用技术秘密侵害他人合法权益的，由让与人承担责任，当事人另有约定的除外。"

2. 违约责任

根据《合同法》第 351 条的规定可知，让与人应当按照约定的期限在约定的地点以约定的方式将技术转让给受让人，提供有关的技术资料和必要的技术指导。让与人未按照约定转让技术的，应当返还部分或者全部使用费，并且应当承担违约责任。实施专利或者使用技术秘密超越约定范围的，或者违反约定擅自许可第三人实施该项专利或者使用该项技术秘密的，应当停止违约行为并承担违约责任。违反约定的保密义务的，应当承担违约责任。

(二)技术转让合同中受让人的义务

1. 保密义务

《合同法》第 350 条规定："技术转让合同的受让人应当按照约定的范围和期限，对让与人提供的技术中尚未公开的秘密部分，承担保密义务。"在技术转让合同中，让与人转让的技术，有的是尚未公开，仍处于保密状态的技术，有的虽然技术已公开，但是相关的背景资料、技术参数等尚未公开。这些技术及相关资料如果公开，可能对双方当事人的利益都会产生重要影响。因此，《合同法》规定，受让人应当按照约定的范围和期限，对让与人提供的技术中尚未公开的秘密部分承担保密义务。

实践中，一方当事人为防止在合同履行完毕以后，对方当事人将技术秘密予以公开，往往规定保密条款的效力延及合同终止后若干年。即使当事人未有此约定,按照诚实信用原则,合同约定负有保密义务的当事人在合同期满后仍有此义务。

2.违约责任

受让人应当依约支付使用费。根据《合同法》第351条的规定可知,受让人未按照约定支付使用费的,应当补交使用费并按照约定支付违约金;不补交使用费或者支付违约金的,应当停止实施专利、使用技术秘密,交还技术资料,承担违约责任;实施专利或者使用技术秘密超越约定的范围的,未经让与人同意擅自许可第三人实施该专利或者使用该技术秘密的,应当停止违约行为,承担违约责任;违反约定的保密义务的,应当承担违约责任。

(三)技术转让合同中后续技术成果的权益分配

《合同法》第354条规定:"当事人可以按照互利的原则,在技术转让合同中约定实施专利、使用技术秘密后续改进的技术成果的分享办法。没有约定或者约定不明确,依照本法第六十一条的规定仍不能确定的,一方后续改进的技术成果,其他各方无权分享。"

所谓后续改进,是指在技术转让合同的有效期内,一方或双方对作为合同标的的专利技术或技术秘密成果所做的改良和革新。在科学技术迅猛发展的今天,许多技术转让合同所包含的技术均能被当事人改进和发展。在实践中,在转让技术的基础上进行创新和改良是非常普遍的现象。对于这种在原有技术上所做的创新或者改良的新的技术成果如何分享,当事人应当在合同中明确约定;没有约定或者约定不明确的,依照《合同法》第61条的规定确定,仍不能确定的,一方后续改进的技术成果,其他各方无权分享。

三、专利实施许可合同和技术秘密转让合同的特殊规定

(一)专利实施许可合同的特殊规定

专利实施许可合同是指专利权人或者授权人作为转让方许可受让方在约定的范围内实施专利,受让方支付约定的使用费所订立的技术合同。按照专利实施许可范围的不同,可以分为独占实施许可合同、排他实施许可合同、普通实施许可合同等。独占实施许可合同是指专利权人许可被许可方在合同约定的时间和地域范围内,以合同约定的使用方式对专利进行独占性实施,从而排斥包括专利权人在内的一切人实施该项专利。排他实施许可合同是指被许可方在约定的时间和地域范围内以合同约定的使用方式享有对专利的排他性实施权。在合同约定的时间和地域范围内,专利权人不得再许可任何第三人以此相同的方式实施该项专利,但专利权人可自行实施。普通实施许可合同是指合同的被许可方根据许可方的授权在合同约定的时间和地域范围内,按合同约定的使用方式实施该专利,同时专利权人保留了自己在同一地域和时间实施该专利以及许可第三人实施该专利的权利。

在专利实施许可合同中,双方当事人分别承担以下义务。

1.让与人的义务

(1)让与人应依合同约定提供技术或者许可。让与人应当保证对专利技术享有许可他人使用的权利,并保证受让方依合同约定使用其技术。在排他实施许可合同中,让与人不得在已经许可受让方实施专利的范围内,就同一专利与第三人订立专利实施许可合同。在独占实施许可合同中,让与人不得在已经许可受让人实施专利的范围内实施该专利,也不得许可第三人

实施该专利。

让与人还负有按照约定交付实施专利、交付与实施技术有关的技术资料、提供必要的技术指导的义务。

(2)让与人应保证其拥有的技术完整,且权利无瑕疵。技术转让合同的让与人应当保证自己是所提供的技术的合法拥有者,并保证所提供的技术完整、无误、有效,能够达到约定的目标。

专利实施许可合同只在该专利权的存续期间内有效。专利权有效期限届满或者专利权被宣布无效的,专利权人不得就该专利与他人订立专利实施许可合同。专利权的一个主要特征,就是其期限性特征,一旦超过有效期限,该专利便进入公有领域,任何单位和个人都可以自由无偿地使用。另外,专利权在一定情况下还可能被宣布无效,根据我国专利法的有关规定,宣告无效的专利权视为自始不存在。所以,当专利权有效期限届满或者专利权被宣布无效的,专利权人不得就该专利与他人订立专利实施许可合同。

在专利实施许可合同有效期内,专利权被终止的,让与人应当支付违约金或者赔偿损失;专利权被宣告无效的,让与人应当赔偿由此给受让人造成的损失。让与人未按照约定转让专利技术的,应当返还部分或者全部使用费,并承担违约责任;让与人违反约定使用专利技术或者擅自许可第三人使用该专利技术的,应当停止违约行为,承担违约责任等。如在非独占专利实施许可合同中,让与人违反约定使用专利技术的,应停止违约行为,承担违约责任。

2.受让人的义务

《合同法》第346条规定:"专利实施许可合同的受让人应当按照约定实施专利,不得许可约定以外的第三人实施该专利;并按照约定支付使用费。"

受让人的主要义务是:

(1)受让方应当依照合同约定的范围、方式、期限实施专利技术,未经许可方同意,不得许可约定以外的第三人实施该专利,否则,受让人应当承担违约责任,支付违约金或者赔偿损失。

在实践中,让与方往往要求受让方承担实施专利的义务。尤其是在合同价款采取提成支付的情况下,通过受让方履行实施专利,可以使让与方获得对方实施其专利的最大利润。此时,受让方的实施义务包括:在一定时间内将专利产品投入生产;行使合同所约定的权利;在一定范围内生产专利产品并作相应的推销工作。许可方如果想使受让方承担实施义务,应当与受让方在合同中达成明确的协议。

(2)按照合同的约定支付使用费。支付使用费是受让方的主要义务,对于迟延交付使用费的,受让人应当补交使用费和利息,并承担相应的违约责任。对于不补交使用费的,受让人应当停止实施专利,并承担相应的违约责任。

(二)技术秘密转让合同的特殊规定

技术秘密转让合同又称非专利技术转让合同,是指让与人将其拥有的技术秘密成果提供给受让方,明确相互之间就该技术秘密的使用权、转让权的权利义务关系,受让方支付约定使用费所订立的技术合同。

双方当事人应当在合同中明确技术秘密成果的使用权、转让权、保密责任以及使用费等权利义务问题。在技术秘密转让合同中,双方当事人应分别承担以下义务。

1.让与人的基本义务

《合同法》第347条规定:"技术秘密转让合同的让与人应当按照约定提供技术资料,进行技术指导,保证技术的实用性、可靠性,承担保密义务。"

在技术秘密转让合同中,让与人除了负有保证自己是所提供技术的合法拥有者,并且保证所提供的技术完整、无误、有效,能够达到合同约定的目的的义务外,还负有按照合同的约定提供技术资料、进行技术指导、保证技术的实用性和可靠性、承担合同约定的保密义务的义务。

在技术秘密转让合同中,让与人承担的"保密义务"不限制其申请专利,但当事人约定让与人不得申请专利的除外。当事人之间就申请专利的技术成果所订立的许可使用合同,在专利申请公开以前,适用技术秘密转让合同的有关规定。发明专利申请公开以后、授权以前,参照适用专利实施许可合同的有关规定。授权以后,原合同即为专利实施许可合同,适用专利实施许可合同的有关规定,人民法院不得以当事人就已经申请专利但尚未授权的技术订立专利实施许可合同为由,认定合同无效。

让与人未按照合同约定转让技术秘密的,如让与人不按照合同约定向受让人提供技术资料,或不按合同约定向受让人提供技术指导,应当返还部分或全部使用费,并且承担违约责任。让与人逾期未提供合同约定的技术秘密,受让人有权解除合同,让与人应当返还使用费,并赔偿损失。让与人违反合同约定的保密义务,泄露技术秘密,使受让人遭受损失的,让与人还应当承担违约责任。

2.受让人的基本义务

《合同法》第348条规定:"技术秘密转让合同的受让人应当按照约定使用技术、支付使用费,承担保密义务。"就受让人而言,主要有以下义务:①在合同约定的范围内使用技术;②按照合同约定支付使用费;③承担合同约定的保密义务。

受让人使用技术秘密超越约定范围,或者未经让与人同意擅自许可第三人实施使用该技术秘密的,应当停止违约行为并承担违约责任。受让人不按合同的约定支付使用费的,应当补交使用费并按照约定支付违约金;不补交使用费或者支付违约金的,应当停止使用技术秘密,交还技术资料,承担违约责任。受让人违反保密义务,泄露技术秘密,从而给让与人造成损失的,应当停止违约行为并承担违约责任。

第四节　技术咨询合同

一、技术咨询合同概述

(一)技术咨询合同的概念

《合同法》第356条规定:"技术咨询合同包括就特定技术项目提供可行性论证、技术预测、专题技术调查、分析评价报告等合同。"所谓技术咨询合同,是指当事人一方以技术知识为另一方就特定技术问题所给出的意见和建议所订立的合同。其中,提供咨询方案与意见的一方为受托方,接受咨询方案与意见的一方为委托方。

所谓特定技术问题,包括有关科学技术与经济社会协调发展的软科学研究项目,促进科技进步和管理现代化、提高经济效益和社会效益等运用科学知识和技术手段进行调查、分析、论证、评价、预测的专业性技术项目。

(二)技术咨询合同的特征

1. 调整对象的特定性

技术咨询合同在技术领域内有自己特定的调整对象,即合同当事人在完成一定的技术项目的可行性论证、技术预测、专题技术调查等软科学研究活动中所产生的民事法律关系。而诸如技术开发、技术转让、工程设计、工程验收、人员培训等技术活动不属于此类。

2. 技术咨询合同目的的特殊性

技术咨询合同的目的在于受托人为委托人进行科学研究、技术开发、成果推广、技术改造、工程建设、科技管理等项目提出建议、意见和方案,供委托人在决策时参考。受托人不是决策者和具体实施者,除合同另有约定外,一般只对合同约定咨询报告的质量负责,而对委托人依咨询报告或意见实施后的风险不承担责任。

3. 内容的广泛性

技术咨询涉及的范围较广,主要包括两个方面:一是有关科学技术与经济、社会协调发展的软科学研究项目;二是促进科技进步和管理现代化,提高经济效益和社会效益的技术项目。同时,咨询的方式有多种,包括项目咨询、可行性咨询、认证、评价等。不同的技术咨询项目都有各自的特点。

4. 技术咨询合同是双务、有偿和诺成合同

在技术咨询合同中,委托人负有支付咨询费用的义务,受托人负有提供咨询服务的义务,双方互负义务,一方的义务就是另一方的权利。因此,技术咨询合同是双务、有偿合同。技术咨询合同在双方当事人意思表示达成一致后即成立,故技术咨询合同又为诺成性合同。

二、技术咨询合同当事人的主要义务

(一)委托人的主要义务

《合同法》第 357 条规定:"技术咨询合同的委托人应当按照约定阐明咨询的问题,提供技术背景材料及有关技术资料、数据;接受受托人的工作成果,支付报酬。"

可见,技术咨询合同中的委托人主要有如下义务。

1. 阐明咨询问题的义务

委托人首先要向受托人说明具体的咨询项目及要求,委托人履行这一任务是受托人进行分析论证的出发点。就该问题进行分析、论证,给出咨询意见是受托人的主要工作任务。

2. 按照合同约定向受托人提供技术背景材料及有关技术资料、数据的义务

委托人应当为受托人进行调查论证提供必要的工作条件,及时提供、补充有关资料和数据。

3. 按时接受受托人的工作成果的义务

按时接受受托人的工作成果的义务,这既是委托人的义务,也是委托人的权利。工作成果是指受托人完成的咨询报告和意见,在受托人完成咨询报告和意见后,委托人要及时组织评价鉴定,确认工作成果是否符合合同约定的条件,从而决定是否予以验收。

4.支付报酬的义务

《合同法》第 360 条规定:"技术服务合同的委托人应当按照约定提供工作条件,完成配合事项;接受工作成果并支付报酬。"报酬是委托人向受托人所支付的作为其智力劳动和工作成果的对价。委托人向受托人支付此对价是技术咨询合同中委托人的重要义务之一。但此处的报酬不包括受托人在工作中进行调查、试验、测试、分析、论证等所需的费用。这些费用如果合同中未作约定,则由受托人负担。

(二)受托人的主要义务

《合同法》第 358 条规定:"技术咨询合同的受托人应当按照约定的期限完成咨询报告或者解答问题;提出的咨询报告应当达到约定的要求。"技术咨询合同中受托人的主要义务如下:

(1)按照合同约定按期提出咨询报告或者解答委托方提出的问题,利用专业的技术知识就委托人的咨询的问题给出专业性的意见、建议和结论。此义务是受托人的核心义务。

(2)受托人提出的咨询报告应达到约定的要求,受托人应当保证其给出意见、建议和结论是科学的、正确的,达到委托人所要求的水准。

(3)对委托人提供的技术资料和数据承担约定的保密义务,在咨询工作中,受托人接触到的委托人的技术秘密和其他保密数据,受托人应当承担保密义务,不得泄露。

(三)违约责任的承担

1.委托方违约责任的承担

委托方违约责任的承担主要包括以下两个方面:①委托方迟延提供合同约定的数据和资料或者所提供的数据资料有严重缺陷,影响工作进度和质量的,应当如数支付报酬,并应当赔偿损失;②委托方逾期不提供或者不补充有关技术资料和数据、工作条件,导致受托方无法开展工作的,受托方有权解除合同,委托方应当赔偿因此给受托方造成的损失。

2.受托方违约责任的承担

受托方违约责任的承担主要包括以下四个方面:①技术咨询合同的受托方未按期提出咨询报告或者所提出的咨询报告不符合合同约定的,应当减少或者免收报酬,并赔偿因此给委托方造成的损失。②受托方迟延提交咨询报告和意见的,应当承担迟延履行的违约责任。咨询报告和意见不符合合同约定的条件的,应当减少或者免收报酬;不提交咨询报告和意见,或者所提交的咨询报告和意见水平低劣无参考价值的,应当返还报酬,并赔偿因此给委托方造成的损失。③受托方在接到委托方提交的技术资料和数据之日起超过约定期限不进行调查论证的,委托方有权解除合同,受托方应当赔偿因此给委托方造成的损失。④违反合同约定泄露委托人的秘密造成其损失的,应当赔偿损失。

三、技术咨询合同的技术成果归属

依《合同法》第 363 条规定可知,在技术咨询合同、技术服务合同履行过程中,受托人利用委托人提供的技术资料和工作条件完成的新的技术成果,属于受托人。委托人利用受托人的工作成果完成的新的技术成果,属于委托人。当事人另有约定的,按照其约定。

第五节 技术服务合同

一、技术服务合同的概念和特征

（一）技术服务合同的概念

技术服务合同是指当事人一方以技术知识为另一方解决特定技术问题所订立的合同，不包括建设工程合同和承揽合同。以常规手段或者以生产经营为目的进行一般加工、定作、修理、修缮、广告、印刷、测绘、标准化测试等订立的合同，不属于技术服务合同。

技术服务合同又可分为技术培训合同和技术中介合同。技术培训合同是指当事人一方委托另一方对指定的专业技术人员进行特定项目的技术指导和专业训练所订立的合同，不包括职业培训、文化学习和按照行业、单位的计划进行的职工业余教育等。技术中介合同是指受托人以知识、信息、经验为促成委托人与第三人订立技术合同进行联系、介绍，并由委托人支付报酬而订立的技术合同。

所谓"特定技术问题"，包括需要运用专业技术知识、经验和信息解决的有关改进产品结构、改良工艺流程、提高产品质量、降低产品成本、节约资源能耗、保护资源环境、实现安全操作、提高经济效益和社会效益等专业技术问题。

（二）技术服务合同的特征

1. 主体的特定性

在技术服务合同中，能以技术知识为委托人解决特定技术问题的受托人，必须是有专业技术人员的单位或者掌握专业技术的个人。

2. 标的的特定性

技术服务合同的标的是运用专业技术知识解决特定技术问题，包括需要运用专业技术知识、经验和信息解决的有关改进产品结构、改良工艺流程、提高产品质量、降低产品成本、节约资源能耗、保护资源环境、实现安全操作、提高经济效益和社会效益等专业技术问题。

3. 内容的多样性

技术服务合同的内容涉及技术的各个领域，服务范围非常广泛，通常包括工艺设计服务、工艺编制服务、测试调试服务、软件应用服务、配套试制服务、科技信息服务、标准技术服务以及其他方面的技术服务等。

二、技术服务合同中当事人的主要义务

（一）技术服务合同中委托人的主要义务

《合同法》第 360 条规定："技术服务合同的委托人应当按照约定提供工作条件，完成配合事项；接受工作成果并支付报酬。"据此规定，技术服务合同中委托人的主要义务包括：

（1）按照约定提供工作条件或者提供技术资料、数据、样品、材料等，完成配合事项。在有些情况下，实施技术服务合同还要求委托人为受托人提供配合。一般来讲，委托人的配合事项

包括：提供技术问题的内容、目标、有关数据、图纸、人员的组织安排、样品、样机、试验场地等。

（2）接到受托人关于委托人提供的技术资料、数据、样品、材料或者工作条件不符合合同约定的通知或者有损坏危险的通知后，委托人应当在约定的期限内补充、修改或者更换。委托人接到通知后，未按期作出答复的，委托人承担相应责任。

（3）委托人应当按照合同的约定接受工作成果。在验收工作成果时，如发现工作成果不符合合同规定的技术指标和要求，应当在约定的期限内及时通知受托方返工或改进。

（4）按照约定给付报酬和必要费用。按照合同的约定给付报酬和费用是委托人的主要义务。技术服务合同是等价有偿合同，委托人验收了受托人的工作成果后，就应当按照合同约定的支付方式、结算方式向受托人支付报酬和必要费用。

（二）技术服务合同中受托人的主要义务

《合同法》第361条规定："技术服务合同的受托人应当按照约定完成服务项目，解决技术问题，保证工作质量，并传授解决技术问题的知识。"据此规定，技术服务合同中受托人的主要义务包括：

（1）按照合同约定完成服务项目，解决技术问题，保证工作质量，并传授解决技术问题的知识。

（2）发现委托人提供的技术资料、数据、样品或者工作条件不符合合同约定或者有损坏危险时，应当中止工作，并及时通知委托人或者提出建议。如不及时通知委托人则要承担相应责任。

（3）委托人提供的技术资料、数据、样品需要保密的，受托人应当承担保密义务。

三、技术服务合同的技术成果归属

依《合同法》第363条规定可知，在技术咨询合同、技术服务合同履行过程中，受托人利用委托人提供的技术资料和工作条件完成的新的技术成果，属于受托人。委托人利用受托人的工作成果完成的新的技术成果，属于委托人。当事人另有约定的，按照其约定。

思 考 题

1. 技术合同的概念、种类、特征是什么？

2. 委托开发合同与合作开发合同在双方当事人的权利与义务、成果归属等方面的区别是什么？

3. 技术开发合同中的专利申请权如何确定？

4. 技术转让合同种类有哪些？

5. 简述技术咨询合同和技术服务合同中的技术成果归属。

第二十一章 保管合同

本章提要：

保管合同是保管人为寄存人保管物品并返还该物的合同。广义的保管合同包括一般保管合同和仓储保管合同。本章讲述了保管合同的概念、特征及其效力。

本章重点：

(1)保管合同的概念与特征；

(2)保管人的主要义务；

(3)寄存人的主要义务。

第一节 保管合同概述

一、保管合同的概念

保管合同是指保管人为寄存人保管物品并返还该物的合同。其中，保管物品并返还该物的当事人为保管人，交付保管物的一方当事人为寄存人，被保管的物品为保管物。

二、保管合同的特征

(一)保管合同可以是无偿合同，也可以是有偿合同

保管合同旨在解决一方当事人无法亲自保管其物品的困境，且通常由当事人选择其信赖的人为其保管。保管合同并不必然为有偿合同。我国《合同法》第 360 条规定："寄存人应当按照约定向保管人支付保管费。当事人对保管费没有约定或者约定不明确，依照本法第六十一条的规定仍不能确定的，保管是无偿的。"该规定表明，如果当事人约定保管费用的，则保管合同为有偿合同；如当事人没有约定保管费用或者约定不明的，依据合同中的有关条款或者交易习惯依然不能确定的，法律推定为无偿保管。有偿保管合同以合同约定和习惯为有偿的前提。

在保管合同中，因保管人是否收取保管费，其责任有所区别。

(二)保管合同一般为实践合同

《合同法》第 367 条规定："保管合同自保管物交付时成立，但当事人另有约定的除外。"可见，在一般情形下，保管合同的成立除需要当事人就保管相关事项意思表示达成合意之外，还需交付保管物，故保管合同一般为实践性合同。但是，法律也允许当事人对保管合同的成立另有约定，即保管合同也可以自当事人达成合意时成立。此时，保管合同为诺成性合同。

（三）保管合同以对标的物的保管为目的

《合同法》第 369 条第 1 款明确规定："保管人应当妥善保管保管物。"保管人代替寄存人保管标的物是保管合同订立的直接目的。

在保管合同中，保管标的是保管人对保管标的物的保管行为，保管人的主要义务是在约定期限内妥善保管标的物。

需要注意的是，保管合同起源于罗马法，在罗马法中将保管合同称为寄托合同，并针对保管物属于种类物或特定物，寄托合同分为通常寄托和变例寄托。通常寄托是指受寄人（罗马法中的寄存合同相当于我国合同法中的保管合同，受寄人相当于保管合同中的保管人）应于合同期满后将受托保管的原物返还寄托人，其寄托物是特定物，需要受寄人返还特定的原物。变例寄托是指受寄人得返还同种类、品质、数量的标的物，因此保管人获得保管物的所有权，拥有全部的所有权权能，可以占有、使用、收益和处分保管物，寄存期满后只需要返还同种类、品质和数量的物即可。寄托合同之所以区分为通常寄托和变例寄托，在于通常寄托合同的标的物为特定物，对寄托人而言有特定的价值，要求受寄人返还特定原物，因此通常寄托合同解决的是寄托人一定时期内无法亲自保管照看其特定物品的困难。变例寄托合同的标的物为种类物，该种类物在同等数量、质量的条件下无质的区别，因此在将该种类物交付给受寄人保管时，受寄人只需要合同到期后返还同等数量、质量的种类物。在保管期间内，受寄人有权占有、使用、收益、处分种类物，故受寄人获得变例寄存合同标的物的所有权。

合同标的物为种类物的，当寄存人将该种类物特定化时，也可以成为通常寄托。例如，寄托人寄存特定编号的货币时，该货币虽然作为种类物，但以其固有编号而成为特定物，保管人应当依约定返还该特定编号的货币。

《合同法》第 372 条规定，保管人不得使用或者许可他人使用保管物的，表明保管合同转让的是保管物的临时占有；同时《合同法》第 378 条又规定，当标的物为货币或者可替代物时，保管人可以按照约定返还相同种类、品质、数量的物品。保管合同可以依据保管标的物为种类物还是特定物，区分保管合同转移对保管物的占有还是保管物的所有权。

第二节　保管合同的效力

一、保管人的义务

（一）妥善保管保管物的义务

保管人妥善保管保管物，是保管合同订立的主要目的，也是保管人的主要义务。保管人在进行保管时，依照《合同法》及其理论，应当注意如下事项。

1. 注意义务

传统民法理论将民事主体在履行民事义务时应具有的注意义务分为三类，即普通人的注意义务、与处理自己事务为同一的注意义务以及善良管理人的注意义务。三种注意义务中，依据民事主体的责任要求不同，对注意义务的技术难度、注意程度要求不等，其中，普通人的注意义务要求最低，善良管理人的注意义务要求最高。一般而言，有偿合同中当事人的注意义务高于无偿合同中当事人的注意义务。

《合同法》第374条规定:"保管期间,因保管人保管不善造成保管物毁损、灭失的,保管人应当承担损害赔偿责任,但保管是无偿的,保管人证明自己没有重大过失的,不承担损害赔偿责任。"据此,在我国保管合同中,有偿保管人承担的是善良管理人的注意义务,无偿保管人仅承担普通人的注意义务。保管人在保管物损毁、灭失时适用过错推定原则,保管人负有举证责任,证明自己尽到了相应的注意义务,如果保管人不能举证,就应当承担损害赔偿责任。

需要注意的是,正是因为在有偿保管合同与无偿保管合同中对保管人的注意义务要求不同,因此,法律对保管人就保管物品毁损、灭失是否应当予以承担责任的证明要求也不相同。有偿保管人需要证明自己履行了善良管理人的注意义务时方可免责,而无偿保管人只需要证明自己履行了普通人的注意义务,即没有重大过失即可免责。

2.亲自保管义务

保管合同的成立有赖于双方当事人之间的人格信赖,如果保管人将保管物转交给第三人保管,则可能有违于寄存人订立合同的本意。因此,保管人须亲自履行保管保管物的义务,除当事人另有约定外,不得将保管物转交给第三人保管。

保管合同要求保管人亲自保管保管物,"亲自"保管还可以包含辅助保管。所谓辅助保管,是指在保管合同中,保管人履行其亲自保管义务时,第三人给予的帮助性行为,此行为不是独立的保管行为,但这种行为可以更有效地协助保管人对标的物进行保管。

3.不得使用保管物的义务

寄存人将保管物寄存于保管人处,让渡的是对保管物的占有,而非转让保管物的所有权或者使用权,因此,从合同本意出发,保管人不得使用保管物,也不得许可第三人使用保管物。

若保管人擅自使用或者许可第三人使用保管物,其行为违背合同约定,构成违约,应向寄存人承担违约责任。此外,若保管人擅自使用或者许可第三人使用保管物并因此给保管物造成损害的,则保管人不仅违反了合同义务,也侵犯了寄存人的财产权,构成违约责任与侵权责任的竞合。对此责任竞合,依据《合同法》第112条关于"因当事人一方的违约行为,侵害对方人身、财产权益的,受损害方有权选择依照本法要求其承担违约责任或者依照其他法律要求承担侵权责任"的规定,寄存人可以自行选择主张侵权损害赔偿或者违约损害赔偿。当寄存人选择其中一种请求权时,另一请求权因此归于消灭。

需要指出的是,当保管人擅自许可第三人使用保管物并由于第三人的行为造成保管物损毁、灭失时,保管人负有违约责任,而第三人负有侵权责任,且保管人与第三人之间构成了不真正连带责任,两者中只需要一个人承担责任后,另一个人的责任归于消灭。

4.应当依照约定的场所或方式履行保管义务

保管合同中约定了保管的场所或方法的,保管人应当依照约定履行保管,不得擅自改变。如果在保管人履行义务期间,出现了紧急情况或者出于维护寄存人的利益而不得不改变保管场所或保管方式的,保管人可以变更履行场所或方法,但应当在紧急情况解除后及时通知寄存人。

(二)给付保管凭证的义务

保管凭证是寄存人和保管人之间存在保管合同关系的证明,也是寄存人据以请求返还保管物的凭证,因此,寄存人向保管人交付保管物,保管人应当向寄存人给付保管凭证。但依交易习惯不需要交付保管凭证的,保管人可以不给付保管凭证。

(三)危险通知义务

危险通知义务是指保管人履行保管义务时,出现保管物因第三人或自身原因可能会出现损毁、灭失的危险情况时,保管人应当通知寄存人。

此外,依据诚实信用原则,若保管物受到意外毁损、灭失或者保管物自身的危险程度增大时,保管人也应及时将有关情况通知寄存人。

(四)返还保管物及其孳息的义务

若保管合同约定保管期限,则保管人应按期返还保管物于寄存人,不得擅自提前返还,但寄存人可以提前要求保管人返还保管物。提前结束保管合同对保管人来说属于提前结束合同义务,需要得到寄存人的同意,否则就构成违约。

若保管合同就保管期限约定不明,则保管人可以随时返还保管物,寄存人也可以随时要求返还保管物。

保管物是种类物的,保管人应以同种类、数量、品质的种类物返还给寄存人。保管物是特定物的,保管人必须返还原物,原物有孳息的,还应将孳息一并返还。

保管人返还保管物时,应当将保管物交付给寄存人。若保管合同对保管物的返还地点、方式有约定的,则从其约定;无约定时,保管人在保管物所在地依保管物的性质要求决定返还的方式。

司法实践中会出现第三人向保管人主张对保管物行使权利的情形。当第三人依法对保管物采取保全或者执行措施时,保管人可以据此拒绝向寄存人返还保管物而不构成违约。除此以外,保管人应当履行向寄存人返还保管物的义务。第三人对保管人提起诉讼或者对保管物申请扣押的,保管人应当及时通知寄存人。

二、寄存人的义务

(一)支付保管费的义务

当保管合同为有偿合同时,寄存人应当向保管人支付保管费用,以此作为保管人提供保管劳务的对价。当事人对支付保管费用的期限没有约定或者约定不明确的,依照交易习惯或者合同法的相关原则仍不能确定时,寄存人应当在领取保管物的同时支付。当寄存人未按照约定支付保管费以及其他费用的,保管人对保管物享有留置权,但当事人另有约定的除外。

(二)支付必要费用的义务

寄存人所支付的必要费用是指除保管费以外,寄存人需向保管人支付的保管人为履行保管义务所必须支出的费用。例如,为妥善保管寄存物,保管人需要对寄存物进行外包装,该外包装产生的费用即是保管的必要费用。但是,当事人对保管人履行保管义务所必须支出的费用有约定的,从其约定。

(三)告知保管物缺陷义务和损害赔偿义务

保管人需要掌握保管物的真实情况才能妥善保管保管物。对保管物的缺陷,寄存人有义务及时告知保管人,以便保管人妥善保管。如果寄存人未告知保管人保管物的缺陷,并因保管物的缺陷给保管人造成损失的,寄存人负有损毁赔偿责任。

思 考 题

1. 简述保管合同的概念和特征。
2. 简述保管合同的效力。
3. 简述保管人的权利与义务。

第二十二章 仓储合同

本章摘要：

仓储合同是保管合同分化的产物，是适应商品经济分工细化、降低仓储保管货物成本的有效手段。本章讲述了仓储合同概念、特征，仓储合同与保管合同的区别，仓储合同保管人的权利与义务及仓单等内容。

本章重点：

(1)仓储合同的概念与特征；

(2)仓储合同与保管合同的区别；

(3)仓储合同保管人的权利与义务；

(4)仓单的效力。

第一节 仓储合同概述

一、仓储合同的概念

仓储合同是指保管人储存存货人交付的仓储物，存货人支付仓储费的合同。其中，提供保管场所以及必要保管条件的当事人为保管人，交付物品并支付仓储费用的当事人为存货人，交付保管的货物为仓储物。

仓储业务源于民事的保管行为，随着商品经济的发展，社会分工进一步细化，仓储成为一项专门提供储藏、保管货物的有利可图的营业活动。仓储保管人以其场地和专长为他人提供专业的保管服务并获取利益。存货人将货物交给专门的保管人保管，降低保管风险。存货人还可以利用仓单直接进行货物所有权的转让或者以仓单为抵押进行融资，从而大大提高了交易效率，也降低了交易成本。随着仓储业的发展，仓储合同从民事保管合同中分离出来，成为一项独立的合同形式。《合同法》第二十章专章规定了仓储合同。

鉴于仓储合同源自保管合同，在《合同法》第 395 条明确规定了仓储合同章节中没有明确规定的事项，适用保管合同的规定。

由于仓储合同属于典型的商事合同，故其立法模式在民商分离的国家和民商合一的国家中大相径庭。在民商分离的立法模式中，仓储合同规定于商法之中。例如《日本商法典》中将仓储合同规定在"寄托"一章中。在民商合一的立法模式中，仓储合同规定于统一的合同法中，而英美法系国家没有统一的民法或者商法，因此，仓储合同常见为订立单行法规。

二、仓储合同的特征

（一）仓储合同对保管人有专业资格要求

仓储合同从民事保管合同中分离出来成为典型的商事合同，其根本特征在于仓储合同的保管人以其专业技能和场地向经营者提供专门性的保管服务。此种保管服务有别于民事保管合同中简单地对寄存物的占有和看管，它需要保管人拥有相应的仓储设施设备，从事专业仓储保管的技术人员和专业的技术服务。

仓储合同对保管人的资格要求，明显区别于保管合同对当事人无资质要求的特点，也表明保管合同为民事合同，而仓储合同为商事合同。

（二）仓储合同是暂时性转移货物占有的合同，不转移货物的所有权

仓储合同是保管合同的一种细化，旨在解决当事人无法亲自保管货物的困境。仓储合同通过存货人暂时性将其货物交付给保管人保管，日后凭提货单提货，从而实现了一定时间段内存货人的货物由保管人保管的合同目的。保管人在保管该货物时，是依据仓储合同的约定以及存货人交付仓储物而暂时性的得到对货物的占有、保管，保管人并不因此获得货物的所有权。当仓储合同履行期限届满或者约定的返还货物的条件成就，保管人负有义务返还该货物。

（三）仓储合同为诺成性合同

仓储合同成立于当事人就仓储货物达成合意之时，为诺成性合同。

仓储合同是随国际和地区贸易的不断发展，仓库营业的作用日渐重要而逐步发展起来的一种营业活动。仓储合同一旦达成，保管人应就即将到来的货物做好仓储准备。如果认定仓储合同为实践性合同，那么，在存货人未将货物交付给保管人之前，保管人为接受货物所做出的准备有可能会因为合同不成立、存货人不交付货物而受到损失，也因合同未成立，保管人的损失将无法依照合同条款进行索赔。若要求保管人在货物送来之际才开始就货物仓储做准备，往往在时间上来不及。在仓储合同中，由保管人提前就货物仓储做准备是由仓储合同本身的性质所决定的。因此，理应将仓储合同定性为诺成性合同。

（四）仓储合同为双务、有偿和不要式合同

在仓储合同中，保管人负有妥善保管仓储物并按约定返还该物的义务，存货人则负有支付仓储费和其他费用、按时提取存货的义务，故仓储合同为双务合同、有偿合同。另外，我国《合同法》没有就仓储合同的形式做出强制性规定，因此仓储合同为不要式合同。

（五）仓储合同以动产标的物为限

仓储合同是保管人利用自己的场地、设施等条件为他人保管货物的合同，据此推理，仓储合同的存货人只可能向保管人交付动产，而保管人凭借其场地、设施等为存货人提供保管的劳务。

三、仓储合同与保管合同的关系

仓储合同与保管合同作为《合同法》中的有名合同,两者有很多相似性。《合同法》第 395 条"本章没有规定的,适用保管合同的相关规定"表明仓储合同与保管合同之间的密切关系。

仓储合同与保管合同两者呈现特殊与普通的关系,既有相同点,也有区别点。

(一)仓储合同与保管合同的相同点

(1)仓储合同、保管合同都是为解决存货人或者寄存人暂时无法亲自保管物品的困难而由保管人暂时保管寄存物或货物的合同。除保管合同中的消费寄存保管合同因寄存物为种类物而发生寄存物的所有权转移外,其他保管合同和仓储合同都不转移寄存物和货物的所有权,仅仅转移寄存物的占有,所有权依然保留在存货人或者寄存人手中。

(2)仓储合同和保管合同中的保管人,都是向存货人或寄存人提供保管劳务的合同,都负有对保管物或仓储物的妥善保管义务。

(3)依据《合同法》的规定,仓储合同和保管合同中的保管人均依法享有对寄存物或货物的留置权。

(二)仓储合同与保管合同的区别点

(1)仓储合同为商事合同,对保管人有特定的营业资格要求。保管合同为民事合同,对保管人没有特定的资格要求。

(2)仓储合同为诺成性合同;保管合同原则上是实践性合同,如果当事人对合同成立另有约定的,也可以成为诺成性合同。

(3)仓储合同为有偿合同;保管合同可以为有偿合同,也可以为无偿合同。

(4)仓储合同的保管人向存货人出具仓单是其义务之一,存货人凭借仓单方可以行使提货权;在保管合同中,保管人应当向寄存人出具保管凭证,但当事人另有约定的,保管人可以不出具凭证。此外,若依据行业惯例保管人不需要出具凭证的,也可以不出具凭证。对寄存人来说,其寄存物返还请求权不以持有保管凭证为要件,除非当事人对此有明确约定。

(5)仓储合同为商事合同、有偿合同,法律对仓储合同中保管人的注意义务要求较高;在无偿保管合同中,因其无偿性,故法律对保管人的注意义务要求较低。在无偿保管合同中,若保管人能证明自己尽到一般注意义务且无重大过失的,不承担损害赔偿责任。

第二节　仓　　单

一、仓单的概念

仓单是指保管人给存货人出具的提取仓储物的凭证。仓单并非仓储合同本身,而是仓储合同中保管人依法应当向存货人出具的凭证。

仓单证明存货人向保管人交付了货物,存货人据此凭证可请求保管人返还其货物,可见,仓单是一种有价证券。另外,在发达的商品经济中,仓单的持有人还可以通过直接背书转让仓单而实现对仓储物的转让,故仓单具有流通性。

二、仓单的性质

仓单由保管人签发,作为有价证券,仓单具有以下特征:

(一)仓单为要式证券

要式证券是指法律对证券的形式有强制性要求。《合同法》对仓单的格式和记载事项有严格规定,仓单必须载明规定事项并由保管人签字或盖章,才能成为有效的仓单。

(二)仓单为背书证券

背书证券是指行为人可以通过背书的方式加以转让的证券。依《合同法》第387条的规定:"仓单是提取仓储物的凭证。存货人或者仓单持有人在仓单上背书并经保管人签字或者盖章的,可以转让提取仓储物的权利。"可见,仓单可以背书转让。

(三)仓单为物权证券

物权证券是指以物权作为证券表彰内容的证券形式。仓单是持单人提取仓储货物的凭证,存货人持有仓单,表明其对仓单记载的货物拥有所有权,但此时所有物不是在存货人亲自占有状态下,而是将对货物的占有暂时性地让渡给保管人。当存货人凭借仓单提取货物之后,存货人的所有物才恢复到所有权人占有状态。因此,明确仓单作为物权证券,就可表明存货人是仓储货物的所有权人。

此外,仓单是物权证券,还表明仓单持有人可以通过转让仓单的形式,直接转让仓储货物的所有权。

(四)仓单为无因证券

无因证券是指证券权利的存在和行使不以产生证券的原因为要件,证券产生的原因与证券权利的效力完全分离。

对仓单是否为无因证券,学界对此存有争议。认为仓单为非无因证券的,理由是仓单持有人的权利非因证券的做成而生效,而是依赖于仓储合同而生效,故仓单的法律效力是有原因的,不能认定为无因证券。反对的观点认为,仓单代表的是对仓储货物的所有权,该所有权通过持有仓单而表示,作为物权证券的一种形态,仓单持有人无义务证明取得仓单的合法过程。因此,仓单的权利行使与仓单的做成无关系,仓单应当为无因证券。《合同法》第392条关于"储存期间届满,存货人或者仓单持有人应当凭仓单提取仓储物"的规定也表明,仓单持有人行使其物权请求权时,与该仓单的制作或其仓单的合法来源是没有关系的。可见,我国《合同法》也将仓单视为无因证券。

(五)仓单为文义证券

文义证券,是指证券上的权利义务依赖证券上记载的文字含义确定的证券。仓单所记载的内容设定了仓单持有人的权利,即仓单持有人的权利内容依赖仓单的记载来明确。

(六)仓单为记名证券

记名证券是指在证券上记载权利人姓名或者名称的证券。我国《合同法》规定仓单上应当载明存货人的姓名或者名称和住所,由此可见,我国仓单为记名证券。

三、仓单的内容

仓单虽然不是仓储合同本身,但其对仓单持有人而言,其记载的内容决定仓单持有人的权利范围。依照《合同法》的规定,仓单记载内容必须包括以下方面:

(一)存货人的名称或姓名和住所

存货人的名称或姓名和住所是保管人给存货人出具仓单时应当记载的内容。

(二)仓储货物的品种、数量、质量、包装、件数和标记

仓单可以背书转让其权利,因此,转让时需要明确其物权的详细情况。保管人接受仓储物时,需要对仓储物进行验收,验收合格后签发仓单时应当注明以上事项,以便仓单转让时受让人明确其权利范围。

(三)仓储货物的损耗标准

在仓储合同履行过程中,因自然因素或仓储货物的品种关系,会发生仓储货物的自然损耗问题,如货物的风化、挥发、干燥等因素,都会造成货物的重量减少。仓单上注明损耗标准,有利于减少合同履行过程中的纠纷发生。

(四)仓储场所

仓单上应记载仓储场所,便于存货人或仓单持有人提货。

(五)仓储期间

仓储合同的履行通常要经过一定的时间段,仓单上记载仓储期间,表明仓储合同的有效期间,便于仓单持有人确定提取货物的时间界限。

(六)仓储费

仓储合同是有偿合同,仓单作为保管人向存货人出具的提货凭证,应当记载仓储费的内容。

(七)仓储货物已办理保险,则应记载保险金额、保险期间和保险人的名称

若仓储货物已经办理保险的,其保险金额、保险期间和保险公司的名称应当在仓单上记载。此记载的作用在于,在仓单转让时便于受让人清楚仓储货物的风险,以及一旦发生货物损毁时受让人可以及时寻求保险公司索赔。

(八)填发人、填发地和填发日期

在保管人签发的仓单上,应当记载填发人、填发地和填发日期。

四、仓单的效力

(一)仓单具有提取仓储物的效力

因仓单是物权证券,故仓单持有人有权要求保管人返还仓储货物。仓单作为物权证券,仓单持有人即为仓单载明货物的所有权人,仓单持有人作为所有权人有权向保管人请求返还仓储物。

(二)仓单具有流通效力

仓单是一种有价证券,以其对仓储物的所有权为价值,因此可以进行流通转让。仓单转让的形式有两种,一是转让仓单;二是以仓单出质。

转让仓单的有效条件为:首先,存货人应当在仓单上背书,背书是指存货人在仓单的背面或者粘单上记载被背书人的姓名或名称、住所等有关事项的行为。背书表明存货人将仓单及其记载的权利转让给被背书人,被背书人即仓单的受让人。其次,仓单的背书必须经保管人签字或盖章。仓单转让是一种有价证券的转让,但其涉及仓储货物的所有权转移,因此,背书行为必须通知保管人,从而让保管人知晓仓单的持有人已发生变更。需要注意的是,保管人在仓单上签字或者盖章,是表明对保管人的通知到达,而非仓单转让须经过保管人的同意。

以仓单出质的情况,要求存货人应当与质权人签订质押合同,在仓单上背书并经保管人签字或盖章,并将仓单交付给质权人质权方设立。

五、仓单的灭失

仓单因损毁、遗失、被盗等而灭失的,仓单记载的所有权人的权利并不因此而消灭。仓单为记名证券,仓单转让时必须背书转让,因此,仓单持有人可以通过《民事诉讼法》的公示催告程序确认其权利。

第三节　仓储合同的效力

一、保管人的义务

(一)验收仓储物的义务

保管人对入库的仓储物进行验收,确定仓储物的数量、品质、规格等是否与仓储合同中的约定一致。经过验收,保管人如发现仓储物与仓储合同所约定的不一致,应及时通知存货人。若仓储物经保管人验收合格后发生仓储物与仓储合同中的约定不一致的,保管人有义务向存货人返还符合仓储合同约定的仓储物,如果不能,保管人应对此承担损害赔偿责任。

在仓储合同中,双方当事人应当就仓储物的验收项目、验收方法、验收期限做出约定。如果当事人在仓储合同就这些事项约定不明,则依照《合同法》第 61 条、第 62 条的规定确定仓储物的验收项目、验收方法和验收期限。保管人应依照约定的验收项目、验收方法和验收期限进行验收。验收仓储物与合同约定不一致的,应及时通知存货人,由存货人做出解释,或者修改合同,或者将不符合约定的货物予以退回。

(二)给付仓单的义务

保管人验收仓储物后,应当签发仓单给存货人。保管人签发仓单,表明其接收和验收了仓储物;存货人收到仓单,表明其对仓储物享有所有权。需要指出的是,仓单并非仓储合同本身,仓储合同作为诺成性合同,双方当事人就仓储事项达成合意即告合同成立,合同成立后保管人验收仓储物、签发仓单,此时仓单是保管人履行合同义务的结果之一,而非合同本身。

(三)妥善保管仓储物的义务

仓储合同订立的主要目的是对仓储物的妥善保管,保管人在接受仓储物后,应对仓储物予以妥善保管。所谓妥善保管,是指依照仓储合同约定的保管条件和保管方式进行的保管。保管人作为有偿保管人,并以此保管为营业手段,《合同法》要求保管人必须尽到善良管理人的注意义务,应对其保管的场所、设施、设备进行维护和保养,对仓储物进行检查,防止仓储物损毁、灭失现象的出现。

当仓储物发生损毁、灭失时,保管人的责任适用过错推定责任,即保管人若不能证明其尽到了善良管理人的义务,则保管人应对仓储物的损毁、灭失承担损害赔偿责任。

(四)容忍义务

《合同法》第388条规定:"保管人根据存货人或者仓单持有人的要求,应当同意其检查仓储物或者提取样品。"可见,保管人有义务容忍因存货人在仓储场所对仓储物进行检查、提取样品等行为所造成的不便。

(五)通知和催告义务

保管合同履行期间,保管人有义务依照约定的保管条件和要求保管仓储物,如因仓储物本身的性质、包装等不符合约定或者超过有效期限,因此造成仓储物的变质、损坏的,保管人对此不承担赔偿责任,但保管人有义务将此情况通知存货人或者仓单持有人。此项义务还要求,当仓储物有变质或损坏之虞,保管人也应当及时通知存货人或仓单持有人。在第三人主张对仓储物享有权利,或者仓储物遭司法扣押、查封时,保管人应及时通知存货人。

当仓储物有变质、损坏的可能性且情况紧急时,保管人可以不经过存货人的同意先行就货物做出必要的处理,但事后应当将该情况及时通知存货人或仓单持有人。

需要指出的是,对仓储物的紧急处理,分为存货人、仓单持有人的紧急处理和保管人的紧急处理。存货人或仓单持有人的紧急处理是指当存货人或仓单持有人在接到保管人的通知或催告后,应当及时对变质的仓储物进行处理,以防止因仓储物的变质而对保管人的保管场所、设施设备等造成损害。如果因存货人或仓单持有人在收到保管人通知或催告后未及时处理变质的仓储物而给保管人造成损失的,存货人或仓单持有人应当赔偿保管人的损失。保管人紧急处理是指仓储物有变质、损坏的可能,通知存货人或仓单持有人在采取措施已来不及的情况下,保管人可以未经存货人或仓单持有人的授权而径直处分仓储物,但应在事后及时通知存货人或仓单持有人。

保管人在紧急情况下处理仓储物时,应当注意保留相关证据,证明其系紧急情况并为维护存货人或仓单持有人的利益而为之。

（六）返还仓储物的义务

仓储合同是暂时性让渡仓储物的占有以实现对仓储物的保管，因此，存货人将仓储物交付给保管人时，保管人获得对仓储物的占有而非所有权，当存货人或仓单持有人凭借仓单请求返还仓储物时，保管人有义务返还仓储物。

当事人对仓储时间没有约定或者约定不明的，存货人或仓单持有人可以随时请求返还仓储物，保管人也可以随时请求存货人或仓单持有人提取仓储物，但均应给对方必要的准备时间。

二、存货人的义务

（一）依约交付仓储物的义务

仓储合同为诺成性合同，双方当事人就仓储事宜达成一致意见即告合同成立。仓储合同履行的第一步就是存货人需要将仓储物按照合同约定交付给保管人。因此，存货人交付仓储物为其首要义务。

（二）支付仓储费及其他必要费用的义务

仓储合同为有偿合同，保管人是以提供仓储业务为其经营手段。保管人提供仓储劳务时，存货人应当支付仓储费。此外，若在仓储过程中保管人为妥善保管仓储物还支付了其他必要费用，则存货人或仓单持有人应当支付该必要费用。如果存货人或仓单持有人在仓储期限届满时不支付仓储费和其他必要费用的，保管人对仓储物享有留置权。在仓储期限届满后，存货人或仓单持有人逾期提取仓储物的，保管人有权加收仓储费。存货人或仓单持有人提前提取仓储物的，保管人有权不减仓储费。

（三）按时提取仓储物

仓储合同约定仓储期间的，当期限届满时，存货人有义务按照约定提取仓储物。若存货人逾期提取仓储物的，保管人有权加收仓储费。当事人对仓储期间没有约定或者约定不明的，存货人或仓单持有人可以随时请求提取仓储物，保管人也可以随时要求存货人或仓单持有人提取仓储物。但无论保管人或存货人、仓单持有人提出请求，都应当给对方以必要的准备时间。

（四）如实说明仓储物情况的义务

存货人在订立合同时应就仓储物的具体情况做出如实说明，以便保管人以此情况判断是否订立仓储合同。存货人储存易燃、易爆、有毒、有腐蚀性、放射性等危险物品或者易变质的物品时，不仅其仓储物本身可能容易发生损坏，还可能给保管人的保管场所、保管设施等带来损害，甚至可能会给由保管人保管的第三人的仓储物带来损害。因此，存货人在订立合同和交付仓储物时，都应当对其仓储物的具体情况做出说明并提交仓储物的有关资料，以供保管人查验和采取有针对性的保管措施。

若存货人没有就其仓储物的具体情况做出说明或者拒绝就仓储物的具体情况向保管人说

明,保管人可以拒收仓储物,也可以自行采取相应措施来避免损害的发生。保管人采取相应措施的费用由存货人承担。

思　考　题

1.简述仓储合同与保管合同的区别。
2.简述仓单的性质。
3.简述仓储合同的特征。
4.简述仓储合同保管人的权利和义务。

第二十三章 委托合同

本章提要:

本章主要介绍委托合同的概念、特征,比较其与承揽合同、委托代理等相关概念的区别与联系,着重阐述了委托合同当事人的权利与义务、委托合同的终止。

本章重点:

(1)委托合同的概念、特征;

(2)委托合同的效力。

第一节 委托合同概述

一、委托合同的概念和特征

(一)委托合同的概念

委托合同也称委任合同,是指委托人和受托人双方约定,由委托人委托受托方处理一定事务,受托方允诺处理事务的合同。在委托合同关系中,委托他人为自己处理事务的人称为委托人,接受委托的人称为受托人。

委托合同是一种比较古老的合同类型,古巴比伦《汉谟拉比法典》中对委托合同即有专门规定,但大多国家早期法律上的委托与代理没有明确区分,两者混为一体。自《德国民法典》才将两者区别开来,通常在民法总则中专门规定代理制度,在债编中规定委托合同。

委托合同是委托代理关系发生的基础,在现代社会中,委托合同适用的范围相当广泛,其内容也多种多样。委托合同适用于公民之间、法人之间、公民和法人之间的委托代理关系,但禁止委托他人代理涉及人身属性的行为,例如收养关系的建立和终止、婚姻关系的产生和消灭、遗嘱的制作、出版合同的履行、演出合同的履行等。

(二)委托合同的特征

1. 订立委托合同以委托人和受托人之间的相互信任为基础

委托合同以受托人提供的特定劳务行为为标的,且一般受托人在委托权限内处理事务的后果直接归委托人承受,因此,委托合同只能发生在相互信赖的特定主体之间。委托人应对受托人的办事能力和信誉有充分的了解,相信受托人能够处理好委托的事务为委托合同订立的基础。同样,受托人接受委托也需基于对委托人的了解和信任。因此,委托合同成立后,如果任何一方对另一方不信任了,都可以随时解除合同。而且,根据《合同法》规定,受托人原则上应当亲自处理委托事务,未经委托人同意,不能擅自转委托他人处理受托事务。

2.受托人根据委托人的授权和指示处理受托事务

委托合同是典型的提供劳务(服务)的合同,受托人为委托人处理相应事务为合同内容。一般来说,委托人处理行为可以是法律行为,如委托处分一定的财产、委托代为缔结合同等;也可以是事实行为,如会计师受股东委托查阅公司账簿、探望他人等行为。但并非一切事务的处理行为均可构成委托合同的标的,法律法规明确规定应由本人亲自实施的行为(如结婚和离婚行为等)、具有人身属性的行为(如收养、遗嘱等)、履行人身性质的债务和法律责任(如赔礼道歉等)、违背法律和公序良俗的事务等均不属于委托事务的范畴。

由于受托人是为委托人处理事务的,因此,事务处理的费用和后果均应归属委托人。但在受托人应以何人的名义处理事务上有不同的观点。一种观点认为,受托人应以委托人的名义处理事务,若受托人以自己的名义处理委托人的事务,则应属于行纪,而不属于委托。另一种观点认为,委托合同规定的是委托人与受托人之间的关系,至于受托人是以委托人的名义还是以自己的名义处理委托事务,不影响委托合同的性质。我国《合同法》采纳了第二种观点,侧重解决委托人和受托人之间的权利义务问题。一般说来,委托合同成立后,受托人按照委托人的委托以委托人的名义处理委托人的事务,受托人在委托权限范围内的行为视为委托人的行为,但受托人也可以以自己的名义在委托人的授权范围内处理委托的事务。[①]

3.委托合同是诺成合同、不要式合同、双务合同

委托合同当事人意思表示一致时,合同即告成立,不以物的交付、转移或当事人的实际履行行为作为合同成立的要件,由此看出,委托合同为诺成合同。委托合同原则上为不要式合同,当事人可根据实际情况自由选择合同形式,但法律另有特殊规定的除外。委托合同成立后,当事人双方有对待给付义务,因此,委托合同又为双务合同。即使在无偿委托合同中,因受托人处理委托事务所发生的相关费用,委托人也有负担的义务。可见,委托合同又为双务合同。

4.委托合同可以是有偿合同,也可以是无偿合同

委托合同是否有偿,应依法律规定或当事人间的约定来确定。在古代罗马法中,无偿性是委托的实质性特征,大陆法系国家的民法大多继承了罗马法的这一特性。如《法国民法典》第1986条规定:"委托人在无相反的约定时,为无偿的。"《德国民法典》第662条规定:"因接受委托,受托人负有为委托人无偿处理委托人委托事务之义务。"[②]

我国《合同法》第405条规定:"受托人完成委托事务的,委托人应当向其支付报酬。因不可归责于受托人的事由,委托合同解除或委托事务不能完成的,委托人应当向受托人支付相应的报酬。当事人另有约定的,按照其约定。"按照此条规定来看,如果当事人就有偿或无偿没有约定或约定不明确的,可以事后补充协商约定,协商不成的,应依法认定其为有偿。

二、委托合同与近似概念的区别

委托合同和雇佣合同、承揽合同、信托合同、委托代理等有一定的相似性,但仍存在质的区别。

---

① **魏振瀛**:《民法》,北京大学出版社、高等教育出版社,2000 年,第 543 页。

② **陈小君**:《合同法学》,高等教育出版社,2003 年,第 422 页。

(一)委托合同与雇佣合同的区别

雇佣合同是指当事人一方为他方提供劳务,他方为对方支付报酬的合同。委托合同和雇佣合同存在诸多相似之处,如受托人、受雇人都以提供一定的劳务或服务为履约行为;受托人、受雇人一般以委托人、雇佣人的指示为处理事务的前提及依据等。

委托合同与雇佣合同虽有相似性,但仍属于不同类型的合同种类,其主要区别体现为:

(1)合同性质及调整的法律依据不同。雇佣合同中受雇人与雇佣人建立了雇佣劳动关系,受雇人成为雇佣人单位的成员,双方关系具有从属性、行政管理性,这种关系由劳动法来调整;而在委托合同中,受托人和委托人间的法律关系由合同法调整。

(2)行使的自由裁量权不同。受雇人依据雇佣合同提供劳务,需绝对服从雇佣人的指示,除授权外,自己一般并不享有独立的自由裁量权;而委托合同中的受托人虽需依委托人的指示处理事务,但一般享有一定的独立自由裁量权。

(3)雇佣合同是有偿合同,而委托合同既可以是有偿合同也可以是无偿合同。

(二)委托合同与承揽合同的区别

《合同法》第 251 条第 1 款规定:"承揽合同是承揽人按照定作人的要求完成工作,交付工作成果,定作人给付报酬的合同。"委托合同与承揽合同有相似之处,如受托人、承揽人都依据合同约定提供劳务,受托人、承揽人都按照委托人、定作人的要求完成工作。

委托合同与承揽合同的区别是:

(1)依约提供劳务的对外名义和风险承担等方面的不同。在承揽合同中,承揽人是以自己的名义和费用,按照定作人的要求完成一定的工作,并承担风险;而在委托合同中,受托人以委托人的费用,或者以委托人的名义或者以自己的名义,按照委托人的要求完成一定的工作,由委托人承担风险。

(2)事务处理的方式不同。在承揽合同中,承揽人可以将其承揽的辅助工作交由第三人完成;而在委托合同中,除委托人同意可转委托外,受托人应当亲自处理委托事务。

(3)承揽合同为有偿合同,而委托合同既可以是有偿合同也可以是无偿合同。

(三)委托合同与信托合同的区别

信托是指委托人基于对受托人的信任,将其财产权委托给受托人,由受托人按委托人的意愿以自己的名义,为受益人的利益或者特定目的进行管理或处分的行为。

委托合同与信托合同有相似之处,如都以信任为基础,都是一方受托为他方办理事务,且均涉及财产关系;两者均为诺成、双务合同;受托人均应按照委托人的指示处理事务;原则上受托人应亲自处理委托事务;受托人均应定期或及时向委托人报告事务处理情况;两者既可有偿也可无偿。

委托合同与信托合同的区别是:

(1)法律关系主体不同。信托有委托人、受托人和受益人三方,而委托关系只有委托人和受托人两方。

(2)法律关系内容不同。信托是受托人以管理和经营财产为主要内容,信托事务仅限于与财产管理有关的特定事务;而委托代理所涉及的事务没有特别限定,除了财产委托事务之外,还可以委托其他事务。

（3）财产的所有权权属不同。在信托合同中，信托财产所有权转移至受托人，受托人取得法律上的财产权，受益人取得信托财产的利益；而在委托合同中，所委托财产的所有权不转移，受托人不因受托而取得财产所有权，受托所涉及的财产权益属于委托人。

（4）办理受托事务的名义不同。在信托关系中，受托人是信托财产的权利主体，以自己的名义对外从事活动，委托人不直接与第三人产生法律上的权利义务关系；而在委托关系中，受托人既可以自己的名义，又可以委托人的名义办理委托事务。

（5）受托人掌握的权限不同。信托关系中的受托人拥有为执行信托义务所必需的广泛权利，除非法律另有规定或委托人做了保留和限制；在委托代理关系中代理人的权限则相对狭小，仅以委托人的授权为限，且需接受委托人的监督。

（6）两种法律关系的存续有不同的稳定性。信托关系的存续较具稳定性。信托关系一经成立，原则上不能解除，受托人不得随意辞任，受托人辞任需经委托人和受益人同意。除法律和信托文件另有规定外，即使出现委托人或受托人死亡或被宣告破产等情形，对信托关系的存续一般也没有影响。而在委托关系中，双方当事人根据任意解除权可随时解除委托合同，委托关系会因委托法律关系主体任何一方的死亡或终止而终止，其法律关系的稳定性较差。

（7）承担的费用不同。由我国《信托法》第37条第1款规定可知，受托人因处理信托事务所支出的费用、对第三人所负债务，以信托财产承担。受托人以其固有财产先行支付的，对信托财产享有优先受偿的权利。而在委托合同中，受托人处理委托事务所发生的费用应由委托人支付，而且一般应当预付。如果受托人为处理委托事务垫付了必要费用，委托人也应予以偿还。

（8）合同的成立和生效方式不同。信托合同为要式合同，须采用书面形式。根据信托公示原则，我国《信托法》规定，以应依法登记的信托财产设立信托的，未办理或未补办信托登记的，该信托不产生效力。而委托合同为不要式合同，合同采用何种方式成立，由双方当事人自行约定。一般来说，双方当事人意思表示达成一致时合同即成立并生效。

（四）委托合同与委托代理的区别

《合同法》第396条规定："委托合同是委托人和受托人约定，由受托人处理委托人事务的合同。"由于代理权可以委托合同为基础而授予，受托人常常以代理人身份办理委托事务，因而委托合同与委托代理在实践中常相混淆。

委托代理与委托合同的区别主要有以下几点：

（1）两者所涉主体不同。委托代理涉及三方主体，当事人是被代理人、代理人和相对人；委托合同涉及双方主体，当事人是委托人和受托人。

（2）两者侧重不同。委托代理侧重于对外关系，即代理人与相对人或者被代理人与相对人之间的关系；委托合同侧重于内部关系，委托合同是委托人和受托人双方的内部关系。

（3）两者行为性质不同。委托代理权的授予属于单方行为，仅依被代理人的授权即可使代理关系成立，代理人不需为接受授权进行意思表示；委托合同则为双方行为，委托合同需经受托人的承诺方能成立。

（4）两者行为内容不同。代理人的代理行为是法律行为，不能包括事实行为；而委托合同的受托人既可根据委托实施法律行为，亦可根据委托实施非法律行为。

第二节　委托合同当事人的权利义务

一、受托人的主要义务和责任

(一)确定受托人义务的原则

依据民法及合同法的有关规定,合同主体间义务的确定及履行须遵循自愿、公平、遵守公序良俗、诚实信用等法律原则。考虑到委托合同的特性,在确定受托人义务的范围及履行方面,应着重贯彻以下法律原则。

1.诚实信用原则

《合同法》第 6 条规定:"当事人行使权利、履行义务应当遵循诚实信用原则。"委托合同以合同主体间的充分信任为缔约和履约的前提,因此,诚实信用原则在受托人履行义务过程中更应得到充分的认知和遵循。

在委托合同中,受托人的诚信义务主要表现为:受托人在处理委托事务时,应当忠诚于委托人,充分考虑委托人的利益,忠实地处理委托事务,不得利用受托人的身份便利为自己牟取不正当利益和侵害委托人利益。除为委托人的利益之外,受托人应忠实地遵守委托人的指示履约,不得擅自变更委托人的指示,损害委托人的利益。

2.合理注意原则

根据权利和义务对等的原则,受托人注意义务的程度因委托合同的有偿还是无偿而有所不同。

在无偿委托合同中,受托人应尽一般注意义务;而在有偿委托合同中,因所委托的事务具有较高的专业性,如诉讼代理、外贸代理、委托审计、委托办理公司设立手续等,且委托人须支付报酬,因此,受托人应承担比无偿委托合同中更高的注意义务。因为在有偿委托合同和无偿委托合同中,受托人注意义务的程度不同,所以,受托人在承担对委托人损失赔偿责任时,其归责的标准也不同。[①]

(二)受托人的法定义务

1.在授权范围内,依指示处理委托事务的义务

(1)受托人应当在受委托的权限范围内处理事务。委托人可以特别委托受托人处理一项或者数项事务,也可以概括委托受托人处理一切事务。受托人超越权限处理事务给委托人造成损失的,应当赔偿损失。

(2)受托人应当按照委托人的指示处理委托事务。《合同法》第 399 条规定:"受托人应当按照委托人的指示处理委托事务。需要变更委托人指示的,应当经委托人同意;因情况紧急,难以和委托人取得联系的,受托人应当妥善处理委托事务,但事后应当将该情况及时报告委托人。"关于这一条款的理解与适用,可包含以下几方面:

1)指示的性质和种类。一般来说,委托人的指示按照其性质可分为三种:第一种是命令性的,在这种情况下,受托人绝对不得变更委托人的指示,纵使受托人的变更意见可能会更有利

---

① 陈小君:《合同法学》,高等教育出版社,2003 年,第 428 页。

于委托人,也不得为之;第二种是指导性的,在这种情况下,受托人在坚持原则的前提下,可以有部分的自由裁量权;第三种是任意性的,在这种情况下,受托人享有独立裁量的权利,对受托的事务可以根据具体情况处理。委托合同是受托人接受委托人的委托而订立,因此,受托人应当一丝不苟地按照委托人的指示,在委托人授权的范围内认真维护委托人的合法权益,竭尽全力完成委托事务。受托人原则上不得变更委托人的指示,如果受托人在处理委托事务的过程中,因客观情况发生变化,为了维护委托人的利益而需要变更委托人的指示时,法律规定应当经委托人同意。

2)变更委托人指示的条件。对于委托人的指示,受托人原则上不得变更。若在处理委托事务过程中因客观情况发生变化,需要变更委托人指示的,应事先征得委托人同意。但在以下特殊情况时,受托人可变更委托人指示:一是发生了紧急情况。在委托事务执行过程中,由于委托事务或外在形势发生订立合同时无法预见的突然变化,若不及时变更委托人的指示,将导致委托人的重大损失。二是受客观条件的限制,使受托人难以与委托人取得联系。如果受托人可以与委托人取得联系,但主观上却没有与委托人联系而变更委托指示的,系擅自变更,受托人应对委托人由此所受的损失承担赔偿责任。三是依据客观情况变更委托人指示是为了委托人的利益所必须。例如,甲委托乙为其出售股票,明确指示了某日以后再抛出,但突然股票价格骤跌,如果等到甲指示的某日再出售,股票价格将低落不堪;委托人又外出办事,短时间内难以与之取得联系。在这种情况下,乙推定如果委托人知道此情况,也会变更其指示,受托人就有变更指示的权利,应当机立断妥善处理。如果受托人在不应该变更指示的时候变更指示了,就应当负损害赔偿责任。

根据《合同法》规定,虽然在上述情况下,受托人可根据具体情形变更委托人指示,但受托人应负有变更指示后及时通知委托人的义务。如果因受托人的怠于报告而给委托人造成损失或扩大损失的,受托人都应负赔偿责任。

2.亲自处理委托事务的义务

委托合同是建立在委托人和受托人相互信任的基础上,并以受托人提供特定劳务或服务为标的,因此,受托人一般应亲自处理委托事务。法谚"委托的权限,不得再委托",意在防止受托人有负委托人的信任而任意将受托的事务转由他人处理而损害委托人利益。但若当事人同意转委托的,法律自无禁止的必要。[①] 一般转委托的内容以原委托的约定为限。

《合同法》第 400 条规定:"受托人应当亲自处理委托事务。经委托人同意,受托人可以转委托。转委托经同意的,委托人可以就委托事务直接指示转委托的第三人,受托人仅就第三人的选任及其对第三人的指示承担责任。转委托未经同意的,受托人应当对转委托的第三人的行为承担责任,但在紧急情况下受托人为维护委托人的利益需要转委托的除外。"可见,转委托及责任承担主要分为以下不同情形:

(1)经委托人同意的转委托。这里的"委托人同意"应包括两种理解:一是明示的同意;二是默示推定,即在紧急情况下,受托人为维护委托人利益需要而转委托的,视为同意。例如:受托人临时患急病,不能处理委托事务,但由于情况紧急,如果不转托第三人代为处理就会使委托人利益受损。转委托的目的是为了实现和保护委托人的利益,避免委托人的利益遭受损失。当然,是否是在紧急情况下为保护委托人利益需要转委托的,由受托人负举证责任。转委托经

---

① 魏振瀛:《民法》,北京大学出版社、高等教育出版社,2000 年,第 546 页。

同意的,委托人可以就委托事务直接指示转委托的第三人,由第三人直接就委托事宜向委托人负责,受托人仅就第三人选任及其对第三人的指示承担责任。因受托人选人不慎或指示有误而给委托人造成损失的,受托人应承担赔偿责任。

(2)在未处于紧急情况下,未经委托人同意的转委托。在此种情形下,转委托的第三人相当于受托人的履约辅助人,其对外处理事务的行为应视为受托人自己的行为,此时,受托人应当对转委托的第三人的行为承担责任。

3. 报告义务

委托人对其所委托他人处理的事务存在利害关系,受托人的及时报告可以使委托人及时了解情况并妥善安排计划,在遇到紧急情况时,也可以及时变更委托人给予的指示。《合同法》第 401 条规定:"受托人应当按照委托人的要求,报告委托事务的处理情况。委托合同终止时,受托人应当报告委托事务的结果。"可见,受托人在处理委托事务的过程中,应按照合同的约定和委托人的要求,报告委托事务的处理情况,以使委托人及时了解事务的进展状况。如果委托人没有要求报告的,受托人也应根据委托事项的进展情况及依据诚实信用原则在认为有报告必要的情况下及时报告委托人。

委托合同终止(包括提前解除而终止)时,受托人应当报告委托事务的处理情况,并提交相关文件,如账目清单、票据、收支记录、笔录等。委托合同终止时的报告义务并不以委托人的请求为前提,受托人不及时报告的,应属违约行为。

4. 披露义务

根据《合同法》第 403 条的规定可知,受托人的披露义务如下:①受托人以自己的名义与第三人订立合同时,第三人不知道受托人与委托人之间的代理关系的,受托人因第三人的原因对委托人不履行义务,受托人应当向委托人披露第三人,委托人因此可以行使受托人对第三人的权利,但第三人与受托人订立合同时如果知道该委托人就不会订立合同的除外。②受托人因委托人的原因对第三人不履行义务,受托人应当向第三人披露委托人,第三人因此可以选择受托人或者委托人作为相对人主张其权利,但第三人不得变更选定的相对人。

委托人行使受托人对第三人的权利的,第三人可以向委托人主张其对受托人的抗辩。第三人选定委托人作为其相对人的,委托人可以向第三人主张其对受托人的抗辩以及受托人对第三人的抗辩。

5. 移交财产的义务

因为受托人是为委托人利益而处理委托事务的,所以,受托人因处理委托事务而获得的财产应当转交给委托人。这既是受托人诚信的体现,也是委托人订立委托合同的目的。受托人转移利益的义务,不仅适用于受托人,还适用于转委托的第三人。

我国《合同法》第 404 条规定:"受托人处理委托事务取得的财产,应当转交给委托人。"该条中的"取得的财产"应包括取得的金钱、实物,以及金钱与实物所生的孳息,以及其他财产权利。例如,受托人因出售委托人的物品而取得的价金,或为委托人出租房屋所取得的租金等。

6. 赔偿责任

《合同法》第 406 条第 1 款规定:"有偿的委托合同,因受托人的过错给委托人造成损失的,委托人可以要求赔偿损失。无偿的委托合同,因受托人的故意或者重大过失给委托人造成损失的,委托人可以要求赔偿损失。"可见,在无偿委托合同中,如果受托人只是轻微过失,无须承担损害赔偿责任。

7. 共同受托人的连带责任

《合同法》第 409 条"两个以上的受托人共同处理委托事务的,对委托人承担连带责任。"这是共同受托人连带责任的规定,从委托人角度讲这种情形叫共同委托。

共同委托是指委托人委托两个或者两个以上的受托人共同行使代理权处理事务。如果委托人为两个或者两个以上,而受托人只有一人时,则不是共同委托。

共同委托具有如下的特点:

(1)共同委托的代理权必须是由数个受托人共同行使。所谓共同行使,是指数个受托人享有共同的权利义务,即平等享有代理权,处理事务时只有经过全体受托人的共同同意才能行使代理权。但是,这并不是说一个委托人同时委托了两个或者两个以上受托人,就会产生共同委托。有时受托人虽然为数人,却不能认定是共同委托。例如,一个大商场同时委托甲代为购进家用电器,委托乙帮助销售电视机,又委托丙帮忙销售冰箱。虽然甲、乙、丙都是委托合同的受托人,他们都是共同接受一个委托人的委托,但是受托人甲、乙、丙之间并不存在联系,他们是各自独立地接受委托、各自行使代理权、各自承担责任,是同时存在的三个独立的委托合同,而不是共同委托。

(2)受托人承担连带责任。共同委托中的一个受托人与其他受托人协商后或者数个受托人共同协商后,单独或者共同实施的委托行为应该被认为是全体受托人的共同行为,由此而造成损失的,若干个受托人依法应当对委托合同的履行承担连带责任。但是,如果共同受托人中的一个受托人或者数个受托人没有经过协商而擅自单独行使代理权,由此造成的损失,共同委托人应向委托人承担连带责任,该授权人应对自己的单独行为或与他人的行为承担责任,其他受托人有权向其追偿。当然,若当事人事先约定了按份责任的除外。

二、委托人的主要义务

1. 支付费用的义务

支付费用是委托人的主要义务之一。不论委托合同是否有偿,委托人均有义务支付费用。这里的费用不同于报酬,它是指受托人处理委托事项所必须花费的款项或消耗。我国《合同法》第 398 条规定:"委托人应当预付处理委托事务的费用。受托人为处理委托事务垫付的必要费用,委托人应当偿还该费用及其利息。"

委托人在受托人处理委托事务之前应预先支付其处理委托事务所需要的费用。委托人预付费用的金额、时间、地点、方式等,应依据委托事务的性质和处理的具体情况而定。预付费用系为委托人利益而使用,与委托事务的处理并不成对价关系。因为非经约定,受托人并无垫付费用的义务,所以,如经受托人请求而委托人不预付费用的,受托人可以拒绝处理或迟延处理委托事务,且不须承担违约责任。同时,在委托合同为有偿合同时,因委托人拒付费用以致影响受托人基于该合同的收益或给受托人造成损失的,受托人有权请求赔偿。当然,受托人在处理完委托事务之后,若有剩余的费用,受托人应将其返还委托人。虽受托人并无垫付费用的义务,但若受托人在处理委托事务时已实际垫付有关费用,则委托事务完成后,委托人应偿还必要的费用和利息(利息从垫付之日起计算。双方关于利息有约定的从约定;没有约定的应以当时的法定存款利率计算[①])。这里的必要费用,是指在处理委托事务时不可缺少的费用,如差

---

① 王利明:《民法》,中国人民大学出版社,2000 年,第 475 页。

旅费、手续费等。在确定必要费用的范围时,应充分考虑委托事务的性质、受托人的注意义务以及费用支出当时的具体情况,实事求是地客观确定。在支付当时为必要的,其后即使为不必要的,也为必要费用;相反,在支付当时为不必要的,即使其后为必要的,也不为必要费用。在委托合同中,当事人间基于信任而行事,因此,若当事人间争议费用是否有必要支出时,则应由委托人举证证明费用支出的不必要性。

2. 支付报酬的义务

报酬是按照委托合同的约定,受托人为委托人处理委托事务的所得。是否为有偿合同、支付报酬的标准和期限等,均依据双方当事人的意思约定。委托合同是无偿的,委托人自然无支付报酬的义务。但若当事人之间没有约定报酬或约定不明的,则依交易习惯或者委托事务的性质,应当由委托人支付报酬。《合同法》第 405 条规定:"受托人完成委托事务的,委托人应当向其支付报酬。因不可归责于受托人的事由,委托合同解除或者委托事务不能完成的,委托人应当向受托人支付相应的报酬。当事人另有约定的,按照其约定。"

至于委托报酬的具体数额,可由委托合同当事人约定;没有约定的,可以依照交易习惯确定。如果出现因可归责于受托人的事由,委托合同解除或者委托不能完成的,委托人也应当向受托人支付相应部分的报酬。即受托人有权就其已处理事务的部分,向委托人请求支付报酬。一般事务处理完毕,委托关系才终止,但在委托事务未全部处理完毕前委托合同提前终止时,委托人是否还要给付报酬呢? 委托合同终止不是归责于受托人,委托人应当根据受托人处理委托事务所付出的劳动量大小等因素,给付受托人相应的报酬。

3. 赔偿受托人损失的义务

受托人在办理委托事务时,因不可归责于自己的事由而自身受到损失的,委托人应承担赔偿责任。根据《合同法》第 407 条、第 408 条的规定,受托人的损失与委托人的赔偿责任一般理解为:委托人对于受托人在处理受托事务工作中因不可归责于受托人的事由造成损失的,应当承担赔偿责任。"不可归责于受托人的事由"既包括委托人因自己的过错(如委托人指示错误)使受托人受损的事由,也包括非因委托人的过错(如第三人的行为)使受托人受损的事由。受托人是为委托人利益而处理受托事务,其利益归属于委托人,委托事务的风险也应由委托人承担,考虑到公平和利益平衡等因素,只要是受托人在处理委托事务中无过错,不论委托人是否有过错,委托人均应承担赔偿责任。而在受托人的损失因第三人加害造成的情形下,受托人可以选择第三人或委托人赔偿,如果受托人要求委托人赔偿的,承担了赔偿责任的委托人可向第三人追偿。

此外,在委托人经受托人同意再委托的情况下,给受托人造成损失的,委托人也应承担赔偿责任。

4. 接受受托人交付工作成果的义务

受托人按照委托人指示处理委托事务取得的工作成果,委托人应当接受,若因委托人拒绝或迟延接受而给受托人造成损失的,委托人应负赔偿责任。

三、间接代理

如果受托人以自己的名义与第三人订立合同,则称之为隐名委托,又称间接代理。其区别于受托人以委托人的名义与第三人签订合同的显名委托。间接代理制度在一定程度上解决了我国外贸代理制度的问题。一般而言,间接代理中受托人以自己名义与第三人签订的合同对于委托人不具有直接的效力。但是,在特定情形中,受托人与第三人签订的合同对于委托人也可以产生效力。

(一)第三人知悉委托关系而订立合同对委托人的效力

《合同法》第402条规定:"受托人以自己的名义,在委托人的授权范围内与第三人订立的合同,第三人在订立合同时知道受托人与委托人之间的代理关系的,该合同直接约束委托人和第三人,但有确切证据证明该合同只约束受托人和第三人的除外。"根据此规定,其所涉情形的适用条件为:①受托人以自己的名义与第三人订立合同。②合同的内容限定在委托人的授权范围内。③第三人在订立合同时知道受托人与委托人间存在代理关系。如:受托人在与第三人签订的合同中,可以直接列出委托人的姓名或名称,或在合同中设立条款表明委托人身份、权利和义务,或者其他相关证据诸如备忘录、会谈记录证实了相关事实。④如果有确切证据证明合同只约束受托人和第三人,则该合同对委托人没有约束力,如:合同条款载明或第三人声明只与受托人产生合同关系。

(二)受托人不公开委托关系而订立合同的特殊效力

《合同法》第403条规定:"受托人以自己的名义与第三人订立合同时,第三人不知道受托人与委托人之间的代理关系的,受托人因第三人的原因对委托人不履行义务,受托人应当向委托人披露第三人,委托人因此可以行使受托人对第三人的权利,但第三人与受托人订立合同时如果知道该委托人就不会订立合同的除外。受托人因委托人的原因对第三人不履行义务,受托人应当向第三人披露委托人,第三人因此可以选择受托人或者委托人作为相对人主张其权利,但第三人不得变更选定的相对人。委托人行使受托人对第三人的权利的,第三人可以向委托人主张其对受托人的抗辩。第三人选定委托人作为其相对人的,委托人可以向第三人主张其对受托人的抗辩以及受托人对第三人的抗辩。"该条规定了在受托人不公开委托关系而订立合同的情况下,受托人的披露义务、委托人的介入权、第三人的选择权和相应的抗辩权,该规定有利于合同纠纷的解决,有利于减少纠纷。

1. 受托人的披露义务

在受托人不公开委托关系而与第三人订立合同时,受托人因第三人的原因对委托人不履行义务,受托人应当向委托人披露第三人;同样,受托人因委托人的原因对第三人不履行义务,受托人应当向第三人披露委托人。这是受托人的披露义务,披露义务有利于委托人或第三人全面知悉合同的相关情况,从而作出对其最为有利的选择。但是,《合同法》并没有规定委托人违反此项义务应承担的不利后果,这是一个缺陷。

2. 委托人的介入权

委托人的介入权,指在受托人与第三人的合同关系中,委托人取代受托人的地位,介入到本来是受托人与第三人之间的合同关系中,行使受托人对第三人的权利。根据《合同法》第403条的规定可知,委托人的介入权需具备五个条件:①受托人以自己的名义与第三人订立合同。如果受托人以委托人的名义与第三人订立合同,则构成《民法通则》所规定的代理,其效果直接归属于委托人,无需委托人行使介入权。②第三人订立合同时不知道受托人与委托人之间的代理关系,即受托人未披露与委托人的代理关系,如果第三人订立合同时知道受托人与委托人之间的代理关系,则不产生委托人的介入权,而是可能直接约束委托人和第三人。③受托人因第三人的原因对委托人没有履行义务,如:因第三人的原因导致受托人违约。受托人不履行的是合同所约定的义务,而不是受托人与第三人订立的合同所约定的义务。④受托人向委托人披露了第三人,披露义务是受托人的法定义务。如果受托人不履行该披露义务,则受托人对因此造成的委托人损失承担责任。⑤第三人并不排斥委托人,即并非第三人与受托人订立合同时如果知道该委托人就不会订立合同的情况。

委托人行使介入权的,应当通知受托人和第三人,通知到达第三人后,委托人取代受托人的合同地位,可行使受托人对第三人的权利。当然,受托人履行披露义务后,委托人也可以不行使介入权,可以要求受托人承担违约责任。委托人的介入权在性质上属于形成权,是否行使取决于委托人的意志。委托人一旦决定行使介入权,即取代受托人的地位成为合同当事人,直接对第三人享有合同权利和承担合同义务,受托人则退出其与第三人的合同关系,对合同的履行与否不再承担责任,但受托人的报酬请求权仍然可以向委托人主张。如果委托人不行使介入权,受托人应当根据委托合同及与第三人的合同约定,继续为委托人的利益向第三人主张权利或承担义务。① 同时,根据《合同法》第 403 条第 3 款规定可知,委托人行使受托人对第三人的权利的,第三人可以向委托人主张其对受托人的抗辩。

在未披露委托人的代理中,第三人是本着对受托人的信任才订立合同的,如果订约之初第三人就知道受托人的代理人身份,可能会因为不信任委托人的信用或履约能力而拒绝订立合同。委托人介入合同后,取代了受托人而成为合同的当事人,第三人可能因委托人信用或履约能力低下而受到不应有的损失。因此,法律应当规定第三人如果在订立合同时知道了委托人就不会订立合同的,委托人无权介入。②

审判实务中判断第三人是否具有知道该委托人就不会与受托人订立合同的意思,要根据第三人与受托人订立合同时的主客观情况综合加以认定。在通常情况下,如果出现下列情形之一时,即可判定第三人如果知道该委托人就不会有与受托人订立合同的意思:①在此之前,委托人曾与第三人洽谈过订约事宜,但被第三人拒绝;②在以前的交易过程中委托人对第三人有违背诚信的行为;③委托人经营情况严重恶化,不具备相应的履行合同能力;④第三人若与该委托人订立合同将导致违反法律、法规的强制性或禁止性规定。

3. 第三人的选择权

根据《合同法》第 403 条第 2 款,第三人的选择权是指当受托人因委托人的原因对第三人不履行义务时,第三人可以选择委托人或者受托人作为相对人主张权利。赋予第三人的选择权,有利于保护第三人利益,有利于当事人利益的公平分配。根据《合同法》规定,第三人行使选择权应具备下列条件:①受托人以自己的名义与第三人订立了合同;②第三人事先不知道受托人与委托人之间的代理关系;③受托人因委托人的原因对第三人不履行义务;④受托人向第三人披露了委托人时。

为维护法律关系的稳定性,防止选择权的滥用,维持当事人的利益平衡,第三人不得变更已选定的相对人,即使在选择之后,委托人和受托人的债务履行能力发生重大变化后,第三人也不可变更。第三人行使选择权,选定了受托人或者委托人作为相对人主张权利,相对人享有的合同抗辩权,可向第三人主张。

---

① 孙永一:《委托合同纠纷案件若干实务问题研究》,《山东审判》,2005 年第 3 期。
② 彭菲、郭彦雄:《论〈合同法〉中委托人介入权制度和第三人选择权制度的不足及完善——兼论对〈合同法〉第 403 条的修改建议》,《广西政法管理干部学院学报》,2002 年第 6 期。

第三节　委托合同的终止

委托合同可以因《合同法》第 91 条规定的一般合同关系终止的原因而终止,如履行完毕、解除等。《合同法》分则第 410 条、第 411 条分别规定了委托合同终止的两种特别情况:一是因一方当事人行使解除权而终止;二是因一方当事人死亡、丧失民事行为能力或破产而终止。

一、因一方当事人行使解除权而终止

《合同法》第 410 条规定:"委托人或者受托人可以随时解除委托合同。因解除合同给对方造成损失的,除不可归责于该当事人的事由以外,应当赔偿损失。"委托合同是以当事人间的信任关系为基础的,而信任关系属于主观信念的范畴,具有主观任意性,没有确定的规格和限制。如果当事人在信任问题上产生疑问或者动摇,即使勉强维持双方间的委托关系,也势必影响委托合同订立目的的实现。因此,《合同法》规定:委托人或者受托人可以随时解除委托合同。

在理解适用《合同法》上述条款时,应注意以下问题。

(一)关于任意解除权[①]行使的理解问题

委托合同当事人任意解除合同的方式主要有两种:一是委托人撤销委托;二是受托人辞去委托。任意解除权为形成权,可由委托人或受托人单方行使,无需双方达成合意即可发生法律效力。但一方当事人在行使任意解除权时,应向对方当事人尽到明示通知义务,该通知自到达对方当事人时生效,合同解除仅向将来发生法律效力,而无溯及既往的效力。

虽然法律规定任意解除权可随时作出,但行使期限应为合同成立后至委托事务处理完毕之前。若委托事务已经处理完毕,委托合同的目的已经实现,再行使合同解除权已无实际意义。委托合同一方在行使任意解除权时无须说明理由,尽管在实践中相对人会要求解约人说明理由,但其理由如何以及是否成立,并不因此而影响合同解除的效力。当然,若双方当事人协商一致,也可协议解除委托合同。

(二)因行使任意解除权致相对方损失的赔偿问题

双方当事人行使任意解除权应遵循诚实信用原则。为防止委托合同当事人一方滥用任意解除权,法律规定因委托人或受托人单方解除委托合同给对方造成损失的,除不可归责于该当事人的事由外,应当赔偿损失。例如,受托人基于信任已经准备履约或已经在实施委托事务,因委托人解除合同而导致受托人的经济损失。

所谓"不可归责于该当事人的事由"是指解除合同一方当事人对解除合同没有过错,从而不应对相对方的损失负责。例如,当事人在解除合同之前已提前充分告知相对人,并给予相对人合理的准备时间,但相对人却怠于采取措施而导致损失。若双方当事人就此存在争议的,则解除合同的一方需负举证责任,证明存在不可归责于自己的事由,否则就要因举证不力而承担

---

① 从历史沿革来看,无偿委托是委托的传统,有偿只是例外。委托合同中当事人在一般情况下,享有任意解除权。在从事有偿委托或者商事委托时,任意解除权的行使就会受到一定的限制,例如《意大利民法典》对委托合同划分不同的类型,从而在解除委托合同时适用不同的规定。参见吕巧珍:《委托合同中任意解除权的限制》,《法学》,2006 年第 9 期。

赔偿责任。关于不可归责事由是否存在以及对赔偿责任承担的判断通常要考虑以下因素：①合同解除方是否在明显不利于对方当事人的情形下行使任意解除权；②合同一方当事人所遭受的经济损失与另一方当事人行使任意解除权是否存在直接的因果关系；③行使任意解除权的一方当事人对另一方当事人因合同解除所遭受的损失是否能证明其没有过错。[①]

二、因一方当事人死亡、丧失民事行为能力或破产而终止

《合同法》第411条规定："委托人或者受托人死亡、丧失民事行为能力或者破产的，委托合同终止，但当事人另有约定或者根据委托事务的性质不宜终止的除外。"如果委托人死亡，则委托事务的处理对其已无意义。而受托人死亡便无从处理委托事务，虽然其继承人可继承委托合同的权利和义务，但原委托合同已失去信任基础，应当终止。

委托人丧失民事行为能力，则委托人已丧失对委托事务作出指示的能力，同时也无法履行其相应的义务；受托人丧失民事行为能力便失去了处理委托事务的能力，此时，委托合同的存续也无实际意义，委托合同应当终止。

当委托人或受托人被宣告破产，其权利能力即受到限制，且丧失信用，也无法继续履行合同，因此，委托合同应当终止。

此外，因受托人死亡、丧失行为能力或者破产，致使委托合同终止的，受托人的继承人、法定代理人或者清算组织应当及时通知委托人。

三、委托合同终止的例外及法律后果

在特殊情况下，委托合同的一方当事人即使出现了死亡、丧失民事行为能力或破产的情形，委托合同也不终止。这些特殊情况包括：①因当事人另有约定而导致委托合同不终止，如委托合同约定，委托律师代理事务合同不因委托人的死亡而终止；②因委托事务的性质不宜终止，如受托拟订遗嘱并监督遗嘱执行的事务不因委托人的死亡而终止。

委托合同终止的法律后果。

1. 受托人继续处理委托事务的义务

《合同法》第412条规定："因委托人死亡、丧失民事行为能力或者破产，致使委托合同终止将损害委托人利益的，在委托人的继承人、法定代理人或者清算组织承受委托事务之前，受托人应当继续处理委托事务。"这一规定的出发点在于委托事务的处理具有连续性，而委托人在出现死亡、丧失民事行为能力或者破产状况时，委托事务极有可能中断而影响到委托人或利害关系人的利益。在此情形下，受托人应当继续处理委托事务，且仍须受原委托合同的约束。其他国家的民法也有相同的规定，如《德国民法典》第672条第2款规定："如委任关系消灭，于拖延致生命危险时，在委托人之继承人或法定代理人能有其他处理方法前，受任人应继续处理已移交之事务，委任关系视为存续。"我国台湾地区"民法典"第551条也设立了相同的制度。[②]

2. 受托人的继承人、法定代理人或者清算组织在委托关系终止时采取必要措施的义务

依据《合同法》第413条规定可知，受托人的继承人、法定代理人或者清算组织应当将受托人死亡、丧失民事行为能力或者破产的事情及时通知委托人。因委托合同终止将损害委托人

① 孙永一：《委托合同纠纷案件若干实务问题研究》，《山东审判》，2005年第3期。
② 陈小君：《合同法学》，高等教育出版社，2003年，第437页。

利益的,在委托人作出善后处理之前,受托人的继承人、法定代理人或者清算组织应当采取必要措施保护委托人利益。在这种情形下,受托人的继承人、法定代理人或者清算组织不必受原委托合同的约束,但其继续处理义务只限于通知义务和"采取必要措施"义务。履行通知义务应注意遵循及时、有效通知的原则。而"必要措施"应作广义理解,既包括消极的保管委托事务资料的行为,也包括积极地处理委托事务的行为。

思　考　题

1. 委托合同与承揽合同、委托代理的区别与联系是什么?
2. 委托合同当事人的权利义务是什么?

第二十四章　行纪合同

本章提要：

本章主要介绍行纪合同的概念、特征，比较其与信托制度、委托合同、居间合同、直接代理、间接代理等相关概念的区别与联系，阐述了行纪合同当事人的权利与义务。

本章重点：

(1)行纪合同当事人的权利与义务；

(2)行纪与委托、居间的区别。

第一节　行纪合同概述

一、行纪合同的概念与历史发展

行纪合同是指行纪人接受委托人的委托，以自己的名义，为委托人从事贸易活动，委托人支付报酬的合同。接受委托的一方为行纪人，而另一方则为委托人。如甲方委托乙方代销产品，乙接受甲的委托并以自己的名义代甲销售产品，代销价款归甲方，乙方收取代销费。在这个关系中，甲为委托人，乙为行纪人。

在罗马法中，行纪制度是随着海上贸易的发展而发展起来的，并且随着商品经济的发展，行纪行为在欧洲中世纪已开始活跃，出现了一些商人专门接受他人委托，以自己的名义为委托人办理动产买卖或其他交易事务并收取佣金，由此产生了以此种经营为业的行纪商。德国商法学家史密斯特在其《德国行纪行为史》中考证认为：在欧洲中世纪，当时的一些商事习惯法和商事成文法已对行纪的概念特征，行纪行为的规则及法律后果等，做了颇为详细的规定，这些规定成为现代商事行纪法律规范的基础和历史渊源。

但是与此同时发展起来的英美法系却并没有直接吸收这一概念。在英美法系的各国判例法中，从未出现过有关行纪制度的判例，而仅有关于"被代理人身份不公开的代理"的判例，但其判例内容，则与西欧国家中行纪制度的使用条件相类似。也就是说，英美法系并没有行纪制度这一概念，而仅有与之相应的"被代理人身份不公开的代理"的概念。而在大陆法系中，无论是民商分立或民商合一，一般都对行纪合同有明确的规定。

在我国，早在汉朝就已经出现了"牙行""货栈"等行纪组织，并且行纪制度在历史上也是非常活跃的。但是一直以来，它并没有严格区别于居间人、经理人、代办商。《大清民律草案》和《中华民国第二次民法草案》也只是设了居间专节，并没有行纪的专章。直到 1929 年颁布旧民国民法时，才正式出现了行纪这一名称。

新中国建国初期由于实行高度集中统一的计划经济体制，行纪业日趋衰退。即使在 1986

年颁布的《民法通则》中也只是承认直接代理,对行纪未予涉及。后来出于外贸代理的现实需求,外经贸部于1991年颁布了《关于对外贸易代理制的暂行规定》,该规定首次明确了行纪方式在外贸代理中的合法地位。1999年的《合同法》中专设了行纪合同一章,这使得我国的行纪制度趋于完善。

二、行纪合同的制度价值

经过历史考证可以发现,行纪活动就是为了商业贸易的便捷和高效而产生的。与其他经济活动形式相比,行纪具有很大的优势。具体而言,行纪合同具有下列价值:

(1)对委托人而言,通过行纪人进行交易,一方面,他可以不暴露自己身份而享有与第三人进行交易的利益,有利于保守自己的商业秘密。另一方面,他可以利用行纪人的信用、资产、专业知识技能及在交易地的人脉等为自己服务,从而避免了在各地设立代理机构的诸多弊端。且在实际中,由于第三人并不直接对委托人行使权利,而由行纪人对其负责,故委托人不必担心行纪人滥用代理权或有过失给自己带来风险。

(2)对行纪人而言,他可以不受代理权的限制,随机应变地独立处理交易活动中的各种事务。

(3)对第三人而言,他直接与行纪人进行交易,无须顾虑委托人的商业信誉、支付能力,甚至根本不需要知道委托人就可以交易,从而达到了交易便捷、安全的目的。

由此可见,行纪的出现,为交易各方都提供了极大便利,对扩大商品流通、促进贸易发展起着重要作用。

三、行纪合同的法律特征

(一)行纪人要有特定的营业主体资格

行纪是行纪人以自己的名义,为他人的利益从事交易活动而接受报酬的营业活动。从事行纪营业的人就是行纪人。不以行纪为业者,不称为行纪,不适用《合同法》关于行纪的规定。非行纪营业的受托人的类似活动,适用委托合同的相关规定。

在许多国家,行纪营业属于特殊行业,行纪人的设立须经过批准或许可。因此,在行纪合同中,行纪人的资格有特殊的要求,即需有经营行纪业务的资格。

(二)行纪合同的标的是从事特定的贸易活动

各国或地区的法律均对行纪合同的标的进行了一定的限制。比如德国商法将其限定为商品或有价证券的买受或卖出,日本商法将其限定为物品的出卖或买入,瑞士债务法将其限定为动产或有价证券的买受或卖出,我国台湾地区"民法典"则将其限定为动产的买卖或其他商业上的交易。[①]《合同法》将行纪合同的标的限定于贸易活动。

参照相关条文,结合行纪业实际情况并参考诸国立法,应当从以下几个方面对我国行纪合同的标的加以界定:①该贸易活动必须是具有交易性质的财产上的法律行为。②该贸易活动

---

① 参见《德国商法典》第383条、《日本商法典》第551条、《瑞士债务法》第425条、我国台湾地区"民法典"第576条。

包括动产买卖和其他类似动产买卖的行为,如以有价证券、期货等作为买卖标的的具有商业交易性质的行为。③该贸易活动不包括不动产买卖。因为不动产买卖固有的登记要求决定了不动产根本无法成为行纪的标的,在委托卖出不动产时,行纪人因不是登记所有人,不能以自己的名义卖出;在委托买入不动产时,若先由行纪人以自己的名义买入再过户给委托人,不仅麻烦且需多交一笔税款,成本高且不符合效率要求。

(三)行纪人以自己的名义处理委托事务,并承担费用

行纪人与第三人实施法律行为时,自己为权利义务主体。在委托人与第三人之间,不存在直接的权利义务关系,第三人也无须知道委托人究竟是谁。《合同法》第421条规定:"行纪人与第三人订立合同的,行纪人对该合同直接享有权利、承担义务。第三人不履行义务致使委托人受到损害的,行纪人应当承担损害赔偿责任,但行纪人与委托人另有约定的除外。"

行纪人不仅以自己的名义还要自己承担费用为委托人处理委托事务。《合同法》第415条规定:"行纪人处理委托事务支出的费用,由行纪人负担,但当事人另有约定的除外。"行纪人既然是营业人,就必然会有商业风险。该风险反映在行纪人在为委托人处理委托事务的过程中,不仅需要尽职尽力,而且还需要行纪人自己负担行纪的活动支出,如交通费、差旅费等费用。行纪人的这些支出费用,作为处理委托事务的成本,只有当行纪合同履行完毕才能由委托人支付报酬,报酬中包括成本与利润。如果行纪人没有处理好委托事务,他所支出的成本费用就算作商业风险,由自己负担。

但是也有例外情形,例如委托人与行纪人事先商定,不论事情成功与否,行纪人为此支出的活动费用,都由委托人偿还或由两者共同承担,则费用的负担从其约定。

(四)行纪人必须为委托人的利益处理委托事务

行纪合同的最终目的,是将行纪人为委托人所为一定贸易行为的利益归属于委托人。因此,行纪人在实施法律行为的过程中应充分考虑委托人的利益,并将其结果归属于委托人,如将执行委托事务所收取的金钱、物品交付给委托人,将取得的债权转移给委托人等。

(五)行纪合同为诺成合同、双务有偿合同和不要式合同

行纪合同只需当事人间意思表示达成一致即可成立,无须先为一定给付,因此,行纪合同是诺成合同。行纪人负有为委托人处理委托事务的义务,而委托人负有给付报酬的义务,双方互享权利、互负义务,并且行纪人提供的是有偿服务,因此,行纪合同为双务有偿合同。另外,行纪合同的成立无须采用特定方式,当事人可以选择口头、书面或其他形式,因此,行纪合同是不要式合同。

四、行纪合同的种类和法律适用

我国目前比较常见的行纪行为有以下几种:①代销、代购或者寄售买卖合同行为,特别以代销较为常见;②证券经纪行为;③委托拍卖行为。

从行纪的发展来看,行纪最初是为了避免委托的一些弊端而出现的,因而其与委托之间有

着密切联系。行纪合同虽然是一种独立的有名合同,独立于委托合同,但是两者仍存在很多共性。因此,我国《合同法》第 423 条规定:"本章没有规定的,适用委托合同的有关规定。"

五、行纪合同与类似概念的辨析

(一)行纪合同与信托制度

所谓信托,是指委托人基于对受托人的信任,将其财产权委托给受托人,由受托人按委托人的意愿以自己的名义,为受益人的利益或特定目的,进行管理或者处分的行为。信托作为一种为他人利益而管理财产的制度,早在罗马法时期就已经产生。罗马法中的信托主要适用于遗产转移,故被称为遗产信托。现代法中的信托制度源于中世纪英国的用益物权制度,其实质是一种管理财产的法律关系。信托具有以下法律特征:①信托是一种以财产为中心的法律关系;②信托是一种涉及三方当事人的法律关系,即信托关系由三方当事人构成:委托人、受托人和受益人;③信托是一种以信任为基础的法律关系,信托的本质是受托人接受委托人的信赖,忠实地为受益人的利益管理处分信托财产;④信托财产的所有权和利益相分立。[1]

行纪与信托有一些相似之处,如两者都是以信任关系为基础的,都涉及财产的管理问题等。但是,行纪合同与信托制度是完全不同的两种法律制度,其主要区别归纳如下:[2]

(1)行纪合同属于合同关系,其当事人为行纪人与委托人,受《合同法》调整;而信托属于财产管理关系,其当事人包括委托人、受托人和受益人,受属于财产法范畴的《信托法》调整。

(2)行纪合同适用于行纪人为委托人从事贸易活动,其财产范围不包括不动产;而信托制度适用于财产的管理、处分、投资、利益分配等各种事务,其财产范围包括动产和不动产。

(3)成立行纪合同关系不以财产的交付为要件,而且行纪人为委托人处理委托事务的所得均归委托人所有;而财产的交付是成立信托关系的要件,且信托财产法律上的所有权属于受托人,信托财产的收益归收益人。

(4)在行纪合同中,行纪人应依委托人的指示处理委托事务,在不违背委托人指示的前提下,行纪人享有介入权。而在信托关系中,受托人实施信托事务一般不受委托人和受益人的指示,享有广泛的自由决定权。但受托人原则上没有介入权,即不得为了自己的利益而买进信托财产或者以信托资金购买自己的财产。

(二)行纪合同与委托合同

行纪合同与委托合同有许多相似之处,如均属于提供服务或劳务的合同,受托人均需处理委托事务等。因此,许多国家的立法都明确规定,除行纪合同另有规定外,可以准用委托合同的规定,《合同法》第 423 条亦有相同的规定。但是,行纪合同与委托合同是两种独立的合同,两者具有如下区别:

(1)行纪合同中的行纪人必须是从事行纪业的特定主体;而委托合同中的受托人则没有条件限制。

(2)行纪合同的标的限于法律行为性质的贸易活动,不包括事实行为;而委托合同则不受

---

① 周小明:《财产权的革新——信托法论》,贵州人民出版社,1995 年,第 10 - 12 页。

② 郭明瑞,房绍坤:《新合同法原理》,中国人民大学出版社,2000 年,第 711 页。

此限制,不仅非贸易活动的法律行为可以委托,事实行为也可以委托。

(3)行纪合同中的行纪人只能以自己的名义与第三人从事贸易活动,行纪人对合同直接享有权利、承担义务,行纪人与第三人之间的法律行为对委托人没有直接效力。

在委托合同中,受托人在授权范围内以委托人的名义与第三人订立合同的,对委托人直接发生法律效力。受托人在受托范围内以自己的名义与第三人订立合同的,如果第三人在订立合同时知道受托人与委托人之间的代理关系的,合同直接约束委托人和第三人。

(4)行纪合同均为有偿合同;委托合同既可以是有偿合同,也可以是无偿合同。

(5)在行纪合同中,行纪人为委托人处理委托事务所支出的费用,除当事人另有约定外,由行纪人负担;在委托合同中,受托人为委托人处理委托事务所支出的费用,由委托人负担。

(三)行纪合同与居间合同

行纪合同与居间合同都是有偿合同,且行纪人和居间人均有特殊主体资格,它们的区别如下:

(1)在行纪合同中,行纪人受托办理事务的行为为法律行为;在居间合同中,居间人报告订约机会或充当订约媒介的行为,本身不具有法律意义,属于事实行为。

(2)在行纪合同中,行纪人有将处理事务的后果移交给委托人的义务和报告义务;而在居间合同中,居间人并无此义务。

(3)在行纪合同中,除当事人另有约定外,行纪人为委托人处理委托事务所支出的费用,由行纪人自己负担。在居间合同中,若居间人促成合同成立的,委托人应当按照约定支付报酬。对居间人的报酬没有约定或者约定不明确,依照《合同法》第61条的规定仍不能确定的,根据居间人的劳务合理确定。因居间人提供订立合同的媒介服务而促成合同成立的,由该合同的当事人平均负担居间人的报酬。此外,若居间人促成合同成立,则居间活动的费用由居间人负担。居间人未促成合同成立的,不得要求支付报酬,但可以要求委托人支付从事居间活动支出的必要费用。

(四)行纪合同与承揽合同

行纪合同与承揽合同的相似之处在于两者均是一方当事人为另一方当事人完成一定事务的合同,两者的区别主要有:

(1)在行纪合同中,行纪人处理委托事务属于法律行为;而承揽合同的承揽人完成一定工作的行为属于事实行为。

(2)在行纪合同涉及三方当事人:委托人、行纪人、第三人;而承揽合同只涉及两方当事人:承揽人、定作人。

(3)在行纪合同中,其标的物涉及的范围不包括不动产;而在承揽合同中,其标的物所涉及的范围包括不动产,如房屋的修缮。

(五)行纪与经纪[①]

与行纪、居间等词汇相比,日常生活中人们在表述有关中介行业时更经常使用的一个词汇

---

① 吴飚、朱晓娟:《合同法原理·规则·案例》,清华大学出版社,2006年,第308-309页。

是经纪,而且这个词汇也被广泛使用在一些法律文件当中。国家工商行政管理局在1995年颁布了《经纪人管理条例》,许多省市也颁布了经纪人条例,在一些部门法和行业规章中也对各行业的经纪人进行了规范,如证券法中规定了证券经纪人。然而,对于经纪人一词的含义却有不同看法。在英美法系,一般认为经纪人是广义上的代理人的一种类型。但是经纪人作为英美法系中的概念在引入大陆法系国家后,与大陆法系原有概念之间发生了冲突。大陆法系民法理论将受托行为划分为代理、行纪和居间三种,三者法律性质不同,不容混淆。

依照大陆法系对于三者的定义以及对英美法系中的经纪比较,经纪在性质上更多地类似于大陆法系中的居间,但在范围上更广。在实际生活中,各类经纪人的行为远比严格意义上的居间人的行为复杂。各种专门经纪人如证券经纪人、期货经纪人、保险经纪人、房地产经纪人以及文化体育经纪人的业务行为不仅包括居间业务,也包括行纪和代理。我们在谈到经纪时所指向的法律关系的性质并不是单一的,应根据具体情况或确定为居间,或确定为行纪,或确定为代理,分别适用相关的规范。国家工商行政管理局1995年颁布的《经纪人管理办法》亦在此广泛的意义上定义经纪人。[①]

(六)行纪合同与间接代理、直接代理

行纪合同与间接代理的区别主要有:

(1)主体是否具有限定性。行纪人的主体资格要受到限制。在行纪合同中,行纪人只能是经批准经营行纪业务的自然人、法人或其他组织,未经法定手续批准或核准经营行纪业务的自然人、法人或其他组织不得经营行纪业务,不能成行纪人。而间接代理中代理人的资格并无特别限制。

(2)是否为有偿或无偿。根据《合同法》第44条规定可知,行纪合同是行纪人以自己的名义为委托人从事贸易活动,委托人支付报酬的合同。可见,行纪的内部关系是有偿关系,行纪人从事行纪活动完成事务收取报酬,这是因为行纪制度主要是从商事活动中发展而来,行纪制度主要用来规范商事交易关系。而在间接代理的内部关系中,双方有可能是一种无偿的法律关系。

行纪合同与直接代理都是发生于三方当事人间的关系,并且都是为他人利益从事的活动。但在行纪合同中,行纪人以自己的名义活动,其与第三人订立的合同直接对自己发生法律效力,委托人并无直接权利义务关系;而在直接代理中,代理人以被代理人名义活动,其与第三人订立的合同由被代理人直接承受权利义务关系。

第二节　行纪合同当事人的权利与义务

一、行纪人的权利和义务

(一)行纪人的权利

1.报酬请求权

报酬俗称佣金。行纪合同为有偿合同,行纪人为委托人办理委托事务,当然享有向委托人

[①]　《经纪人管理办法》第2条规定:本办法所称经纪人,是指依照本办法的规定,在经济活动中,以收取佣金为目的,为促成他人交易而从事居间、行纪或者代理等经纪业务的公民、法人和其他经济组织。

请求支付报酬的权利。《合同法》第422条规定:"行纪人完成或者部分完成委托事务的,委托人应当向其支付相应的报酬。委托人逾期不支付报酬的,行纪人对委托物享有留置权,但当事人另有约定的除外。"根据处理委托事务的情况,行纪人按照合同约定请求支付报酬可分为不同情形:①行纪人按照委托人的指示和要求履行了合同的全部义务,有权请求全部报酬;②因委托人的过错使得合同义务部分或者全部不能履行而使委托合同提前终止的,行纪人可以请求支付全部报酬;③行纪人部分完成委托事务的,可以就已履行部分的比例请求给付报酬。报酬数额一般由合同双方事先约定,如有国家规定,则应当按照国家规定执行。原则上应于委托事务完成之后支付报酬,但当事人约定预先支付或分期支付的也可以按约定执行,如果寄售物品获得比原约定更高的价金,或者代购物品的支出比原约定费用低,可以按约定比例增加报酬。

2. 提存权

《合同法》第420条规定:"行纪人按照约定买入委托物,委托人应当及时受领。经行纪人催告,委托人无正当理由拒绝受领的,行纪人依照本法第一百零一条的规定可以提存委托物。委托物不能卖出或者委托人撤回出卖,经行纪人催告,委托人不取回或者不处分该物的,行纪人依照本法第一百零一条的规定可以提存委托物。"另外,委托人无故拒绝受领或者不取回出卖物时,法律赋予行纪人有权依照法定程序将委托物予以拍卖并可以优先受偿,但需要注意的是,拍卖后的价款在扣除委托人应付报酬、应偿付的费用以及损害赔偿金等款项后的剩余部分,行纪人应当交给有关部门进行提存。

3. 留置权

委托人不按照约定支付报酬时,行纪人对其占有的委托物可以行使留置权。留置期届满后,行纪人可以从留置物折价或者变卖所得价款中优先受偿。一般认为,在卖出委托和买入委托中都可以产生留置权。行纪人享有留置权的委托物,既可以是从委托人处收取的,例如,在卖出委托中,行纪人留置未卖出的部分委托物;也可以是从第三人处收取的,应转交给委托人的物,例如,在买入委托中留置从第三人处买入的货物。[①]

4. 介入权

所谓行纪人的介入权,又称行纪人自约权,[②]是指行纪人卖出或者买入具有市场定价的商品,除委托人有相反的意思表示以外,行纪人自己可以作为买受人或者出卖人的权利。

行纪人的介入权由商业习惯发展而来,最早出现于《德国商法典》,此后,日本、瑞士、意大利等国纷纷仿效。

行纪人虽介入,仍为行纪人;行纪人与委托人之间的直接买卖合同同时成立。[③] 直接成立的买卖合同,它无需委托人的承诺。因此,从性质上说,介入权属于形成权。

根据《合同法》的有关规定,行纪人行使介入权一般需要符合以下条件:

(1)需有生效的行纪合同存在。具有实际履行意义的生效行纪合同是行纪人行使介入权的前提条件。没有行纪合同,或虽有行纪合同但未生效,行纪人行使介入权就缺少了根据。附

① 江平:《中华人民共和国合同法精解》,中国政法大学出版社,1999年,第367页。
② 欧阳经宇:《民法债编各论》,翰林出版社,1978年,第108页。
③ 史尚宽:《债法各论》,中国政法大学出版社,2000年,第478页。

停止期间或附生效条件的合同,在期间到达之前或条件生效之前,行纪人同样无行使介入权的行使条件。

(2)行纪人介入权的标的物范围受到限制。法律明确规定行纪人行使介入权的标的物必须是"具有市场定价的商品",因为此类商品在价格上比较有透明度,行纪人难以任意抬高或降低价格。行纪人在行使介入权的时候,不能违反《合同法》第418条第3款的规定,即不能违反委托人对价格的特别指示。

(3)委托人无禁止的意思表示。即委托人事先并未作出禁止行纪人介入的意思表示。若委托人明确表示不允许行纪人介入交易,则行纪人不能行使介入权。禁止的意思表示是委托人防止行纪人损害其利益的事前预防措施。只要委托人在行纪人介入的通知到达之前的任何时候做出禁止的表示,行纪人就失去了行使介入权的机会。委托人禁止的意思表示既可以在行纪合同订立之时做出,也可以在行纪人介入前做出;禁止的意思表示既可以是明示的形式,也可以是默示的形式。

(4)行纪人应具有履行因介入所负义务的能力。在行纪合同中,行纪人应尽到善良管理人的义务,最大限度地维护委托人的利益。而这种注意义务在行纪人行使了介入权之后就表现为行纪人本身要有履行合同的能力。行纪人对自己的资信状况比谁都清楚,如果他本身就没有履行的能力,那么,行纪人就必然会对委托人的利益有所损害,行纪人就违反了自身应负的对委托人的诚信义务,构成了对委托人的恶意欺诈。

行纪人行使介入权后,将产生两方面的效力:一是在行纪人和委托人间直接成立买卖合同关系。二是行纪人行使介入权,既与委托人间成立了买卖合同,同时也履行了行纪合同,因此不影响其行使报酬请求权。例如,甲委托乙购买一部汽车,乙正好有一辆同型号、同质量的新车,便按照委托人指定的价格,自己以出卖人的身份把该辆汽车卖给甲。这时乙既是买卖合同的出卖人,又是行纪合同的行纪人。甲不仅要向乙支付买车的价款,而且还应向乙支付行纪合同约定的报酬。

(二)行纪人的义务

1.直接履行的义务

行纪合同涉及两层法律关系,既有行纪人与委托人之间的委托合同关系,又有行纪人与第三人之间的买卖合同关系。行纪合同同时涉及三方主体,即委托人、行纪人、第三人。在行纪人与第三人订立的买卖合同中,行纪人是作为合同一方当事人为委托人的利益而与第三人订立了合同。既然行纪人是合同当事人,就必须自己直接对合同享有权利承担义务。在从事买卖事务时,不论行纪人是否告诉第三人自己的代理人身份,或者第三人是否知道委托人的姓名,都不影响行纪人以自己名义参与的买卖关系的法律效力。《合同法》第421条规定:"行纪人与第三人订立合同的,行纪人对该合同直接享有权利、承担义务。第三人不履行义务致使委托人受到损害的,行纪人应当承担损害赔偿责任,但行纪人与委托人另有约定的除外。"

2.依照委托人指示处理委托事务的义务

行纪人虽然是以自己的名义与第三人订立合同,但由于行纪人是为委托人的利益而进行行纪行为的,因此,行纪人在办理委托事务时应遵从委托人的指示,除遇紧急情况并可推知委托人若知道此情况也允许变更其指示外,行纪人不得变更委托指示。

在委托人的指示中,对交易价格的指示尤为重要。《合同法》第 418 条规定:"行纪人低于委托人指定的价格卖出或者高于委托人指定的价格买入的,应当经委托人同意。未经委托人同意,行纪人补偿其差额的,该买卖对委托人发生效力。行纪人高于委托人指定的价格卖出或者低于委托人指定的价格买入的,可以按照约定增加报酬。没有约定或者约定不明确,依照本法第六十一条的规定仍不能确定的,该利益属于委托人。委托人对价格有特别指示的,行纪人不得违背该指示卖出或者买入。"例如,甲委托乙寄售行以该行名义将甲的一台仪器以 3 000 元出售,除酬金外双方对其他事项未作约定。其后,乙将该仪器以 3 500 元卖给了丙,为此乙多支付费用 100 元。甲与乙订立的是行纪合同。根据《合同法》第 418 条第 2 款的规定,乙将该仪器以高于委托人指定的价格卖出,在双方对利益没有约定归属的情形下,高于约定价格卖得的 500 元应当归属于委托人甲。

3.妥善保管和合理处置委托物的义务

行纪合同为有偿合同,行纪人对于自己为委托人购进或者出售的物品进行妥善保管是一项重要义务。其具体实施应以选择对委托人最有利的条件,并以善良管理人的注意进行保管。许多国家法律均要求"行纪人应当以普通商人的注意处理行纪事务"。我国《合同法》第 416 条规定:"行纪人占有委托物的,应当妥善保管委托物。"因为行纪人是为了满足委托人所追求的经济利益而为其处理事务的,所以行纪人应当从维护委托人利益的角度出发,选择最有利于委托人的条件完成行纪事务。在行纪合同的履行过程中,若委托人交付给行纪人委托出卖的物品已表现出瑕疵或者根据物品的性质属于容易腐烂、变质的,行纪人为了保护委托人的利益,有义务及时通知委托人,在征得委托人同意的前提下,行纪人可以按照委托人的指示对委托物进行处置,如拍卖、变卖。一般情况下,行纪人不得擅自改变委托人的指示办理行纪事务,但如果委托物在交付时有瑕疵,例如委托物腐烂、变质,行纪人又无法与委托人取得联络,如通信中断、委托人远行等原因,致使行纪人不可能征得委托人的同意。在这种时候,如果不及时合理处置,就会使委托人的利益遭受更大的损失。为了保护委托人的利益,法律赋予行纪人以合理的方式处置委托物的权利。对此,《合同法》第 417 条规定:"委托物交付给行纪人时有瑕疵或者容易腐烂、变质的,经委托人同意,行纪人可以处分该物;和委托人不能及时取得联系的,行纪人可以合理处分。"

4.负担行纪费用的义务

因为行纪是以营利为目的的商事活动,行纪人为处理委托事务而支出的费用可以作为营业成本,日后通过向委托人收取报酬而得到弥补。《合同法》第 415 条规定:"行纪人处理委托事务支出的费用,由行纪人负担,但当事人另有约定的除外。"这点与委托合同有所不同。根据《合同法》第 398 条的规定,委托合同的费用原则上由委托人负担。例如:甲将 10 吨大米委托乙商行出售。双方只约定乙商行以自己名义对外销售,每公斤售价 2 元,乙商行的报酬为价款的 5%。甲与乙商行之间成立行纪合同关系,根据《合同法》第 415 条,乙商行为销售大米支出的费用应由自己负担。

5.其他义务

除上述义务外,行纪人还负有其他一些义务,如报告、通知、及时移交处理委托事务所得等义务。对于这些义务,可以适用委托合同的相关规定。

二、委托人的权利和义务

(一)委托人的权利

1. 指示权

委托人具有对行纪人处理委托事务的指示权,行纪人除为保障委托人的利益所必需的情况外,不得变更委托人的指示。在没有征得委托人同意的情况下,行纪人擅自做主变更指示而作为的,对于违背委托人利益而带来的后果,委托人有权拒绝接受,并有权要求行纪人赔偿损失。但是行纪人把损失的差额部分补足时,应认为行纪人的行为对于委托人发生法律效力,委托人不得以违反指示为由拒绝接受。

2. 受领的权利

委托人对行纪人按照约定买入委托物或者出售所得的价款有权受领。

(二)委托人的义务

1. 支付报酬的义务

行纪合同的报酬是行纪人进行行纪行为的对价,其支付的时间、地点、数额由当事人约定。合同没有约定的,按习惯确定。委托人支付报酬的义务通常以行纪人完成委托事务为条件。根据《合同法》第 422 条规定,行纪人完成全部委托事务的,委托人应当支付全部报酬;行纪人完成部分委托事务的,委托人应当支付与完成委托事务相当的报酬。如果委托人逾期不支付报酬,行纪人可以对委托物行使留置权,但当事人另有约定的除外。

2. 受领的义务

受领是权利,同时也是义务。委托人在接到行纪人完成行纪事务的通知后,应当及时接受行纪人依合同约定所完成的事务的一切后果。对行纪人为其买入的商品,委托人应及时验收。如果发现有不符合合同约定的情形,应当立即通知行纪人。《合同法》第 120 条规定:"行纪人按照约定买入委托物,委托人应当及时受领。经行纪人催告,委托人无正当理由拒绝受领的,行纪人依照本法第一百零一条的规定可以提存委托物。委托物不能卖出或者委托人撤回出卖,经行纪人催告,委托人不取回或者不处分该物的,行纪人依照本法第一百零一条的规定可以提存委托物。"

思 考 题

1. 行纪合同与信托合同有何不同?
2. 行纪人的介入权与委托合同中委托人的介入权有何不同?
3. 我国《合同法》对哪些合同规定了留置权?

第二十五章　居 间 合 同

本章提要：

本章主要介绍了居间合同的概念及其沿革、居间合同的特征；比较其与委托合同、行纪合同等相关概念的区别与联系，着重阐述了居间合同当事人的权利与义务。

本章重点：

(1)居间的特征；

(2)居间合同当事人的权利与义务；

(3)居间合同与委托合同、行纪合同的区别。

第一节　居间合同概述

一、居间合同的概念及其沿革

(一)居间合同的概念

根据《合同法》第 424 条的规定，居间合同是居间人向委托人报告订立合同的机会或者提供订立合同的媒介服务，委托人支付报酬的合同。

接受委托报告订立合同机会或提供订立合同媒介服务的一方为居间人，给付报酬的一方为委托人。

(二)居间合同的历史沿革

居间是一种古老的商业现象。居间制度起源于古希腊、古罗马帝国时期，当时任何人可以从事居间活动。中世纪的欧洲，国家对商业活动的政策由自由经营主义政策转为干涉主义政策，居间活动开始受到一定的限制，未经允许不得私自从事居间活动。到了近代，随着社会的进步及商品生产与流通领域的飞速发展，很多国家都对居间活动采取完全自由经营主义来调整居间法律关系。《德国民法典》首先把居间活动作为一种民事合同加以规定，之后大多数国家都承认居间合同为一种独立的典型合同。

我国古代居间也较为发达，居间人被称为"互郎"，民间将居间人称为"牙行"或"牙纪"。民国时期民法对居间立法也采用自由营业主义。新中国成立后，对居间活动的管理经历了从自由放任到依法规制的过程。现行《合同法》通过专章对居间合同的相关内容作了明确规定，居间合同作为一种独立的合同形式得到了法律的确认，这对规范居间活动和发展居间业具有重要意义。

二、居间合同的法律特征

一般认为,居间合同具有以下法律特征。

1.居间合同是居间人向委托人报告订约机会或提供订约媒介的合同

在居间合同中,居间人是为委托人提供服务的,表现为报告订约的机会或者提供订约的媒介。所谓报告订约机会,是指受委托人的委托,寻找及指示可与委托人订立合同的第三人,从而为委托人订约提供机会。所谓提供订约媒介,是指介绍双方当事人订立合同。

2.居间人须按委托人的指示和要求从事居间行为

居间人须按照委托人的指示和要求从事居间行为,如果超越了委托人的指示范围,达不到委托人的目的,委托人的合同目的最终无法实现。

3.居间合同为有名、诺成、有偿、不要式合同

大多数国家都承认居间合同是一种独立的有名合同,我国《合同法》也对居间合同作了专门规定。

居间合同为诺成合同,即只要当事人双方意思表示一致,居间人就负有依委托人的指示进行居间的义务,居间人的活动取得成功,委托人就应支付报酬。

居间合同为有偿合同。居间人从事居间活动的目的就在于向委托人收取报酬。

居间合同为不要式合同,当事人可以采用口头、书面或其他形式订立居间合同。关于"其他形式",《最高人民法院关于适用〈中华人民共和国合同法〉若干问题的解释(二)》第2条规定:"当事人未以书面形式或者口头形式订立合同,但从双方从事的民事行为能够推定双方有订立合同意愿的,人民法院可以认定是以《合同法》第十条第一款中的'其他形式'订立的合同。但法律另有规定的除外。"

4.居间合同的主体具有特殊性

居间活动具有两重性,它虽然可以促进交易、繁荣市场、有利于市场经济的发展,但也可能因处理不当而干扰正常经济秩序,造成社会经济秩序的混乱。因此,为了保护居间活动的顺利进行,维护市场的有序发展,法律一般要求只有具备从事居间活动条件的自然人、法人、其他组织才可以成为居间人。

对于居间人的主体资格,可以考虑作出如下规定:①居间人须具有相应的知识、能力和从业条件,从事商事居间须进行工商登记;②规定机关法人、国家公务员等有特殊职权的人不得从事居间活动,以避免他们利用手中的权力和社会关系,从中牟取暴利,严重危害社会经济秩序。[①]

5.委托人给付报酬义务的履行有不确定性

在居间合同中,居间人的活动达到居间目的时,委托人才负给付报酬的义务。而在居间合同中,委托人与第三人之间能否交易成功具有不确定性。因此,委托人向居间人是否支付报酬也具有不确定性。

6.居间人在居间活动中仅处于介绍人的地位

居间合同的客体是居间人依照合同的约定实施中介服务的行为。无论何种居间,居间人都不是委托人的代理人或当事人一方,居间人只是按照委托人的指示,为委托人报告有关可以

---

① 郭明瑞,王轶:《合同法新论・分则》,中国政法大学出版社,1997年,第330-331页。

与委托人订立合同的第三人,给委托人提供订立合同的机会,或者在当事人之间充当"牵线搭桥"的媒介作用。居间人并不参加委托人与第三人之间具体的订立合同的过程,他的角色只是一个中介服务人员,只是在交易双方当事人之间起介绍、协助的作用。

三、居间合同的分类

(一)指示居间合同与媒介居间合同

居间合同根据居间人所受委托内容的不同,可分为指示居间合同和媒介居间合同。

指示居间合同又称报告居间合同,是指居间人向委托人报告订约机会的居间合同;媒介居间合同指居间人为委托人提供订约媒介服务的居间合同。[①] 在实践中,居间合同可以是只为委托人提供订约机会的报告居间,也可以是为促成委托人与第三人订立合同进行介绍或提供机会的媒介居间,还可以是报告居间与媒介居间兼而有之的居间活动。

区分指示居间合同和媒介居间合同,一方面可以确定居间人的不同活动内容;另一方面也可以确定应由谁支付报酬。一般来说,指示居间人的报酬由委托人支付,而媒介居间人的报酬由订立合同的当事人分担。[②]

(二)民事居间合同与商事居间合同

在民商分立的国家中,居间合同分为民事居间合同和商事居间合同。

由民法典规定的居间合同为民事居间合同,由商法典规定的居间合同称为商事居间合同。如《德国民法典》规定了民事居间合同,《德国商法典》规定了商事居间合同。也有国家规定居间合同仅为商事居间合同,如日本仅在商法典中规定居间合同,而民法典并无规定。我国采取民商合一制度,居间合同没有民事和商事之分。

(三)单方居间合同与双方居间合同

这是以居间人只接受一方当事人的委托还是同时接受双方当事人的委托为标准对居间合同所做的分类。

单方居间合同是指在一般的媒介居间活动中,居间人只接受委托人的委托,寻找符合条件的交易人并促成交易,居间人与第三人之间并不存在委托合同关系。

双方居间合同是指居间人分别与两个委托人订立委托合同,两个委托人因居间人的媒介行为订立了交易合同。

四、居间合同与委托合同、行纪合同辨析

居间合同与委托合同、行纪合同具有一定的相似性,它们都是一方受他方委托为他方办理一定事务的合同,标的都是完成一定的行为,目的都是为委托方完成一定事务,内容都属于提供劳务性质的合同。当然,这三类合同也有显著区别,主要表现在以下几个方面:

1. 接受委托一方当事人的法律地位不同

居间合同的居间人,限于报告订约机会或媒介订约,其服务范围仅限于介绍或协助委托人

---

① 王利明,房绍坤,王轶:《合同法》,中国人民大学出版社,2002年,第523页。

② 郭明瑞,房绍坤:《新合同法原理》,中国人民大学出版社,2000年,第721页。

与第三人订立合同,本人并不参与委托人与第三人间的合同关系,本人既非代理人也非合同当事人和保证人;委托合同的受托人办理委托事务时,以委托人的名义进行活动,代委托人与第三人订立合同,依照委托人的指示参与并可决定委托人与第三人之间的合同关系内容,处理委托事务的法律效力直接归于委托人,或者以自己的名义为委托人利益订立合同;在行纪合同中,行纪人以自己的名义为委托人交易,第三人无须考察委托人的信用、履行能力,只要获得对行纪人的信任即可,行纪人与第三人发生直接的权利义务关系。

2.提供服务内容的性质不同

居间人所办理的报告订约机会或者订约媒介事务本身不具有法律意义;委托合同的受托人处理的事务一般为具有法律意义的事务,即受托人所为的行为是法律行为,例如受托人接受委托人的委托,为委托人订立买卖、接待、承揽合同等。但委托人处理的事务又不限于法律事务,例如委托人接受委托,进行记账、清点货物等,即受托人所为的行为也可是单纯的事实行为;而行纪合同的行纪人受托的事务只能是法律行为。

3.合同的有偿性不同

居间合同为有偿合同,但居间人只有在居间成功时才可以要求报酬,并且在为订约媒介居间时,可从委托人和其相对人双方获得报酬;而委托合同可以是有偿的,也可以是无偿的,而且有偿和无偿委托合同的受托人的注意义务和赔偿责任不同;行纪合同虽然是有偿合同,但行纪人只可以从委托人一方取得报酬。

4.费用承担的不同

居间人从事居间活动达到目的的,居间活动的费用由居间人负担;委托合同的受托人处理委托事务支出的费用由委托人负担;行纪合同的行纪人处理委托事务支出的费用,除合同另有约定外,由行纪人负担。

5.事务处理成果是否移交不同

居间人没有将处理事务的后果移交给委托人的义务;委托合同的受托人应当将处理事务的结果报告给委托人,并将所取得的财产移交委托人;行纪合同的行纪人应当按照约定履行交付义务。

第二节　居间合同的效力

一、居间人的义务

1.如实报告义务

《合同法》第425条规定:"居间人应当就有关订立合同的事项向委托人如实报告。居间人故意隐瞒与订立合同有关的重要事实或者提供虚假情况,损害委托人利益的,不得要求支付报酬并应当承担损害赔偿责任。"如实报告义务是居间合同的核心义务,是居间人在居间合同中承担的主要义务。委托人与居间人订立居间合同的目的在于通过居间人找到订约的机会,而达成这一目的需要居间人依诚实信用原则为了委托人利益诚实地履行报告义务,以便委托人能获取真实的市场信息。对居间人来说,只需将其所知道的情况如实报告委托人,但居间人应当尽可能掌握更多的情况以供委托人选择。依德国法的有关判例、学说及诚实信用原则,居间人一般对与订约有影响的事项不负有积极的调查义务,然而就其所知事项负有忠实报告给委托人的义务,这与我国《合同法》的规定一致。

居间人有如实报告的义务,如果居间人故意隐瞒与订立合同有关的重要事实或者提供虚假情况,损害委托人利益的,不得要求支付报酬并应当承担损害赔偿责任。在居间合同的履行过程中,如果居间人为获取居间报酬而故意作虚假介绍或者与一方当事人事先串通,故意告知虚假事实以促成委托人与第三人订立合同,从而损害委托人或者第三人的合法利益的,则居间人不仅丧失向委托人请求居间报酬的权利,还应当就自己因故意提供虚假情况而给委托人造成的损失承担赔偿责任。

2.尽力提供居间服务的义务

居间人在负有忠实义务的同时还负有尽力义务。判断居间人是否有尽力义务以及该义务范围如何,应依照合同内容以及诚实信用原则进行判断。报告居间人的任务在于报告订约机会给委托人,媒介居间人的任务除向委托人报告订约信息外,还应尽力促成将来可能订约的当事人双方达成合意,对于相对人与委托人之间所存障碍应尽量加以消除,并依照约定准备合同。

3.负担居间活动费用的义务

在一般情形下,居间人为了解相关的订约信息、商业信息及有关资信情况而支出的费用都已计算在居间报酬内。居间人促成合同成立的,由居间人负担居间合同的费用。若委托方和居间人事先没有明确约定居间活动费用由哪一方负担,应由居间人承担。特别是对于以居间为业的,居间费用本属于居间人营业成本的一部分,理应不得再请求委托人负担。但在居间人未促成合同成立时,依据《合同法》第427条的规定,居间人可以要求委托人支付必要的费用。

4.保密义务

在居间活动中,居间人有可能会掌握委托人的一些商业秘密,如委托人的资信情况、成交机会、客户分布以及后来合同的订立情况等,居间人为完成居间活动所获悉的有关信息负有向他人保密的义务。居间人应当按照法律的规定和合同的约定保守秘密、不得泄露,否则要承担损害赔偿责任。

5.居间人的其他义务

基于诚实信用原则,居间人还负有其他一些义务。在媒介居间中,如果当事人一方或双方指定居间人不得将其姓名或商号、名称告知对方的,居间人就应该承担为委托人隐名的义务。[①]

居间人不得对交易双方订立合同实施不利影响,从而影响订立合同或损害委托人的利益。居间人在居间活动中应当遵守法律、法规和国家政策,遵循商事惯例和交易习惯,不得从事违法的居间活动等。

二、委托人的义务

1.支付报酬的义务

《合同法》第426条规定:"居间人促成合同成立的,委托人应当按照约定支付报酬。居间人的报酬没有约定或者约定不明确,依照本法第六十一条的规定仍不能确定的,根据居间人的劳务合理确定。因居间人提供订立合同的媒介服务而促成合同成立的,由该合同的当事人平

---

① 郭明瑞,房绍坤:《新合同法原理》,中国人民大学出版社,2000年,第726页。

均负担居间人的报酬。居间人促成合同成立的,居间活动的费用由居间人负担。"

(1)报酬支付的前提。居间人取得报酬必须具备两个要件:①所介绍的合同必须成立;②合同的成立与居间人的介绍有因果关系。只有两者同时具备,委托人才向居间人负有支付报酬的义务。委托人支付报酬是以居间人已为委托人提供了订约机会或提供了订立合同的媒介服务,并促成了合同成立为前提条件。所谓促成合同成立,是指合同合法、有效地成立,如果所促成的合同属无效或可撤销的合同,则不能视为促成合同成立,此时,居间人仍不能请求支付报酬。居间人促成合同成立后,可以按照居间合同约定向委托人请求支付报酬。

由于居间合同可以随时终止,有时难免会发生委托人为了逃避支付报酬的义务而故意拒绝居间人已经完成的中介服务,而后再与因居间人而认识的第三人订立合同。但是,居间人并不因此而丧失报酬请求权,因为居间人行使报酬请求权是以委托人与第三人的合同成立为前提。

(2)支付报酬的方式及数额。对于报酬的支付方式,各个国家和地区主要采用约定报酬制。约定报酬制指是否给付报酬以及给付报酬额的多少,原则上依委托人与居间人的合同约定,这是各个国家和地区立法上所确立的关于居间人报酬的基本制度。居间报酬完全由当事人自由约定,会产生诸如有失公平、违反公序良俗等一系列社会问题。为了克服约定报酬制可能存在的弊端,一些国家和地区的立法一般创设了以下三种制度作为补充的纠正机制。

1)约定报酬酌减制度。当约定报酬额大大超过居间人所提供服务的价值从而导致显失公平时,法院可以根据委托人的申请酌情减少报酬额。

2)婚姻居间约定报酬无效制度。根据《德国民法典》第 656 条、《瑞士债务法》第 416 条和我国台湾地区"民法典"第 573 条的规定可知,当事人就婚姻居间而约定报酬者,约定无效。《合同法》没有对婚姻居间专门作出规定。我国《中介服务收费管理办法》等对婚姻介绍中介服务收费做了规定。

3)法定报酬制。绝大多数国家和地区立法极少就居间报酬规定法定报酬标准,但少数国家和地区偶尔也采用法定报酬制。

委托人是否给付居间人报酬及其支付数额,原则上应按照居间合同约定。这里的合同约定,可以是书面形式或者口头形式,如果居间合同中对于居间人的报酬没有约定或者约定不明确,委托人和居间人可以协议补充;如果仍然达不成补充协议的,应当按照合同的有关条款或者商业交易习惯来确定;如果依然不能确定,可以根据居间人的劳务合理确定,所谓合理应考虑诸多原因,如居间人所付出的时间、精力、物力、财力、人力以及居间事务的难易程度等因素,合理确定。[①]

《合同法》没有规定约定报酬酌减制度,双方约定的居间报酬如果过高或者过低,可根据《合同法》第 54 条关于显失公平的规定加以调整。

(3)报酬的给付义务人。支付报酬因居间事务的不同而有不同的标准。在报告居间中,因居间人仅向委托人报告订约机会,因此,居间人的报酬应由委托人给付。在媒介居间合同中,居间人不仅向委托人提供报告订约机会,而且还要找第三人促成合同订立,由于有了居间人的中介活动,使得委托人与第三人发生了法律关系,委托人与第三人都因此而受益,因此,在一般情况下,除合同另有约定或另有习惯外,居间人的报酬原则上应由因媒介居间而订立合同的委

---

① 刘有东:《合同法精要与依据指引》,人民出版社,2005 年,第 409 页。

托人与第三人双方平均负担。

2.支付必要居间费用的义务

《合同法》第 427 条规定"居间人未促成合同成立的,不得要求支付报酬,但可以要求委托人支付从事居间活动支出的必要费用。"

在居间合同中,居间人的活动能否达到目的具有不确定性,而只有达到目的,委托人才负有给付报酬的义务。报酬是居间人服务成果的对价,居间人促成合同成立的,居间活动的费用由居间人负担,此时,居间人有权请求委托人支付报酬;若居间人没有促成合同成立则不得请求委托人支付报酬。居间活动费用不同于居间报酬,居间人进行居间活动所支出的费用为居间费用。居间人未促成合同成立的,可以请求委托人支付从事居间活动支出的必要费用。

思 考 题

1.居间合同与委托合同、行纪合同有何差异?

2.试论居间人的报酬请求权。

附　录

附录一　《中华人民共和国合同法》

总　则

第一章　一般规定

第一条　为了保护合同当事人的合法权益,维护社会经济秩序,促进社会主义现代化建设,制定本法。

第二条　本法所称合同是平等主体的自然人、法人、其他组织之间设立、变更、终止民事权利义务关系的协议。

婚姻、收养、监护等有关身份关系的协议,适用其他法律的规定。

第三条　合同当事人的法律地位平等,一方不得将自己的意志强加给另一方。

第四条　当事人依法享有自愿订立合同的权利,任何单位和个人不得非法干预。

第五条　当事人应当遵循公平原则确定各方的权利和义务。

第六条　当事人行使权利、履行义务应当遵循诚实信用原则。

第七条　当事人订立、履行合同,应当遵守法律、行政法规,尊重社会公德,不得扰乱社会经济秩序,损害社会公共利益。

第八条　依法成立的合同,对当事人具有法律约束力。当事人应当按照约定履行自己的义务,不得擅自变更或者解除合同。

依法成立的合同,受法律保护。

第二章　合同的订立

第九条　当事人订立合同,应当具有相应的民事权利能力和民事行为能力。当事人依法可以委托代理人订立合同。

第十条　当事人订立合同,有书面形式、口头形式和其他形式。

法律、行政法规规定采用书面形式的,应当采用书面形式。当事人约定采用书面形式的,应当采用书面形式。

第十一条　书面形式是指合同书、信件和数据电文(包括电报、电传、传真、电子数据交换和电子邮件)等可以有形地表现所载内容的形式。

第十二条　合同的内容由当事人约定,一般包括以下条款:

(一)当事人的名称或者姓名和住所;

（二）标的；

（三）数量；

（四）质量；

（五）价款或者报酬；

（六）履行期限、地点和方式；

（七）违约责任；

（八）解决争议的方法。

当事人可以参照各类合同的示范文本订立合同。

第十三条　当事人订立合同，采取要约、承诺方式。

第十四条　要约是希望和他人订立合同的意思表示，该意思表示应当符合下列规定：

（一）内容具体确定；

（二）表明经受要约人承诺，要约人即受该意思表示约束。

第十五条　要约邀请是希望他人向自己发出要约的意思表示。寄送的价目表、拍卖公告、招标公告、招股说明书、商业广告等为要约邀请。

商业广告的内容符合要约规定的，视为要约。

第十六条　要约到达受要约人时生效。

采用数据电文形式订立合同，收件人指定特定系统接收数据电文的，该数据电文进入该特定系统的时间，视为到达时间；未指定特定系统的，该数据电文进入收件人的任何系统的首次时间，视为到达时间。

第十七条　要约可以撤回。撤回要约的通知应当在要约到达受要约人之前或者与要约同时到达受要约人。

第十八条　要约可以撤销。撤销要约的通知应当在受要约人发出承诺通知之前到达受要约人。

第十九条　有下列情形之一的，要约不得撤销：

（一）要约人确定了承诺期限或者以其他形式明示要约不可撤销；

（二）受要约人有理由认为要约是不可撤销的，并已经为履行合同作了准备工作。

第二十条　有下列情形之一的，要约失效：

（一）拒绝要约的通知到达要约人；

（二）要约人依法撤销要约；

（三）承诺期限届满，受要约人未作出承诺；

（四）受要约人对要约的内容作出实质性变更。

第二十一条　承诺是受要约人同意要约的意思表示。

第二十二条　承诺应当以通知的方式作出，但根据交易习惯或者要约表明可以通过行为作出承诺的除外。

第二十三条　承诺应当在要约确定的期限内到达要约人。

要约没有确定承诺期限的，承诺应当依照下列规定到达：

（一）要约以对话方式作出的，应当即时作出承诺，但当事人另有约定的除外；

（二）要约以非对话方式作出的，承诺应当在合理期限内到达。

第二十四条　要约以信件或者电报作出的，承诺期限自信件载明的日期或者电报交发之日开始计算。信件未载明日期的,自投寄该信件的邮戳日期开始计算。要约以电话、传真等快速通讯方式作出的,承诺期限自要约到达受要约人时开始计算。

第二十五条　承诺生效时合同成立。

第二十六条　承诺通知到达要约人时生效。承诺不需要通知的,根据交易习惯或者要约的要求作出承诺的行为时生效。

采用数据电文形式订立合同的,承诺到达的时间适用本法第十六条第二款的规定。

第二十七条　承诺可以撤回。撤回承诺的通知应当在承诺通知到达要约人之前或者与承诺通知同时到达要约人。

第二十八条　受要约人超过承诺期限发出承诺的,除要约人及时通知受要约人该承诺有效的以外,为新要约。

第二十九条　受要约人在承诺期限内发出承诺,按照通常情形能够及时到达要约人,但因其他原因承诺到达要约人时超过承诺期限的,除要约人及时通知受要约人因承诺超过期限不接受该承诺的以外,该承诺有效。

第三十条　承诺的内容应当与要约的内容一致。受要约人对要约的内容作出实质性变更的,为新要约。有关合同标的、数量、质量、价款或者报酬、履行期限、履行地点和方式、违约责任和解决争议方法等的变更,是对要约内容的实质性变更。

第三十一条　承诺对要约的内容作出非实质性变更的,除要约人及时表示反对或者要约表明承诺不得对要约的内容作出任何变更的以外,该承诺有效,合同的内容以承诺的内容为准。

第三十二条　当事人采用合同书形式订立合同的,自双方当事人签字或者盖章时合同成立。

第三十三条　当事人采用信件、数据电文等形式订立合同的,可以在合同成立之前要求签订确认书。签订确认书时合同成立。

第三十四条　承诺生效的地点为合同成立的地点。

采用数据电文形式订立合同的,收件人的主营业地为合同成立的地点;没有主营业地的,其经常居住地为合同成立的地点。当事人另有约定的,按照其约定。

第三十五条　当事人采用合同书形式订立合同的,双方当事人签字或者盖章的地点为合同成立的地点。

第三十六条　法律、行政法规规定或者当事人约定采用书面形式订立合同,当事人未采用书面形式但一方已经履行主要义务,对方接受的,该合同成立。

第三十七条　采用合同书形式订立合同,在签字或者盖章之前,当事人一方已经履行主要义务,对方接受的,该合同成立。

第三十八条　国家根据需要下达指令性任务或者国家订货任务的,有关法人、其他组织之间应当依照有关法律、行政法规规定的权利和义务订立合同。

第三十九条　采用格式条款订立合同的,提供格式条款的一方应当遵循公平原则确定当事人之间的权利和义务,并采取合理的方式提请对方注意免除或者限制其责任的条款,按照对方的要求,对该条款予以说明。

格式条款是当事人为了重复使用而预先拟定,并在订立合同时未与对方协商的条款。

第四十条　格式条款具有本法第五十二条和第五十三条规定情形的,或者提供格式条款一方免除其责任、加重对方责任、排除对方主要权利的,该条款无效。

第四十一条　对格式条款的理解发生争议的,应当按照通常理解予以解释。对格式条款有两种以上解释的,应当作出不利于提供格式条款一方的解释。格式条款和非格式条款不一致的,应当采用非格式条款。

第四十二条　当事人在订立合同过程中有下列情形之一,给对方造成损失的,应当承担损害赔偿责任:

(一)假借订立合同,恶意进行磋商;

(二)故意隐瞒与订立合同有关的重要事实或者提供虚假情况;

(三)有其他违背诚实信用原则的行为。

第四十三条　当事人在订立合同过程中知悉的商业秘密,无论合同是否成立,不得泄露或者不正当地使用。泄露或者不正当地使用该商业秘密给对方造成损失的,应当承担损害赔偿责任。

第三章　合同的效力

第四十四条　依法成立的合同,自成立时生效。

法律、行政法规规定应当办理批准、登记等手续生效的,依照其规定。

第四十五条　当事人对合同的效力可以约定附条件。附生效条件的合同,自条件成就时生效。附解除条件的合同,自条件成就时失效。

当事人为自己的利益不正当地阻止条件成就的,视为条件已成就;不正当地促成条件成就的,视为条件不成就。

第四十六条　当事人对合同的效力可以约定附期限。附生效期限的合同,自期限届至时生效。附终止期限的合同,自期限届满时失效。

第四十七条　限制民事行为能力人订立的合同,经法定代理人追认后,该合同有效,但纯获利益的合同或者与其年龄、智力、精神健康状况相适应而订立的合同,不必经法定代理人追认。

相对人可以催告法定代理人在一个月内予以追认。法定代理人未作表示的,视为拒绝追认。合同被追认之前,善意相对人有撤销的权利。撤销应当以通知的方式作出。

第四十八条　行为人没有代理权、超越代理权或者代理权终止后以被代理人名义订立的合同,未经被代理人追认,对被代理人不发生效力,由行为人承担责任。

相对人可以催告被代理人在一个月内予以追认。被代理人未作表示的,视为拒绝追认。合同被追认之前,善意相对人有撤销的权利。撤销应当以通知的方式作出。

第四十九条　行为人没有代理权、超越代理权或者代理权终止后以被代理人名义订立合同,相对人有理由相信行为人有代理权的,该代理行为有效。

第五十条　法人或者其他组织的法定代表人、负责人超越权限订立的合同,除相对人知道或者应当知道其超越权限的以外,该代表行为有效。

第五十一条　无处分权的人处分他人财产,经权利人追认或者无处分权的人订立合同后取得处分权的,该合同有效。

第五十二条　有下列情形之一的,合同无效:

(一)一方以欺诈、胁迫的手段订立合同,损害国家利益;

（二）恶意串通，损害国家、集体或者第三人利益；

（三）以合法形式掩盖非法目的；

（四）损害社会公共利益；

（五）违反法律、行政法规的强制性规定。

第五十三条　合同中的下列免责条款无效：

（一）造成对方人身伤害的；

（二）因故意或者重大过失造成对方财产损失的。

第五十四条　下列合同，当事人一方有权请求人民法院或者仲裁机构变更或者撤销：

（一）因重大误解订立的；

（二）在订立合同时显失公平的。

一方以欺诈、胁迫的手段或者乘人之危，使对方在违背真实意思的情况下订立的合同，受损害方有权请求人民法院或者仲裁机构变更或者撤销。

当事人请求变更的，人民法院或者仲裁机构不得撤销。

第五十五条　有下列情形之一的，撤销权消灭：

（一）具有撤销权的当事人自知道或者应当知道撤销事由之日起一年内没有行使撤销权；

（二）具有撤销权的当事人知道撤销事由后明确表示或者以自己的行为放弃撤销权。

第五十六条　无效的合同或者被撤销的合同自始没有法律约束力。合同部分无效，不影响其他部分效力的，其他部分仍然有效。

第五十七条　合同无效、被撤销或者终止的，不影响合同中独立存在的有关解决争议方法的条款的效力。

第五十八条　合同无效或者被撤销后，因该合同取得的财产，应当予以返还；不能返还或者没有必要返还的，应当折价补偿。有过错的一方应当赔偿对方因此所受到的损失，双方都有过错的，应当各自承担相应的责任。

第五十九条　当事人恶意串通，损害国家、集体或者第三人利益的，因此取得的财产收归国家所有或者返还集体、第三人。

第四章　合同的履行

第六十条　当事人应当按照约定全面履行自己的义务。

当事人应当遵循诚实信用原则，根据合同的性质、目的和交易习惯履行通知、协助、保密等义务。

第六十一条　合同生效后，当事人就质量、价款或者报酬、履行地点等内容没有约定或者约定不明确的，可以协议补充；不能达成补充协议的，按照合同有关条款或者交易习惯确定。

第六十二条　当事人就有关合同内容约定不明确，依照本法第六十一条的规定仍不能确定的，适用下列规定：

（一）质量要求不明确的，按照国家标准、行业标准履行；没有国家标准、行业标准的，按照通常标准或者符合合同目的的特定标准履行。

（二）价款或者报酬不明确的，按照订立合同时履行地的市场价格履行；依法应当执行政府定价或者政府指导价的，按照规定履行。

（三）履行地点不明确，给付货币的，在接受货币一方所在地履行；交付不动产的，在不动产所在地履行；其他标的，在履行义务一方所在地履行。

（四）履行期限不明确的，债务人可以随时履行，债权人也可以随时要求履行，但应当给对方必要的准备时间。

（五）履行方式不明确的，按照有利于实现合同目的的方式履行。

（六）履行费用的负担不明确的，由履行义务一方负担。

第六十三条　执行政府定价或者政府指导价的，在合同约定的交付期限内政府价格调整时，按照交付时的价格计价。逾期交付标的物的，遇价格上涨时，按照原价格执行；价格下降时，按照新价格执行。逾期提取标的物或者逾期付款的，遇价格上涨时，按照新价格执行；价格下降时，按照原价格执行。

第六十四条　当事人约定由债务人向第三人履行债务的，债务人未向第三人履行债务或者履行债务不符合约定，应当向债权人承担违约责任。

第六十五条　当事人约定由第三人向债权人履行债务的，第三人不履行债务或者履行债务不符合约定，债务人应当向债权人承担违约责任。

第六十六条　当事人互负债务，没有先后履行顺序的，应当同时履行。一方在对方履行之前有权拒绝其履行要求。一方在对方履行债务不符合约定时，有权拒绝其相应的履行要求。

第六十七条　当事人互负债务，有先后履行顺序，先履行一方未履行的，后履行一方有权拒绝其履行要求。先履行一方履行债务不符合约定的，后履行一方有权拒绝其相应的履行要求。

第六十八条　应当先履行债务的当事人，有确切证据证明对方有下列情形之一的，可以中止履行：

（一）经营状况严重恶化；

（二）转移财产、抽逃资金，以逃避债务；

（三）丧失商业信誉；

（四）有丧失或者可能丧失履行债务能力的其他情形。当事人没有确切证据中止履行的，应当承担违约责任。

第六十九条　当事人依照本法第六十八条的规定中止履行的，应当及时通知对方。对方提供适当担保时，应当恢复履行。中止履行后，对方在合理期限内未恢复履行能力并且未提供适当担保的，中止履行的一方可以解除合同。

第七十条　债权人分立、合并或者变更住所没有通知债务人，致使履行债务发生困难的，债务人可以中止履行或者将标的物提存。

第七十一条　债权人可以拒绝债务人提前履行债务，但提前履行不损害债权人利益的除外。

债务人提前履行债务给债权人增加的费用，由债务人负担。

第七十二条　债权人可以拒绝债务人部分履行债务，但部分履行不损害债权人利益的除外。

债务人部分履行债务给债权人增加的费用，由债务人负担。

第七十三条　因债务人怠于行使其到期债权，对债权人造成损害的，债权人可以向人民法院请求以自己的名义代位行使债务人的债权，但该债权专属于债务人自身的除外。

代位权的行使范围以债权人的债权为限。债权人行使代位权的必要费用，由债务人负担。

第七十四条　因债务人放弃其到期债权或者无偿转让财产,对债权人造成损害的,债权人可以请求人民法院撤销债务人的行为。债务人以明显不合理的低价转让财产,对债权人造成损害,并且受让人知道该情形的,债权人也可以请求人民法院撤销债务人的行为。

撤销权的行使范围以债权人的债权为限。债权人行使撤销权的必要费用,由债务人负担。

第七十五条　撤销权自债权人知道或者应当知道撤销事由之日起一年内行使。自债务人的行为发生之日起五年内没有行使撤销权的,该撤销权消灭。

第七十六条　合同生效后,当事人不得因姓名、名称的变更或者法定代表人、负责人、承办人的变动而不履行合同义务。

第五章　合同的变更和转让

第七十七条　当事人协商一致,可以变更合同。

法律、行政法规规定变更合同应当办理批准、登记等手续的,依照其规定。

第七十八条　当事人对合同变更的内容约定不明确的,推定为未变更。

第七十九条　债权人可以将合同的权利全部或者部分转让给第三人,但有下列情形之一的除外:

(一)根据合同性质不得转让;

(二)按照当事人约定不得转让;

(三)依照法律规定不得转让。

第八十条　债权人转让权利的,应当通知债务人。未经通知,该转让对债务人不发生效力。

债权人转让权利的通知不得撤销,但经受让人同意的除外。

第八十一条　债权人转让权利的,受让人取得与债权有关的从权利,但该从权利专属于债权人自身的除外。

第八十二条　债务人接到债权转让通知后,债务人对让与人的抗辩,可以向受让人主张。

第八十三条　债务人接到债权转让通知时,债务人对让与人享有债权,并且债务人的债权先于转让的债权到期或者同时到期的,债务人可以向受让人主张抵销。

第八十四条　债务人将合同的义务全部或者部分转移给第三人的,应当经债权人同意。

第八十五条　债务人转移义务的,新债务人可以主张原债务人对债权人的抗辩。

第八十六条　债务人转移义务的,新债务人应当承担与主债务有关的从债务,但该从债务专属于原债务人自身的除外。

第八十七条　法律、行政法规规定转让权利或者转移义务应当办理批准、登记等手续的,依照其规定。

第八十八条　当事人一方经对方同意,可以将自己在合同中的权利和义务一并转让给第三人。

第八十九条　权利和义务一并转让的,适用本法第七十九条、第八十一条至第八十三条、第八十五条至第八十七条的规定。

第九十条　当事人订立合同后合并的,由合并后的法人或者其他组织行使合同权利,履行合同义务。当事人订立合同后分立的,除债权人和债务人另有约定的以外,由分立的法人或者其他组织对合同的权利和义务享有连带债权,承担连带债务。

第六章　合同的权利义务终止

第九十一条　有下列情形之一的,合同的权利义务终止:

(一)债务已经按照约定履行;

(二)合同解除;

(三)债务相互抵销;

(四)债务人依法将标的物提存;

(五)债权人免除债务;

(六)债权债务同归于一人;

(七)法律规定或者当事人约定终止的其他情形。

第九十二条　合同的权利义务终止后,当事人应当遵循诚实信用原则,根据交易习惯履行通知、协助、保密等义务。

第九十三条　当事人协商一致,可以解除合同。

当事人可以约定一方解除合同的条件。解除合同的条件成立时,解除权人可以解除合同。

第九十四条　有下列情形之一的,当事人可以解除合同:

(一)因不可抗力致使不能实现合同目的;

(二)在履行期限届满之前,当事人一方明确表示或者以自己的行为表明不履行主要债务;

(三)当事人一方迟延履行主要债务,经催告后在合理期限内仍未履行;

(四)当事人一方迟延履行债务或者有其他违约行为致使不能实现合同目的;

(五)法律规定的其他情形。

第九十五条　法律规定或者当事人约定解除权行使期限,期限届满当事人不行使的,该权利消灭。

法律没有规定或者当事人没有约定解除权行使期限,经对方催告后在合理期限内不行使的,该权利消灭。

第九十六条　当事人一方依照本法第九十三条第二款、第九十四条的规定主张解除合同的,应当通知对方。合同自通知到达对方时解除。对方有异议的,可以请求人民法院或者仲裁机构确认解除合同的效力。

法律、行政法规规定解除合同应当办理批准、登记等手续的,依照其规定。

第九十七条　合同解除后,尚未履行的,终止履行;已经履行的,根据履行情况和合同性质,当事人可以要求恢复原状、采取其他补救措施,并有权要求赔偿损失。

第九十八条　合同的权利义务终止,不影响合同中结算和清理条款的效力。

第九十九条　当事人互负到期债务,该债务的标的物种类、品质相同的,任何一方可以将自己的债务与对方的债务抵销,但依照法律规定或者按照合同性质不得抵销的除外。

当事人主张抵销的,应当通知对方。通知自到达对方时生效。抵销不得附条件或者附期限。

第一百条　当事人互负债务,标的物种类、品质不相同的,经双方协商一致,也可以抵销。

第一百零一条　有下列情形之一,难以履行债务的,债务人可以将标的物提存:

(一)债权人无正当理由拒绝受领;

(二)债权人下落不明;

（三）债权人死亡未确定继承人或者丧失民事行为能力未确定监护人；

（四）法律规定的其他情形。

标的物不适于提存或者提存费用过高的，债务人依法可以拍卖或者变卖标的物，提存所得的价款。

第一百零二条　标的物提存后，除债权人下落不明的以外，债务人应当及时通知债权人或者债权人的继承人、监护人。

第一百零三条　标的物提存后，毁损、灭失的风险由债权人承担。提存期间，标的物的孳息归债权人所有。提存费用由债权人负担。

第一百零四条　债权人可以随时领取提存物，但债权人对债务人负有到期债务的，在债权人未履行债务或者提供担保之前，提存部门根据债务人的要求应当拒绝其领取提存物。

债权人领取提存物的权利，自提存之日起五年内不行使而消灭，提存物扣除提存费用后归国家所有。

第一百零五条　债权人免除债务人部分或者全部债务的，合同的权利义务部分或者全部终止。

第一百零六条　债权和债务同归于一人的，合同的权利义务终止，但涉及第三人利益的除外。

第七章　违约责任

第一百零七条　当事人一方不履行合同义务或者履行合同义务不符合约定的，应当承担继续履行、采取补救措施或者赔偿损失等违约责任。

第一百零八条　当事人一方明确表示或者以自己的行为表明不履行合同义务的，对方可以在履行期限届满之前要求其承担违约责任。

第一百零九条　当事人一方未支付价款或者报酬的，对方可以要求其支付价款或者报酬。

第一百一十条　当事人一方不履行非金钱债务或者履行非金钱债务不符合约定的，对方可以要求履行，但有下列情形之一的除外：

（一）法律上或者事实上不能履行；

（二）债务的标的不适于强制履行或者履行费用过高；

（三）债权人在合理期限内未要求履行。

第一百一十一条　质量不符合约定的，应当按照当事人的约定承担违约责任。对违约责任没有约定或者约定不明确，依照本法第六十一条的规定仍不能确定的，受损害方根据标的的性质以及损失的大小，可以合理选择要求对方承担修理、更换、重作、退货、减少价款或者报酬等违约责任。

第一百一十二条　当事人一方不履行合同义务或者履行合同义务不符合约定的，在履行义务或者采取补救措施后，对方还有其他损失的，应当赔偿损失。

第一百一十三条　当事人一方不履行合同义务或者履行合同义务不符合约定，给对方造成损失的，损失赔偿额应当相当于因违约所造成的损失，包括合同履行后可以获得的利益，但不得超过违反合同一方订立合同时预见到或者应当预见到的因违反合同可能造成的损失。

经营者对消费者提供商品或者服务有欺诈行为的，依照《中华人民共和国消费者权益保护法》的规定承担损害赔偿责任。

第一百一十四条　当事人可以约定一方违约时应当根据违约情况向对方支付一定数额的违约金，也可以约定因违约产生的损失赔偿额的计算方法。

约定的违约金低于造成的损失的，当事人可以请求人民法院或者仲裁机构予以增加；约定的违约金过分高于造成的损失的，当事人可以请求人民法院或者仲裁机构予以适当减少。

当事人就迟延履行约定违约金的，违约方支付违约金后，还应当履行债务。

第一百一十五条　当事人可以依照《中华人民共和国担保法》约定一方向对方给付定金作为债权的担保。债务人履行债务后，定金应当抵作价款或者收回。给付定金的一方不履行约定的债务的，无权要求返还定金；收受定金的一方不履行约定的债务的，应当双倍返还定金。

第一百一十六条　当事人既约定违约金，又约定定金的，一方违约时，对方可以选择适用违约金或者定金条款。

第一百一十七条　因不可抗力不能履行合同的，根据不可抗力的影响，部分或者全部免除责任，但法律另有规定的除外。当事人迟延履行后发生不可抗力的，不能免除责任。

本法所称不可抗力，是指不能预见、不能避免并不能克服的客观情况。

第一百一十八条　当事人一方因不可抗力不能履行合同的，应当及时通知对方，以减轻可能给对方造成的损失，并应当在合理期限内提供证明。

第一百一十九条　当事人一方违约后，对方应当采取适当措施防止损失的扩大；没有采取适当措施致使损失扩大的，不得就扩大的损失要求赔偿。

当事人因防止损失扩大而支出的合理费用，由违约方承担。

第一百二十条　当事人双方都违反合同的，应当各自承担相应的责任。

第一百二十一条　当事人一方因第三人的原因造成违约的，应当向对方承担违约责任。当事人一方和第三人之间的纠纷，依照法律规定或者按照约定解决。

第一百二十二条　因当事人一方的违约行为，侵害对方人身、财产权益的，受损害方有权选择依照本法要求其承担违约责任或者依照其他法律要求其承担侵权责任。

第八章　其他规定

第一百二十三条　其他法律对合同另有规定的，依照其规定。

第一百二十四条　本法分则或者其他法律没有明文规定的合同，适用本法总则的规定，并可以参照本法分则或者其他法律最相类似的规定。

第一百二十五条　当事人对合同条款的理解有争议的，应当按照合同所使用的词句、合同的有关条款、合同的目的、交易习惯以及诚实信用原则，确定该条款的真实意思。

合同文本采用两种以上文字订立并约定具有同等效力的，对各文本使用的词句推定具有相同含义。各文本使用的词句不一致的，应当根据合同的目的予以解释。

第一百二十六条　涉外合同的当事人可以选择处理合同争议所适用的法律，但法律另有规定的除外。涉外合同的当事人没有选择的，适用与合同有最密切联系的国家的法律。

在中华人民共和国境内履行的中外合资经营企业合同、中外合作经营企业合同、中外合作勘探开发自然资源合同，适用中华人民共和国法律。

第一百二十七条　工商行政管理部门和其他有关行政主管部门在各自的职权范围内，依照法律、行政法规的规定，对利用合同危害国家利益、社会公共利益的违法行为，负责监督处理；构成犯罪的，依法追究刑事责任。

第一百二十八条　当事人可以通过和解或者调解解决合同争议。

当事人不愿和解、调解或者和解、调解不成的，可以根据仲裁协议向仲裁机构申请仲裁。涉外合同的当事人可以根据仲裁协议向中国仲裁机构或者其他仲裁机构申请仲裁。当事人没有订立仲裁协议或者仲裁协议无效的，可以向人民法院起诉。当事人应当履行发生法律效力的判决、仲裁裁决、调解书；拒不履行的，对方可以请求人民法院执行。

第一百二十九条　因国际货物买卖合同和技术进出口合同争议提起诉讼或者申请仲裁的期限为四年，自当事人知道或者应当知道其权利受到侵害之日起计算。因其他合同争议提起诉讼或者申请仲裁的期限，依照有关法律的规定。

分　则

第九章　买卖合同

第一百三十条　买卖合同是出卖人转移标的物的所有权于买受人，买受人支付价款的合同。

第一百三十一条　买卖合同的内容除依照本法第十二条的规定以外，还可以包括包装方式、检验标准和方法、结算方式、合同使用的文字及其效力等条款。

第一百三十二条　出卖的标的物，应当属于出卖人所有或者出卖人有权处分。法律、行政法规禁止或者限制转让的标的物，依照其规定。

第一百三十三条　标的物的所有权自标的物交付时起转移，但法律另有规定或者当事人另有约定的除外。

第一百三十四条　当事人可以在买卖合同中约定买受人未履行支付价款或者其他义务的，标的物的所有权属于出卖人。

第一百三十五条　出卖人应当履行向买受人交付标的物或者交付提取标的物的单证，并转移标的物所有权的义务。

第一百三十六条　出卖人应当按照约定或者交易习惯向买受人交付提取标的物单证以外的有关单证和资料。

第一百三十七条　出卖具有知识产权的计算机软件等标的物的，除法律另有规定或者当事人另有约定的以外，该标的物的知识产权不属于买受人。

第一百三十八条　出卖人应当按照约定的期限交付标的物。约定交付期间的，出卖人可以在该交付期间内的任何时间交付。

第一百三十九条　当事人没有约定标的物的交付期限或者约定不明确的，适用本法第六十一条、第六十二条第四项的规定。

第一百四十条　标的物在订立合同之前已为买受人占有的，合同生效的时间为交付时间。

第一百四十一条　出卖人应当按照约定的地点交付标的物。

当事人没有约定交付地点或者约定不明确，依照本法第六十一条的规定仍不能确定的，适用下列规定：

（一）标的物需要运输的，出卖人应当将标的物交付给第一承运人以运交给买受人；

（二）标的物不需要运输，出卖人和买受人订立合同时知道标的物在某一地点的，出卖人应当在该地点交付标的物；不知道标的物在某一地点的，应当在出卖人订立合同时的营业地交付标的物。

第一百四十二条 标的物毁损、灭失的风险，在标的物交付之前由出卖人承担，交付之后由买受人承担，但法律另有规定或者当事人另有约定的除外。

第一百四十三条 因买受人的原因致使标的物不能按照约定的期限交付的，买受人应当自违反约定之日起承担标的物毁损、灭失的风险。

第一百四十四条 出卖人出卖交由承运人运输的在途标的物，除当事人另有约定的以外，毁损、灭失的风险自合同成立时起由买受人承担。

第一百四十五条 当事人没有约定交付地点或者约定不明确，依照本法第一百四十一条第二款第一项的规定标的物需要运输的，出卖人将标的物交付给第一承运人后，标的物毁损、灭失的风险由买受人承担。

第一百四十六条 出卖人按照约定或者依照本法第一百四十一条第二款第二项的规定将标的物置于交付地点，买受人违反约定没有收取的，标的物毁损、灭失的风险自违反约定之日起由买受人承担。

第一百四十七条 出卖人按照约定未交付有关标的物的单证和资料的，不影响标的物毁损、灭失风险的转移。

第一百四十八条 因标的物质量不符合质量要求，致使不能实现合同目的的，买受人可以拒绝接受标的物或者解除合同。买受人拒绝接受标的物或者解除合同的，标的物毁损、灭失的风险由出卖人承担。

第一百四十九条 标的物毁损、灭失的风险由买受人承担的，不影响因出卖人履行债务不符合约定，买受人要求其承担违约责任的权利。

第一百五十条 出卖人就交付的标的物，负有保证第三人不得向买受人主张任何权利的义务，但法律另有规定的除外。

第一百五十一条 买受人订立合同时知道或者应当知道第三人对买卖的标的物享有权利的，出卖人不承担本法第一百五十条规定的义务。

第一百五十二条 买受人有确切证据证明第三人可能就标的物主张权利的，可以中止支付相应的价款，但出卖人提供适当担保的除外。

第一百五十三条 出卖人应当按照约定的质量要求交付标的物。出卖人提供有关标的物质量说明的，交付的标的物应当符合该说明的质量要求。

第一百五十四条 当事人对标的物的质量要求没有约定或者约定不明确，依照本法第六十一条的规定仍不能确定的，适用本法第六十二条第一项的规定。

第一百五十五条 出卖人交付的标的物不符合质量要求的，买受人可以依照本法第一百一十一条的规定要求承担违约责任。

第一百五十六条 出卖人应当按照约定的包装方式交付标的物。对包装方式没有约定或者约定不明确，依照本法第六十一条的规定仍不能确定的，应当按照通用的方式包装，没有通用方式的，应当采取足以保护标的物的包装方式。

第一百五十七条 买受人收到标的物时应当在约定的检验期间内检验。没有约定检验期间的，应当及时检验。

第一百五十八条 当事人约定检验期间的，买受人应当在检验期间内将标的物的数量或者质量不符合约定的情形通知出卖人。买受人怠于通知的,视为标的物的数量或者质量符合约定。

当事人没有约定检验期间的,买受人应当在发现或者应当发现标的物的数量或者质量不符合约定的合理期间内通知出卖人。买受人在合理期间内未通知或者自标的物收到之日起两年内未通知出卖人的,视为标的物的数量或者质量符合约定,但对标的物有质量保证期的,适用质量保证期,不适用该两年的规定。

出卖人知道或者应当知道提供的标的物不符合约定的,买受人不受前两款规定的通知时间的限制。

第一百五十九条　买受人应当按照约定的数额支付价款。对价款没有约定或者约定不明确的,适用本法第六十一条、第六十二条第二项的规定。

第一百六十条　买受人应当按照约定的地点支付价款。对支付地点没有约定或者约定不明确,依照本法第六十一条的规定仍不能确定的,买受人应当在出卖人的营业地支付,但约定支付价款以交付标的物或者交付提取标的物单证为条件的,在交付标的物或者交付提取标的物单证的所在地支付。

第一百六十一条　买受人应当按照约定的时间支付价款。对支付时间没有约定或者约定不明确,依照本法第六十一条的规定仍不能确定的,买受人应当在收到标的物或者提取标的物单证的同时支付。

第一百六十二条　出卖人多交标的物的,买受人可以接收或者拒绝接收多交的部分。买受人接收多交部分的,按照合同的价格支付价款;买受人拒绝接收多交部分的,应当及时通知出卖人。

第一百六十三条　标的物在交付之前产生的孳息,归出卖人所有,交付之后产生的孳息,归买受人所有。

第一百六十四条　因标的物的主物不符合约定而解除合同的,解除合同的效力及于从物。因标的物的从物不符合约定被解除的,解除的效力不及于主物。

第一百六十五条　标的物为数物,其中一物不符合约定的,买受人可以就该物解除,但该物与他物分离使标的物的价值显受损害的,当事人可以就数物解除合同。

第一百六十六条　出卖人分批交付标的物的,出卖人对其中一批标的物不交付或者交付不符合约定,致使该批标的物不能实现合同目的的,买受人可以就该批标的物解除。

出卖人不交付其中一批标的物或者交付不符合约定,致使今后其他各批标的物的交付不能实现合同目的的,买受人可以就该批以及今后其他各批标的物解除。

买受人如果就其中一批标的物解除,该批标的物与其他各批标的物相互依存的,可以就已经交付和未交付的各批标的物解除。

第一百六十七条　分期付款的买受人未支付到期价款的金额达到全部价款的五分之一的,出卖人可以要求买受人支付全部价款或者解除合同。

出卖人解除合同的,可以向买受人要求支付该标的物的使用费。

第一百六十八条　凭样品买卖的当事人应当封存样品,并可以对样品质量予以说明。出卖人交付的标的物应当与样品及其说明的质量相同。

第一百六十九条　凭样品买卖的买受人不知道样品有隐蔽瑕疵的,即使交付的标的物与样品相同,出卖人交付的标的物的质量仍然应当符合同种物的通常标准。

第一百七十条　试用买卖的当事人可以约定标的物的试用期间。对试用期间没有约定或者约定不明确,依照本法第六十一条的规定仍不能确定的,由出卖人确定。

第一百七十一条　试用买卖的买受人在试用期内可以购买标的物,也可以拒绝购买。试用期间届满,买受人对是否购买标的物未作表示的,视为购买。

第一百七十二条　招标投标买卖的当事人的权利和义务以及招标投标程序等,依照有关法律、行政法规的规定。

第一百七十三条　拍卖的当事人的权利和义务以及拍卖程序等,依照有关法律、行政法规的规定。

第一百七十四条　法律对其他有偿合同有规定的,依照其规定;没有规定的,参照买卖合同的有关规定。

第一百七十五条　当事人约定易货交易,转移标的物的所有权的,参照买卖合同的有关规定。

第十章　供用电、水、气、热力合同

第一百七十六条　供用电合同是供电人向用电人供电,用电人支付电费的合同。

第一百七十七条　供用电合同的内容包括供电的方式、质量、时间,用电容量、地址、性质,计量方式,电价、电费的结算方式,供用电设施的维护责任等条款。

第一百七十八条　供用电合同的履行地点,按照当事人约定;当事人没有约定或者约定不明确的,供电设施的产权分界处为履行地点。

第一百七十九条　供电人应当按照国家规定的供电质量标准和约定安全供电。供电人未按照国家规定的供电质量标准和约定安全供电,造成用电人损失的,应当承担损害赔偿责任。

第一百八十条　供电人因供电设施计划检修、临时检修、依法限电或者用电人违法用电等原因,需要中断供电时,应当按照国家有关规定事先通知用电人。未事先通知用电人中断供电,造成用电人损失的,应当承担损害赔偿责任。

第一百八十一条　因自然灾害等原因断电,供电人应当按照国家有关规定及时抢修。未及时抢修,造成用电人损失的,应当承担损害赔偿责任。

第一百八十二条　用电人应当按照国家有关规定和当事人的约定及时交付电费。用电人逾期不交付电费的,应当按照约定支付违约金。经催告用电人在合理期限内仍不交付电费和违约金的,供电人可以按照国家规定的程序中止供电。

第一百八十三条　用电人应当按照国家有关规定和当事人的约定安全用电。用电人未按照国家有关规定和当事人的约定安全用电,造成供电人损失的,应当承担损害赔偿责任。

第一百八十四条　供用水、供用气、供用热力合同,参照供用电合同的有关规定。

第十一章　赠 与 合 同

第一百八十五条　赠与合同是赠与人将自己的财产无偿给予受赠人,受赠人表示接受赠与的合同。

第一百八十六条　赠与人在赠与财产的权利转移之前可以撤销赠与。

具有救灾、扶贫等社会公益、道德义务性质的赠与合同或者经过公证的赠与合同,不适用前款规定。

第一百八十七条　赠与的财产依法需要办理登记等手续的,应当办理有关手续。

第一百八十八条　具有救灾、扶贫等社会公益、道德义务性质的赠与合同或者经过公证的赠与合同,赠与人不交付赠与的财产的,受赠人可以要求交付。

第一百八十九条　因赠与人故意或者重大过失致使赠与的财产毁损、灭失的,赠与人应当承担损害赔偿责任。

第一百九十条　赠与可以附义务。

赠与附义务的,受赠人应当按照约定履行义务。

第一百九十一条　赠与的财产有瑕疵的,赠与人不承担责任。附义务的赠与,赠与的财产有瑕疵的,赠与人在附义务的限度内承担与出卖人相同的责任。

赠与人故意不告知瑕疵或者保证无瑕疵,造成受赠人损失的,应当承担损害赔偿责任。

第一百九十二条　受赠人有下列情形之一的,赠与人可以撤销赠与:

(一)严重侵害赠与人或者赠与人的近亲属;

(二)对赠与人有扶养义务而不履行;

(三)不履行赠与合同约定的义务。

赠与人的撤销权,自知道或者应当知道撤销原因之日起一年内行使。

第一百九十三条　因受赠人的违法行为致使赠与人死亡或者丧失民事行为能力的,赠与人的继承人或者法定代理人可以撤销赠与。

赠与人的继承人或者法定代理人的撤销权,自知道或者应当知道撤销原因之日起六个月内行使。

第一百九十四条　撤销权人撤销赠与的,可以向受赠人要求返还赠与的财产。

第一百九十五条　赠与人的经济状况显著恶化,严重影响其生产经营或者家庭生活的,可以不再履行赠与义务。

第十二章　借款合同

第一百九十六条　借款合同是借款人向贷款人借款,到期返还借款并支付利息的合同。

第一百九十七条　借款合同采用书面形式,但自然人之间借款另有约定的除外。借款合同的内容包括借款种类、币种、用途、数额、利率、期限和还款方式等条款。

第一百九十八条　订立借款合同,贷款人可以要求借款人提供担保。担保依照《中华人民共和国担保法》的规定。

第一百九十九条　订立借款合同,借款人应当按照贷款人的要求提供与借款有关的业务活动和财务状况的真实情况。

第二百条　借款的利息不得预先在本金中扣除。利息预先在本金中扣除的,应当按照实际借款数额返还借款并计算利息。

第二百零一条　贷款人未按照约定的日期、数额提供借款,造成借款人损失的,应当赔偿损失。

借款人未按照约定的日期、数额收取借款的,应当按照约定的日期、数额支付利息。

第二百零二条　贷款人按照约定可以检查、监督借款的使用情况。借款人应当按照约定向贷款人定期提供有关财务会计报表等资料。

第二百零三条　借款人未按照约定的借款用途使用借款的,贷款人可以停止发放借款、提

合 同 法 学

前收回借款或者解除合同。

第二百零四条 办理贷款业务的金融机构贷款的利率,应当按照中国人民银行规定的贷款利率的上下限确定。

第二百零五条 借款人应当按照约定的期限支付利息。对支付利息的期限没有约定或者约定不明确,依照本法第六十一条的规定仍不能确定,借款期间不满一年的,应当在返还借款时一并支付;借款期间一年以上的,应当在每届满一年时支付,剩余期间不满一年的,应当在返还借款时一并支付。

第二百零六条 借款人应当按照约定的期限返还借款。对借款期限没有约定或者约定不明确,依照本法第六十一条的规定仍不能确定的,借款人可以随时返还;贷款人可以催告借款人在合理期限内返还。

第二百零七条 借款人未按照约定的期限返还借款的,应当按照约定或者国家有关规定支付逾期利息。

第二百零八条 借款人提前偿还借款的,除当事人另有约定的以外,应当按照实际借款的期间计算利息。

第二百零九条 借款人可以在还款期限届满之前向贷款人申请展期。贷款人同意的,可以展期。

第二百一十条 自然人之间的借款合同,自贷款人提供借款时生效。

第二百一十一条 自然人之间的借款合同对支付利息没有约定或者约定不明确的,视为不支付利息。

自然人之间的借款合同约定支付利息的,借款的利率不得违反国家有关限制借款利率的规定。

第十三章 租赁合同

第二百一十二条 租赁合同是出租人将租赁物交付承租人使用、收益,承租人支付租金的合同。

第二百一十三条 租赁合同的内容包括租赁物的名称、数量、用途、租赁期限、租金及其支付期限和方式、租赁物维修等条款。

第二百一十四条 租赁期限不得超过二十年。超过二十年的,超过部分无效。

租赁期间届满,当事人可以续订租赁合同,但约定的租赁期限自续订之日起不得超过二十年。

第二百一十五条 租赁期限六个月以上的,应当采用书面形式。当事人未采用书面形式的,视为不定期租赁。

第二百一十六条 出租人应当按照约定将租赁物交付承租人,并在租赁期间保持租赁物符合约定的用途。

第二百一十七条 承租人应当按照约定的方法使用租赁物。对租赁物的使用方法没有约定或者约定不明确,依照本法第六十一条的规定仍不能确定的,应当按照租赁物的性质使用。

第二百一十八条 承租人按照约定的方法或者租赁物的性质使用租赁物,致使租赁物受到损耗的,不承担损害赔偿责任。

第二百一十九条 承租人未按照约定的方法或者租赁物的性质使用租赁物,致使租赁物

298

受到损失的,出租人可以解除合同并要求赔偿损失。

第二百二十条　出租人应当履行租赁物的维修义务,但当事人另有约定的除外。

第二百二十一条　承租人在租赁物需要维修时可以要求出租人在合理期限内维修。出租人未履行维修义务的,承租人可以自行维修,维修费用由出租人负担。因维修租赁物影响承租人使用的,应当相应减少租金或者延长租期。

第二百二十二条　承租人应当妥善保管租赁物,因保管不善造成租赁物毁损、灭失的,应当承担损害赔偿责任。

第二百二十三条　承租人经出租人同意,可以对租赁物进行改善或者增设他物。

承租人未经出租人同意,对租赁物进行改善或者增设他物的,出租人可以要求承租人恢复原状或者赔偿损失。

第二百二十四条　承租人经出租人同意,可以将租赁物转租给第三人。承租人转租的,承租人与出租人之间的租赁合同继续有效,第三人对租赁物造成损失的,承租人应当赔偿损失。

承租人未经出租人同意转租的,出租人可以解除合同。

第二百二十五条　在租赁期间因占有、使用租赁物获得的收益,归承租人所有,但当事人另有约定的除外。

第二百二十六条　承租人应当按照约定的期限支付租金。对支付期限没有约定或者约定不明确,依照本法第六十一条的规定仍不能确定,租赁期间不满一年的,应当在租赁期间届满时支付;租赁期间一年以上的,应当在每届满一年时支付,剩余期间不满一年的,应当在租赁期间届满时支付。

第二百二十七条　承租人无正当理由未支付或者迟延支付租金的,出租人可以要求承租人在合理期限内支付。承租人逾期不支付的,出租人可以解除合同。

第二百二十八条　因第三人主张权利,致使承租人不能对租赁物使用、收益的,承租人可以要求减少租金或者不支付租金。

第三人主张权利的,承租人应当及时通知出租人。

第二百二十九条　租赁物在租赁期间发生所有权变动的,不影响租赁合同的效力。

第二百三十条　出租人出卖租赁房屋的,应当在出卖之前的合理期限内通知承租人,承租人享有以同等条件优先购买的权利。

第二百三十一条　因不可归责于承租人的事由,致使租赁物部分或者全部毁损、灭失的,承租人可以要求减少租金或者不支付租金;因租赁物部分或者全部毁损、灭失,致使不能实现合同目的的,承租人可以解除合同。

第二百三十二条　当事人对租赁期限没有约定或者约定不明确,依照本法第六十一条的规定仍不能确定的,视为不定期租赁。当事人可以随时解除合同,但出租人解除合同应当在合理期限之前通知承租人。

第二百三十三条　租赁物危及承租人的安全或者健康的,即使承租人订立合同时明知该租赁物质量不合格,承租人仍然可以随时解除合同。

第二百三十四条　承租人在房屋租赁期间死亡的,与其生前共同居住的人可以按照原租赁合同租赁该房屋。

第二百三十五条　租赁期间届满,承租人应当返还租赁物。返还的租赁物应当符合按照约定或者租赁物的性质使用后的状态。

第二百三十六条　租赁期间届满，承租人继续使用租赁物，出租人没有提出异议的，原租赁合同继续有效，但租赁期限为不定期。

第十四章　融资租赁合同

第二百三十七条　融资租赁合同是出租人根据承租人对出卖人、租赁物的选择，向出卖人购买租赁物，提供给承租人使用，承租人支付租金的合同。

第二百三十八条　融资租赁合同的内容包括租赁物名称、数量、规格、技术性能、检验方法、租赁期限、租金构成及其支付期限和方式、币种、租赁期间届满租赁物的归属等条款。

融资租赁合同应当采用书面形式。

第二百三十九条　出租人根据承租人对出卖人、租赁物的选择订立的买卖合同，出卖人应当按照约定向承租人交付标的物，承租人享有与受领标的物有关的买受人的权利。

第二百四十条　出租人、出卖人、承租人可以约定，出卖人不履行买卖合同义务的，由承租人行使索赔的权利。

承租人行使索赔权利的，出租人应当协助。

第二百四十一条　出租人根据承租人对出卖人、租赁物的选择订立的买卖合同，未经承租人同意，出租人不得变更与承租人有关的合同内容。

第二百四十二条　出租人享有租赁物的所有权。承租人破产的，租赁物不属于破产财产。

第二百四十三条　融资租赁合同的租金，除当事人另有约定的以外，应当根据购买租赁物的大部分或者全部成本以及出租人的合理利润确定。

第二百四十四条　租赁物不符合约定或者不符合使用目的的，出租人不承担责任，但承租人依赖出租人的技能确定租赁物或者出租人干预选择租赁物的除外。

第二百四十五条　出租人应当保证承租人对租赁物的占有和使用。

第二百四十六条　承租人占有租赁物期间，租赁物造成第三人的人身伤害或者财产损害的，出租人不承担责任。

第二百四十七条　承租人应当妥善保管、使用租赁物。

承租人应当履行占有租赁物期间的维修义务。

第二百四十八条　承租人应当按照约定支付租金。承租人经催告后在合理期限内仍不支付租金的，出租人可以要求支付全部租金；也可以解除合同，收回租赁物。

第二百四十九条　当事人约定租赁期间届满租赁物归承租人所有，承租人已经支付大部分租金，但无力支付剩余租金，出租人因此解除合同收回租赁物的，收回的租赁物的价值超过承租人欠付的租金以及其他费用的，承租人可以要求部分返还。

第二百五十条　出租人和承租人可以约定租赁期间届满租赁物的归属。对租赁物的归属没有约定或者约定不明确，依照本法第六十一条的规定仍不能确定的，租赁物的所有权归出租人。

第十五章　承揽合同

第二百五十一条　承揽合同是承揽人按照定作人的要求完成工作，交付工作成果，定作人给付报酬的合同。

承揽包括加工、定作、修理、复制、测试、检验等工作。

第二百五十二条　承揽合同的内容包括承揽的标的、数量、质量、报酬、承揽方式、材料的提供、履行期限、验收标准和方法等条款。

第二百五十三条　承揽人应当以自己的设备、技术和劳力,完成主要工作,但当事人另有约定的除外。

承揽人将其承揽的主要工作交由第三人完成的,应当就该第三人完成的工作成果向定作人负责;未经定作人同意的,定作人也可以解除合同。

第二百五十四条　承揽人可以将其承揽的辅助工作交由第三人完成。承揽人将其承揽的辅助工作交由第三人完成的,应当就该第三人完成的工作成果向定作人负责。

第二百五十五条　承揽人提供材料的,承揽人应当按照约定选用材料,并接受定作人检验。

第二百五十六条　定作人提供材料的,定作人应当按照约定提供材料。承揽人对定作人提供的材料,应当及时检验,发现不符合约定时,应当及时通知定作人更换、补齐或者采取其他补救措施。

承揽人不得擅自更换定作人提供的材料,不得更换不需要修理的零部件。

第二百五十七条　承揽人发现定作人提供的图纸或者技术要求不合理的,应当及时通知定作人。因定作人怠于答复等原因造成承揽人损失的,应当赔偿损失。

第二百五十八条　定作人中途变更承揽工作的要求,造成承揽人损失的,应当赔偿损失。

第二百五十九条　承揽工作需要定作人协助的,定作人有协助的义务。定作人不履行协助义务致使承揽工作不能完成的,承揽人可以催告定作人在合理期限内履行义务,并可以顺延履行期限;定作人逾期不履行的,承揽人可以解除合同。

第二百六十条　承揽人在工作期间,应当接受定作人必要的监督检验。定作人不得因监督检验妨碍承揽人的正常工作。

第二百六十一条　承揽人完成工作的,应当向定作人交付工作成果,并提交必要的技术资料和有关质量证明。定作人应当验收该工作成果。

第二百六十二条　承揽人交付的工作成果不符合质量要求的,定作人可以要求承揽人承担修理、重作、减少报酬、赔偿损失等违约责任。

第二百六十三条　定作人应当按照约定的期限支付报酬。对支付报酬的期限没有约定或者约定不明确,依照本法第六十一条的规定仍不能确定的,定作人应当在承揽人交付工作成果时支付;工作成果部分交付的,定作人应当相应支付。

第二百六十四条　定作人未向承揽人支付报酬或者材料费等价款的,承揽人对完成的工作成果享有留置权,但当事人另有约定的除外。

第二百六十五条　承揽人应当妥善保管定作人提供的材料以及完成的工作成果,因保管不善造成毁损、灭失的,应当承担损害赔偿责任。

第二百六十六条　承揽人应当按照定作人的要求保守秘密,未经定作人许可,不得留存复制品或者技术资料。

第二百六十七条　共同承揽人对定作人承担连带责任,但当事人另有约定的除外。

第二百六十八条　定作人可以随时解除承揽合同,造成承揽人损失的,应当赔偿损失。

第十六章　建设工程合同

第二百六十九条　建设工程合同是承包人进行工程建设,发包人支付价款的合同。

建设工程合同包括工程勘察、设计、施工合同。

第二百七十条　建设工程合同应当采用书面形式。

第二百七十一条　建设工程的招标投标活动,应当依照有关法律的规定公开、公平、公正进行。

第二百七十二条　发包人可以与总承包人订立建设工程合同,也可以分别与勘察人、设计人、施工人订立勘察、设计、施工承包合同。发包人不得将应当由一个承包人完成的建设工程肢解成若干部分发包给几个承包人。

总承包人或者勘察、设计、施工承包人经发包人同意,可以将自己承包的部分工作交由第三人完成。第三人就其完成的工作成果与总承包人或者勘察、设计、施工承包人向发包人承担连带责任。承包人不得将其承包的全部建设工程转包给第三人或者将其承包的全部建设工程肢解以后以分包的名义分别转包给第三人。

禁止承包人将工程分包给不具备相应资质条件的单位。禁止分包单位将其承包的工程再分包。建设工程主体结构的施工必须由承包人自行完成。

第二百七十三条　国家重大建设工程合同,应当按照国家规定的程序和国家批准的投资计划、可行性研究报告等文件订立。

第二百七十四条　勘察、设计合同的内容包括提交有关基础资料和文件(包括概预算)的期限、质量要求、费用以及其他协作条件等条款。

第二百七十五条　施工合同的内容包括工程范围、建设工期、中间交工工程的开工和竣工时间、工程质量、工程造价、技术资料交付时间、材料和设备供应责任、拨款和结算、竣工验收、质量保修范围和质量保证期、双方相互协作等条款。

第二百七十六条　建设工程实行监理的,发包人应当与监理人采用书面形式订立委托监理合同。发包人与监理人的权利和义务以及法律责任,应当依照本法委托合同以及其他有关法律、行政法规的规定。

第二百七十七条　发包人在不妨碍承包人正常作业的情况下,可以随时对作业进度、质量进行检查。

第二百七十八条　隐蔽工程在隐蔽以前,承包人应当通知发包人检查。发包人没有及时检查的,承包人可以顺延工程日期,并有权要求赔偿停工、窝工等损失。

第二百七十九条　建设工程竣工后,发包人应当根据施工图纸及说明书、国家颁发的施工验收规范和质量检验标准及时进行验收。验收合格的,发包人应当按照约定支付价款,并接收该建设工程。建设工程竣工经验收合格后,方可交付使用;未经验收或者验收不合格的,不得交付使用。

第二百八十条　勘察、设计的质量不符合要求或者未按照期限提交勘察、设计文件拖延工期,造成发包人损失的,勘察人、设计人应当继续完善勘察、设计,减收或者免收勘察、设计费并赔偿损失。

第二百八十一条　因施工人的原因致使建设工程质量不符合约定的,发包人有权要求施工人在合理期限内无偿修理或者返工、改建。经过修理或者返工、改建后,造成逾期交付的,施工人应当承担违约责任。

第二百八十二条　因承包人的原因致使建设工程在合理使用期限内造成人身和财产损害的,承包人应当承担损害赔偿责任。

第二百八十三条　发包人未按照约定的时间和要求提供原材料、设备、场地、资金、技术资料的,承包人可以顺延工程日期,并有权要求赔偿停工、窝工等损失。

第二百八十四条　因发包人的原因致使工程中途停建、缓建的,发包人应当采取措施弥补或者减少损失,赔偿承包人因此造成的停工、窝工、倒运、机械设备调迁、材料和构件积压等损失和实际费用。

第二百八十五条　因发包人变更计划,提供的资料不准确,或者未按照期限提供必需的勘察、设计工作条件而造成勘察、设计的返工、停工或者修改设计,发包人应当按照勘察人、设计人实际消耗的工作量增付费用。

第二百八十六条　发包人未按照约定支付价款的,承包人可以催告发包人在合理期限内支付价款。发包人逾期不支付的,除按照建设工程的性质不宜折价、拍卖的以外,承包人可以与发包人协议将该工程折价,也可以申请人民法院将该工程依法拍卖。建设工程的价款就该工程折价或者拍卖的价款优先受偿。

第二百八十七条　本章没有规定的,适用承揽合同的有关规定。

第十七章　运 输 合 同

第一节　一般规定

第二百八十八条　运输合同是承运人将旅客或者货物从起运地点运输到约定地点,旅客、托运人或者收货人支付票款或者运输费用的合同。

第二百八十九条　从事公共运输的承运人不得拒绝旅客、托运人通常、合理的运输要求。

第二百九十条　承运人应当在约定期间或者合理期间内将旅客、货物安全运输到约定地点。

第二百九十一条　承运人应当按照约定的或者通常的运输路线将旅客、货物运输到约定地点。

第二百九十二条　旅客、托运人或者收货人应当支付票款或者运输费用。承运人未按照约定路线或者通常路线运输增加票款或者运输费用的,旅客、托运人或者收货人可以拒绝支付增加部分的票款或者运输费用。

第二节　客运合同

第二百九十三条　客运合同自承运人向旅客交付客票时成立,但当事人另有约定或者另有交易习惯的除外。

第二百九十四条　旅客应当持有效客票乘运。旅客无票乘运、超程乘运、越级乘运或者持失效客票乘运的,应当补交票款,承运人可以按照规定加收票款。旅客不交付票款的,承运人可以拒绝运输。

第二百九十五条　旅客因自己的原因不能按照客票记载的时间乘坐的,应当在约定的时间内办理退票或者变更手续。逾期办理的,承运人可以不退票款,并不再承担运输义务。

第二百九十六条　旅客在运输中应当按照约定的限量携带行李。超过限量携带行李的,应当办理托运手续。

第二百九十七条　旅客不得随身携带或者在行李中夹带易燃、易爆、有毒、有腐蚀性、有放射性以及有可能危及运输工具上人身和财产安全的危险物品或者其他违禁物品。

旅客违反前款规定的,承运人可以将违禁物品卸下、销毁或者送交有关部门。旅客坚持携带或者夹带违禁物品的,承运人应当拒绝运输。

第二百九十八条　承运人应当向旅客及时告知有关不能正常运输的重要事由和安全运输应当注意的事项。

第二百九十九条　承运人应当按照客票载明的时间和班次运输旅客。承运人迟延运输的,应当根据旅客的要求安排改乘其他班次或者退票。

第三百条　承运人擅自变更运输工具而降低服务标准的,应当根据旅客的要求退票或者减收票款;提高服务标准的,不应当加收票款。

第三百零一条　承运人在运输过程中,应当尽力救助患有急病、分娩、遇险的旅客。

第三百零二条　承运人应当对运输过程中旅客的伤亡承担损害赔偿责任,但伤亡是旅客自身健康原因造成的或者承运人证明伤亡是旅客故意、重大过失造成的除外。

前款规定适用于按照规定免票、持优待票或者经承运人许可搭乘的无票旅客。

第三百零三条　在运输过程中旅客自带物品毁损、灭失,承运人有过错的,应当承担损害赔偿责任。

旅客托运的行李毁损、灭失的,适用货物运输的有关规定。

第三节　货运合同

第三百零四条　托运人办理货物运输,应当向承运人准确表明收货人的名称或者姓名或者凭指示的收货人,货物的名称、性质、重量、数量,收货地点等有关货物运输的必要情况。

因托运人申报不实或者遗漏重要情况,造成承运人损失的,托运人应当承担损害赔偿责任。

第三百零五条　货物运输需要办理审批、检验等手续的,托运人应当将办理完有关手续的文件提交承运人。

第三百零六条　托运人应当按照约定的方式包装货物。对包装方式没有约定或者约定不明确的,适用本法第一百五十六条的规定。

托运人违反前款规定的,承运人可以拒绝运输。

第三百零七条　托运人托运易燃、易爆、有毒、有腐蚀性、有放射性等危险物品的,应当按照国家有关危险物品运输的规定对危险物品妥善包装,作出危险物标志和标签,并将有关危险物品的名称、性质和防范措施的书面材料提交承运人。

托运人违反前款规定的,承运人可以拒绝运输,也可以采取相应措施以避免损失的发生,因此产生的费用由托运人承担。

第三百零八条　在承运人将货物交付收货人之前,托运人可以要求承运人中止运输、返还货物、变更到达地或者将货物交给其他收货人,但应当赔偿承运人因此受到的损失。

第三百零九条　货物运输到达后,承运人知道收货人的,应当及时通知收货人,收货人应当及时提货。收货人逾期提货的,应当向承运人支付保管费等费用。

第三百一十条　收货人提货时应当按照约定的期限检验货物。对检验货物的期限没有约定或者约定不明确,依照本法第六十一条的规定仍不能确定的,应当在合理期限内检验货物。收货人在约定的期限或者合理期限内对货物的数量、毁损等未提出异议的,视为承运人已经按照运输单证的记载交付的初步证据。

第三百一十一条　承运人对运输过程中货物的毁损、灭失承担损害赔偿责任,但承运人证明货物的毁损、灭失是因不可抗力、货物本身的自然性质或者合理损耗以及托运人、收货人的过错造成的,不承担损害赔偿责任。

第三百一十二条　货物的毁损、灭失的赔偿额,当事人有约定的,按照其约定;没有约定或者约定不明确,依照本法第六十一条的规定仍不能确定的,按照交付或者应当交付时货物到达地的市场价格计算。法律、行政法规对赔偿额的计算方法和赔偿限额另有规定的,依照其规定。

第三百一十三条　两个以上承运人以同一运输方式联运的,与托运人订立合同的承运人应当对全程运输承担责任。损失发生在某一运输区段的,与托运人订立合同的承运人和该区段的承运人承担连带责任。

第三百一十四条　货物在运输过程中因不可抗力灭失,未收取运费的,承运人不得要求支付运费;已收取运费的,托运人可以要求返还。

第三百一十五条　托运人或者收货人不支付运费、保管费以及其他运输费用的,承运人对相应的运输货物享有留置权,但当事人另有约定的除外。

第三百一十六条　收货人不明或者收货人无正当理由拒绝受领货物的,依照本法第一百零一条的规定,承运人可以提存货物。

第四节　多式联运合同

第三百一十七条　多式联运经营人负责履行或者组织履行多式联运合同,对全程运输享有承运人的权利,承担承运人的义务。

第三百一十八条　多式联运经营人可以与参加多式联运的各区段承运人就多式联运合同的各区段运输约定相互之间的责任,但该约定不影响多式联运经营人对全程运输承担的义务。

第三百一十九条　多式联运经营人收到托运人交付的货物时,应当签发多式联运单据。按照托运人的要求,多式联运单据可以是可转让单据,也可以是不可转让单据。

第三百二十条　因托运人托运货物时的过错造成多式联运经营人损失的,即使托运人已经转让多式联运单据,托运人仍然应当承担损害赔偿责任。

第三百二十一条　货物的毁损、灭失发生于多式联运的某一运输区段的,多式联运经营人的赔偿责任和责任限额,适用调整该区段运输方式的有关法律规定。货物毁损、灭失发生的运输区段不能确定的,依照本章规定承担损害赔偿责任。

第十八章　技术合同

第一节　一般规定

第三百二十二条　技术合同是当事人就技术开发、转让、咨询或者服务订立的确立相互之间权利和义务的合同。

第三百二十三条　订立技术合同,应当有利于科学技术的进步,加速科学技术成果的转化、应用和推广。

第三百二十四条　技术合同的内容由当事人约定,一般包括以下条款:

(一)项目名称;

(二)标的的内容、范围和要求;

（三）履行的计划、进度、期限、地点、地域和方式；

（四）技术情报和资料的保密；

（五）风险责任的承担；

（六）技术成果的归属和收益的分成办法；

（七）验收标准和方法；

（八）价款、报酬或者使用费及其支付方式；

（九）违约金或者损失赔偿的计算方法；

（十）解决争议的方法；

（十一）名词和术语的解释。

与履行合同有关的技术背景资料、可行性论证和技术评价报告、项目任务书和计划书、技术标准、技术规范、原始设计和工艺文件，以及其他技术文档，按照当事人的约定可以作为合同的组成部分。

技术合同涉及专利的，应当注明发明创造的名称、专利申请人和专利权人、申请日期、申请号、专利号以及专利权的有效期限。

第三百二十五条　技术合同价款、报酬或者使用费的支付方式由当事人约定，可以采取一次总算、一次总付或者一次总算、分期支付，也可以采取提成支付或者提成支付附加预付入门费的方式。

约定提成支付的，可以按照产品价格、实施专利和使用技术秘密后新增的产值、利润或者产品销售额的一定比例提成，也可以按照约定的其他方式计算。提成支付的比例可以采取固定比例、逐年递增比例或者逐年递减比例。

约定提成支付的，当事人应当在合同中约定查阅有关会计账目的办法。

第三百二十六条　职务技术成果的使用权、转让权属于法人或者其他组织的，法人或者其他组织可以就该项职务技术成果订立技术合同。法人或者其他组织应当从使用和转让该项职务技术成果所取得的收益中提取一定比例，对完成该项职务技术成果的个人给予奖励或者报酬。法人或者其他组织订立技术合同转让职务技术成果时，职务技术成果的完成人享有以同等条件优先受让的权利。

职务技术成果是执行法人或者其他组织的工作任务，或者主要是利用法人或者其他组织的物质技术条件所完成的技术成果。

第三百二十七条　非职务技术成果的使用权、转让权属于完成技术成果的个人，完成技术成果的个人可以就该项非职务技术成果订立技术合同。

第三百二十八条　完成技术成果的个人有在有关技术成果文件上写明自己是技术成果完成者的权利和取得荣誉证书、奖励的权利。

第三百二十九条　非法垄断技术、妨碍技术进步或者侵害他人技术成果的技术合同无效。

第二节　技术开发合同

第三百三十条　技术开发合同是指当事人之间就新技术、新产品、新工艺或者新材料及其系统的研究开发所订立的合同。

技术开发合同包括委托开发合同和合作开发合同。

技术开发合同应当采用书面形式。

当事人之间就具有产业应用价值的科技成果实施转化订立的合同，参照技术开发合同的规定。

第三百三十一条　委托开发合同的委托人应当按照约定支付研究开发经费和报酬；提供技术资料、原始数据；完成协作事项；接受研究开发成果。

第三百三十二条　委托开发合同的研究开发人应当按照约定制定和实施研究开发计划；合理使用研究开发经费；按期完成研究开发工作，交付研究开发成果，提供有关的技术资料和必要的技术指导，帮助委托人掌握研究开发成果。

第三百三十三条　委托人违反约定造成研究开发工作停滞、延误或者失败的，应当承担违约责任。

第三百三十四条　研究开发人违反约定造成研究开发工作停滞、延误或者失败的，应当承担违约责任。

第三百三十五条　合作开发合同的当事人应当按照约定进行投资，包括以技术进行投资；分工参与研究开发工作；协作配合研究开发工作。

第三百三十六条　合作开发合同的当事人违反约定造成研究开发工作停滞、延误或者失败的，应当承担违约责任。

第三百三十七条　因作为技术开发合同标的的技术已经由他人公开，致使技术开发合同的履行没有意义的，当事人可以解除合同。

第三百三十八条　在技术开发合同履行过程中，因出现无法克服的技术困难，致使研究开发失败或者部分失败的，该风险责任由当事人约定。没有约定或者约定不明确，依照本法第六十一条的规定仍不能确定的，风险责任由当事人合理分担。

当事人一方发现前款规定的可能致使研究开发失败或者部分失败的情形时，应当及时通知另一方并采取适当措施减少损失。没有及时通知并采取适当措施，致使损失扩大的，应当就扩大的损失承担责任。

第三百三十九条　委托开发完成的发明创造，除当事人另有约定的以外，申请专利的权利属于研究开发人。研究开发人取得专利权的，委托人可以免费实施该专利。

研究开发人转让专利申请权的，委托人享有以同等条件优先受让的权利。

第三百四十条　合作开发完成的发明创造，除当事人另有约定的以外，申请专利的权利属于合作开发的当事人共有。当事人一方转让其共有的专利申请权的，其他各方享有以同等条件优先受让的权利。

合作开发的当事人一方声明放弃其共有的专利申请权的，可以由另一方单独申请或者由其他各方共同申请。申请人取得专利权的，放弃专利申请权的一方可以免费实施该专利。

合作开发的当事人一方不同意申请专利的，另一方或者其他各方不得申请专利。

第三百四十一条　委托开发或者合作开发完成的技术秘密成果的使用权、转让权以及利益的分配办法，由当事人约定。没有约定或者约定不明确，依照本法第六十一条的规定仍不能确定的，当事人均有使用和转让的权利，但委托开发的研究开发人不得在向委托人交付研究开发成果之前，将研究开发成果转让给第三人。

第三节　技术转让合同

第三百四十二条　技术转让合同包括专利权转让、专利申请权转让、技术秘密转让、专利实施许可合同。

技术转让合同应当采用书面形式。

第三百四十三条　技术转让合同可以约定让与人和受让人实施专利或者使用技术秘密的范围,但不得限制技术竞争和技术发展。

第三百四十四条　专利实施许可合同只在该专利权的存续期间内有效。专利权有效期限届满或者专利权被宣布无效的,专利权人不得就该专利与他人订立专利实施许可合同。

第三百四十五条　专利实施许可合同的让与人应当按照约定许可受让人实施专利,交付实施专利有关的技术资料,提供必要的技术指导。

第三百四十六条　专利实施许可合同的受让人应当按照约定实施专利,不得许可约定以外的第三人实施该专利;并按照约定支付使用费。

第三百四十七条　技术秘密转让合同的让与人应当按照约定提供技术资料,进行技术指导,保证技术的实用性、可靠性,承担保密义务。

第三百四十八条　技术秘密转让合同的受让人应当按照约定使用技术,支付使用费,承担保密义务。

第三百四十九条　技术转让合同的让与人应当保证自己是所提供的技术的合法拥有者,并保证所提供的技术完整、无误、有效,能够达到约定的目标。

第三百五十条　技术转让合同的受让人应当按照约定的范围和期限,对让与人提供的技术中尚未公开的秘密部分,承担保密义务。

第三百五十一条　让与人未按照约定转让技术的,应当返还部分或者全部使用费,并应当承担违约责任;实施专利或者使用技术秘密超越约定的范围的,违反约定擅自许可第三人实施该项专利或者使用该项技术秘密的,应当停止违约行为,承担违约责任;违反约定的保密义务的,应当承担违约责任。

第三百五十二条　受让人未按照约定支付使用费的,应当补交使用费并按照约定支付违约金;不补交使用费或者支付违约金的,应当停止实施专利或者使用技术秘密,交还技术资料,承担违约责任;实施专利或者使用技术秘密超越约定的范围的,未经让与人同意擅自许可第三人实施该专利或者使用该技术秘密的,应当停止违约行为,承担违约责任;违反约定的保密义务的,应当承担违约责任。

第三百五十三条　受让人按照约定实施专利、使用技术秘密侵害他人合法权益的,由让与人承担责任,但当事人另有约定的除外。

第三百五十四条　当事人可以按照互利的原则,在技术转让合同中约定实施专利、使用技术秘密后续改进的技术成果的分享办法。没有约定或者约定不明确,依照本法第六十一条的规定仍不能确定的,一方后续改进的技术成果,其他各方无权分享。

第三百五十五条　法律、行政法规对技术进出口合同或者专利、专利申请合同另有规定的,依照其规定。

第四节　技术咨询合同和技术服务合同

第三百五十六条　技术咨询合同包括就特定技术项目提供可行性论证、技术预测、专题技术调查、分析评价报告等合同。

技术服务合同是指当事人一方以技术知识为另一方解决特定技术问题所订立的合同,不包括建设工程合同和承揽合同。

第三百五十七条　技术咨询合同的委托人应当按照约定阐明咨询的问题,提供技术背景材料及有关技术资料、数据;接受受托人的工作成果,支付报酬。

第三百五十八条 技术咨询合同的受托人应当按照约定的期限完成咨询报告或者解答问题；提出的咨询报告应当达到约定的要求。

第三百五十九条 技术咨询合同的委托人未按照约定提供必要的资料和数据，影响工作进度和质量，不接受或者逾期接受工作成果的，支付的报酬不得追回，未支付的报酬应当支付。

技术咨询合同的受托人未按期提出咨询报告或者提出的咨询报告不符合约定的，应当承担减收或者免收报酬等违约责任。

技术咨询合同的委托人按照受托人符合约定要求的咨询报告和意见作出决策所造成的损失，由委托人承担，但当事人另有约定的除外。

第三百六十条 技术服务合同的委托人应当按照约定提供工作条件，完成配合事项；接受工作成果并支付报酬。

第三百六十一条 技术服务合同的受托人应当按照约定完成服务项目，解决技术问题，保证工作质量，并传授解决技术问题的知识。

第三百六十二条 技术服务合同的委托人不履行合同义务或者履行合同义务不符合约定，影响工作进度和质量，不接受或者逾期接受工作成果的，支付的报酬不得追回，未支付的报酬应当支付。

技术服务合同的受托人未按照合同约定完成服务工作的，应当承担免收报酬等违约责任。

第三百六十三条 在技术咨询合同、技术服务合同履行过程中，受托人利用委托人提供的技术资料和工作条件完成的新的技术成果，属于受托人。委托人利用受托人的工作成果完成的新的技术成果，属于委托人。当事人另有约定的，按照其约定。

第三百六十四条 法律、行政法规对技术中介合同、技术培训合同另有规定的，依照其规定。

第十九章 保 管 合 同

第三百六十五条 保管合同是保管人保管寄存人交付的保管物，并返还该物的合同。

第三百六十六条 寄存人应当按照约定向保管人支付保管费。

当事人对保管费没有约定或者约定不明确，依照本法第六十一条的规定仍不能确定的，保管是无偿的。

第三百六十七条 保管合同自保管物交付时成立，但当事人另有约定的除外。

第三百六十八条 寄存人向保管人交付保管物的，保管人应当给付保管凭证，但另有交易习惯的除外。

第三百六十九条 保管人应当妥善保管保管物。

当事人可以约定保管场所或者方法。除紧急情况或者为了维护寄存人利益的以外，不得擅自改变保管场所或者方法。

第三百七十条 寄存人交付的保管物有瑕疵或者按照保管物的性质需要采取特殊保管措施的，寄存人应当将有关情况告知保管人。寄存人未告知，致使保管物受损失的，保管人不承担损害赔偿责任；保管人因此受损失的，除保管人知道或者应当知道并且未采取补救措施的以外，寄存人应当承担损害赔偿责任。

第三百七十一条 保管人不得将保管物转交第三人保管，但当事人另有约定的除外。

保管人违反前款规定，将保管物转交第三人保管，对保管物造成损失的，应当承担损害赔偿责任。

第三百七十二条　保管人不得使用或者许可第三人使用保管物,但当事人另有约定的除外。

第三百七十三条　第三人对保管物主张权利的,除依法对保管物采取保全或者执行的以外,保管人应当履行向寄存人返还保管物的义务。

第三人对保管人提起诉讼或者对保管物申请扣押的,保管人应当及时通知寄存人。

第三百七十四条　保管期间,因保管人保管不善造成保管物毁损、灭失的,保管人应当承担损害赔偿责任,但保管是无偿的,保管人证明自己没有重大过失的,不承担损害赔偿责任。

第三百七十五条　寄存人寄存货币、有价证券或者其他贵重物品的,应当向保管人声明,由保管人验收或者封存。寄存人未声明的,该物品毁损、灭失后,保管人可以按照一般物品予以赔偿。

第三百七十六条　寄存人可以随时领取保管物。

当事人对保管期间没有约定或者约定不明确的,保管人可以随时要求寄存人领取保管物;约定保管期间的,保管人无特别事由,不得要求寄存人提前领取保管物。

第三百七十七条　保管期间届满或者寄存人提前领取保管物的,保管人应当将原物及其孳息归还寄存人。

第三百七十八条　保管人保管货币的,可以返还相同种类、数量的货币。保管其他可替代物的,可以按照约定返还相同种类、品质、数量的物品。

第三百七十九条　有偿的保管合同,寄存人应当按照约定的期限向保管人支付保管费。

当事人对支付期限没有约定或者约定不明确,依照本法第六十一条的规定仍不能确定的,应当在领取保管物的同时支付。

第三百八十条　寄存人未按照约定支付保管费以及其他费用的,保管人对保管物享有留置权,但当事人另有约定的除外。

第二十章　仓 储 合 同

第三百八十一条　仓储合同是保管人储存存货人交付的仓储物,存货人支付仓储费的合同。

第三百八十二条　仓储合同自成立时生效。

第三百八十三条　储存易燃、易爆、有毒、有腐蚀性、有放射性等危险物品或者易变质物品,存货人应当说明该物品的性质,提供有关资料。

存货人违反前款规定的,保管人可以拒收仓储物,也可以采取相应措施以避免损失的发生,因此产生的费用由存货人承担。

保管人储存易燃、易爆、有毒、有腐蚀性、有放射性等危险物品的,应当具备相应的保管条件。

第三百八十四条　保管人应当按照约定对入库仓储物进行验收。保管人验收时发现入库仓储物与约定不符合的,应当及时通知存货人。保管人验收后,发生仓储物的品种、数量、质量不符合约定的,保管人应当承担损害赔偿责任。

第三百八十五条　存货人交付仓储物的,保管人应当给付仓单。

第三百八十六条　保管人应当在仓单上签字或者盖章。仓单包括下列事项:

（一）存货人的名称或者姓名和住所；

（二）仓储物的品种、数量、质量、包装、件数和标记；

（三）仓储物的损耗标准；

（四）储存场所；

（五）储存期间；

（六）仓储费；

（七）仓储物已经办理保险的，其保险金额、期间以及保险人的名称；

（八）填发人、填发地和填发日期。

第三百八十七条　仓单是提取仓储物的凭证。存货人或者仓单持有人在仓单上背书并经保管人签字或者盖章的，可以转让提取仓储物的权利。

第三百八十八条　保管人根据存货人或者仓单持有人的要求，应当同意其检查仓储物或者提取样品。

第三百八十九条　保管人对入库仓储物发现有变质或者其他损坏的，应当及时通知存货人或者仓单持有人。

第三百九十条　保管人对入库仓储物发现有变质或者其他损坏，危及其他仓储物的安全和正常保管的，应当催告存货人或者仓单持有人作出必要的处置。因情况紧急，保管人可以作出必要的处置，但事后应当将该情况及时通知存货人或者仓单持有人。

第三百九十一条　当事人对储存期间没有约定或者约定不明确的，存货人或者仓单持有人可以随时提取仓储物，保管人也可以随时要求存货人或者仓单持有人提取仓储物，但应当给予必要的准备时间。

第三百九十二条　储存期间届满，存货人或者仓单持有人应当凭仓单提取仓储物。存货人或者仓单持有人逾期提取的，应当加收仓储费；提前提取的，不减收仓储费。

第三百九十三条　储存期间届满，存货人或者仓单持有人不提取仓储物的，保管人可以催告其在合理期限内提取，逾期不提取的，保管人可以提存仓储物。

第三百九十四条　储存期间，因保管人保管不善造成仓储物毁损、灭失的，保管人应当承担损害赔偿责任。因仓储物的性质、包装不符合约定或者超过有效储存期造成仓储物变质、损坏的，保管人不承担损害赔偿责任。

第三百九十五条　本章没有规定的，适用保管合同的有关规定。

第二十一章　委托合同

第三百九十六条　委托合同是委托人和受托人约定，由受托人处理委托人事务的合同。

第三百九十七条　委托人可以特别委托受托人处理一项或者数项事务，也可以概括委托受托人处理一切事务。

第三百九十八条　委托人应当预付处理委托事务的费用。受托人为处理委托事务垫付的必要费用，委托人应当偿还该费用及其利息。

第三百九十九条　受托人应当按照委托人的指示处理委托事务。需要变更委托人指示的，应当经委托人同意；因情况紧急，难以和委托人取得联系的，受托人应当妥善处理委托事务，但事后应当将该情况及时报告委托人。

第四百条　受托人应当亲自处理委托事务。经委托人同意，受托人可以转委托。转委托经同意的,委托人可以就委托事务直接指示转委托的第三人,受托人仅就第三人的选任及其对第三人的指示承担责任。转委托未经同意的,受托人应当对转委托的第三人的行为承担责任,但在紧急情况下受托人为维护委托人的利益需要转委托的除外。

第四百零一条　受托人应当按照委托人的要求,报告委托事务的处理情况。委托合同终止时,受托人应当报告委托事务的结果。

第四百零二条　受托人以自己的名义,在委托人的授权范围内与第三人订立的合同,第三人在订立合同时知道受托人与委托人之间的代理关系的,该合同直接约束委托人和第三人,但有确切证据证明该合同只约束受托人和第三人的除外。

第四百零三条　受托人以自己的名义与第三人订立合同时,第三人不知道受托人与委托人之间的代理关系的,受托人因第三人的原因对委托人不履行义务,受托人应当向委托人披露第三人,委托人因此可以行使受托人对第三人的权利,但第三人与受托人订立合同时如果知道该委托人就不会订立合同的除外。

受托人因委托人的原因对第三人不履行义务,受托人应当向第三人披露委托人,第三人因此可以选择受托人或者委托人作为相对人主张其权利,但第三人不得变更选定的相对人。

委托人行使受托人对第三人的权利的,第三人可以向委托人主张其对受托人的抗辩。第三人选定委托人作为其相对人的,委托人可以向第三人主张其对受托人的抗辩以及受托人对第三人的抗辩。

第四百零四条　受托人处理委托事务取得的财产,应当转交给委托人。

第四百零五条　受托人完成委托事务的,委托人应当向其支付报酬。因不可归责于受托人的事由,委托合同解除或者委托事务不能完成的,委托人应当向受托人支付相应的报酬。当事人另有约定的,按照其约定。

第四百零六条　有偿的委托合同,因受托人的过错给委托人造成损失的,委托人可以要求赔偿损失。无偿的委托合同,因受托人的故意或者重大过失给委托人造成损失的,委托人可以要求赔偿损失。

受托人超越权限给委托人造成损失的,应当赔偿损失。

第四百零七条　受托人处理委托事务时,因不可归责于自己的事由受到损失的,可以向委托人要求赔偿损失。

第四百零八条　委托人经受托人同意,可以在受托人之外委托第三人处理委托事务。因此给受托人造成损失的,受托人可以向委托人要求赔偿损失。

第四百零九条　两个以上的受托人共同处理委托事务的,对委托人承担连带责任。

第四百一十条　委托人或者受托人可以随时解除委托合同。因解除合同给对方造成损失的,除不可归责于该当事人的事由以外,应当赔偿损失。

第四百一十一条　委托人或者受托人死亡、丧失民事行为能力或者破产的,委托合同终止,但当事人另有约定或者根据委托事务的性质不宜终止的除外。

第四百一十二条　因委托人死亡、丧失民事行为能力或者破产,致使委托合同终止将损害委托人利益的,在委托人的继承人、法定代理人或者清算组织承受委托事务之前,受托人应当继续处理委托事务。

第四百一十三条　因受托人死亡、丧失民事行为能力或者破产,致使委托合同终止的,受托人的继承人、法定代理人或者清算组织应当及时通知委托人。因委托合同终止将损害委托人利益的,在委托人作出善后处理之前,受托人的继承人、法定代理人或者清算组织应当采取必要措施。

第二十二章　行纪合同

第四百一十四条　行纪合同是行纪人以自己的名义为委托人从事贸易活动,委托人支付报酬的合同。

第四百一十五条　行纪人处理委托事务支出的费用,由行纪人负担,但当事人另有约定的除外。

第四百一十六条　行纪人占有委托物的,应当妥善保管委托物。

第四百一十七条　委托物交付给行纪人时有瑕疵或者容易腐烂、变质的,经委托人同意,行纪人可以处分该物;和委托人不能及时取得联系的,行纪人可以合理处分。

第四百一十八条　行纪人低于委托人指定的价格卖出或者高于委托人指定的价格买入的,应当经委托人同意。未经委托人同意,行纪人补偿其差额的,该买卖对委托人发生效力。

行纪人高于委托人指定的价格卖出或者低于委托人指定的价格买入的,可以按照约定增加报酬。没有约定或者约定不明确,依照本法第六十一条的规定仍不能确定的,该利益属于委托人。

委托人对价格有特别指示的,行纪人不得违背该指示卖出或者买入。

第四百一十九条　行纪人卖出或者买入具有市场定价的商品,除委托人有相反的意思表示的以外,行纪人自己可以作为买受人或者出卖人。

行纪人有前款规定情形的,仍然可以要求委托人支付报酬。

第四百二十条　行纪人按照约定买入委托物,委托人应当及时受领。经行纪人催告,委托人无正当理由拒绝受领的,行纪人依照本法第一百零一条的规定可以提存委托物。

委托物不能卖出或者委托人撤回出卖,经行纪人催告,委托人不取回或者不处分该物的,行纪人依照本法第一百零一条的规定可以提存委托物。

第四百二十一条　行纪人与第三人订立合同的,行纪人对该合同直接享有权利、承担义务。

第三人不履行义务致使委托人受到损害的,行纪人应当承担损害赔偿责任,但行纪人与委托人另有约定的除外。

第四百二十二条　行纪人完成或者部分完成委托事务的,委托人应当向其支付相应的报酬。委托人逾期不支付报酬的,行纪人对委托物享有留置权,但当事人另有约定的除外。

第四百二十三条　本章没有规定的,适用委托合同的有关规定。

第二十三章　居间合同

第四百二十四条　居间合同是居间人向委托人报告订立合同的机会或者提供订立合同的媒介服务,委托人支付报酬的合同。

第四百二十五条　居间人应当就有关订立合同的事项向委托人如实报告。

居间人故意隐瞒与订立合同有关的重要事实或者提供虚假情况,损害委托人利益的,不得要求支付报酬并应当承担损害赔偿责任。

第四百二十六条　居间人促成合同成立的,委托人应当按照约定支付报酬。对居间人的报酬没有约定或者约定不明确,依照本法第六十一条的规定仍不能确定的,根据居间人的劳务合理确定。因居间人提供订立合同的媒介服务而促成合同成立的,由该合同的当事人平均负担居间人的报酬。

居间人促成合同成立的,居间活动的费用,由居间人负担。

第四百二十七条 居间人未促成合同成立的,不得要求支付报酬,但可以要求委托人支付从事居间活动支出的必要费用。

附 则

第四百二十八条 本法自 1999 年 10 月 1 日起施行,《中华人民共和国经济合同法》、《中华人民共和国涉外经济合同法》、《中华人民共和国技术合同法》同时废止。

附录二 最高人民法院关于适用《中华人民共和国合同法》若干问题的解释(一)

法释〔1999〕19 号

1999 年 12 月 1 日最高人民法院审判委员会第 1090 次会议通过,自 1999 年 12 月 29 日起施行。

为了正确审理合同纠纷案件,根据《中华人民共和国合同法》(以下简称合同法)的规定,对人民法院适用合同法的有关问题作出如下解释:

一、法律适用范围

第一条 合同法实施以后成立的合同发生纠纷起诉到人民法院的,适用合同法的规定;合同法实施以前成立的合同发生纠纷起诉到人民法院的,除本解释另有规定的以外,适用当时的法律规定,当时没有法律规定的,可以适用合同法的有关规定。

第二条 合同成立于合同法实施之前,但合同约定的履行期限跨越合同法实施之日或者履行期限在合同法实施之后,因履行合同发生的纠纷,适用合同法第四章的有关规定。

第三条 人民法院确认合同效力时,对合同法实施以前成立的合同,适用当时的法律合同无效而适用合同法合同有效的,则适用合同法。

第四条 合同法实施以后,人民法院确认合同无效,应当以全国人大及其常委会制定的法律和国务院制定的行政法规为依据,不得以地方性法规、行政规章为依据。

第五条 人民法院对合同法实施以前已经作出终审裁决的案件进行再审,不适用合同法。

二、诉讼时效

第六条 技术合同争议当事人的权利受到侵害的事实发生在合同法实施之前,自当事人知道或者应当知道其权利受到侵害之日起至合同法实施之日超过一年的,人民法院不予保护;尚未超过一年的,其提起诉讼的时效期间为二年。

第七条 技术进出口合同争议当事人的权利受到侵害的事实发生在合同法实施之前,自当事人知道或者应当知道其权利受到侵害之日起至合同法施行之日超过二年的,人民法院不予保护;尚未超过二年的,其提起诉讼的时效期间为四年。

第八条　合同法第五十五条规定的"一年"、第七十五条和第一百零四条第二款规定的"五年"为不变期间，不适用诉讼时效中止、中断或者延长的规定。

三、合同效力

第九条　依照合同法第四十四条第二款的规定，法律、行政法规规定合同应当办理批准手续，或者办理批准、登记等手续才生效，在一审法庭辩论终结前当事人仍未办理批准手续的，或者仍未办理批准、登记等手续的，人民法院应当认定该合同未生效；法律、行政法规规定合同应当办理登记手续，但未规定登记后生效的，当事人未办理登记手续不影响合同的效力，合同标的物所有权及其他物权不能转移。

合同法第七十七条第二款、第八十七条、第九十六条第二款所列合同变更、转让、解除等情形，依照前款规定处理。

第十条　当事人超越经营范围订立合同，人民法院不因此认定合同无效。但违反国家限制经营、特许经营以及法律、行政法规禁止经营规定的除外。

四、代位权

第十一条　债权人依照合同法第七十三条的规定提起代位权诉讼，应当符合下列条件：
（一）债权人对债务人的债权合法；
（二）债务人怠于行使其到期债权，对债权人造成损害；
（三）债务人的债权已到期；
（四）债务人的债权不是专属于债务人自身的债权。

第十二条　合同法第七十三条第一款规定的专属于债务人自身的债权，是指基于扶养关系、抚养关系、赡养关系、继承关系产生的给付请求权和劳动报酬、退休金、养老金、抚恤金、安置费、人寿保险、人身伤害赔偿请求权等权利。

第十三条　合同法第七十三条规定的"债务人怠于行使其到期债权，对债权人造成损害的"，是指债务人不履行其对债权人的到期债务，又不以诉讼方式或者仲裁方式向其债务人主张其享有的具有金钱给付内容的到期债权，致使债权人的到期债权未能实现。

次债务人（即债务人的债务人）不认为债务人有怠于行使其到期债权情况的，应当承担举证责任。

第十四条　债权人依照合同法第七十三条的规定提起代位权诉讼的，由被告住所地人民法院管辖。

第十五条　债权人向人民法院起诉债务人以后，又向同一人民法院对次债务人提起代位权诉讼，符合本解释第十三条的规定和《中华人民共和国民事诉讼法》第一百零八条规定的起诉条件的，应当立案受理；不符合本解释第十三条规定的，告知债权人向次债务人住所地人民法院另行起诉。

受理代位权诉讼的人民法院在债权人起诉债务人的诉讼裁决发生法律效力以前，应当依照《中华人民共和国民事诉讼法》第一百三十六条第（五）项的规定中止代位权诉讼。

第十六条　债权人以次债务人为被告向人民法院提起代位权诉讼，未将债务人列为第三人的，人民法院可以追加债务人为第三人。

两个或者两个以上债权人以同一次债务人为被告提起代位权诉讼的，人民法院可以合并审理。

第十七条　在代位权诉讼中,债权人请求人民法院对次债务人的财产采取保全措施的,应当提供相应的财产担保。

第十八条　在代位权诉讼中,次债务人对债务人的抗辩,可以向债权人主张。

债务人在代位权诉讼中对债权人的债权提出异议,经审查异议成立的,人民法院应当裁定驳回债权人的起诉。

第十九条　在代位权诉讼中,债权人胜诉的,诉讼费由次债务人负担,从实现的债权中优先支付。

第二十条　债权人向次债务人提起的代位权诉讼经人民法院审理后认定代位权成立的,由次债务人向债权人履行清偿义务,债权人与债务人、债务人与次债务人之间相应的债权债务关系即予消灭。

第二十一条　在代位权诉讼中,债权人行使代位权的请求数额超过债务人所负债务额或者超过次债务人对债务人所负债务额的,对超出部分人民法院不予支持。

第二十二条　债务人在代位权诉讼中,对超过债权人代位请求数额的债权部分起诉次债务人的,人民法院应当告知其向有管辖权的人民法院另行起诉。

债务人的起诉符合法定条件的,人民法院应当受理;受理债务人起诉的人民法院在代位权诉讼裁决发生法律效力以前,应当依法中止。

五、撤销权

第二十三条　债权人依照合同法第七十四条的规定提起撤销权诉讼的,由被告住所地人民法院管辖。

第二十四条　债权人依照合同法第七十四条的规定提起撤销权诉讼时只以债务人为被告,未将受益人或者受让人列为第三人的,人民法院可以追加该受益人或者受让人为第三人。

第二十五条　债权人依照合同法第七十四条的规定提起撤销权诉讼,请求人民法院撤销债务人放弃债权或转让财产的行为,人民法院应当就债权人主张的部分进行审理,依法撤销的,该行为自始无效。

两个或者两个以上债权人以同一债务人为被告,就同一标的提起撤销权诉讼的,人民法院可以合并审理。

第二十六条　债权人行使撤销权所支付的律师代理费、差旅费等必要费用,由债务人负担;第三人有过错的,应当适当分担。

六、合同转让中的第三人

第二十七条　债权人转让合同权利后,债务人与受让人之间因履行合同发生纠纷诉至人民法院,债务人对债权人的权利提出抗辩的,可以将债权人列为第三人。

第二十八条　经债权人同意,债务人转移合同义务后,受让人与债权人之间因履行合同发生纠纷诉至人民法院,受让人就债务人对债权人的权利提出抗辩的,可以将债务人列为第三人。

第二十九条　合同当事人一方经对方同意将其在合同中的权利义务一并转让给受让人,对方与受让人因履行合同发生纠纷诉至人民法院,对方就合同权利义务提出抗辩的,可以将出让方列为第三人。

七、请求权竞合

第三十条　债权人依照合同法第一百二十二条的规定向人民法院起诉时作出选择后,在一审开庭以前又变更诉讼请求的,人民法院应当准许。对方当事人提出管辖权异议,经审查异议成立的,人民法院应当驳回起诉。

附录三　最高人民法院关于适用《中华人民共和国合同法》若干问题的解释(二)

法释〔2009〕5 号

《最高人民法院关于适用〈中华人民共和国合同法〉若干问题的解释(二)》已于2009年2月9日由最高人民法院审判委员会第1462次会议通过,现予公布,自2009年5月13日起施行。

一、合同的订立

第一条　当事人对合同是否成立存在争议,人民法院能够确定当事人名称或者姓名、标的和数量的,一般应当认定合同成立。但法律另有规定或者当事人另有约定的除外。

对合同欠缺的前款规定以外的其他内容,当事人达不成协议的,人民法院依照合同法第六十一条、第六十二条、第一百二十五条等有关规定予以确定。

第二条　当事人未以书面形式或者口头形式订立合同,但从双方从事的民事行为能够推定双方有订立合同意愿的,人民法院可以认定是以合同法第十条第一款中的"其他形式"订立的合同。但法律另有规定的除外。

第三条　悬赏人以公开方式声明对完成一定行为的人支付报酬,完成特定行为的人请求悬赏人支付报酬的,人民法院依法予以支持。但悬赏有合同法第五十二条规定情形的除外。

第四条　采用书面形式订立合同,合同约定的签订地与实际签字或者盖章地点不符的,人民法院应当认定约定的签订地为合同签订地;合同没有约定签订地,双方当事人签字或者盖章不在同一地点的,人民法院应当认定最后签字或者盖章的地点为合同签订地。

第五条　当事人采用合同书形式订立合同的,应当签字或者盖章。当事人在合同书上摁手印的,人民法院应当认定其具有与签字或者盖章同等的法律效力。

第六条　提供格式条款的一方对格式条款中免除或者限制其责任的内容,在合同订立时采用足以引起对方注意的文字、符号、字体等特别标识,并按照对方的要求对该格式条款予以说明的,人民法院应当认定符合合同法第三十九条所称"采取合理的方式"。

提供格式条款一方对已尽合理提示及说明义务承担举证责任。

第七条　下列情形,不违反法律、行政法规强制性规定的,人民法院可以认定为合同法所称"交易习惯":

(一)在交易行为当地或者某一领域、某一行业通常采用并为交易对方订立合同时所知道或者应当知道的做法;

(二)当事人双方经常使用的习惯做法。

对于交易习惯,由提出主张的一方当事人承担举证责任。

第八条　依照法律、行政法规的规定经批准或者登记才能生效的合同成立后,有义务办理申请批准或者申请登记等手续的一方当事人未按照法律规定或者合同约定办理申请批准或者未申请登记的,属于合同法第四十二条第(三)项规定的"其他违背诚实信用原则的行为",人民法院可以根据案件的具体情况和相对人的请求,判决相对人自己办理有关手续;对方当事人对由此产生的费用和给相对人造成的实际损失,应当承担损害赔偿责任。

二、合同的效力

第九条　提供格式条款的一方当事人违反合同法第三十九条第一款关于提示和说明义务的规定,导致对方没有注意免除或者限制其责任的条款,对方当事人申请撤销该格式条款的,人民法院应当支持。

第十条　提供格式条款的一方当事人违反合同法第三十九条第一款的规定,并具有合同法第四十条规定的情形之一的,人民法院应当认定该格式条款无效。

第十一条　根据合同法第四十七条、第四十八条的规定,追认的意思表示自到达相对人时生效,合同自订立时起生效。

第十二条　无权代理人以被代理人的名义订立合同,被代理人已经开始履行合同义务的,视为对合同的追认。

第十三条　被代理人依照合同法第四十九条的规定承担有效代理行为所产生的责任后,可以向无权代理人追偿因代理行为而遭受的损失。

第十四条　合同法第五十二条第(五)项规定的"强制性规定",是指效力性强制性规定。

第十五条　出卖人就同一标的物订立多重买卖合同,合同均不具有合同法第五十二条规定的无效情形,买受人因不能按照合同约定取得标的物所有权,请求追究出卖人违约责任的,人民法院应予支持。

三、合同的履行

第十六条　人民法院根据具体案情可以将合同法第六十四条、第六十五条规定的第三人列为无独立请求权的第三人,但不得依职权将其列为该合同诉讼案件的被告或者有独立请求权的第三人。

第十七条　债权人以境外当事人为被告提起的代位权诉讼,人民法院根据《中华人民共和国民事诉讼法》第二百四十一条的规定确定管辖。

第十八条　债务人放弃其未到期的债权或者放弃债权担保,或者恶意延长到期债权的履行期,对债权人造成损害,债权人依照合同法第七十四条的规定提起撤销权诉讼的,人民法院应当支持。

第十九条　对于合同法第七十四条规定的"明显不合理的低价",人民法院应当以交易当地一般经营者的判断,并参考交易当时交易地的物价部门指导价或者市场交易价,结合其他相关因素综合考虑予以确认。

转让价格达不到交易时交易地的指导价或者市场交易价百分之七十的,一般可以视为明显不合理的低价;对转让价格高于当地指导价或者市场交易价百分之三十的,一般可以视为明显不合理的高价。

债务人以明显不合理的高价收购他人财产,人民法院可以根据债权人的申请,参照合同法第七十四条的规定予以撤销。

第二十条　债务人的给付不足以清偿其对同一债权人所负的数笔相同种类的全部债务,应当优先抵充已到期的债务;几项债务均到期的,优先抵充对债权人缺乏担保或者担保数额最少的债务;担保数额相同的,优先抵充债务负担较重的债务;负担相同的,按照债务到期的先后顺序抵充;到期时间相同的,按比例抵充。但是,债权人与债务人对清偿的债务或者清偿抵充顺序有约定的除外。

第二十一条　债务人除主债务之外还应当支付利息和费用,当其给付不足以清偿全部债务时,并且当事人没有约定的,人民法院应当按照下列顺序抵充:

(一)实现债权的有关费用;

(二)利息;

(三)主债务。

四、合同的权利义务终止

第二十二条　当事人一方违反合同法第九十二条规定的义务,给对方当事人造成损失,对方当事人请求赔偿实际损失的,人民法院应当支持。

第二十三条　对于依照合同法第九十九条的规定可以抵销的到期债权,当事人约定不得抵销的,人民法院可以认定该约定有效。

第二十四条　当事人对合同法第九十六条、第九十九条规定的合同解除或者债务抵销虽有异议,但在约定的异议期限届满后才提出异议并向人民法院起诉的,人民法院不予支持;当事人没有约定异议期间,在解除合同或者债务抵销通知到达之日起三个月以后才向人民法院起诉的,人民法院不予支持。

第二十五条　依照合同法第一百零一条的规定,债务人将合同标的物或者标的物拍卖、变卖所得价款交付提存部门时,人民法院应当认定提存成立。

提存成立的,视为债务人在其提存范围内已经履行债务。

第二十六条　合同成立以后客观情况发生了当事人在订立合同时无法预见的、非不可抗力造成的不属于商业风险的重大变化,继续履行合同对于一方当事人明显不公平或者不能实现合同目的,当事人请求人民法院变更或者解除合同的,人民法院应当根据公平原则,并结合案件的实际情况确定是否变更或者解除。

五、违约责任

第二十七条　当事人通过反诉或者抗辩的方式,请求人民法院依照合同法第一百一十四条第二款的规定调整违约金的,人民法院应予支持。

第二十八条　当事人依照合同法第一百一十四条第二款的规定,请求人民法院增加违约金的,增加后的违约金数额以不超过实际损失额为限。增加违约金以后,当事人又请求对方赔偿损失的,人民法院不予支持。

第二十九条　当事人主张约定的违约金过高请求予以适当减少的,人民法院应当以实际损失为基础,兼顾合同的履行情况、当事人的过错程度以及预期利益等综合因素,根据公平原则和诚实信用原则予以衡量,并作出裁决。

当事人约定的违约金超过造成损失的百分之三十的,一般可以认定为合同法第一百一十四条第二款规定的"过分高于造成的损失"。

六、附则

第三十条 合同法施行后成立的合同发生纠纷的案件,本解释施行后尚未终审的,适用本解释;本解释施行前已经终审,当事人申请再审或者按照审判监督程序决定再审的,不适用本解释。

附录四 最高人民法院关于建设工程价款
优先受偿权问题的批复

法释〔2002〕16 号

2002 年 6 月 11 日最高人民法院审判委员会第 1225 次会议通过。

上海市高级人民法院:

你院沪高法〔2001〕14 号《关于合同法第 286 条理解与适用问题的请示》收悉。经研究,答复如下:

一、人民法院在审理房地产纠纷案件和办理执行案件中,应当依照《中华人民共和国合同法》第二百八十六条的规定,认定建筑工程的承包人的优先受偿权优于抵押权和其他债权。

二、消费者交付购买商品房的全部或者大部分款项后,承包人就该商品房享有的工程价款优先受偿权不得对抗买受人。

三、建筑工程价款包括承包人为建设工程应当支付的工作人员报酬、材料款等实际支出的费用,不包括承包人因发包人违约所造成的损失。

四、建设工程承包人行使优先权的期限为六个月,自建设工程竣工之日或者建设工程合同约定的竣工之日起计算。

五、本批复第一条至第三条自公布之日起施行,第四条自公布之日起六个月后施行。

此复。